본 교재의 지문과 단어 MP3 파일은 EBS*i* 사이트(www.ebs*i*.co.kr)에서 다운로드 받으실 수 있습니다.

교재 내용 문의 교재 및 강의 내용 문의는 EBS*i* 사이트 (www.ebsi.co.kr)의 학습 Q&A 서비스를 활용하시기 바랍니다.

교재 정오표 공지 발행 이후 발견된 정오 사항을 EBS*i* 사이트 정오표 코너에서 알려 드립니다. **EBS*i* 사이트 ▶ 교재 ▶ 교재 정오표**

교재 정정 신청 공지된 정오 내용 외에 발견된 정오 사항이 있다면 EBS에 알려 주세요. **EBS*i* 사이트 ▶ 교재 ▶ 교재 정정 신청**

Voca
고교필수어휘
2500
POWER

Preface

Voca POWER 고교필수어휘 2500,
이렇게 다르다

- ▶ 무조건 달달 외우는 암기법으로는 어휘를 내 것으로 만들기 어렵습니다. 어휘는 문맥 속에서 익혀야 합니다.
- ▶ 단어를 하루에 100개씩 외우고 다음날이 되면 머리 속에 얼마나 남아 있을까요? 무엇보다 이렇게 기계적으로 외우는 것은 참 지루하고 힘든 학습법이 아닐까요?
- ▶ 흥미로운 짧은 글을 매일 조금씩이라도 읽으면서 글에 사용된 모든 단어를 맥락 속에서 이해하고 넘어가면 훨씬 수월하고 기억에 오래 남는 어휘력을 쌓아갈 수 있습니다.
- ▶ 〈Voca POWER 고교필수어휘 2500〉은 힘든 수험 생활, 어떻게 하면 학생 여러분들이 조금이라도 재미있고 쉽고 의미있게 공부할 수 있을까라는 고민에서 EBS에서 준비한 신개념 어휘 종합서입니다.

어휘집을 활용한 집중 암기는 중요도와 활용도가 높은 어휘를 빠른 시간 안에 많은 양의 어휘를 공부할 수 있다는 것이 장점입니다. 하지만 이는 기계적인 암기력에 의존해야 하며, 실제 문맥 속 어휘의 쓰임을 체득하기 어렵다는 단점이 있습니다. 무엇보다 안타까운 것은, 오늘도 그저 묵묵히 내일이면 잊어버릴 수많은 단어들을 오늘 하루 버티기 위해 외우는 그 광경입니다.

반면, 독해 공부를 하면서 모르는 어휘를 따로 정리하는 경우, 문맥 속에서 자연스럽게 어휘를 익힐 수 있다는 것이 장점이지만, 짧은 시간에 많은 어휘를 공부하기는 힘들다는 단점이 있습니다. 또한 독해 지문 속 모르는 어휘를 학습자가 매번 정리하고 목록을 만드는 정성과 시간이 별도로 필요했습니다.

이제 어휘 따로, 독해 따로 공부하지 말고 독해로 연결되는 어휘, 어휘로 연결되는 독해 둘다 내 것으로 만듭시다. 60개의 흥미로운 독해 지문 속에 담겨 있는 어휘들이 그냥 책의 순서에 따라 가기만 하면 내 것이 됩니다.

Voca POWER 고교필수어휘 2500,
이렇게 공부하자

1 Unit 첫 페이지에서 우선 이미 알고 있는 단어와 새로 공부해야 할 단어를 체크해 보고, 단어의 뜻을 짐작하여 연결해 보세요. 틀려도 괜찮습니다.

2 이제 주어진 글을 단숨에 읽어 봅시다. 모르는 단어가 나오더라도 밑줄로 주어진 의미를 생각하면서 죽 읽어 보세요.

3 다음으로 **"Fill in the Blanks"**에서 한 번 더 글을 읽어 보며 빈칸에 들어갈 단어를 떠올려 보세요. 아래에 주어진 해석을 참고해도 좋습니다. 어떤 단어가 들어가야 자연스럽게 문맥이 연결될까 생각하며 빈칸을 채워 보세요.

4 이어서 이번 Unit에서 공부할 단어 목록이 예문, 의미, 파생어, 유의어, 반의어와 함께 정리되어 있습니다. 어휘의 다양한 뜻과 활용 예문을 꼼꼼히 살펴봅시다.

5 그다음에는 어휘의 의미와 파생어, 유의어, 반의어를 연습해 보는 다양한 학습 활동**(Synonym & Antonym, Vocabulary Extension, Choosing the Right Word)**이 준비되어 있습니다.

6 이제 끝난 줄 알았죠? 다섯 개의 Unit 마다 Review Test를 통해 그동안 공부한 단어들을 한 번 더 공부합니다. 그리고 열 개의 Unit 마다 또 누적된 학습 어휘들을 Progress Test를 통해 또 다시 복습합니다. 60개의 독해 지문과 총 78회의 반복 테스트를 그대로 따라가기만 하면 고교필수어휘를 모두 섭렵하게 됩니다.

망각 곡선을 거스르는 78회의 반복 테스트

사람의 두뇌에서 담당하는 기억은 시간이 지나면 사라지기 때문에 반복 학습은 필수적이다. 독일의 심리학자 에빙하우스의 망각 곡선에 따르면, 사람은 암기한 내용을 1시간 이후에 절반을 잊어버리고, 하루에 70%를, 한 달이면 80%를 잊어버리게 된다고 한다. Voca Power 시리즈에서는 '망각'을 극복하기 위한 장치를 다양하게 준비했다. 적절한 시기에 반복적으로 복습하여 암기율을 높이는 것이다. Unit별 학습한 어휘를 확인하는 테스트 60회와 5 Unit 누적으로 확인하는 Review 테스트, 10 Unit마다 누적하여 확인하는 Progress 테스트까지 3단계 암기 장치로 잊어버릴 만하면 반복하도록 하자.

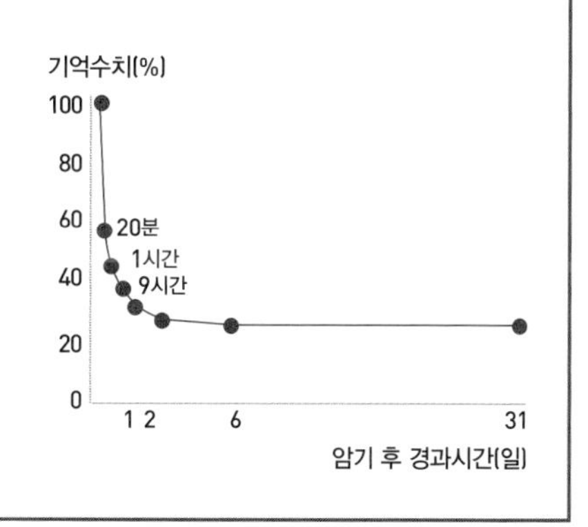

한눈에 보는 구성

❶ 총 60개 Unit으로 구성
다양한 주제에 따라 다양한 60개의 Unit으로 구성되었습니다.

❷ 표제어 제시
학습할 단어를 각 단원의 첫머리에 제시했습니다.

❙ 이번 단원에서 학습하게 될 단어들입니다. 이미 알고 있는 단어에 V 표시해 보세요.

□ accomplish	□ covert	□ mission	□ plain
□ fancy	□ evasion	□ agent	□ detectable
□ fabric	□ permanent	□ marker	□ permission
□ handy	□ magnify	□ wig	□ disguise
□ brilliant	□ blend	□ subtle	□ clue

❸ 연습 문제
각 Unit에서 학습할 표제어의 뜻을 짐작해 보는 문제로 구성되었습니다.

❙ 주어진 단어를 알맞은 뜻과 연결해 보세요. 단어의 뜻을 모르면 아래 정답에서 확인해 보세요.

01 accomplish •		• a	완수[달성]하다, 성취하다
02 covert •		• b	요원, 대리인
03 evasion •		• c	비밀의, 은밀한
04 plain •		• d	수수한, 무늬가 없는, 분명한
05 agent •		• e	회피, 모면
06 permission •		• f	허락, 허가
07 magnify •		• g	미묘한, 감지하기 힘든
08 disguise •		• h	우수한, 훌륭한, 밝은
09 subtle •		• i	확대하다, 키우다
10 brilliant •		• j	가장[변조]하다

정답 01 a 02 c 03 e 04 d 05 b 06 f 07 i 08 j 09 g 10 h

❹ 읽기 지문을 통한 표제어 학습
200~300단어 길이의 읽기 지문을 읽으면서 표제어가 문맥 속에서 자연스럽게 학습될 수 있도록 하였습니다.

❺ 빈칸 채우기 활동
표제어의 빈칸을 채우는 활동을 제공해 학습한 것을 반복하도록 하였습니다.

Vocabulary in Reading Context

❙ 해석은 한 번에 가능하지 않습니다. 해석이 잘되지 않더라도 먼저 아래 글을 단순히 읽어 보세요.

In films, spies use high-tech equipment (첨단 기술 장비) to **accomplish covert missions**, but all spies are grounded in (be grounded in: ~에 기초를 두다) the basics: good, **plain**, low-tech observation that can be performed without the aid of any **fancy** technology. In World War Ⅱ, women spies used something called an 'escape and **evasion**' scarf with maps printed on one side. Thanks to (thanks to: ~ 덕분에) those scarves, the **agent** that needed to find an escape route had a map that was easy to get to but not so easily **detectable** by someone else. You can make your own with an old scarf or other **fabric** and a **permanent marker** providing (providing: ~라면) you get the **permission** to mark up the scarf first.

A few other tools that would be good for a spy to have **handy** are things like binoculars; a small notebook and pen; **magnifying** glass; Swiss Army knife; hat or **wig** for quick **disguising**; sneakers or other quiet shoes for stealth walking (살며시 걷기); clothes in dark colors. The best tools of all, though, are your eyes, your ears, and your **brilliant** brains! Pay attention to (pay attention to: ~에 주의를 기울이다) everything that's going on around you, **blend** into your surroundings, look for **subtle clues** to tell you more about what's happening and write everything down. With any luck, you'll not only become a great spy, but you'll be on your way to (be on one's way to: ~의 길로 가다) becoming a great writer. You know, just in case (just in case: 만약 ~할 경우를 위해) a spy career doesn't work out.

Fill in the Blanks

❙ 본문의 내용을 기억하며 다시 읽어 볼 차례입니다. 이번에는 글을 읽으면서 빈칸에 들어갈 단어를 주어진 철자로 시작하여 써 보세요.

How to Become a Great Spy

In films, spies use high-tech equipment to ①a__________ ②c__________ missions, but all spies are grounded in the basics: good, plain, low-tech observation that can be performed without the aid of any fancy technology. In World War Ⅱ, women spies used something called an 'escape and ③e__________' scarf with maps printed on one side. Thanks to those scarves, the ④a__________ that needed to find an escape route had a map that was easy to get to but not so easily ⑤d__________ by someone else. You can make your own with an old scarf or other fabric and a permanent marker providing you get the ⑥p__________ to mark up the scarf first.

A few other tools that would be good for a spy to have handy are things like binoculars; a small notebook and pen; ⑦m__________ glass; Swiss Army knife; hat or wig for quick disguising; sneakers or other quiet shoes for stealth walking; clothes in dark colors. The best tools of all, though, are your eyes, your ears, and your ⑧b__________ brains! Pay attention to everything that's going on around you, ⑨b__________ into your surroundings, look for subtle ⑩c__________ to tell you more about what's happening and write everything down. With any luck, you'll not only become a great spy, but you'll be on your way to becoming a great writer. You know, just in case a spy career doesn't work out.

해설 위대한 스파이가 되는 법

영화에서, 스파이들은 비밀 임무를 완수하기 위해 첨단 기술 장비를 사용하지만 모든 스파이들은 기본에 기초를 둔다. 그것은 어느 복잡한 기술의 도움 없이도 수행될 수 있는 좋고, 수수하고, 수준이 낮은 기술의 관찰이다. 제2차 세계 대전에서, 여자 스파이들은 한 면에 지도가 인쇄된 '도피와 회피' 스카프라고 불리는 것을 사용했다. 그런 스카프 덕분에, 도피로를 찾을 필요가 있던 요원은 접근하기는 쉽지만 다른 사람에 의해 그리 쉽게 감지될 수 없는 지도를 가지고 있었다. 여러분은 먼저 스카프에 표시를 해도 된다는 허가를 받는다면 오래된 스카프나 다른 천, 그리고 영구적으로 남는 매직펜을 가지고 여러분 자신의 지도를 만들 수 있다.

스파이들이 가지면 좋을 유용할 것 같은 몇몇 다른 도구들은 쌍안경, 작은 공책과 펜, 확대경[돋보기], 스위스 군용 칼, 신속한 변장을 위한 모자나 가발, 살며시 걷기 위한 운동화나 다른 조용한 신발, 짙은 색의 옷과 같은 것들이다. 그러나 무엇보다도 가장 좋은 도구는 여러분의 눈, 귀와 우수한 두뇌이다! 여러분 주변에서 일어나고 있는 모든 일에 주의를 기울이고, 주위 환경에 섞여 들고, 일어나고 있는 일에 대해 여러분에게 더 많은 것을 말해 주는 미묘한 실마리들을 찾아보고 모든 것을 적어 두라. 운이 좋으면 여러분은 위대한 스파이가 될 뿐만 아니라 위대한 작가가 되는 길을 갈 것이다. 알다시피, 만약 스파이 경력이 잘되지 않는 때를 위해서 말이다.

정답 ①accomplish ②covert ③evasion ④agent ⑤detectable ⑥permission ⑦magnifying ⑧brilliant ⑨blend ⑩clues

❻ 읽기 지문 해석 제시
지문의 해석을 제시하여 빈칸 채우는 활동에 도움이 되도록 하였습니다.

Vocabulary Definition

accomplish [əkámpliʃ]
동 완수[달성]하다, 성취하다 accomplishment 명 달성, 성취
As a young scientist, there is much more I want to accomplish in the future.
젊은 과학자로서, 내가 미래에 달성하고 싶은 것은 훨씬 더 많이 있다.
유 achieve 달성하다

covert [kʌ́vərt]
형 비밀의, 은밀한 covertly 부 비밀스럽게, 은밀히
Those spies had a covert plan to escape, and it was not known to anybody.
그 스파이들은 도망갈 비밀스러운 계획을 갖고 있었고, 그것은 아무에게도 알려지지 않았다.
유 secret 비밀의 confidential 은밀한 반 overt 공공연한

mission [míʃən]
명 임무, (힘든) 과제 missionary 명 선교사
She was sent to Egypt on an important mission.
그녀는 중요한 임무를 띠고 이집트로 보내졌다.
유 duty 의무, 임무 responsibility 임무, 책임

❼ 표제어
읽기 지문에 제시된 표제어의 의미와 파생어, 유의어 및 반의어를 함께 제시했습니다.

❽ 기출예문
표제어가 수능, 모의평가, 학력평가, EBS 연계교재에서 어떻게 사용되었는지 알 수 있도록 기출 예문을 제시하였습니다.

❾ Voca Plus, Voca & Voca
Voca Plus를 통해 표제어를 활용한 다양한 표현을 익히고 Voca & Voca를 통해 표제어와 뉘앙스가 다른 유사어를 함께 익히도록 하였습니다.

Voca Plus
plain yogurt 맛을 가미하지 않은 요구르트
plain truth 분명한[뻔한] 진실

Voca & Voca
▸ permission 허가, 승인
legal permission 법적인 허가
▸ approval 찬성, 승인
full approval 완전한 찬성

■ 망각 곡선을 거스르는 78회의 반복 테스트

Synonym & Antonym 유의어와 반의어를 확인 … 어를 주어진 철자로 시…

01 an important mission
02 fancy technological words
03 We need cotton fabric.
04 any permanent damage
05 a covert plan to escape
06 a subtle change in his attitude
07 Smartphones are handy.

|정답| 01 duty 02 elaborate 03 cloth 04 temporary

Review Test 1

❙ 학습한 내용은 꾸준히 복습하지 않으면 누구나 며칠 만에 … 한 번 간단히 복습하면 기억을 되살릴 수 있습니다. 1~…

A 우리말은 영어로, 영어는 우리말로 쓰시오.

01 회피, 모면 e
02 확대하다, 키우다 m
03 목격하다; 목격자 w
04 굴욕, 창피 h
05 생존 s
06 가능성, 역경, 배당률 o
07 미묘한 s
08 집중적인, 집약적인 i
09 헌신, 전념, 약속 c
10 분류하다 c

Progress Test 1

❙ 공부한 단어를 꾸준히 복습하지 않으면 이내 잊게 됩니다.

A 영어는 우리말로, 우리말은 영어로 쓰시오.

01	introductory	______	26
02	hang	______	27
03	consistently	______	28
04	therapy	______	29
05	televise	______	30
06	publish	______	31
07	accomplish	______	32
08	exhibition	______	33

▶60회의 Unit Test
각 Unit마다 테스트를 제공하여 반복 학습이 이루어지도록 하였습니다. 단순 암기식 문항이 아닌, 유의미한 맥락 속에서 어휘를 상기시키고 활용하도록 구성하였습니다.

▶12회의 Review Test
5개의 Unit마다 Review 테스트를 제공하여 누적 반복 학습이 이루어지도록 하였습니다. 단어의 뜻과 쓰임을 점검하는 활동을 통해 학습한 단어를 복습할 수 있도록 구성하였습니다.

▶6회의 Progress Test
10개의 Unit마다 Progress 테스트를 제공하여 다시 한 번 더 반복 학습하도록 구성하였습니다. 학습자가 지금까지 배운 단어를 최종 점검하면서 자신의 발전 정도를 확인하고 학습한 내용을 되새기도록 하였습니다.

Contents

고교필수어휘 2500

Voca POWER

Unit 01

How to Become a Great Spy

▌이번 단원에서 학습하게 될 단어들입니다. 이미 알고 있는 단어에 V 표시해 보세요.

☐ accomplish	☐ covert	☐ mission	☐ plain
☐ fancy	☐ evasion	☐ agent	☐ detectable
☐ fabric	☐ permanent	☐ marker	☐ permission
☐ handy	☐ magnify	☐ wig	☐ disguise
☐ brilliant	☐ blend	☐ subtle	☐ clue

▌주어진 단어를 알맞은 뜻과 연결해 보세요. 단어의 뜻을 모르면 아래 정답에서 확인해 보세요.

01	accomplish •	• a	완수[달성]하다, 성취하다
02	covert •	• b	요원, 대리인
03	evasion •	• c	비밀의, 은밀한
04	plain •	• d	수수한, 무늬가 없는, 분명한
05	agent •	• e	회피, 모면
06	permission •	• f	허락, 허가
07	magnify •	• g	미묘한, 감지하기 힘든
08	disguise •	• h	우수한, 훌륭한, 밝은
09	subtle •	• i	확대하다, 키우다
10	brilliant •	• j	가장[변조]하다

|정답| 01 a 02 c 03 e 04 d 05 b 06 f 07 i 08 j 09 g 10 h

Vocabulary in Reading Context

▌해석은 한 번에 가능하지 않습니다. 해석이 잘되지 않더라도 먼저 아랫글을 단숨에 읽어 보세요.

In films, spies use high-tech equipment (첨단 기술 장비) to **accomplish covert missions**, but all spies are grounded in (be grounded in: ~에 기초를 두다) the basics: good, **plain**, low-tech observation that can be performed without the aid of any **fancy** technology. In World War Ⅱ, women spies used something called an 'escape and evasion' scarf with maps printed on one side. Thanks to (thanks to: ~ 덕분에) those scarves, the **agent** that needed to find an escape route had a map that was easy to get to but not so easily **detectable** by someone else. You can make your own with an old scarf or other **fabric** and a **permanent marker** providing (providing: ~라면) you get the **permission** to mark up the scarf first.

A few other tools that would be good for a spy to have **handy** are things like binoculars; a small notebook and pen; **magnifying** glass; Swiss Army knife; hat or **wig** for quick **disguising**; sneakers or other quiet shoes for stealth walking (살며시 걷기); clothes in dark colors. The best tools of all, though, are your eyes, your ears, and your **brilliant** brains! Pay attention to (pay attention to: ~에 주의를 기울이다) everything that's going on around you, **blend** into your surroundings, look for **subtle clues** to tell you more about what's happening and write everything down. With any luck, you'll not only become a great spy, but you'll be on your way to (be on one's way to: ~의 길로 가다) becoming a great writer. You know, just in case (just in case: 만약 ~할 경우를 위해) a spy career doesn't work out.

▌본문의 의미가 이해되나요? 원어민 선생님이 읽어 주시는 지문을 들으며 다시 한 번 읽어 보세요.

Fill in the Blanks

▌본문의 내용을 기억하며 다시 읽어 볼 차례입니다. 이번에는 글을 읽으면서 빈칸에 들어갈 단어를 주어진 철자로 시작하여 써 보세요.

How to Become a Great Spy

In films, spies use high-tech equipment to ❶a__________ ❷c__________ missions, but all spies are grounded in the basics: good, plain, low-tech observation that can be performed without the aid of any fancy technology. In World War Ⅱ, women spies used something called an 'escape and ❸e__________' scarf with maps printed on one side. Thanks to those scarves, the ❹a__________ that needed to find an escape route had a map that was easy to get to but not so easily ❺d__________ by someone else. You can make your own with an old scarf or other fabric and a permanent marker providing you get the ❻p__________ to mark up the scarf first.

A few other tools that would be good for a spy to have handy are things like binoculars; a small notebook and pen; ❼m__________ glass; Swiss Army knife; hat or wig for quick disguising; sneakers or other quiet shoes for stealth walking; clothes in dark colors. The best tools of all, though, are your eyes, your ears, and your ❽b__________ brains! Pay attention to everything that's going on around you, ❾b__________ into your surroundings, look for subtle ❿c__________ to tell you more about what's happening and write everything down. With any luck, you'll not only become a great spy, but you'll be on your way to becoming a great writer. You know, just in case a spy career doesn't work out.

해석 위대한 스파이가 되는 법

영화에서, 스파이들은 비밀 임무를 완수하기 위해 첨단 기술 장비를 사용하지만 모든 스파이들은 기본에 기초를 둔다. 그것은 어느 복잡한 기술의 도움 없이도 수행될 수 있는 좋고, 수수하고, 수준이 낮은 기술의 관찰이다. 제2차 세계 대전에서, 여자 스파이들은 한 면에 지도가 인쇄된 '도피와 회피' 스카프라고 불리는 것을 사용했다. 그런 스카프 덕분에, 도피로를 찾을 필요가 있던 요원은 접근하기는 쉽지만 다른 사람에 의해 그리 쉽게 감지될 수 없는 지도를 가지고 있었다. 여러분은 먼저 스카프에 표시를 해도 된다는 허가를 받는다면 오래된 스카프나 다른 천, 그리고 영구적으로 남는 매직펜을 가지고 여러분 자신의 지도를 만들 수 있다.

스파이들이 가지면 좋을 유용할 것 같은 몇몇 다른 도구들은 쌍안경, 작은 공책과 펜, 확대경[돋보기], 스위스 군용 칼, 신속한 변장을 위한 모자나 가발, 살며시 걷기 위한 운동화나 다른 조용한 신발, 짙은 색의 옷과 같은 것들이다. 그러나 무엇보다도 가장 좋은 도구는 여러분의 눈, 귀와 우수한 두뇌이다! 여러분 주변에서 일어나고 있는 모든 일에 주의를 기울이고, 주위 환경에 섞여 들고, 일어나고 있는 일에 대해 여러분에게 더 많은 것을 말해 주는 미묘한 실마리들을 찾아보고 모든 것을 적어 두라. 운이 좋으면 여러분은 위대한 스파이가 될 뿐만 아니라 위대한 작가가 되는 길을 갈 것이다. 알다시피, 만약 스파이 경력이 잘되지 않는 때를 위해서 말이다.

|정답| ❶accomplish ❷covert ❸evasion ❹agent ❺detectable ❻permission ❼magnifying ❽brilliant ❾blend ❿clues

accomplish
[əkɑ́mpliʃ]

동 완수[달성]하다, 성취하다 **accomplishment** 명 달성, 성취
As a young scientist, there is much more I want to **accomplish** in the future.
젊은 과학자로서, 내가 미래에 달성하고 싶은 것은 훨씬 더 많이 있다.
유 **achieve** 달성하다

covert
[kʌ́vərt]

형 비밀의, 은밀한 **covertly** 부 비밀스럽게, 은밀히
Those spies had a **covert** plan to escape, and it was not known to anybody.
그 스파이들은 도망갈 비밀스러운 계획을 갖고 있었고, 그것은 아무에게도 알려지지 않았다.
유 **secret** 비밀의 **confidential** 은밀한 반 **overt** 공공연한

mission
[míʃən]

명 임무, (힘든) 과제 **missionary** 명 선교사
She was sent to Egypt on an important **mission**.
그녀는 중요한 임무를 띠고 이집트로 보내졌다.
유 **duty** 의무, 임무 **responsibility** 임무, 책임

plain
[plein]

형 수수한, 무늬가 없는, 분명한
Change your party dress into **plain** clothes.
너의 파티 드레스를 수수한 옷으로 갈아입어라.
She wrapped the gifts with **plain** paper.
그녀는 선물을 무늬가 없는 종이로 포장했다.
The message was as **plain** as day.
그 메시지는 너무나 분명했다.
반 **colorful** 화려한

Voca Plus
plain yogurt 맛을 가미하지 않은 요구르트
plain truth 분명한[뻔한] 진실

fancy
[fǽnsi]

형 복잡한, 화려한, 공상의 명 상상, 공상
Jack likes to use **fancy** technological words.
Jack은 복잡한 기술적인 말을 쓰는 것을 좋아한다.
유 **elaborate** 정교한, 공들인

evasion
[ivéiʒən]

명 회피, 모면 **evade** 동 회피[모면]하다 **evasive** 형 회피하는
She put off the matter with excuses and **evasions**.
그녀는 그 일을 변명과 회피로 미뤘다.

agent
[éidʒənt]

명 요원, 대리인, (예술·연예·스포츠 부문의) 에이전트 **agency** 명 대리점
They say that she's a CIA **agent**.
그녀는 CIA 요원이라고들 한다.
Let's call this real estate **agent** and ask about the apartment.
이 부동산 대리인에게 전화해서 그 아파트에 대해 물어봅시다.

detectable
[ditéktəbl]

형 감지[탐지/발견]할 수 있는 **detect** 동 발견하다, 감지하다

The data seemed random and had no **detectable** patterns.

그 데이터는 무작위인 것 같았고 감지할 수 있는 패턴이 없었다.

fabric
[fǽbrik]

명 천, 직물, 구조

For the dyeing class, we need cotton **fabric**.

염색 수업을 위해, 우리는 면직 천이 필요하다.

The idea threatens the **fabric** of society.

그 생각은 사회의 구조를 위협한다.

유 **cloth** 천 **textile** 직물

permanent
[pə́ːrmənənt]

형 영구적인 **permanently** 부 영구적으로 **permanence** 명 영구, 영속성

The accident has not done any **permanent** damage.

그 사고는 어떤 영구적인 손상도 가하지 않았다.

유 **lasting** 오래 가는 반 **temporary** 일시적인

marker
[mάːrkər]

명 매직펜, 표시(물) **mark** 동 표시하다

Draw the outline with a heavy black **marker**.

윤곽선을 굵은 검은색 매직펜으로 그려라.

Price is not always an accurate **marker** of quality.

가격이 항상 품질의 정확한 표시는 아니다.

permission
[pərmíʃən]

명 허락, 허가 **permit** 동 허가[허락]하다

Please do not leave without **permission**.

허락 없이 떠나지 마십시오.

유 **approval** 동의, 승인 반 **prohibition** 금지

Voca & Voca

▸ permission 허가, 승인
legal permission 법적인 허가

▸ approval 찬성, 승인
full approval 완전한 찬성

handy
[hǽndi]

형 유용한, 편리한, 손재주가 있는

Smartphones are **handy** for finding information.

스마트폰은 정보를 찾기에 유용하다.

He's really **handy** when it comes to fixing machines.

그는 기계를 고치는 것에 관한 한 정말 손재주가 있다.

유 **useful** 유용한 **practical** 실용적인

magnify
[mǽgnəfài]

동 확대하다, 키우다 **magnifier** 명 확대경, 돋보기 **magnification** 명 확대

We will **magnify** the germs to 1,000 times their actual size.

우리는 세균을 실제 크기보다 1천 배 확대할 것이다.

유 **enlarge** 키우다 반 **reduce** 줄이다

wig
[wig]

명 가발

Wear a **wig** to cover your bald head.

벗겨진 머리를 덮으려면 가발을 착용해라.

disguise
[disgáiz]

동 변조[가장]하다 명 변장, 가장

The device **disguises** the quality of a voice and creates artificial sound.

그 장치는 목소리의 성질을 변조하고 인위적인 목소리를 만든다.

유 **camouflage** 위장, 변장

brilliant
[bríljənt]

형 우수한, 훌륭한, 밝은 **brilliance** 명 밝음, 총명함

The school turned out many **brilliant** young people.

그 학교는 많은 우수한 젊은이를 배출했다.

The ceremony was held in **brilliant** sunshine.

그 의식은 밝은 햇빛 속에서 열렸다.

유 **intelligent** 똑똑한 **clever** 영리한

Voca Plus

a brilliant career 훌륭한 경력

brilliant blue eyes 선명한 푸른 눈

blend
[blend]

동 섞(이)다, 혼합하다 명 혼합

The color helps the fox **blend** with the desert.

그 색상은 그 여우가 사막에 섞이는 것[사막 색과 비슷해지는 것]을 돕는다.

유 **mix** 섞다 **join** 합치다 **combine** 합치다

subtle
[sʌ́tl]

형 미묘한, 감지하기 힘든 **subtlety** 명 미묘함, 감지하기 힘듦

I noticed a **subtle** change in his attitude.

나는 그의 태도에서 미묘한 변화를 알아차렸다.

유 **slight** 적은, 약간의 반 **obvious** 분명한

clue
[klu:]

명 실마리, 단서

The police officer found a **clue** in the office.

그 경찰관은 사무실에서 실마리를 찾았다.

유 **hint** 힌트 **sign** 표시

Synonym & Antonym

유의어와 반의어를 확인해 보는 시간입니다. 밑줄 친 단어의 유의어 혹은 반의어를 주어진 철자로 시작하여 써 보세요.

01 an important mission ㊌ d__________

02 fancy technological words ㊌ e__________

03 We need cotton fabric. ㊌ c__________

04 any permanent damage ㊕ t__________

05 a covert plan to escape ㊕ o__________

06 a subtle change in his attitude ㊕ o__________

07 Smartphones are handy. ㊌ u__________

|정답| 01 duty 02 elaborate 03 cloth 04 temporary 05 overt 06 obvious 07 useful

Vocabulary Extension

이제 품사가 다른 여러 형태의 단어를 학습해 보겠습니다. [보기]의 단어를 변형하여 빈칸에 들어갈 알맞은 말을 써 보세요.

보기 accomplish brilliant detectable magnify permanent

01 The dog can __________ any illegal drugs with its sharp sense of smell.

02 Let's take a(n) __________ to observe ants closely.

03 The couple fell in love with this house and moved here __________.

04 To prepare for the job interview, I will describe the greatest __________ in my life.

05 My eyes became accustomed to the dark after the __________ of the sun outside, so I could see what was inside the cave.

|정답| 01 detect 02 magnifier 03 permanently 04 accomplishment 05 brilliance

|해석| 01 그 개는 예리한 후각으로 어떤 불법적인 약품이라도 탐지할 수 있다. 02 개미를 면밀히 관찰하려면 돋보기를 가져가자. 03 그 부부는 이 집이 매우 마음에 들어 여기로 영구적으로 이사했다. 04 취업 면접을 준비하기 위해 나는 인생에서 가장 큰 성취를 묘사할 것이다. 05 내 눈은 밖의 태양의 밝음을 보고 난 다음 어둠에 익숙해져서 동굴 안에 뭐가 있는지 볼 수 있었다.

Choosing the Right Word

가장 적절한 단어가 어떤 것인지 확인하는 시간입니다. 주어진 문장에 들어갈 가장 적절한 단어를 네모 안에서 골라 보세요.

01 Those spies had a covert / detectable plan to escape, and it was not known to anybody.

02 We will magnify / blend the germs to 1,000 times their actual size.

03 The idea threatens the plain / fabric of society.

04 The device disguises / clues the quality of a voice and creates artificial sound.

05 The ceremony was held in brilliant / subtle sunshine.

06 As a young scientist, there is much more I want to accomplish / fancy in the future.

07 He's really handy / subtle when it comes to fixing machines.

08 Thanks to those scarves, the agent / marker that needed to find an escape route had a map that was easy to get to but not so easily detectable by someone else.

09 In World War II, women spies used something called an 'escape and wig / evasion' scarf with maps printed on one side.

10 Good, plain, low-tech observation can be performed without the aid of any fancy / permission technology.

| 정답 | 01 covert 02 magnify 03 fabric 04 disguises 05 brilliant 06 accomplish 07 handy 08 agent 09 evasion 10 fancy

| 해석 | 01 그 스파이들은 도망갈 비밀스러운 계획을 갖고 있었고 그것은 아무에게도 알려지지 않았다. 02 우리는 세균을 실제 크기보다 1천 배 확대할 것이다. 03 그 생각은 사회의 구조를 위협한다. 04 그 장치는 목소리의 성질을 변조하고 인위적인 목소리를 만든다. 05 그 의식은 밝은 햇빛 속에서 열렸다. 06 젊은 과학자로서, 내가 미래에 달성하고 싶은 것이 훨씬 더 많이 있다. 07 그는 기계를 고치는 것에 관한 한 정말 손재주가 있다. 08 그런 스카프 덕분에, 도피로를 찾을 필요가 있던 요원은 접근하기는 쉽지만 다른 사람에 의해 그리 쉽게 감지될 수 없는 지도를 가지고 있었다. 09 제 2차 세계 대전에서, 여자 스파이들은 한 면에 지도가 인쇄된 '도피와 회피' 스카프라고 불리는 것을 사용했다. 10 좋고, 수수하고, 수준이 낮은 기술의 관찰은 어느 복잡한 기술의 도움 없이도 수행될 수 있다.

Unit 02

Plato's First Career Choice – Playwright

▍이번 단원에서 학습하게 될 단어들입니다. 이미 알고 있는 단어에 V 표시해 보세요.

☐ playwright	☐ submit	☐ tragedy	☐ secure
☐ patron	☐ acquire	☐ desirable	☐ fierce
☐ witness	☐ humiliation	☐ career	☐ celebrity
☐ occupation	☐ messy	☐ creature	☐ notorious
☐ ironic	☐ phrase	☐ razor	☐ bystander

▍주어진 단어를 알맞은 뜻과 연결해 보세요. 단어의 뜻을 모르면 아래 정답에서 확인해 보세요.

01	submit	•	•	a	경력
02	secure	•	•	b	목격하다
03	career	•	•	c	구경꾼
04	witness	•	•	d	악명 높은
05	tragedy	•	•	e	굴욕
06	celebrity	•	•	f	극작가
07	notorious	•	•	g	제출하다
08	bystander	•	•	h	확보하다
09	playwright	•	•	i	비극
10	humiliation	•	•	j	유명 인사

|정답| 01 g 02 h 03 a 04 b 05 i 06 j 07 d 08 c 09 f 10 e

Vocabulary in Reading Context

▌해석은 한 번에 가능하지 않습니다. 해석이 잘되지 않더라도 먼저 아랫글을 단숨에 읽어 보세요.

Sometime during the fifth century BCE (기원전), a young **playwright submitted** his **tragedy** to the theater competition (연극 경연 대회) at Athens. Despite his youth, he was quite experienced in the theater. He had **secured** the financial backing (재정적 지원) of a **patron**, Dion, and so **acquired** one of the most **desirable** posts in the Athenian theater world. This was apparently not enough for the young man, for there was one higher honor to be had: winning first prize as playwright. The competition was **fierce**. Everyone would be there to **witness** triumph or **humiliation**. If his play won, it would be the making of his **career**. He would be honored and become an instant **celebrity**; surely he would stop going to school and quit wrestling, his other two **occupations**.

But as he made his way to (make one's way to: ~로 가다) the theater to submit his play, something unexpected happened. He ran into (run into: ~을 만나다) a small group of people who were listening to a **messy creature** whom he recognized as the **notorious** public speaker, Socrates. He started to listen and was strangely compelled by (be compelled by: ~에 압도되다) Socrates' witty and **ironic phrases**, which cut like **razors** through (cut through: ~을 관통해 나가다) the incoherent speeches put forward by various **bystanders**. He decided to become a student of this man. And then, on the steps of the great Dionysius Theater of Athens, he burned his play. The playwright, of course, was Plato.

* incoherent 앞뒤가 맞지 않는

▌본문의 의미가 이해되나요? 원어민 선생님이 읽어 주시는 지문을 들으며 다시 한 번 읽어 보세요.

Fill in the Blanks

본문의 내용을 기억하며 다시 읽어 볼 차례입니다. 이번에는 글을 읽으면서 빈칸에 들어갈 단어를 주어진 철자로 시작하여 써 보세요.

Plato's First Career Choice – Playwright

Sometime during the fifth century BCE, a young playwright ❶s__________ his tragedy to the theater competition at Athens. Despite his youth, he was quite experienced in the theater. He had secured the financial backing of a ❷p__________, Dion, and so ❸a__________ one of the most desirable posts in the Athenian theater world. This was 5 apparently not enough for the young man, for there was one higher honor to be had: winning first prize as playwright. The competition was ❹f__________. Everyone would be there to ❺w__________ triumph or humiliation. If his play won, it would be the making of his career. He would be honored and become an instant ❻c__________; surely he would stop going to school and quit wrestling, his other two ❼o__________.

10 But as he made his way to the theater to submit his play, something unexpected happened. He ran into a small group of people who were listening to a messy creature whom he recognized as the ❽n__________ public speaker, Socrates. He started to listen and was strangely compelled by Socrates' witty and ironic ❾p__________, which cut like razors through the incoherent speeches put forward by various ❿b__________. He decided 15 to become a student of this man. And then, on the steps of the great Dionysius Theater of Athens, he burned his play. The playwright, of course, was Plato.

* incoherent 앞뒤가 맞지 않는

해석 플라톤의 첫 번째 직업 선택 – 극작가

기원전 5세기 언젠가, 한 젊은 극작가가 자신의 비극을 아테네에서 열리는 연극 경연 대회에 제출했다. 젊음에도 불구하고, 그는 연극 경험이 풍부했다. 그는 Dion이라는 후원자의 재정적 지원을 확보해 두었고, 그래서 아테네 연극계에서 가장 탐나는 자리 중 하나를 획득하고 있었다. 확실히 그 젊은이에게는 이것만으로는 충분치 않았는데, 왜냐하면 가져야 할 더 높은 명예가 하나 있었기 때문인데, 극작가로서 1등상을 수상하는 것이었다. 그 경연 대회는 치열했다. 승리 또는 굴욕을 목격하기 위해 모든 사람이 거기에 있을 터였다. 그의 희곡이 수상하면, 그것은 그의 경력을 만드는 것이 될 것이다. 그는 영예를 누릴 것이고 즉시 유명 인사가 될 것이며, 분명 그는 학교를 그만 다닐 것이고 레슬링을 그만둘 것인데, 그것들은 그의 두 가지 다른 직업이었다.

하지만 자신의 희곡을 제출하러 그가 극장으로 갔을 때, 예상치 않은 일이 벌어졌다. 그는 한 지저분한 사람이 하는 말을 듣고 있는 작은 무리의 사람들을 만났는데, 그는 그 사람이 악명 높은 대중 연설가인 소크라테스라는 것을 알아차렸다. 그는 (그의 연설을) 듣기 시작했고 소크라테스의 재치 있으면서도 반어적인 구절들에 이상하게 압도되었는데, 그것들[그가 말하는 구절들]은 여러 구경꾼들이 내놓는 앞뒤가 맞지 않는 연설을 마치 면도날처럼 관통해 나갔다. 그는 이 사람의 제자가 되기로 결심했다. 그런 다음, 아테네의 위대한 Dionysius 극장 계단 위에서 그는 자신의 희곡을 불태웠다. 그 극작가는 물론 플라톤이었다.

|정답| ❶submitted ❷patron ❸acquired ❹fierce ❺witness ❻celebrity ❼occupations ❽notorious ❾phrases ❿bystanders

playwright
[pléiràit]

명 극작가, 각본가
Our professor is a novelist and **playwright**.
우리 교수님은 소설가 겸 극작가이다.
유 **dramatist** 극작가, 드라마 작가

submit
[səbmít]

동 제출하다, 항복[굴복]하다 **submission** 명 제출, 항복
The plans will be **submitted** next week.
그 계획은 다음 주에 제출될 것이다.

tragedy
[trǽdʒədi]

명 비극, 비극적 사건, 참사 **tragic** 형 비극의, 비극적인
Hamlet is one of Shakespeare's best known **tragedies**.
'햄릿'은 셰익스피어의 가장 잘 알려진 비극 중 하나이다.
반 **comedy** 희극

secure
[sikjúər]

동 확보하다, 고정시키다 형 안전한, 단단한
The new chairman **secured** 2,000 votes.
새 의장은 2,000표를 확보했다.
반 **lose** 잃다, 상실하다

patron
[péitrən]

명 후원자, 단골 (고객) **patronize** 동 후원하다, (상점·식당 등을) 애용하다
Frederick the Great was the **patron** of many artists.
프리드리히 대제는 많은 화가들의 후원자였다.
유 **supporter** 지지자, 후원자 **sponsor** 후원자, 스폰서

acquire
[əkwáiər]

동 획득[취득]하다, 얻다 **acquisition** 명 습득, (기업) 인수, 매입
Human beings **acquire** knowledge from books.
인간은 책에서 지식을 얻는다.
유 **obtain** 얻다 반 **abandon** 버리다, 포기하다

desirable
[dizáiərəbl]

형 탐나는, 바람직한, 가치 있는 **desire** 명 욕구, 갈망
Reducing class sizes in schools is a **desirable** aim.
학교에서 학급 규모를 줄이는 것은 바람직한 목표이다.

fierce
[fiərs]

형 치열한, 격렬한, 사나운

The competition to enter the university is very **fierce**.

대학 입학 경쟁은 매우 치열하다.

반 **moderate** 지나치지 않은, 알맞은

Voca Plus

fierce wind 맹렬한 바람 | **fierce loyalty** 맹렬한 충성심
fierce eyes 매서운 눈초리 | **fierce heat[cold]** 혹서[혹한]
fierce pain 격통 | **fierce cold** 지독한 감기

witness
[wítnis]

동 목격하다 명 목격자, 증인

Did anyone **witness** the attack?

누군가 그 폭행을 목격했나요?

humiliation
[hju:mìliéiʃən]

명 굴욕, 창피 **humiliate** 동 굴욕감을 주다

Imagine the **humiliation** of having to apologize.

사과해야 하는 굴욕을 상상해 보세요.

career
[kəríər]

명 경력, 이력, 직업

Choosing a **career** can be a very difficult decision.

직업을 선택하는 것은 매우 어려운 결정일 수 있다.

celebrity
[səlébrəti]

명 유명 인사, 명성

The success of her book gave her unexpected **celebrity** status.

그녀의 책의 성공이 그녀에게 예기치 않은 유명 인사의 지위를 제공했다.

occupation
[ɑ̀kjəpéiʃən]

명 직업, 점유 **occupy** 동 차지하다, 점유하다

Please give your name, address, and **occupation**.

성함, 주소, 그리고 직업을 제시해 주세요.

Voca & Voca 일, 직업

- occupation (비교적 격식적인) 직업
  manual occupation 육체 노동직
- career (보통 시간이 흐를수록 책임도 커지는) 직업, 직장 생활
  a career in the electronics industry 전자 산업에서의 직장 생활
- profession (특히 전문적인) 직업
  enter the medical profession 의료직에 종사하게 되다

messy
[mési]

형 지저분한, 엉망인 mess 명 엉망인 상태

The room is **messy**.

방이 엉망이다.

유 **untidy** 단정치 못한, 어수선한 반 **organized** 정리된

creature
[krí:tʃər]

명 사람, 생물

Josh is a strange **creature**.

Josh는 이상한 사람이다.

유 **individual** 사람, 개인

notorious
[noutɔ́:riəs]

형 악명 높은

Fort Wayne is **notorious** for poor quality water.

Fort Wayne은 수질이 형편없기로 악명 높다.

유 **dishonorable** 평판이 나쁜 반 **respected** 높이 평가되는

ironic
[airánik]

형 반어적인, 역설[모순]적인 irony 명 반어(법), 아이러니

Your car was stolen at the police station! How **ironic**!

네 자동차가 경찰서에서 도난당했다니! 얼마나 역설적인가!

phrase
[freiz]

명 구, 구절, 관용구

Who first used the **phrase** 'survival of the fittest'?

'적자생존'이란 구절을 누가 처음 사용했나요?

Voca & Voca 말, 용어, 표현

- word 단어, 낱말
  new words 새로운 단어
- term (비교적 격식) 용어, 말
  legal terms 법률 용어
- expression 표현
  expressions of sympathy 동정의 표현

razor
[réizər]

명 면도날, 면도칼

We used a **razor** to cut the string.

우리는 줄을 끊기 위해 면도날을 사용했다.

bystander
[báistæ̀ndər]

명 구경꾼, 행인, 방관자

Many innocent **bystanders** were injured by the explosion.

많은 무고한 구경꾼들이 그 폭발로 인해 부상을 입었다.

유 **onlooker** 구경꾼, 방관자

Synonym & Antonym

유의어와 반의어를 확인해 보는 시간입니다. 밑줄 친 단어의 유의어 혹은 반의어를 주어진 철자로 시작하여 써 보세요.

01 a novelist and playwright ㊌ d__________

02 the patron of many artists ㊌ s__________

03 acquire knowledge from books ㊌ o__________

04 many innocent bystanders ㊌ o__________

05 The competition is very fierce. ㊤ m__________

06 The room is messy. ㊤ o__________

07 notorious for poor quality water ㊌ d__________

|정답| 01 dramatist 02 supporter[sponsor] 03 obtain 04 onlooker 05 moderate 06 organized 07 dishonorable

Vocabulary Extension

이제 품사가 다른 여러 형태의 단어를 학습해 보겠습니다. [보기]의 단어를 변형하여 빈칸에 들어갈 알맞은 말을 써 보세요.

보기 humiliation ironic messy patron submit

01 Your room is a(n) __________; please pick up your toys.

02 The deadline for the __________ of reports is next Friday.

03 The restaurant was __________ by many writers during the 1980s.

04 The __________ of the new tax system is that it will certainly burden those it was intended to help.

05 One man should not __________ another; as a human being, one should not despise anyone anywhere.

|정답| 01 mess 02 submission 03 patronized 04 irony 05 humiliate

|해석| 01 네 방이 엉망이구나. 장난감을 치우도록 해라. 02 보고서 제출 마감일은 다음 주 금요일이다. 03 그 음식점은 1980년대 동안 많은 작가들이 애용했다. 04 새 조세 제도의 아이러니는 그 제도가 도우려고 의도했던 사람들에게 그것이 분명 부담을 지울 것이라는 점이다. 05 한 사람이 다른 사람에게 굴욕감을 줘서는 안 되는데, 인간으로서 우리는 어디에서든 어느 누구도 멸시하면 안 된다.

Choosing the Right Word

가장 적절한 단어가 어떤 것인지 확인하는 시간입니다. 주어진 문장에 들어갈 가장 적절한 단어를 네모 안에서 골라 보세요.

01 We used a mess / razor to cut the string.

02 Imagine the creature / humiliation of having to apologize.

03 Who first used the career / phrase 'survival of the fittest'?

04 Fort Wayne is notorious / desirable for poor quality water.

05 Everyone would be there to submit / witness triumph or humiliation.

06 Reducing class sizes in schools is a desirable / messy aim.

07 He would be honored and become an instant celebrity / bystander.

08 Surely he would stop going to school and quit wrestling, his other two occupations / patrons.

09 Sometime during the fifth century BCE, a young playwright submitted / witnessed his tragedy to the theater competition at Athens.

10 He had secured the financial backing of a patron, Dion, and so acquired / humiliated one of the most desirable posts in the Athenian theater world.

|정답| 01 razor 02 humiliation 03 phrase 04 notorious 05 witness 06 desirable 07 celebrity 08 occupations 09 submitted 10 acquired

|해석| 01 우리는 줄을 끊기 위해 면도날을 사용했다. 02 사과해야 하는 굴욕을 상상해 보세요. 03 '적자생존'이란 구절을 누가 처음 사용했나요? 04 Fort Wayne은 수질이 형편없기로 악명 높다. 05 승리 또는 굴욕을 목격하기 위해 모든 사람이 거기에 있을 터였다. 06 학교에서 학급 규모를 줄이는 것은 바람직한 목표이다. 07 그는 영예를 누릴 것이고 즉시 유명 인사가 될 것이다. 08 분명 그는 학교를 그만 다닐 것이고 레슬링을 그만둘 것인데, 그것들은 그의 두 가지 다른 직업이었다. 09 기원전 5세기 언젠가, 한 젊은 극작가가 자신의 비극을 아테네에서 열리는 연극 경연 대회에 제출했다. 10 그는 Dion이라는 후원자의 재정적 지원을 확보해 두었고, 그래서 아테네 연극계에서 가장 탐나는 자리 중 하나를 획득하고 있었다.

Unit 03

Our Innate Drive for New Things

▌이번 단원에서 학습하게 될 단어들입니다. 이미 알고 있는 단어에 V 표시해 보세요.

☐ compel	☐ engage	☐ evolutionary	☐ survival
☐ odds	☐ alert	☐ threat	☐ consistently
☐ parenthood	☐ infant	☐ metaphor	☐ immature
☐ release	☐ inner	☐ link	☐ migrate
☐ mysterious	☐ drive	☐ fade	☐ predictability

▌주어진 단어를 알맞은 뜻과 연결해 보세요. 단어의 뜻을 모르면 아래 정답에서 확인해 보세요.

01 evolutionary	•	•	a 계속해서, 끊임없이
02 odds	•	•	b 진화의, 진화적인
03 consistently	•	•	c 가능성
04 infant	•	•	d 유아, 젖먹이
05 metaphor	•	•	e 약해지다, 희미해지다
06 immature	•	•	f 이주하다
07 release	•	•	g 은유, 비유적 표현
08 migrate	•	•	h 미성숙한
09 mysterious	•	•	i 표출하다, 풀어 주다
10 fade	•	•	j 신비로운

|정답| 01 b 02 c 03 a 04 d 05 g 06 h 07 i 08 f 09 j 10 e

Vocabulary in Reading Context

▌해석은 한 번에 가능하지 않습니다. 해석이 잘되지 않더라도 먼저 아랫글을 단숨에 읽어 보세요.

Novelty **compels** to **engage** with the unfamiliar. Our strong desire for novelty has **evolutionary** roots, improving our **survival odds** by keeping (by -ing: ~함으로써) us **alert** to both friends and **threats** in our environment. When given a choice, babies **consistently** look at, listen to, and play with unfamiliar 5 things. One of my favorite moments from early **parenthood** was when I watched my **infant** son notice his hands for the first time. His discovery stands out (stand out: (쉽게) 눈에 띄다) as a **metaphor** for learning: His interest in what those strange, wonderful things could do was his first step toward controlling them. The preference for novelty is an efficient way for **immature** cognitive systems to process 10 information, helping babies cope with (cope with: ~에 대처하다) changes to their environment before **releasing** their **inner** explorer.

Interestingly, in human genetics, a preference for novelty has been **linked** to the migration of early humans. Recent studies have shown that human groups that **migrated** the farthest from Africa had more of the genes linked to novelty seeking. That is, the 15 people who traveled the farthest from home may have had some biological propensity to experience **mysterious** new places. And yet (그렇다 하더라도), while we are born with a strong **drive** to seek novelty, this drive **fades** over time. As we grow older, other desires take over (take over: 더 강해지다), like wanting more **predictability**.

▌본문의 의미가 이해되나요? 원어민 선생님이 읽어 주시는 지문을 들으며 다시 한 번 읽어 보세요.

Fill in the Blanks

▌본문의 내용을 기억하며 다시 읽어 볼 차례입니다. 이번에는 글을 읽으면서 빈칸에 들어갈 단어를 주어진 철자로 시작하여 써 보세요.

Our Innate Drive for New Things

Novelty compels to engage with the unfamiliar. Our strong desire for novelty has ❶e__________ roots, improving our survival odds by keeping us ❷a__________ to both friends and threats in our environment. When given a choice, babies consistently look at, listen to, and play with unfamiliar things. One of my favorite moments from early parenthood was when I watched my ❸i__________ son notice his hands for the first time. His discovery stands out as a ❹m__________ for learning: His interest in what those strange, wonderful things could do was his first step toward controlling them. The preference for novelty is an efficient way for ❺i__________ cognitive systems to process information, helping babies cope with changes to their environment before releasing their ❻i__________ explorer.

Interestingly, in human genetics, a preference for novelty has been ❼l__________ to the migration of early humans. Recent studies have shown that human groups that ❽m__________ the farthest from Africa had more of the genes linked to novelty seeking. That is, the people who traveled the farthest from home may have had some biological propensity to experience mysterious new places. And yet, while we are born with a strong drive to seek novelty, this drive ❾f__________ over time. As we grow older, other desires take over, like wanting more ❿p__________.

해석 새로운 것에 대한 우리의 타고난 충동

새로운 것은 익숙하지 않은 것과 관계를 맺게 만든다. 새로움에 대한 우리의 강한 욕구에는 진화적인 뿌리가 있는데, 그것은 우리로 하여금 우리 주변에 있는 친구와 위협적인 존재 둘 다에 방심하지 않게 함으로써 우리의 생존 가능성을 높여 준다. 선택권이 주어지면, 아기들은 익숙하지 않은 것들을 계속해서 쳐다보고, 듣고, 가지고 논다. 부모가 됨의 초기 시절 내가 가장 좋아하는 순간 중 하나는 나의 젖먹이 아들이 자기 손을 처음으로 알아차리는 것을 바라본 때였다. 아들의 발견은 쉽게 눈에 띄는 학습에 대한 비유적 표현[은유]이다. 그 이상하고도 멋진 것들이 할 수 있는 것에 대한 그의 관심은 그것들을 조절하는 것을 향한 그의 첫 단계였다. 새로움에 대한 선호는 미성숙한 인지 체계가 정보를 처리하는 효율적인 방법으로, 아기들이 자기 내부의 탐험가를 표출하기 전에 자신의 환경에 대한 변화에 대처하는 것을 도와준다.

흥미롭게도, 인간의 유전적 특징에서 새로움에 대한 선호는 초기 인류가 이주한 것과 연관되어 왔다. 최근의 연구가 보여 준 바에 의하면, 아프리카로부터 가장 먼 곳까지 이주한 인간 집단은 새로움을 찾는 것과 관련된 더 많은 유전자를 가지고 있었다. 즉, 집에서 가장 먼 곳까지 여행한 사람들은 신비로운 새로운 장소를 경험하려는 어떤 생물학적인 성향을 가지고 있었을 가능성이 있다. 그렇다 하더라도, 우리가 새로움을 찾는 것에 대한 강한 욕구를 지니고 태어나지만, 이러한 욕구는 시간이 가면서 약해진다. 나이가 더 들어가면서 더 많은 예측 가능성을 원하는 것처럼 다른 욕구들이 더 강해진다.

|정답| ❶ evolutionary ❷ alert ❸ infant ❹ metaphor ❺ immature ❻ inner ❼ linked ❽ migrated ❾ fades ❿ predictability

compel
[kəmpél]

동 ~하게 하다, 강요하다, (어떤 반응을) 자아내다
compelling 형 흥미진진한, (너무나 흥미로워서) 주목하지 않을 수 없는, 강렬한
The simplified views **compel** us to look at them in a new way.
단순화된 시각은 우리가 그것들을 새로운 방식으로 보게 한다.
유 **drive** ~하게 하다 **force** ~할 수밖에 없게 하다

engage
[ingéidʒ]

동 ~와 연관되다(~ with), 사로잡다, 관계를 맺다 **engagement** 명 약혼, 약속, 교전
The country is taking active actions to **engage** with the world community.
그 국가는 세계 공동체와 연관을 맺기 위해 능동적인 조치를 취하고 있다.
유 **involve** 끌어들이다, 연루시키다

evolutionary
[èvəlú:ʃənèri]

형 진화적인, 진화의, 점진적인 **evolution** 명 진화
From an **evolutionary** perspective, fear helped preserve the species.
진화적인 관점에서, 공포는 종의 보존에 도움이 되었다.

survival
[sərváivəl]

명 생존 **survive** 동 생존하다, 살아남다 **survivor** 명 생존자
You will be able to improve a sufferer's chances of **survival**.
귀하는 환자의 생존 가능성을 향상할 수 있을 것입니다.

Voca Plus
the survival of the fittest 적자생존
long-term[short-term] survival 장기적인[단기적인] 생존
vital for[to] survival 생존에 매우 중요한
a matter of survival 생존의 문제
a struggle for survival 생존을 위한 분투

odds
[ɑdz]

명 가능성, 역경, 곤란, 배당률 **odd** 형 이상한
The **odds** are that the team will win the match.
그 팀이 시합을 이길 가능성이 있다.
Her bravery in the face of impossible **odds** impressed everybody.
불가능한 역경에 직면하여 발휘된 그녀의 용기는 모두에게 감명을 주었다.
유 **probability** 확률 **possibility** 가능성

alert
[ələ́:rt]

형 방심하지 않은, 경계하는 동 (위험 등을) 알리다, 경보를 발하다
명 경계 태세, 경계경보 **alertness** 명 빈틈없음, 조심성 있음
Listening to music keeps people **alert** while being tested.
음악을 듣는 것이 사람들이 검사받는 동안 방심하지 않게 한다.
유 **careful** 주의 깊은 **alarm** 경보를 발하다

threat
[θret]

명 위협, 협박, 위협적인 존재 **threaten** 동 위협하다
threatened 형 위협을 받은, 멸종 위기에 처한
The center is under **threat** of closure due to budget cuts.
그 센터는 예산 삭감 때문에 문을 닫을 위협에 처해 있다.

Voca & Voca

danger 위험한 것, 위험 **risk** 위험, 모험, 도박
hazard 위험, 위험 요소, 장애물

consistently
[kənsístəntli]

부 계속해서, 끊임없이, 지속적으로 **consistent** 형 일관된, 지속적인
She has **consistently** followed through on previous commitments.
그녀는 계속해서 이전의 약속을 이행해 왔다.
유 **continuously** 끊임없이, 계속해서

parenthood
[péərənthud]

명 부모가 됨, 부모임 **parent** 명 부모
We will talk about the joy of **parenthood**.
우리는 부모가 됨의 즐거움에 관해 이야기할 것이다.

infant
[ínfənt]

명 유아, 젖먹이 형 유아용의, 초창기의 **infanthood** 명 유아기
Infants show a strong preference for sweet liquids.
유아는 달콤한 액체에 대한 강한 선호를 보인다.

metaphor
[métəfər]

명 은유, 비유적 표현 **metaphoric** 형 비유적인, 은유적인
The **metaphor** used to describe crime was as a virus.
범죄를 묘사하는 데 사용되었던 은유는 바이러스로였다.
유 **simile** 직유법

immature
[ìmətʃúər]

형 미성숙한, 미숙한 **immaturely** 부 미숙하여, 유치하게
Adults think it is **immature** to give themselves over to play.
어른들은 자신을 놀이에 빠지게 하는 것은 미성숙한 것으로 생각한다.
유 **childish** 유치한 반 **mature** 성숙한, 다 자란

release
[rilíːs]

동 표출하다, 풀어 주다, 발표[공개]하다 명 석방, 풀어 줌, 개봉, 발표, 출시, 해방감
Roger needed friends with whom he could **release** his frustration.
Roger는 함께 좌절감을 표출할 수 있는 친구가 필요했다.
유 **discharge** 놓아주다 **liberate** 해방하다 **issue** 간행하다, 출판하다

Voca Plus

the release of the prisoners 죄수들의 석방
release the clutch[handbrake/switch] 클러치[수동 브레이크/스위치]를 풀다
release the song 노래를 발표하다
press release 대언론 공식 발표[성명]

inner
[ínər]

형 내적인, 내부의, 내밀한

Art explores the **inner** world of feeling.

예술은 감정의 내적인 세계를 탐구한다.

유 **internal** 안쪽의 반 **outer** 외적인

link
[liŋk]

동 연결하다, 관련[연관]짓다 명 관련, 관계, 유대 **linkage** 명 연결성

The solutions to independent clues **link** together.

독립적인 실마리에 대한 해답이 서로 연결되어 있다.

유 **connect** 연결하다 **bond** 유대 **relationship** 관계

migrate
[máigreit]

동 이주하다, 이동하다 **migration** 명 이주, 이동

The people **migrated** to the northern area.

그 사람들은 북쪽 지역으로 이주했다.

유 **move** 이동하다 **travel** 움직여 가다

mysterious
[mistíəriəs]

형 신비로운, 불가사의한 **mystery** 명 신비, 불가사의함
mysteriously 부 불가사의하게, 신비롭게

I wanted to explore the Amazon, the **mysterious** world.

나는 신비로운 세계인 아마존을 탐험하고 싶었다.

유 **strange** 이상한, 예상치 못한 **weird** 기이한, 기묘한

drive
[draiv]

명 욕구, 추진력, (조직적인) 운동, 진입로 동 운전하다, (~하도록) 만들다, 추진시키다

We have a strong **drive** to succeed.

우리에게는 성공하고자 하는 강한 욕구가 있다.

When did you learn to **drive**?

너는 언제 운전을 배웠니?

유 **operate** 작동시키다 **push** 추진하다; 추진 **urge** 충동

fade
[feid]

동 희미해지다, 약해지다, 시들해지다

His passion seemed to **fade** gradually.

그의 열정은 점차 희미해지는 것 같았다.

유 **dwindle** 감소하다 **decrease** 감소하다

predictability
[pridìktəbíləti]

명 예측 가능성, 예상 가능성 **predictable** 형 예측 가능한

Arctic observations can improve **predictability** of tropical cyclones.

극지의 관측은 열대 사이클론의 예측 가능성을 향상할 수 있다.

Synonym & Antonym

유의어와 반의어를 확인해 보는 시간입니다. 밑줄 친 단어의 유의어 혹은 반의어를 주어진 철자로 시작하여 써 보세요.

01 engage with the world community ⓤ i__________

02 keeps people alert ⓤ c__________

03 link together ⓤ c__________

04 migrated the farthest ⓤ m__________

05 consistently followed through on ⓤ c__________

06 a strong drive to seek novelty ⓤ u__________

07 releasing their inner explorer ⓤ d__________

|정답| 01 involve 02 careful 03 connect 04 move 05 continuously 06 urge 07 discharging

Vocabulary Extension

이제 품사가 다른 여러 형태의 단어를 학습해 보겠습니다. [보기]의 단어를 변형하여 빈칸에 들어갈 알맞은 말을 써 보세요.

보기 compel consistently metaphor mysterious survival

01 This book was very __________ so I found it quite hard to put it down.

02 It was your __________ encouragement that helped me find my own solution.

03 The people disappeared almost __________, leaving great temples behind.

04 We need to change not only to __________, but also to thrive in a competitive industry.

05 The "eyes of the law" is a __________ expression meaning "from the viewpoint of the law."

|정답| 01 compelling 02 consistent 03 mysteriously 04 survive 05 metaphoric

|해석| 01 이 책은 매우 흥미진진해서 나는 그것을 내려놓기가 상당히 힘들다고 생각했다. 02 제가 제 자신의 해결책을 찾도록 도와준 것은 바로 당신의 지속적인 격려였습니다. 03 그 민족은 굉장한 사원들을 남기고 거의 불가사의하게 사라졌다. 04 우리는 생존하기 위해서뿐 아니라 경쟁적인 업계에서 번영하기 위해 변화해야 한다. 05 '법의 눈'은 '법의 시각에서 보면'을 의미하는 은유적인 표현이다.

Choosing the Right Word

가장 적절한 단어가 어떤 것인지 확인하는 시간입니다. 주어진 문장에 들어갈 가장 적절한 단어를 네모 안에서 골라 보세요.

01 Hundreds of people migrated / stayed to cities looking for jobs.

02 Arctic observations can improve predictability / metaphor of tropical cyclones.

03 We have a strong drive / release to succeed.

04 Her bravery in the face of impossible victory / odds impressed everybody.

05 Roger needed friends with whom he could compel / release his frustration.

06 The program is under link / threat of closure due to lack of funding.

07 And yet, while we are born with a strong desire to seek novelty, this drive fades / sharpens over time.

08 The video of the inside shows the inner / outer workings and assembly of the engine.

09 One of my favorite moments from early adulthood / parenthood was when I watched my infant son notice his hands for the first time.

10 The preference for novelty is an efficient way for immature / mature cognitive systems to process information.

|정답| 01 migrated 02 predictability 03 drive 04 odds 05 release 06 threat 07 fades 08 inner 09 parenthood 10 immature

|해석| 01 수백 명의 사람들이 직업을 찾아 도시로 이주했다. 02 극지의 관측은 열대 사이클론의 예측 가능성을 향상할 수 있다. 03 우리에게는 성공하고자 하는 강한 욕구가 있다. 04 불가능한 역경에 직면하여 발휘된 그녀의 용기는 모두에게 감명을 주었다. 05 Roger는 함께 좌절감을 표출할 수 있는 친구가 필요했다. 06 그 프로그램은 자금 지원 부족으로 문을 닫을 위협에 처해 있다. 07 그렇다 하더라도, 우리가 새로움을 찾는 것에 대한 강한 욕구를 지니고 태어나지만, 이러한 욕구는 시간이 가면서 약해진다. 08 내부의 비디오는 그 엔진 내부의 작동 방식과 조립을 보여 준다. 09 부모가 됨의 초기 시절 내가 가장 좋아하는 순간 중 하나는 나의 젖먹이 아들이 자기 손을 처음으로 알아차리는 것을 바라본 때였다. 10 새로움에 대한 선호는 미성숙한 인지 체계가 정보를 처리하는 효율적인 방법이다.

Unit 04

Becoming a Pop Idol Is Not an Easy Victory

▌이번 단원에서 학습하게 될 단어들입니다. 이미 알고 있는 단어에 V 표시해 보세요.

☐ reality	☐ idol	☐ televise	☐ emerge
☐ progress	☐ inevitably	☐ intensive	☐ performance
☐ tuition	☐ technical	☐ present	☐ professional
☐ instant	☐ worship	☐ mass	☐ inexplicably
☐ search	☐ commitment	☐ myth	☐ grasp

▌주어진 단어를 알맞은 뜻과 연결해 보세요. 단어의 뜻을 모르면 아래 정답에서 확인해 보세요.

01 myth •	• a 흠모하다
02 intensive •	• b 드러나다
03 worship •	• c 속설
04 tuition •	• d 진행
05 inexplicably •	• e 헌신
06 inevitably •	• f 집중적인
07 emerge •	• g 영문도 모르게
08 grasp •	• h 수업
09 progress •	• i 손이 미치는 범위
10 commitment •	• j 불가피하게

|정답| 01 c 02 f 03 a 04 h 05 g 06 j 07 b 08 i 09 d 10 e

Vocabulary in Reading Context

▌해석은 한 번에 가능하지 않습니다. 해석이 잘되지 않더라도 먼저 아랫글을 단숨에 읽어 보세요.

The recent phenomenon of **reality** television has created a popular music version whereby any young hopeful *wannabe* (되고 싶어 하는) star can enter an open competition, the winner of which becomes a national pop **idol** and thereby starts a career as a pop singer. The later stages are **televised** live, and the countrywide viewing audience (전국의 시청자들) votes for the winner by text message or telephone. A most interesting fact **emerged** during the **progress** of this type of competition: not anyone can become a pop star. The winners were **inevitably** those who (~하는 사람들) had not only (not only *A* but also *B*: A뿐만 아니라 B도) been receiving **intensive** music **performance** **tuition** for some time but had, through performance experience, also developed sufficient **technical** ability to be able to **present** themselves as being very near to a **professional** standard of performance of popular music early in the competition. The audiences were clearly looking for a *pop idol*, an **instant** star to **worship** from afar, not one of themselves from the **masses** of fans who could suddenly and **inexplicably** sing like a star. This **search** for a new idol demonstrated very clearly that pop music performance is not something anyone can do without effort, hard work and **commitment**. In short (in short: 간략히 말해서), the **myth** that popular music performance is within everyone's **grasp** seems to be far from (far from: 결코 ~이 아닌) true.

▌본문의 의미가 이해되나요? 원어민 선생님이 읽어 주시는 지문을 들으며 다시 한 번 읽어 보세요.

Fill in the Blanks

▌본문의 내용을 기억하며 다시 읽어 볼 차례입니다. 이번에는 글을 읽으면서 빈칸에 들어갈 단어를 주어진 철자로 시작하여 써 보세요.

Becoming a Pop Idol Is Not an Easy Victory

The recent phenomenon of ❶r__________ television has created a popular music version whereby any young hopeful *wannabe* star can enter an open competition, the winner of which becomes a national pop idol and thereby starts a career as a pop singer. The later stages are ❷t__________ live, and the countrywide viewing audience votes for the winner by text message or telephone. A most interesting fact ❸e__________ during the progress of this type of competition: not anyone can become a pop star. The winners were inevitably those who had not only been receiving ❹i__________ music performance tuition for some time but had, through performance experience, also developed sufficient ❺t__________ ability to be able to present themselves as being very near to a ❻p__________ standard of performance of popular music early in the competition. The audiences were clearly looking for a *pop idol*, an instant star to ❼w__________ from afar, not one of themselves from the masses of fans who could suddenly and inexplicably sing like a star. This ❽s__________ for a new idol demonstrated very clearly that pop music performance is not something anyone can do without effort, hard work and ❾c__________. In short, the myth that popular music performance is within everyone's ❿g__________ seems to be far from true.

해석 아이돌 가수가 되는 것은 쉽게 얻는 승리가 아니다

리얼리티 텔레비전의 최근 현상은 스타가 '되고 싶어 하는' 희망에 찬 어떤 젊은이라도 공개 시합에 참가할 수 있는 대중음악 형식을 만들어 냈는데, 그 시합의 우승자는 전국적인 아이돌 가수가 되고 그것으로 인해 대중음악 가수로서의 경력을 시작한다. 후반의 무대는 생방송으로 방영되고 전국의 시청자들이 문자 메시지나 전화로 우승자에 대해 투표를 한다. 이러한 유형의 시합이 진행되는 동안 한 가지 가장 흥미로운 사실이 드러났는데, 그것은 아무나 인기 스타가 될 수 없다는 것이다. 우승자들은 불가피하게 얼마간 집중적인 음악 공연 수업을 받아 오고 있었을 뿐만 아니라, 공연 경험을 통해 시합의 초반에 대중음악 공연의 전문적인 기준에 거의 다다르는 수준으로 자신들을 선보일 수 있는 충분한 기술적인 능력을 발전시켜 오기도 한 사람들이었다. 시청자들은 분명히 '아이돌 가수', 즉 많은 팬 중에서 급작스럽고 영문도 모르게[설명할 수 없는 이유로] 스타처럼 노래를 부를 수 있게 된 자기 자신들 중의 한 명이 아닌, 멀리서 흠모할 즉석 스타를 찾고 있었다. 이렇게 새로운 아이돌을 찾는 것은 대중음악 공연이 아무나 노력, 노고, 그리고 헌신 없이 할 수 있는 것이 아니라는 것을 매우 분명하게 증명했다. 간략히 말해서, 대중음악 공연이 모든 사람의 손이 미치는 범위 안에 있다는 속설은 결코 사실이 아닌 것 같다.

|정답| ❶reality ❷televised ❸emerged ❹intensive ❺technical ❻professional ❼worship ❽search ❾commitment ❿grasp

reality
[ri(:)ǽləti]

명 리얼리티, 실상, 현실, 사실
We must face the **reality** of war.
우리는 전쟁의 실상을 직시해야 한다.
유 **truth** 사실, 진상, 진리 **actuality** 사실, 실상, 실제 반 **fantasy** 공상, 상상

idol
[áidl]

명 아이돌, 우상, 우상시되는 사람[물건] **idolize** 동 우상화하다, 숭배하다
He is the **idol** of teenagers.
그는 십 대들의 우상이다.
유 **superstar** 슈퍼스타

televise
[téləvàiz]

동 방영하다, 텔레비전으로 방송하다
The concert was **televised** nationwide.
그 연주회는 전국에 방영되었다.
유 **air** 방송하다

emerge
[imə́:rdʒ]

동 드러나다, 생겨나다 **emergence** 명 출현, 발생 **emergent** 형 출현하는, 신생의
New evidence **emerged** from the survey.
새로운 증거가 조사에서 드러났다.
유 **appear** 나타나다, 생기다 **arise** 나타나다, 생기다 반 **disappear** 사라지다

progress
[prágres] 명
[prəgrés] 동

명 진행, 진보, 발전 동 진행되다, 진전하다 **progressive** 형 진보적인
progression 명 진행, 발전
They monitor the **progress** of a disease in a community.
그들은 지역사회 내의 질병의 진행을 관찰한다.
유 **advance** 전진, 발전

inevitably
[inévitəbli]

부 불가피하게, 필연적으로 **inevitable** 형 불가피한, 필연적인
Overconfidence **inevitably** leads to bad consequences.
과도한 자신감은 불가피하게 안 좋은 결과로 이어진다.
유 **necessarily** 필연적으로, 반드시

intensive
[inténsiv]

형 집중적인, 집약적인 **intensify** 동 격렬해지다, 강화하다 **intensity** 명 강렬함, 강도

I need **intensive** training to develop my language skills.

나는 어학 능력을 발전시키기 위해 집중 훈련이 필요하다.

Voca Plus

an intensive care unit 집중 치료실	**intensive farming** 집약 농업
intensive reading 정독	**skill-intensive** 기술 집약적인
labor-intensive 노동 집약적인	**capital-intensive** 자본 집약적인

performance
[pərfɔ́ːrməns]

명 공연, 연주, 성취, 실적 **perform** 동 연주하다, 수행하다

Her **performance** at the concert was very impressive.

연주회에서의 그녀의 공연은 매우 인상적이었다.

유 **playing** 연주 **achievement** 성취, 업적

tuition
[tjuːíʃən]

명 수업, 교육, 수업료 **tuitional** 형 교수의, 수업료의

He had private **tuition** in piano.

그는 피아노 개인 교습을 받았다.

유 **instruction** 교육, 명령 **schooling** (학교) 교육

technical
[téknikəl]

형 기술적인, 전문적인, 과학 기술의 **technique** 명 기술, 기법

He has a great **technical** knowledge of automobiles.

그는 자동차에 관한 훌륭한 과학 기술 지식을 가지고 있다.

유 **technological** 과학 기술의

present
[prizént] 동
[prézənt] 명 형

동 선보이다, 보여 주다, 제시하다 명 선물 형 현재의, 참석한, 존재하는

You need to **present** yourself in the best light.

여러분은 자신을 가장 보기 좋게 보여 줘야 한다.

유 **show** 보여 주다 **perform** (연주·연기 등을) 해 보이다 **give** 주다

professional
[prəféʃənəl]

형 전문적인, 직업적인 명 전문가 **professionally** 부 전문적으로, 직업적으로

He is reluctant to seek **professional** help for his problems.

그는 자신의 문제에 대해 전문적인 도움을 구하기를 꺼려한다.

유 **skilled** 전문적인 **masterly** 숙달한 반 **amateur** 비전문적인 **inexperienced** 미숙한

instant
[ínstənt]

형 즉석의, 즉각적인

The promise of **instant** success is a myth.

즉각적인 성공에 대한 약속은 근거 없는 통념이다.

유 **immediate** 즉각적인 **instantaneous** 즉각적인 반 **delayed** 지연된

worship
[wə́ːrʃip]

동 흠모하다, 숭배하다 명 흠모, 숭배

I **worship** my mother.

나는 내 어머니를 흠모한다.

유 **adore** 흠모하다 반 **hate** 싫어하다

mass
[mæs]

명 다수, 다량, 덩어리, 대중 형 대량의, 대중의

Masses of people gathered in the street.

다수의[많은] 사람들이 거리에 모였다.

inexplicably
[inéksplikəbli]

부 영문도 모르게, 설명할 수 없는 이유로 **inexplicable** 형 설명할 수 없는

She suddenly and **inexplicably** felt tears welling in her eyes.

그녀는 급작스럽고 영문도 모르게 눈에서 눈물이 샘솟고 있는 것을 느꼈다.

search
[səːrtʃ]

명 찾기, 수색 동 찾다, 수색하다

One day they went to sea in **search** of treasure.

어느 날 그들은 보물을 찾기 위해 바다로 갔다.

유 **hunt** 수색

Voca Plus

a body search 몸수색
a search engine 검색 엔진
a search warrant 수색 영장
a search firm (고급 · 전문) 인력 중개 회사
search high and low for ~을 찾아 곳곳을 뒤지다

commitment
[kəmítmənt]

명 헌신, 전념, 약속 **commit** 동 헌신하다, 약속하다, (그릇된 일[범죄]을) 저지르다

He is well-known for his **commitment** to civil rights.

그는 시민권에 대한 헌신으로 잘 알려져 있다.

유 **dedication** 헌신, 전념 **devotion** 헌신, 몰두

myth
[miθ]

명 속설, 신화, 근거 없는 통념 **mythical** 형 신화의, 가상의

The **myth** that artists are born, not made, stops many of us from trying art.

예술가는 만들어지는 것이 아니라 태어나는 것이라는 속설이 우리 중 많은 이가 예술을 시도하는 것을 막는다.

유 **superstition** 미신 반 **fact** 사실 **truth** 사실, 진리

grasp
[græsp]

명 손이 미치는 범위, 움켜잡기, 이해(력) 동 움켜쥐다, 이해하다

Everything turned out to be beyond her **grasp**.

모든 것이 그녀의 손이 미치는 범위를 넘어선다는 것이 밝혀졌다.

유 **reach** 손이 미치는 범위

Synonym & Antonym

유의어와 반의어를 확인해 보는 시간입니다. 밑줄 친 단어의 유의어 혹은 반의어를 주어진 철자로 시작하여 써 보세요.

01 the reality of war — ⓑ f__________

02 in search of treasure — ⓤ h__________

03 private tuition in piano — ⓤ i__________

04 present yourself in the best light — ⓤ s__________

05 the promise of instant success — ⓑ d__________

06 worship my mother — ⓤ a__________

07 beyond her grasp — ⓤ r__________

|정답| 01 fantasy 02 hunt 03 instruction 04 show 05 delayed 06 adore 07 reach

Vocabulary Extension

이제 품사가 다른 여러 형태의 단어를 학습해 보겠습니다. [보기]의 단어를 변형하여 빈칸에 들어갈 알맞은 말을 써 보세요.

보기 emerge commitment technical intensive inevitably

01 He has deeply __________ himself to his work.

02 Surgical __________s have improved over the years.

03 It is __________ that there will be a decline in UK tourism.

04 The __________ of the Internet has profoundly changed the way people interact with each other.

05 Conflicts of interest and competition __________ and became more common than during previous periods.

|정답| 01 committed 02 technique 03 inevitable 04 emergence 05 intensified

|해석| 01 그는 자신의 일에 매우 헌신해 왔다. 02 수술 기법이 수년 동안 향상해 왔다. 03 영국 관광 산업의 하락이 있을 것이라는 것은 불가피하다. 04 인터넷의 출현은 사람들이 서로 상호 작용하는 방식을 완전히 변화시켜 왔다. 05 이해의 충돌과 경쟁이 격렬해졌고 이전 시대보다 더 일반적이 되었다.

Choosing the Right Word

가장 적절한 단어가 어떤 것인지 확인하는 시간입니다. 주어진 문장에 들어갈 가장 적절한 단어를 네모 안에서 골라 보세요.

01 She suddenly and inexplicably / professionally felt tears welling in her eyes.

02 He is the idol / progress of teenagers.

03 The myth / worship that artists are born, not made, stops many of us from trying art.

04 Her performance / reality at the concert was very impressive.

05 He is reluctant to seek professional / tuitional help for his problems.

06 Masses / Techniques of people gathered in the street.

07 The later stages are committed / televised live, and the countrywide viewing audience votes for the winner by text message or telephone.

08 The myth that popular music performance is within everyone's grasp / present seems to be far from true.

09 The audiences were clearly looking for a *pop idol*, an instant / intensive star to worship from afar, not one of themselves from the masses of fans who could suddenly and inexplicably sing like a star.

10 This search / tuition for a new idol demonstrated very clearly that pop music performance is not something anyone can do without effort, hard work and commitment.

|정답| **01** inexplicably **02** idol **03** myth **04** performance **05** professional **06** Masses **07** televised **08** grasp **09** instant **10** search

|해석| **01** 그녀는 급작스럽고 영문도 모르게 눈에서 눈물이 샘솟고 있는 것을 느꼈다. **02** 그는 십 대들의 우상이다. **03** 예술가는 만들어지는 것이 아니라 태어나는 것이라는 속설이 우리 중 많은 이가 예술을 시도하는 것을 막는다. **04** 연주회에서의 그녀의 공연은 매우 인상적이었다. **05** 그는 자신의 문제에 대해 전문적인 도움을 구하기를 꺼려한다. **06** 다수의[많은] 사람들이 거리에 모였다. **07** 후반의 무대는 생방송으로 방영되고 전국의 시청자들이 문자 메시지나 전화로 우승자에 대해 투표를 한다. **08** 대중음악 공연이 모든 사람의 손이 미치는 범위 안에 있다는 속설은 결코 사실이 아닌 것 같다. **09** 시청자들은 분명히 '아이돌 가수', 즉 많은 팬 중에서 급작스럽고 영문도 모르게[설명할 수 없는 이유로] 스타처럼 노래를 부를 수 있게 된 자기 자신들 중의 한 명이 아닌, 멀리서 흠모할 즉석 스타를 찾고 있었다. **10** 이렇게 새로운 아이돌을 찾는 것은 대중음악 공연이 아무나 노력, 노고, 그리고 헌신 없이 할 수 있는 것이 아니라는 것을 매우 분명하게 증명했다.

Wheelchair Basketball

▌이번 단원에서 학습하게 될 단어들입니다. 이미 알고 있는 단어에 V 표시해 보세요.

☐ injure	☐ incredibly	☐ popular	☐ thriving
☐ league	☐ physical	☐ disability	☐ classification
☐ categorize	☐ athlete	☐ functional	☐ severely
☐ combine	☐ exceed	☐ offensive	☐ remain
☐ opponent	☐ restrict	☐ consecutive	☐ attempt

▌주어진 단어를 알맞은 뜻과 연결해 보세요. 단어의 뜻을 모르면 아래 정답에서 확인해 보세요.

01	injure	•	•	a	분류, 유형
02	thriving	•	•	b	운동선수
03	disability	•	•	c	공격하는
04	athlete	•	•	d	부상을 입히다
05	offensive	•	•	e	심하게, 호되게
06	classification	•	•	f	번창하는
07	opponent	•	•	g	분류하다
08	severely	•	•	h	상대, 적
09	categorize	•	•	i	장애, 무능
10	restrict	•	•	j	제한하다

|정답| 01 d 02 f 03 i 04 b 05 c 06 a 07 h 08 e 09 g 10 j

Vocabulary in Reading Context

▌해석은 한 번에 가능하지 않습니다. 해석이 잘되지 않더라도 먼저 아랫글을 단숨에 읽어 보세요.

One of the earliest Paralympic sports, wheelchair basketball, was first developed as a means of (as a means of: ~의 수단으로) rehabilitation for **injured** servicemen following the Second World War. It is now among the most well-known Paralympic sports and is played in over 80 countries around the world by some 25,000 people.

The sport is also **incredibly popular** in the UK where there is a **thriving** national **league** system and over 1,000 regular players. Wheelchair basketball is open to men and women with a **physical disability** and has a **classification** system that **categorizes athletes** from 1 to 4.5 based on (~에 기초하여) their **functional** ability. Those players with 1 point are the most **severely** disabled and those with 4.5 (4.5점의 선수들) the least. The **combined** points of a team's players on the court at any one time cannot **exceed** 14.

Wheelchair basketball differs very little from (~와 거의 다를 것이 없다) the able-bodied (신체 장애가 없는) sport and is played on the same size court with the same height hoops. An **offensive** player may not **remain** in the **opponent**'s **restricted** area for more than three **consecutive** seconds without **attempting** a shot. They also may not take more than (또한 ~ 넘게 할 수 없다) two pushes or touches of the wheels without bouncing or passing the ball. All international games last 40 minutes.

* rehabilitation 재활 (치료)

▌본문의 의미가 이해되나요? 원어민 선생님이 읽어 주시는 지문을 들으며 다시 한 번 읽어 보세요.

Fill in the Blanks

▌본문의 내용을 기억하며 다시 읽어 볼 차례입니다. 이번에는 글을 읽으면서 빈칸에 들어갈 단어를 주어진 철자로 시작하여 써 보세요.

Wheelchair Basketball

One of the earliest Paralympic sports, wheelchair basketball, was first developed as a means of rehabilitation for ❶i__________ servicemen following the Second World War. It is now among the most well-known Paralympic sports and is played in over 80 countries around the world by some 25,000 people.

5 The sport is also ❷i__________ popular in the UK where there is a ❸t__________ national league system and over 1,000 regular players. Wheelchair basketball is open to men and women with a physical disability and has a ❹c__________ system that categorizes athletes from 1 to 4.5 based on their ❺f__________ ability. Those players with 1 point are the most severely disabled and those with 4.5 the least. The ❻c__________ 10 points of a team's players on the court at any one time cannot ❼e__________ 14.

Wheelchair basketball differs very little from the able-bodied sport and is played on the same size court with the same height hoops. An ❽o__________ player may not remain in the opponent's restricted area for more than three ❾c__________ seconds without ❿a__________ a shot. They also may not take more than two pushes or touches of the 15 wheels without bouncing or passing the ball. All international games last 40 minutes.

* rehabilitation 재활 (치료)

해석 휠체어 농구

가장 초기의 장애인 올림픽 스포츠 중의 하나인 휠체어 농구는 제2차 세계 대전 이후 처음에는 부상당한 군인들의 재활 치료 수단으로 생겨났다. 이제 그것은 가장 잘 알려진 장애인 올림픽 스포츠에 속하며 약 2만 5천 명이 전 세계 80개가 넘는 나라에서 경기한다.

그 스포츠는 번창하는 전국적인 리그 시스템과 1천 명이 넘는 정규 선수가 있는 영국에서 또한 놀라울 정도로 인기가 있다. 휠체어 농구는 신체장애가 있는 남녀에게 개방되어 있고 기능상의 능력에 근거하여 1에서 4.5까지 운동선수를 범주화하는 분류 체계를 갖고 있다. 1점의 선수들은 가장 심한 장애가 있고 4.5점의 선수들은 가장 경미한 수준의 장애가 있다. 어느 한 시점에서든 코트에서 한 팀의 선수들의 합친 점수는 14를 초과할 수 없다.

휠체어 농구는 비장애인 스포츠와 거의 다를 것이 없고 동일한 높이의 링이 있는, 동일한 크기의 코트에서 경기가 이루어진다. 공격하는 선수는 상대편의 제한 구역에서 슛을 시도하지 않고 연속해서 3초 넘게 머무를 수 없다. 그들은 또한 공을 바운드하거나 패스하지 않고 (휠체어) 바퀴를 두 번 넘게 밀거나 만질 수 없다. 모든 국제 경기는 40분간 지속된다.

|정답| ❶injured ❷incredibly ❸thriving ❹classification ❺functional ❻combined ❼exceed ❽offensive ❾consecutive ❿attempting

injure
[índʒər]

동 부상을 입히다 **injury** 명 부상, 상해
Ted **injured** his leg playing soccer.
Ted는 축구를 하다가 다리에 부상을 입었다.
유 **damage** 손상을 주다, 피해를 입히다 **harm** 해를 주다, 손상시키다 **spoil** 망치다 **impair** 손상시키다, 해치다

incredibly
[inkrédəbli]

부 대단히, 놀랍게도, 믿을 수 없을 정도로 **incredible** 형 대단한, 놀라운
The math exam was **incredibly** difficult.
수학 시험은 대단히 어려웠다.
유 **astonishingly** 놀라울 정도로

popular
[pápjulər]

형 인기 있는, 대중적인 **popularity** 명 인기, 대중성, 유행
Coffee is probably the most **popular** drink in the world.
커피는 아마도 세계에서 가장 있기 있는 음료일 것이다.
반 **rare** 드문, 희귀한

Voca & Voca

- favorite 가장 좋아하는
  my favorite movie star 내가 가장 좋아하는 영화배우
- prevailing 우세한, 유행하는
  the prevailing opinion 우세한 의견
- prevalent 유행하는, 널리 보급된
  prevalent among people living in the South 남부에 사는 사람들 사이에 널리 보급된

thriving
[θráiviŋ]

형 번창하는, 무성한, 잘 자라는 **thrive** 동 번창하다, 무성하다
Her company is **thriving** these days.
그녀의 회사는 요즈음 번창하고 있다.
유 **prosperous** 번영하는 반 **declining** 쇠퇴하는

league
[li:g]

명 리그, 동맹, 연맹
He is one of the best baseball players in the **league**.
그는 리그에서 최우수 야구 선수들 중 한 명이다.
Morocco is a member of the Arab **League**.
모로코는 아랍 동맹의 일원이다.
유 **association** 연합, 협회

physical
[fízikəl]

형 신체의, 물질의, 물리적인
The sport involves **physical** skill, strength and endurance.
그 스포츠는 신체적 기술, 힘, 그리고 지구력을 필요로 한다.
유 **bodily** 신체상의 반 **mental** 마음의, 정신의 **spiritual** 정신적인

disability
[dìsəbíləti]

명 (신체적·정신적) 장애, 무능 **disabled** 형 장애를 가진
She was born with a mental **disability**.
그녀는 정신 장애를 갖고 태어났다.
유 **handicap** 신체장애, 불리한 조건

classification
[klæ̀səfikéiʃən]

명 분류, 유형, 범주 **classify** 동 분류하다

The **classification** of wines is done according to their region.

와인의 분류는 (생산) 지역에 따라 이루어진다.

⊕ 유 **sorting** 구분, 분류

categorize
[kǽtəgəràiz]

동 분류하다, ~을 범주에 넣다 **categorization** 명 범주화, 분류

Do you **categorize** this book as fantasy?

당신은 이 책을 판타지로 분류하나요?

⊕ 유 **classify** 분류하다

athlete
[ǽθliːt]

명 운동선수 **athletics** 명 운동 경기, 육상 경기 **athletic** 형 운동의, 체육의

Athletes from around the world will compete at the Olympics.

전 세계의 운동선수들이 올림픽에서 겨룰 것이다.

⊕ 유 **sportsperson** 운동선수 **contestant** 경기자, 경쟁자

functional
[fʌ́ŋkʃənəl]

형 기능상의, 실용적인 **function** 명 기능, 역할

The patient has a **functional** heart disorder.

그 환자는 기능성 심장 질환을 앓고 있다.

The design is not only **functional** but also beautiful.

그 디자인은 실용적일뿐만 아니라 아름답다.

⊕ 유 **practical** 실용적인

severely
[sivíərli]

부 심하게, 호되게 **severe** 형 심한, 호된, 모진

The village was **severely** damaged in the war.

그 마을은 전쟁으로 심하게 피해를 입었다.

⊕ 유 **seriously** 심각하게 **extremely** 극도로

combine
[kəmbáin]

동 결합하다, 섞다, 겸하다 **combination** 명 결합, 조합

Try to **combine** exercise with a healthy diet.

운동과 건강에 좋은 식사를 겸하려고 애써라.

⊕ 유 **unite** 결합하다 **integrate** 통합하다 반 **separate** 분리하다

exceed
[iksíːd]

동 초과하다 **excess** 명 초과, 과다 **excessive** 형 과도한

She was fined for **exceeding** the speed limit.

그녀는 제한 속도를 초과해서 벌금을 물었다.

⊕ 유 **surpass** 능가하다

offensive
[əfénsiv]

형 공격하는, 모욕적인, 불쾌한 **offense** 명 공격, 위반, 반칙

They will take **offensive** action against the enemy.
그들은 적에 대항하여 공격적인 행동을 취할 것이다.

I found his remarks deeply **offensive**.
나는 그의 말이 대단히 모욕적임을 알았다.

유 **insulting** 모욕적인 반 **defensive** 방어하는, 방어적인 **respectful** 공손한

remain
[riméin]

동 여전히 ~이다, 남다, 머무르다 **remains** 명 유물, 유적

Please **remain** seated until the plane comes to a complete stop.
비행기가 완전히 멈출 때까지 자리에 앉아 계십시오.

유 **stay** 남다, 머무르다

opponent
[əpóunənt]

명 (게임·대회·토론에서) 상대, 적 **oppose** 동 겨루다, 반대하다, 저항하다

He could knock out his **opponent** in the fifth round.
그는 5라운드에서 상대를 때려눕힐 수 있었다.

유 **competitor** 경쟁자 **rival** 경쟁자, 적수 **enemy** 적, 적대자
반 **proponent** 지지자 **supporter** 지지자 **ally** 조력자, 동맹

restrict
[ristríkt]

동 제한하다, 한정하다, 금지하다 **restriction** 명 제한, 한정, 규제

Visits are **restricted** to 2 hours.
방문은 2시간으로 제한됩니다.

유 **limit** 제한하다 **regulate** 규제하다 **restrain** 억제하다

consecutive
[kənsékjutiv]

형 연속적인, 잇따른

The team has lost four **consecutive** games.
그 팀은 네 경기에서 연속으로 패배했다.

유 **successive** 계승하는, 이어가는 반 **interrupted** 중단된

attempt
[ətémpt]

동 시도하다 명 시도

She **attempted** to repair the equipment without the proper tools.
그녀는 적절한 도구 없이 그 장비를 수리하려고 시도했다.

유 **trial** 시도, 시험

Synonym & Antonym

유의어와 반의어를 확인해 보는 시간입니다. 밑줄 친 단어의 유의어 혹은 반의어를 주어진 철자로 시작하여 써 보세요.

01 Her company is thriving. ㊤ p________

02 involves physical skill, strength and endurance ㊥ m________

03 the classification of wines ㊤ s________

04 combine exercise with a healthy diet ㊥ s________

05 was fined for exceeding the speed limit ㊤ s________

06 knock out his opponent in the fifth round ㊤ c________

07 are restricted to 2 hours ㊤ l________

|정답| 01 prosperous 02 mental 03 sorting 04 separate 05 surpass 06 competitor 07 limit

Vocabulary Extension

이제 품사가 다른 여러 형태의 단어를 학습해 보겠습니다. [보기]의 단어를 변형하여 빈칸에 들어갈 알맞은 말을 써 보세요.

보기 classification exceed offensive restrict popular

01 The president's __________ has declined considerably.

02 I think the team needs some work on its __________.

03 I am worried that she drinks __________ amounts of coffee.

04 A majority of economists suggested that the government should use price __________s as a way of controlling inflation.

05 Humans seem to have the need to __________ things, arranging them into different classes by such unifying traits as size, color, or shape.

|정답| 01 popularity 02 offense 03 excessive 04 restriction 05 classify

|해석| 01 대통령의 인기가 상당히 떨어졌다. 02 나는 그 팀의 공격에 약간의 보완이 필요하다고 생각한다. 03 그녀가 과도한 양의 커피를 마시는 것이 나는 걱정된다. 04 다수의 경제학자들은 정부가 인플레이션을 통제하기 위한 방법으로 가격 제한(책)을 사용해야 한다고 제안했다. 05 인간은 크기, 색상, 혹은 모양과 같은 통합해 주는 그런 특성에 의해 사물들을 다양한 종류로 배열함으로써, 사물을 분류하고자 하는 욕구를 가진 것처럼 보인다.

Choosing the Right Word

가장 적절한 단어가 어떤 것인지 확인하는 시간입니다. 주어진 문장에 들어갈 가장 적절한 단어를 네모 안에서 골라 보세요.

01 Athletes / Leagues from around the world will compete at the Olympics.

02 The team has lost four consecutive / functional games.

03 She attempted / combined to repair the equipment without the proper tools.

04 The patient has a(n) offensive / functional heart disorder.

05 Please remain / attempt seated until the plane comes to a complete stop.

06 Wheelchair basketball is open to men and women with a physical classification / disability.

07 Wheelchair basketball has a classification system that categorizes / combines athletes from 1 to 4.5.

08 The sport is also incredibly / severely popular in the UK where there is a thriving national league system.

09 The combined points of a team's players on the court at any one time cannot exceed / restrict 14.

10 Wheelchair basketball was first developed as a means of rehabilitation for injured / thriving servicemen following the Second World War.

|정답| 01 Athletes 02 consecutive 03 attempted 04 functional 05 remain 06 disability 07 categorizes 08 incredibly 09 exceed 10 injured

|해석| 01 전 세계의 운동선수들이 올림픽에서 겨룰 것이다. 02 그 팀은 네 경기에서 연속으로 패배했다. 03 그녀는 적절한 도구 없이 그 장비를 수리하려고 시도했다. 04 그 환자는 기능성 심장 질환을 앓고 있다. 05 비행기가 완전히 멈출 때까지 자리에 앉아 계십시오. 06 휠체어 농구는 신체장애가 있는 남녀에게 개방되어 있다. 07 휠체어 농구는 1에서 4.5까지 운동선수를 범주화하는 분류 체계를 갖고 있다. 08 그 스포츠는 번창하는 전국적인 리그 시스템이 있는 영국에서 또한 놀라울 정도로 인기가 있다. 09 어느 한 시점에서든 코트에서 한 팀의 선수들의 합친 점수는 14를 초과할 수 없다. 10 휠체어 농구는 제2차 세계 대전 이후 처음에는 부상당한 군인들의 재활 수단으로 생겨났다.

Review Test 1

▌학습한 내용은 꾸준히 복습하지 않으면 누구나 며칠 만에 절반 이상을 망각하게 된다고 합니다. 지금 다시 한 번 간단히 복습하면 기억을 되살릴 수 있습니다. 1~5강에서 공부한 내용을 복습해 봅시다.

A 우리말은 영어로, 영어는 우리말로 쓰시오.

01 회피, 모면 e________
02 확대하다, 키우다 m________
03 목격하다; 목격자 w________
04 굴욕, 창피 h________
05 생존 s________
06 가능성, 역경, 배당률 o________
07 미묘한 s________
08 집중적인, 집약적인 i________
09 헌신, 전념, 약속 c________
10 분류하다 c________
11 covert ________
12 brilliant ________
13 acquire ________
14 celebrity ________
15 evolutionary ________
16 metaphor ________
17 emerge ________
18 worship ________
19 disability ________
20 consecutive ________

B 다음 문장의 빈칸에 적절한 단어를 [보기]에서 찾아 쓰시오.

보기 drive tuition restrict classification witness

01 Visits are ________ed to 2 hours.
02 He had private ________ in piano.
03 The ________ of wines is done according to their region.
04 Everyone would be there to ________ triumph or humiliation.
05 We have a strong ________ to succeed.

|정답| A 01 evasion 02 magnify 03 witness 04 humiliation 05 survival 06 odds 07 subtle 08 intensive 09 commitment 10 categorize[classify] 11 비밀의, 은밀한 12 우수한, 훌륭한, 밝은 13 획득[취득]하다, 얻다 14 유명 인사, 명성 15 진화적인, 진화의, 점진적인 16 은유, 비유적 표현 17 드러나다, 생겨나다 18 흠모하다, 숭배하다; 흠모, 숭배 19 장애, 무능 20 연속적인, 잇따른

B 01 restrict 02 tuition 03 classification 04 witness 05 drive

|해석| B 01 방문은 2시간으로 제한된다. 02 그는 피아노 개인 교습을 받았다. 03 와인의 분류는 (생산) 지역에 따라 이루어진다. 04 승리 또는 굴욕을 목격하기 위해 모든 사람이 거기에 있을 터였다. 05 우리에게는 성공하고자 하는 강한 욕구가 있다.

C 다음 밑줄 친 부분과 의미가 가장 가까운 단어를 고르시오.

01 The famous thief was known to be a master of disguise.

① performance ② camouflage ③ mission ④ costume

02 Many artists were dependent on wealthy patrons for their economic survival.

① agents ② bystanders ③ supporters ④ professionals

03 You may believe that memory will fade as you get older, but this is not always be true.

① flash ② decline ③ bleach ④ sharpen

04 He expanded the textile trade and left a thriving business to his son.

① prosperous ② subtle ③ desirable ④ consecutive

D 다음 네모 안에서 주어진 문장에 가장 적절한 단어를 고르시오.

01 The team's occupation / opponent has not lost a game this season.

02 Would you name a male celebrity / tuition that best suits your ideal type?

03 Most people find it difficult to combine / emerge a career and family.

04 English soccer fans are covert / notorious for their violent behaviors.

05 Against all opportunities / odds, if you persist, you will become a champion.

06 What really upset him was the humiliation / reputation of having to ask her for money.

|정답| C 01 ② 02 ③ 03 ② 04 ①

D 01 opponent 02 celebrity 03 combine 04 notorious 05 odds 06 humiliation

|해석| C 01 그 유명한 도둑은 변장의 대가로 알려졌다. 02 많은 예술가들은 자신들의 경제적 생존을 위해 부유한 후원자들에게 의존했다. 03 여러분은 늙어감에 따라 기억력이 희미해질 것이라 믿을 수 있지만, 그것이 항상 옳지는 않다. 04 그는 직물 무역을 확장했고 번창하는 사업체를 자신의 아들에게 남겼다.

D 01 그 팀의 상대는 이번 시즌에 한 게임도 지지 않았다. 02 당신의 이상형에 가장 잘 맞는 한 명의 남성 유명 인사의 이름을 말해 주시겠어요? 03 대부분의 사람들은 일과 가정을 겸[병행]하는 것을 어렵다고 생각한다. 04 영국의 축구 팬들은 그들의 과격한 행동으로 악명이 높다. 05 모든 역경에도 불구하고, 여러분이 (포기하지 않고) 끝까지 하면, 우승자가 될 것이다. 06 그를 정말로 화가 나게 한 것은 그녀에게 돈을 부탁해야만 하는 굴욕이었다.

Unit 06

Vertical Gardening

▌이번 단원에서 학습하게 될 단어들입니다. 이미 알고 있는 단어에 V 표시해 보세요.

☐ vertical	☐ gardening	☐ conventional	☐ plot
☐ crop	☐ hang	☐ framework	☐ backyard
☐ flexible	☐ various	☐ especially	☐ destroy
☐ circulate	☐ breathe	☐ fertilizer	☐ pesticide
☐ urban	☐ rural	☐ scarce	☐ patch

▌주어진 단어를 알맞은 뜻과 연결해 보세요. 단어의 뜻을 모르면 아래 정답에서 확인해 보세요.

01	vertical	•	• a	작물, 수확
02	crop	•	• b	융통성 있는, 유연한
03	flexible	•	• c	도시의
04	urban	•	• d	부족한, 드문
05	fertilizer	•	• e	수직의
06	patch	•	• f	작은 땅, 작은 조각
07	scarce	•	• g	비료
08	conventional	•	• h	관습적인, 대회[집회]의
09	pesticide	•	• i	호흡하다, 숨쉬다
10	breathe	•	• j	살충제

|정답| 01 e 02 a 03 b 04 c 05 g 06 f 07 d 08 h 09 j 10 i

Vocabulary in Reading Context

▌해석은 한 번에 가능하지 않습니다. 해석이 잘되지 않더라도 먼저 아랫글을 단숨에 읽어 보세요.

Vertical gardening is the process of gardening that is done vertically or upward. While the **conventional** gardening process is gardening with **plots** on the ground, vertical gardening is a different approach to gardening as it aims to plant **crops** in a vertical position. This can either be done through **hanging** plots or with **frameworks**.

There are several advantages of vertical gardening. One, it does not take up too much space in your **backyard**, giving room for more crops to be planted. Two, vertical gardening is very **flexible** because it allows you to plant **various** crops in an area with limited space. It is possible for you to plant many kinds of crops if you plant each in a different pot. Three, it allows the crops to be healthier **especially** during summer, when heat can **destroy** crops planted on plots because air can easily **circulate** throughout your crops, helping them **breathe**. Also, you only have to use a small amount of **fertilizers** and **pesticides** since the pots are not very large. Most of all, vertical gardening allows you to plant a garden even in **urban** areas as well as in **rural** areas. Even in a city where garden spaces are **scarce**, you can own a vegetable **patch** or a flower garden.

either *A* or *B*: A 또는 B
take up: ~을 차지하다
most of all: 무엇보다도
A as well as *B*: B뿐만 아니라 A도

▌본문의 의미가 이해되나요? 원어민 선생님이 읽어 주시는 지문을 들으며 다시 한 번 읽어 보세요.

Fill in the Blanks

▌본문의 내용을 기억하며 다시 읽어 볼 차례입니다. 이번에는 글을 읽으면서 빈칸에 들어갈 단어를 주어진 철자로 시작하여 써 보세요.

Vertical Gardening

❶V__________ gardening is the process of gardening that is done vertically or upward. While the ❷c__________ gardening process is gardening with ❸p__________ on the ground, vertical gardening is a different approach to gardening as it aims to plant crops in a vertical position. This can either be done through ❹h__________ plots or with 5 frameworks.

There are several advantages of vertical gardening. One, it does not take up too much space in your backyard, giving room for more crops to be planted. Two, vertical gardening is very ❺f__________ because it allows you to plant ❻v__________ crops in an area with limited space. It is possible for you to plant many kinds of crops if you plant each in a 10 different pot. Three, it allows the crops to be healthier especially during summer, when heat can destroy crops planted on plots because air can easily ❼c__________ throughout your crops, helping them breathe. Also, you only have to use a small amount of ❽f__________ and pesticides since the pots are not very large. Most of all, vertical gardening allows you to plant a garden even in ❾u__________ areas as well as in 15 ❿r__________ areas. Even in a city where garden spaces are scarce, you can own a vegetable patch or a flower garden.

해석 수직 정원 가꾸기

수직 정원 가꾸기는 수직으로, 즉 위를 향하여 이루어지는 정원 가꾸기의 과정이다. 관습적인 정원 가꾸기 과정이 지면에 있는 작은 땅으로 정원을 가꾸는 것인 반면, 수직 정원 가꾸기는 작물들을 수직적인 위치에 심을 것을 목표로 하기 때문에 정원 가꾸기에 대한 다른 접근법이다. 이것은 작은 땅덩어리를 매다는 것을 통해 혹은 틀을 가지고 이루어질 수 있다.

수직 정원 가꾸기는 여러 가지 장점이 있다. 첫째, 그것은 뒤뜰에 그다지 많은 공간을 차지하지 않아서 더 많은 작물을 심을 공간을 준다. 둘째, 수직 정원 가꾸기는 제한된 공간이 있는 지역에 다양한 작물을 심도록 해 주므로 매우 융통성이 있다. 각각의 작물을 서로 다른 화분에 심는다면 많은 종류의 작물을 심는 것이 가능하다. 셋째, 공기가 작물을 쉽게 순환할 수 있어서 그것들이 호흡하기 쉽게 도와서 그것은 특히 열이 작은 땅에 심은 작물을 죽일 수 있는 여름에 작물들이 더 건강하게 해 준다. 또한, 화분이 그리 크지 않아서 적은 양의 비료와 살충제만 사용하면 된다. 무엇보다도, 수직 정원 가꾸기는 시골 지역뿐만 아니라 심지어 도시 지역에서도 정원을 만들 수 있게 해 준다. 정원 공간이 부족한 도시에서조차도 채소를 심는 작은 땅이나 꽃밭을 소유할 수 있다.

| 정답 | ❶Vertical ❷conventional ❸plots ❹hanging ❺flexible ❻various ❼circulate ❽fertilizers ❾urban ❿rural

vertical
[vɔ́ːrtikəl]

형 수직의 **vertically** 부 수직으로
The information is displayed in a **vertical** bar graph.
그 정보는 수직 막대그래프로 보여진다.
반 **horizontal** 수평의

gardening
[gɑ́ːrdniŋ]

명 정원 가꾸기, 원예 **garden** 명 정원
Gardening is my favorite hobby.
정원 가꾸기는 내가 제일 좋아하는 취미이다.

conventional
[kənvénʃənəl]

형 관습적인, 관례적인, 대회[집회]의
convention 명 풍습, 인습, (정치·종교·교육 등의) 대회
White is the **conventional** color of a wedding gown.
하얀색은 웨딩드레스의 관습적인 색깔이다.
유 **traditional** 전통적인

plot
[plɑt]

명 작은 땅, 줄거리, 음모 동 음모하다
She grows corn and vegetables in a tiny **plot**.
그녀는 조그만 땅에서 옥수수와 채소를 기른다.
I can't tell you the **plot** of the new novel.
저는 새로운 소설의 줄거리를 알려 드릴 수 없습니다.
A group of prisoners were **plotting** to flee.
한 무리의 죄수들이 도망가려고 음모하고 있었다.
유 **outline** 윤곽 **conspiracy** 음모

crop
[krɑp]

명 작물, 수확 동 머리를 짧게 깎다
Rice and beans are important **crops** in this country.
이 나라에서는 쌀과 콩이 중요한 작물이다.
He has **cropped** hair.
그는 짧게 깎은 머리를 하고 있다.
유 **yield** 수확(량) **harvest** 수확(물)

hang
[hæŋ]

동 걸다(-**hung**-**hung**), 교수형에 처하다(-**hanged**-**hanged**)
I will **hang** a picture on that wall.
나는 저 벽에 그림을 한 장 걸 것이다.
People asked to **hang** the murderer.
사람들은 그 살인자를 교수형에 처하라고 요구했다.
유 **suspend** 매달다

framework
[fréimwə̀:rk]

명 틀, 뼈대

The workers are setting up the **framework** with steel bars.

일꾼들이 철근으로 틀을 세우고 있다.

유 **frame** 틀 **structure** 구조

backyard
[bæ̀kjɑ́:rd]

명 뒤뜰, 뒷마당

They are having a barbecue in the **backyard**.

그들은 뒤뜰에서 바비큐 파티를 하고 있다.

flexible
[fléksəbl]

형 융통성 있는, 유연한 **flexibility** 명 융통성, 유연성

You need to employ a more **flexible** approach.

너는 더 융통성이 있는 접근법을 사용해야 한다.

유 **elastic** 신축성이 있는 반 **rigid** 휘어지지 않는, 굳은

Voca Plus

- work flexible hours 자유 근무 시간제로 일하다
  They work flexible hours. 그들은 자유 근무 시간제로 일한다.
- a flexible structure 유연한 구조물
  The flexible structure bends well in the winds.
  그 유연한 구조물은 바람에 잘 구부러진다.

various
[vέ(:)əriəs]

형 다양한 **variety** 명 다양성 **vary** 동 변화를 주다

We serve **various** Greek dishes at this restaurant.

저희는 이 음식점에서 다양한 그리스 요리를 내놓습니다.

유 **diverse** 다양한 반 **similar** 비슷한

especially
[ispéʃəli]

부 특히

I like classical music, **especially** piano pieces.

나는 고전 음악을 좋아하는데, 특히 피아노곡들을 좋아한다.

유 **particularly** 특히

destroy
[distrɔ́i]

동 파괴하다, 말살하다 **destruction** 명 파괴, 말살

The acid rain will **destroy** the forest.

산성비가 숲을 파괴할 것이다.

유 **ruin** 망치다 **devastate** 황폐하게 하다 반 **construct** 건설하다

circulate
[sə́:rkjəlèit]

동 순환하다, 순환시키다, 돌리다 **circulation** 명 순환, 유통, 판매 부수
circulatory 형 순환의

To **circulate** blood, the heart has to work hard.

피를 순환시키려면 심장은 열심히 일해야 한다.

She will **circulate** the report to everyone on the committee.

그녀는 그 보고서를 위원회의 모든 사람에게 돌릴 것이다.

유 **distribute** 배포하다 **spread** 퍼뜨리다

breathe
[bri:ð]

동 호흡하다, 숨 쉬다 **breath** 명 호흡, 숨

Breathe deeply before you go onstage.

무대에 올라가기 전에 심호흡을 하라.

fertilizer
[fə́:rtəlàizər]

명 비료 **fertilize** 동 비료를 주다, 수정시키다

The species requires expensive chemical **fertilizers**.

그 종은 비싼 화학 비료를 필요로 한다.

유 **compost** 퇴비

pesticide
[péstisàid]

명 살충제

We don't use artificial **pesticides**, but we use natural materials.

우리는 인공 살충제를 사용하지 않고, 천연 물질을 사용한다.

유 **insecticide** 살충제

urban
[ə́:rbən]

형 도시의 **urbanize** 동 도시화하다

Her family moved from the village to an **urban** area.

그녀의 가족은 그 마을에서 도시 지역으로 이사했다.

Voca & Voca

- urban 도시의
  urban life 도시 생활
- metropolitan 대도시의
  the metropolitan area 대도시권, 수도권
- town 소도시(의), 도시(의)
  the town square (소)도시의 광장

rural
[rú(:)ərəl]

형 시골의, 지방의

Sharing food is common in the **rural** communities where people are engaged in farming.

음식을 나눠 먹는 것은 사람들이 농업에 종사하는 시골 사회에서 흔한 일이다.

유 **country** 시골의, 지방의

scarce
[skεərs]

형 부족한, 드문 **scarcely** 부 거의 ~않다 **scarcity** 명 부족, 결핍

Copper and tin are becoming **scarce**.

구리와 주석이 부족해지고 있다.

유 **insufficient** 불충분한, 부족한 반 **plentiful** 풍부한

patch
[pætʃ]

명 작은 땅, 작은 조각, (몸에 붙이는) 패치 동 깁다

Only a small **patch** of their habitat remains.

그들의 서식지에 작은 크기의 땅만 남아 있다.

유 **scrap** 작은 조각 **plot** 작은 땅

Synonym & Antonym

유의어와 반의어를 확인해 보는 시간입니다. 밑줄 친 단어의 유의어 혹은 반의어를 주어진 철자로 시작하여 써 보세요.

01 the conventional color of a wedding gown ㊌ t________

02 She will circulate the report. ㊌ d________

03 Copper and tin are becoming scarce. ㊉ p________

04 various Greek dishes ㊌ d________

05 a more flexible approach ㊉ r________

06 the plot of the new novel ㊌ o________

07 a vertical bar graph ㊉ h________

|정답| 01 traditional 02 distribute 03 plentiful 04 diverse 05 rigid 06 outline 07 horizontal

Vocabulary Extension

이제 품사가 다른 여러 형태의 단어를 학습해 보겠습니다. [보기]의 단어를 변형하여 빈칸에 들어갈 알맞은 말을 써 보세요.

보기 breathe circulate destroy flexible various

01 Aerobic exercise helps the ________ of blood around the body.

02 We look for a little more ________ and a lot more work-life balance.

03 Close your eyes and take a deep ________, feeling the peace of your mind.

04 At the shopping mall, I was surprised by the ________ of the choices that were available.

05 The leaders agreed to cooperate to stop the ________ of the tropical rainforests around the globe.

|정답| 01 circulation 02 flexibility 03 breath 04 variety 05 destruction

|해석| 01 유산소 운동은 몸 전체의 혈액 순환을 돕는다. 02 우리는 좀 더 많은 유연성과 훨씬 더 많은 일과 삶 사이의 균형을 찾는다. 03 눈을 감고 심호흡을 하며 마음의 평온함을 느끼시오. 04 쇼핑몰에서 나는 가질 수 있는 선택의 다양성에 놀랐다. 05 지도자들은 전 세계의 열대 우림의 파괴를 멈추기 위해 협력하기로 동의했다.

Choosing the Right Word

가장 적절한 단어가 어떤 것인지 확인하는 시간입니다. 주어진 문장에 들어갈 가장 적절한 단어를 네모 안에서 골라 보세요.

01 I like classical music, especially / scarcely piano pieces.

02 Only a small patch / gardening of their habitat remains.

03 The information is displayed in a vertical / various bar graph.

04 To breathe / circulate blood, the heart has to work hard.

05 The acid rain will destroy / hang the forest.

06 She grows corn and vegetables in a tiny crop / plot.

07 Sharing food is common in the rural / urban communities where people are engaged in farming.

08 Vertical gardening is very flexible / conventional because it allows you to plant various crops in an area with limited space.

09 You only have to use a small amount of fertilizers / frameworks and pesticides since the pots are not very large.

10 Even in a city where garden spaces are circular / scarce, you can own a vegetable patch or a flower garden.

|정답| 01 especially 02 patch 03 vertical 04 circulate 05 destroy 06 plot 07 rural 08 flexible 09 fertilizers 10 scarce

|해석| 01 나는 고전 음악을 좋아하는데, 특히 피아노곡들을 좋아한다. 02 그들의 서식지에 작은 크기의 땅만 남아 있다. 03 그 정보는 수직 막대그래프로 보여진다. 04 피를 순환시키려면 심장은 열심히 일해야 한다. 05 산성비가 숲을 파괴할 것이다. 06 그녀는 조그만 땅에서 옥수수와 채소를 기른다. 07 음식을 나눠 먹는 것은 사람들이 농업에 종사하는 시골 사회에서 흔한 일이다. 08 수직 정원 가꾸기는 제한된 공간이 있는 지역에 다양한 작물을 심도록 해 주므로 매우 융통성이 있다. 09 화분이 그리 크지 않아서 적은 양의 비료와 살충제만 사용하면 된다. 10 정원 공간이 부족한 도시에서조차도 채소를 심는 작은 땅이나 꽃밭을 소유할 수 있다.

Unit 07

Blockchain Technology Is a Double-Edged Sword

▌이번 단원에서 학습하게 될 단어들입니다. 이미 알고 있는 단어에 V 표시해 보세요.

☐ exhibit	☐ characteristic	☐ reliance	☐ consensus
☐ resistant	☐ transparent	☐ feature	☐ coordinate
☐ deployment	☐ autonomous	☐ facilitate	☐ otherwise
☐ implement	☐ protocol	☐ decentralize	☐ unacceptable
☐ traceable	☐ prone	☐ transform	☐ surveillance

▌주어진 단어를 알맞은 뜻과 연결해 보세요. 단어의 뜻을 모르면 아래 정답에서 확인해 보세요.

01	exhibit	•	•	a	합의
02	consensus	•	•	b	투명한
03	resistant	•	•	c	보이다, 전시하다
04	transparent	•	•	d	특징으로 하다
05	feature	•	•	e	그렇지 않으면, 그 외에는
06	autonomous	•	•	f	감시
07	otherwise	•	•	g	자율적인, 독립된
08	implement	•	•	h	저항력[저항성]이 있는
09	transform	•	•	i	변환하다
10	surveillance	•	•	j	실행하다

|정답| 01 c 02 a 03 h 04 b 05 d 06 g 07 e 08 j 09 i 10 f

Vocabulary in Reading Context

▌해석은 한 번에 가능하지 않습니다. 해석이 잘되지 않더라도 먼저 아랫글을 단숨에 읽어 보세요.

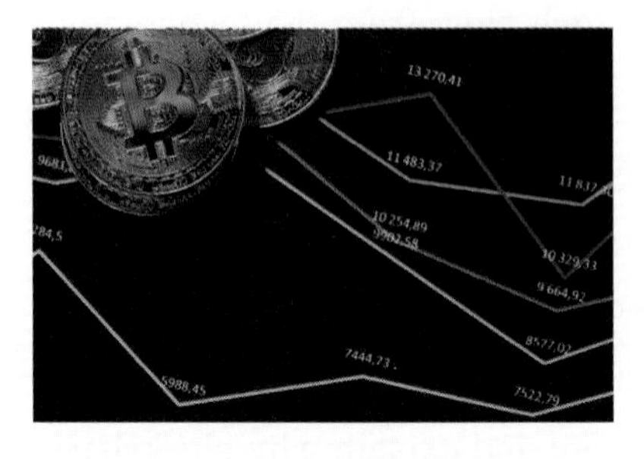

Blockchains **exhibit** a set of (a set of: 일련의) core **characteristics**, which flow from the technology's **reliance** on a peer-to-peer network (사용자 간 직접 접속 네트워크), public-private key cryptography, and **consensus** mechanisms. Blockchains are **resistant** to change, and enable people to store nonrepudiable data, in a **transparent** manner. Most blockchain-based networks **feature** market-based or game-theoretical mechanisms for reaching consensus, which can be used to **coordinate** people or machines. These characteristics, when combined (결합되었을 때), enable the **deployment** of **autonomous** software and explain why blockchains serve as a powerful new tool to **facilitate** economic and social activity that **otherwise** would be difficult to achieve.

At the same time (at the same time: 동시에), these characteristics represent the technology's greatest limitations. The nature of blockchains makes it difficult to **implement** changes to a blockchain's underlying software **protocol**. Because blockchains have a tamper-resistant data structure (변형 억제 데이터 구조) supported by **decentralized** consensus mechanisms, they can be used to coordinate socially **unacceptable** or criminal conduct. Moreover, because blockchains are transparent and **traceable**, they are **prone** to being co-opted, **transforming** the technology into a powerful tool for **surveillance** and control.

* cryptography 암호화 기법　** nonrepudiable 부인 방지의[서명 후 부인할 수 없는]

▌본문의 의미가 이해되나요? 원어민 선생님이 읽어 주시는 지문을 들으며 다시 한 번 읽어 보세요.

Fill in the Blanks

▍본문의 내용을 기억하며 다시 읽어 볼 차례입니다. 이번에는 글을 읽으면서 빈칸에 들어갈 단어를 주어진 철자로 시작하여 써 보세요.

Blockchain Technology Is a Double-Edged Sword

Blockchains exhibit a set of core characteristics, which flow from the technology's ❶r__________ on a peer-to-peer network, public-private key cryptography, and ❷c__________ mechanisms. Blockchains are resistant to change, and enable people to store nonrepudiable data, in a ❸t__________ manner. Most blockchain-based networks 5 ❹f__________ market-based or game-theoretical mechanisms for reaching consensus, which can be used to coordinate people or machines. These characteristics, when combined, enable the deployment of autonomous software and explain why blockchains serve as a powerful new tool to ❺f__________ economic and social activity that otherwise would be difficult to achieve.

10 At the same time, these characteristics represent the technology's greatest limitations. The nature of blockchains makes it difficult to ❻i__________ changes to a blockchain's underlying software protocol. Because blockchains have a tamper-resistant data structure supported by decentralized consensus mechanisms, they can be used to coordinate socially ❼u__________ or criminal conduct. Moreover, because blockchains are transparent and 15 ❽t__________, they are ❾p__________ to being co-opted, transforming the technology into a powerful tool for ❿s__________ and control.

* cryptography 암호화 기법 ** nonrepudiable 부인 방지의[서명 후 부인할 수 없는]

해석 블록체인 기술은 양날의 검이다

블록체인은 일련의 핵심적인 특징들을 보이는데, 이것은 그 기술이 사용자 간 직접 접속 네트워크, 공개-개인 키 암호화 기법 그리고 합의 메커니즘에 대해 의존하는 것에서 나온다. 블록체인은 변경에 대한 저항성이 있으며, 사람들이 부인 방지[서명 후 부인할 수 없는] 데이터를 투명한 방식으로 저장하는 것을 가능하게 한다. 대부분의 블록체인 기반 네트워크는 합의에 이르기 위해 시장에 기반하거나 게임 이론적인 메커니즘을 특징으로 하는데, 이것은 사람이나 기계를 조정하는 데 사용될 수 있다. 이러한 특징들은 결합되었을 때 자율적인 소프트웨어의 배치를 가능하게 하고, 왜 블록체인이 그렇지 않으면[그것 없이는] 성취하기 어려울지 모르는 경제적, 사회적 활동을 가능하게 하는 강력한 새로운 도구의 역할을 하는지를 설명한다.

동시에, 이런 특징들은 그 기술의 가장 큰 한계를 나타낸다. 블록체인의 본성이 블록체인의 근본적인 소프트웨어 프로토콜[통신 규약]의 변경을 실행하는 것을 어렵게 한다. 블록체인은 분산적 합의 메커니즘에 의해 지원되는 변형 억제 데이터 구조를 갖추고 있기 때문에, 그것은 사회적으로 용인되지 않거나 범죄 행위를 조직하는 데 이용될 수 있다. 게다가, 블록체인은 투명하고 추적이 가능하기 때문에 마음대로 사용되기 쉬워, 그 기술은 감시와 통제를 위한 강력한 도구로 변화된다.

| 정답 | ❶reliance ❷consensus ❸transparent ❹feature ❺facilitate ❻implement ❼unacceptable ❽traceable ❾prone ❿surveillance

exhibit
[igzíbit]

동 보이다, 전시하다 명 전시품, 증거물 **exhibition** 명 전시회
Paintings submitted by students will be **exhibited**.
학생들이 제출한 그림들이 전시될 것이다.
유 **show** 보이다 **reveal** 드러내다 **display** 전시하다

characteristic
[kæriktərístik]

명 특징 형 특유의 **characterize** 동 특징짓다 **characteristically** 부 특징적으로
The word "monumental" expresses the **characteristic** of Egyptian art.
'기념비적'이라는 단어는 이집트 예술의 특징을 표현한다.
Laughing troubles away is **characteristic** of him, and he's optimistic.
문제를 웃음으로 넘기는 것은 그가 지닌 특성이고, 그는 낙천적이다.
유 **feature** 특징, 특색 **property** 특성 **attribute** 특성, 속성

reliance
[riláiəns]

명 의존, 의지 **reliant** 형 의존하는 **rely** 동 의존하다
The world is struggling to reduce its **reliance** on fossil fuels.
세계는 화석 연료에 대한 의존을 줄이기 위해 분투하고 있다.
유 **dependence** 의존 반 **independence** 독립성, 독자성

consensus
[kənsénsəs]

명 합의, 의견 일치 **consent** 동 동의하다
Disagreement is wrong and **consensus** is desirable.
의견 불일치는 옳지 않고 합의는 바람직하다.
유 **agreement** 일치, 합의 **assent** 동의 반 **disagreement** 의견 불일치

resistant
[rizístənt]

형 저항력이 있는, 저항성이 있는, 저항하는, ~에 강한 **resistance** 명 저항, 저항력
This new species is **resistant** to plant disease.
이 새로운 종은 식물의 병에 저항력이 있다.
유 **opposed** 반대된, 대항하는 **tolerant** 견디는

Voca Plus
water-resistant 방수의, 물이 잘 스며들지 않는
heat-resistant 열에 손상되지 않는, 내열성의
resistant to change 변화에 저항하는

transparent
[trænspέərənt]

형 투명한, 명료한, 알기 쉬운 **transparency** 명 투명도, 투명성
The insect's wings are almost **transparent**.
그 곤충의 날개는 거의 투명하다.
유 **clear** 분명한 **obvious** 명백한 반 **opaque** 불투명한

feature
[fíːtʃər]

동 특징으로 하다, 특별히 포함하다 명 특색, 특성, 특징, 지형, 이목구비, 특집 기사

The mall **featured** a wooden boardwalk built along the shore.

그 쇼핑몰은 물가를 따라 지어진 나무판자로 된 산책로가 특징이었다.

유 **aspect** 얼굴, 생김새, 용모 **characteristic** 특색, 특성 **trait** 특성, 요인

Voca Plus

- **feature film** (기록 영화 등이 아닌) 장편 극영화
- **water feature** (정원의) 인공 폭포[수로, 연못]
- **feature-length** 보통 장편 극영화 길이의, 장편의
- **feature phone** 피처폰
- **feature report** 특집 기사
- **natural feature** 자연적인 특징

coordinate
[kouɔ́ːrdənèit]

동 조정하다, 조직하다 **coordinator** 명 조정자, 진행자 **coordination** 명 조정, 조직

We should appoint a new manager to **coordinate** the new project.

우리는 새로운 프로젝트를 조정할 새 매니저를 임명해야 한다.

유 **harmonize** 조화를 이루게 하다 **organize** 조직하다

deployment
[diplɔ́imənt]

명 배치, 전개 **deploy** 동 배치하다, 전개하다

The **deployment** of the fleet was almost the same as he had expected it would be.

그 함대의 배치는 그가 그럴 것이라고 예상했던 것과 거의 같았다.

유 **distribution** 배치 **formation** 대형

autonomous
[ɔːtɑ́nəməs]

형 자율적인, 독립된, 자치의 **autonomy** 명 자율, 자치

Less people suspect whether an **autonomous** vehicle is safe.

더 적은 수의 사람들이 자율 주행 차량이 안전한지 의심한다.

유 **independent** 독립한 **self-sufficient** 자급자족할 수 있는

facilitate
[fəsílətèit]

동 쉽게 만들다, 가능하게 하다, 촉진하다 **facilitation** 명 용이하게 함, 촉진 **facilitator** 명 조력자, 촉진제

We hope the new policy will **facilitate** economic recovery.

우리는 새로운 정책이 경제 회복을 쉽게 만들기를 바란다.

유 **further** 진행시키다, 조장하다 **promote** 증진하다 반 **hinder** 방해하다

otherwise
[ʌ́ðərwàiz]

부 그렇지 않으면, 그 외에는, (~와는) 다르게, 달리

Otherwise, the demand for resources will increase indefinitely.

그렇지 않으면, 자원에 대한 수요는 무한히 증가할 것이다.

A greater variety leads people to eat more than they would **otherwise**.

더 큰 다양성은 사람들이 그렇지 않을 경우에 먹는 것보다 더 많이 먹게 유도한다.

Peter believes that he is right, but the neighbors think **otherwise**.

Peter는 자신이 맞다고 믿지만, 이웃들은 다르게 생각한다.

implement
[ímpləmənt]

동 실행하다, 이행하다 명 도구 **implementation** 명 실행, 이행, 완성

Let's talk about how to **implement** the new plan.

그 새로운 계획을 실행할 방법에 관해 이야기해 보자.

유 **complete** 완료하다 **perform** 이행하다, 수행하다

protocol
[próutəkɔ̀:l]

명 프로토콜, 통신 규약, 외교 의례, 의전, (조약의) 초안

Simple Mail Transfer Protocol (SMTP) is a **protocol** for sending email messages between servers.

단순 메일 전용 프로토콜(SMTP)은 서버 간 이메일 메시지 전달을 위한 프로토콜이다.

유 **agreement** 조약 **treaty** 조약 **convention** 규약

decentralize
[di:séntrəlàiz]

동 분산하다, 분권화하다 **decentralization** 명 분권화, 분산

The government is trying to **decentralize** the population.

정부는 인구를 분산하기 위해 노력하고 있다.

반 **centralize** 중앙 집권화하다

unacceptable
[ʌ̀nəkséptəbl]

형 용인되지 않는, 받아들이기 힘든 **unacceptably** 부 받아들일 수 없게

Their lives are speeding up to an **unacceptable** degree.

그들의 삶은 받아들이기 힘든 수준으로 가속되고 있다.

반 **acceptable** 용인될 수 있는, 받아들일 수 있는

traceable
[tréisəbl]

형 추적할 수 있는, 자국을 거슬러 오를 수 있는 **trace** 동 추적하다

Their telephones are **traceable**.

그들의 전화는 추적할 수 있다.

반 **untraceable** 추적할 수 없는

prone
[proun]

형 ~하기 쉬운, (좋지 않은 일을) 당하기 쉬운(~ to)

Unfortunately, human beings are **prone** to error.

유감스럽게도, 인간은 실수하기 쉽다.

유 **liable** 할 것 같은, 하기 쉬운 **subject** ~될[당할/걸릴] 수 있는

transform
[trænsfɔ́:rm]

동 변환하다, 탈바꿈시키다 **transformation** 명 변형 **transformative** 형 변형의

They try to **transform** raw data into information.

그들은 미가공 데이터를 정보로 변환하려 노력한다.

유 **change** 바꾸다 **convert** 변형시키다

surveillance
[sərvéiləns]

명 감시, 망보기, 감독 **surveillant** 명 감시자, 감독자 형 감시하는

Cameras are an essential part of a **surveillance** system.

카메라는 감시 체계의 핵심적인 부분이다.

유 **observation** 관찰, 감시 **watch** 관찰 **supervision** 감독, 관리

Voca Plus

around-the-clock surveillance 24시간 감시

under surveillance 감시 하에

radar surveillance 레이더 감시

Synonym & Antonym

유의어와 반의어를 확인해 보는 시간입니다. 밑줄 친 단어의 유의어 혹은 반의어를 주어진 철자로 시작하여 써 보세요.

01 a new manager to coordinate the new project [유] o____________

02 an autonomous vehicle [유] i____________

03 facilitate economic recovery [반] h____________

04 the deployment of the fleet [유] f____________

05 a surveillance system [유] s____________

06 the characteristic of Egyptian art [유] f____________

07 a protocol for sending email messages between servers [유] a____________

|정답| 01 organize 02 independent 03 hinder 04 formation 05 supervision 06 feature 07 agreement

Vocabulary Extension

이제 품사가 다른 여러 형태의 단어를 학습해 보겠습니다. [보기]의 단어를 변형하여 빈칸에 들어갈 알맞은 말을 써 보세요.

[보기] **coordinate exhibit implement reliance transform**

01 The ____________ is responsible for managing and training volunteers.

02 I assume that the ____________ of the project will take a few years.

03 The ____________ will display artworks from contemporary artists from India.

04 The companies ____________ on key staff commuting long distances to work.

05 The ____________ of silence into language and action is an act of self-revelation.

|정답| 01 coordinator 02 implementation 03 exhibition 04 rely 05 transformation

|해석| 01 그 진행자는 자원봉사자들을 관리하고 훈련하는 책임을 지고 있다. 02 나는 그 프로젝트의 이행이 몇 년 걸릴 것이라고 추정한다. 03 그 전시회는 인도 출신 현대 미술가들의 미술품을 전시할 것이다. 04 그 회사들은 일터로 장거리 출퇴근하는 핵심 직원들에게 의존한다. 05 침묵이 언어와 행동으로 변화하는 것은 자기 발견의 행동이다.

Choosing the Right Word

가장 적절한 단어가 어떤 것인지 확인하는 시간입니다. 주어진 문장에 들어갈 가장 적절한 단어를 네모 안에서 골라 보세요.

01 Peter believes that he is right, but the neighbors think otherwise / similarly.

02 Laughing troubles away is characteristic / traceable of him, and he's optimistic.

03 Despite this poor service we stayed — we were characteristic / resistant to change.

04 Their lives are speeding up to an otherwise / unacceptable degree, so they feel dizzy.

05 The mall denied / featured a wooden boardwalk built along the shore.

06 Their telephones are traceable / prone and we know when they called.

07 Albino animal skin is thick / transparent; thus, these animals have extreme sun sensitivity.

08 There is a consensus / surveillance that freedom of speech is a democratic principle.

09 Some people are more prone / transparent to anxiety disorders and experience more symptoms.

10 The parties will remain autonomous / resistant and they will retain their respective independent decision-making authority.

|정답| 01 otherwise 02 characteristic 03 resistant 04 unacceptable 05 featured 06 traceable 07 transparent 08 consensus 09 prone 10 autonomous

|해석| 01 Peter는 자신이 맞다고 믿지만 이웃들은 다르게 생각한다. 02 문제를 웃음으로 넘기는 것은 그가 지닌 특성이고, 그는 낙천적이다. 03 이 불량한 서비스에도 우리는 머물렀는데 우리는 변화에 저항했다. 04 그들의 삶은 받아들이기 힘든 수준으로 가속되고 있어서 그들은 어지럽다고 느낀다. 05 그 쇼핑몰은 물가를 따라 지어진 나무판자로 된 산책로가 특징이었다. 06 그들의 전화는 추적할 수 있고 우리는 그들이 언제 전화했는지 안다. 07 선천성 색소 결핍증에 걸린 동물의 피부는 투명하고, 따라서 이 동물들은 극단적인 햇빛 민감도를 가진다. 08 언론의 자유가 민주적인 원칙이라는 합의가 있다. 09 몇몇 사람들은 불안 장애를 더 겪기 쉬우며 더 많은 증상을 경험한다. 10 정당들은 자율적으로 유지될 것이며 각자의 독립적인 의사 결정 권한을 유지할 것이다.

Unit 08

Your Brain Is Listening to What You Say

▌이번 단원에서 학습하게 될 단어들입니다. 이미 알고 있는 단어에 V 표시해 보세요.

☐ trigger	☐ response	☐ needle	☐ skin
☐ intense	☐ convey	☐ trait	☐ empathetic
☐ compassion	☐ cause	☐ chronic	☐ support
☐ understanding	☐ struggle	☐ reinforce	☐ valid
☐ tremendous	☐ destiny	☐ internal	☐ dialogue

▌주어진 단어를 알맞은 뜻과 연결해 보세요. 단어의 뜻을 모르면 아래 정답에서 확인해 보세요.

01	empathetic	a	유발하다
02	convey	b	공감하는
03	trigger	c	동정(심)
04	reinforce	d	전달하다
05	intense	e	강화하다
06	compassion	f	운명
07	chronic	g	강력한
08	tremendous	h	엄청난
09	destiny	i	만성적인
10	valid	j	타당한

|정답| 01 b 02 d 03 a 04 e 05 g 06 c 07 i 08 h 09 f 10 j

Vocabulary in Reading Context

▌해석은 한 번에 가능하지 않습니다. 해석이 잘되지 않더라도 먼저 아랫글을 단숨에 읽어 보세요.

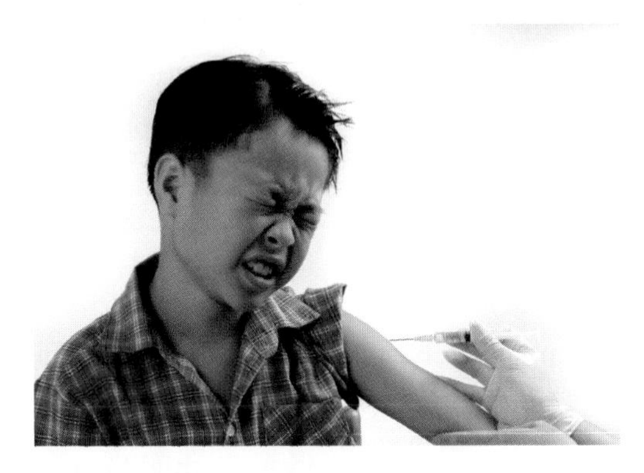

A recent study from Germany proved that hearing the words "This is going to hurt" before we get a shot (get a shot: 주사를 맞다) **triggers** the pain **response** in our brains — we actually feel pain before the **needle** even touches the **skin**! Researchers used functional MRI (기능적 MRI) to study people's brains and found that their pain centers lit up (light up: 밝아지다) like pinball machines when they heard words that suggested **intense** pain was coming.

What this tells us is that words matter (말이 중요하다). When we say or listen to words **conveying** negative or painful thoughts or feelings, our brains immediately activate to feel that pain. In some ways, this is an amazingly human **trait** — we are very **empathetic** creatures. But there are situations where that **compassion** — even for ourselves — might **cause** problems. When a person with **chronic** pain talks about her pain with a **support** group, the close relationships and **understanding** she finds there (그 사람이 거기서 발견하는) are certain to help her. But if during those meetings, she "shares" how she's been **struggling,** might she actually be **reinforcing** that pain in herself and others? It's certainly a **valid** question.

Whatever the answer is (답이 무엇이든지 간에), this area of research demonstrates one thing clearly: We have a **tremendous** ability to control (have an ability to *do*: ~하는 능력을 가지다) our own health **destinies** simply by changing our **internal** **dialogue**.

▌본문의 의미가 이해되나요? 원어민 선생님이 읽어 주시는 지문을 들으며 다시 한 번 읽어 보세요.

Fill in the Blanks

▌본문의 내용을 기억하며 다시 읽어 볼 차례입니다. 이번에는 글을 읽으면서 빈칸에 들어갈 단어를 주어진 철자로 시작하여 써 보세요.

Your Brain Is Listening to What You Say

A recent study from Germany proved that hearing the words "This is going to hurt" before we get a shot ❶t__________ the pain response in our brains — we actually feel pain before the needle even touches the ❷s__________! Researchers used functional MRI to study people's brains and found that their pain centers lit up like pinball machines when
5 they heard words that suggested ❸i__________ pain was coming.

What this tells us is that words matter. When we say or listen to words ❹c__________ negative or painful thoughts or feelings, our brains immediately activate to feel that pain. In some ways, this is an amazingly human ❺t__________ — we are very empathetic creatures. But there are situations where that ❻c__________ — even for ourselves — might cause
10 problems. When a person with ❼c__________ pain talks about her pain with a support group, the close relationships and understanding she finds there are certain to help her. But if during those meetings, she "shares" how she's been struggling, might she actually be ❽r__________ that pain in herself and others? It's certainly a ❾v__________ question.

Whatever the answer is, this area of research demonstrates one thing clearly: We have a
15 tremendous ability to control our own health destinies simply by changing our internal ❿d__________.

해석 여러분의 뇌는 여러분의 말을 듣고 있다

독일의 최근 연구는 우리가 주사를 맞기 전에 "이거 아플 거예요."라는 말을 듣는 것이 우리의 뇌 속에 고통 반응을 유발한다는 것을 입증했다. 우리는 바늘이 피부에 닿기도 전에 실제로 고통을 느낀다! 연구자들은 사람들의 뇌를 연구하기 위해 기능적 MRI를 사용했고 강력한 고통이 오고 있다는 것을 암시하는 말을 사람들이 들었을 때 핀볼 기계처럼 그들의 고통 중추가 밝아졌다는 것을 발견했다.

이것이 우리에게 알려 주는 것은 말이 중요하다는 것이다. 우리가 부정적이거나 고통스러운 생각 혹은 느낌을 전달하는 말을 하거나 들을 때 우리의 뇌는 즉시 그 고통을 느끼는 것을 활성화한다. 몇 가지 면에서 이것은 놀라울 정도로 인간적인 특성이다. 우리는 매우 공감하는 생명체이다. 하지만 심지어 우리 자신에게조차도 그 동정이 문제를 야기할지도 모르는 상황이 있다. 만성적인 고통이 있는 사람이 자신의 고통에 대해서 지지하는 집단과 이야기를 할 때 그 사람이 거기서 발견하게 되는 친밀한 관계와 이해는 분명히 그 사람에게 도움이 된다. 하지만 만약 그러한 모임을 하는 동안에 그 사람이 어떻게 힘들게 싸워 왔는지를 '공유하면', 그 사람은 실제로 자기 자신과 다른 사람들에게 그 고통을 강화하고 있는 것일까? 그것은 틀림없이 타당한 질문이다.

답이 무엇이든지 간에, 이 분야의 연구는 한 가지를 분명하게 증명한다. 우리는 그저 우리의 내적 대화를 변화시킴으로써 우리 자신의 건강에 대한 운명을 제어하는 엄청난 능력을 가지고 있다.

| 정답 | ❶triggers ❷skin ❸intense ❹conveying ❺trait ❻compassion ❼chronic ❽reinforcing ❾valid ❿dialogue

trigger
[trígər]

동 유발하다, 촉발시키다 명 방아쇠, 계기, 도화선
Peaches can **trigger** a violent allergic reaction.
복숭아는 격렬한 알레르기 반응을 유발할 수 있다.
유 **spark** 촉발시키다 반 **prevent** 막다, 예방하다

response
[rispáns]

명 반응, 대답, 응답 **respond** 동 반응을 보이다, 답장하다
I knocked on the door of the nearest house but there was no **response**.
나는 가장 가까운 집의 문을 두드렸지만 아무런 반응이 없었다.
유 **reaction** 반응

Voca Plus

- **a positive[favorable] response** 긍정적인[호의적인] 반응
- **a negative response** 부정적인 반응
- **an enthusiastic response** 열렬한 반응
- **a direct response** 직접적인 반응
- **an emotional response** 감정적인 반응

needle
[ní:dl]

명 바늘, 침 동 바늘로 꿰매다
Be careful with that **needle** — it has a very sharp point.
그 바늘을 조심해. 끝이 무척 날카로워.

skin
[skin]

명 피부, 껍질, 가죽
People have a thick layer of fat under their **skin**.
사람들은 피부 아래에 두꺼운 지방층을 가지고 있다.
유 **hide** (짐승의) 가죽

intense
[inténs]

형 강력한, 극심한 **intensity** 명 강렬함, 강함
The mayor is under **intense** pressure to resign.
그 시장은 강력한 사임 압박을 받고 있다.
유 **fierce** 사나운, 거센

convey
[kənvéi]

동 전달하다, 실어 나르다 **conveyance** 명 전달, 수송, 운송
Cats, unlike other animals, **convey** what they want to their owners.
다른 동물과 달리, 고양이는 자신이 원하는 것을 주인에게 전달한다.
유 **transmit** 전송하다, 전달하다

trait
[treit]

명 특성, 특색, 특징

Historically, human **traits** did not change much.

역사적으로 인간의 특성은 많이 변하지 않았다.

유 **characteristic** 특징, 특질 **feature** 특징, 특색

empathetic
[èmpəθétik]

형 공감하는, 공감을 불러일으키는, 감정 이입의 **empathy** 명 공감, 감정 이입

You're such a kind and **empathetic** friend and you make people laugh!

너는 매우 친절하고 공감하는 친구이고 사람들을 웃게 만들어!

유 **sympathetic** 공감하는, 동정적인

compassion
[kəmpǽʃən]

명 동정(심), 연민 **compassionate** 형 동정적인, 연민하는

She had **compassion** for the little dog and took it home.

그녀는 그 작은 강아지를 동정하여 그것을 집에 데리고 갔다.

cause
[kɔːz]

동 야기하다, 초래하다 명 원인, 이유, 대의명분

The difficult driving conditions **caused** several accidents.

그 힘든 운전 환경이 몇몇 사고를 야기했다.

유 **induce** 유발하다, 유도하다

chronic
[kránik]

형 만성적인, 상습적인

Older people can quickly become depressed by **chronic** illness.

노인들은 만성 질병으로 인해 빨리 우울해질 수 있다.

유 **habitual** 상습적인, 습관적인 반 **acute** 급성의

support
[səpɔ́ːrt]

동 지지하다, 후원하다 명 지지, 지원, 도움 **supportive** 형 지원하는

Green taxes are strongly **supported** by environmental groups.

환경세는 환경 단체들의 강력한 지지를 받고 있다.

유 **advocate** 옹호하다, 지지하다

understanding
[ʌ̀ndərstǽndiŋ]

명 이해, 합의 형 이해심 있는 **understand** 동 이해하다, 알다

You need to read more to gain a proper **understanding** of the issue.

그 사안에 대한 적절한 이해를 얻으려면 너는 더 많이 읽어야 한다.

유 **grasp** 이해, 파악

Voca Plus

have an understanding of ~에 대해 이해하다
gain[develop] an understanding 이해를 얻다[발전시키다]
deepen[broaden] an understanding 이해를 심화시키다[넓히다]

struggle
[strʌ́gl]

동 싸우다, 투쟁하다 명 투쟁, 싸움

He **struggled** against the disease for a year before he died.

그는 죽기 전에 그 병에 맞서 일 년 동안 싸웠다.

⊕ 유 **strive** 분투하다

reinforce
[rìːinfɔ́ːrs]

동 강화하다, 보강하다 **reinforcement** 명 강화, 보강

Rewards can **reinforce** the process of habit formation.

보상은 습관 형성 과정을 강화할 수 있다.

⊕ 유 **strengthen** 강하게 하다, 튼튼하게 하다

valid
[vǽlid]

형 타당한, 유효한 **validity** 명 타당성, 유효함

These are **valid** reasons why we should ban tobacco advertising.

이것들이 우리가 담배 광고를 금지해야 하는 타당한 이유이다.

⊕ 유 **reasonable** 합당한, 합리적인

Voca Plus

a valid point 타당한 지적	**a valid excuse** 타당한 변명
a valid conclusion 타당한 결론	**a valid criticism** 타당한 비판
a valid password 유효한 비밀번호	**a valid contract** 유효한 계약

tremendous
[triméndəs]

형 엄청난, 굉장한 **tremendously** 부 엄청나게

A **tremendous** amount of money has gone into the project.

엄청난 양의 돈이 그 프로젝트에 들어갔다.

⊕ 유 **immense** 막대한, 굉장한

destiny
[déstəni]

명 운명, 숙명

Sue wondered whether it was her **destiny** to marry Ted.

Sue는 Ted와 결혼하는 것이 자신의 운명인가 하고 의아해했다.

⊕ 유 **fate** 운명 **doom** 운명

internal
[intə́ːrnəl]

형 내적인, 내부의

The bank conducted its own **internal** investigation into the robbery.

그 은행은 그 강도 사건에 대한 자체 내부 조사를 실시했다.

⊕ 반 **external** 외부의

dialogue
[dáiəlɔ̀(ː)g]

명 대화

His new novel has long descriptions and not much **dialogue**.

그의 신간 소설은 묘사가 길고 대화는 많지 않다.

⊕ 유 **conversation** 대화, 회화

Synonym & Antonym

유의어와 반의어를 확인해 보는 시간입니다. 밑줄 친 단어의 유의어 혹은 반의어를 주어진 철자로 시작하여 써 보세요.

01 trigger a violent allergic reaction ⓤ s__________

02 There was no response. ⓤ r__________

03 intense pressure to resign ⓤ f__________

04 such a kind and empathetic friend ⓤ s__________

05 chronic illness ⓑ a__________

06 a proper understanding of the issue ⓤ g__________

07 internal investigation ⓑ e__________

|정답| 01 spark 02 reaction 03 fierce 04 sympathetic 05 acute 06 grasp 07 external

Vocabulary Extension

이제 품사가 다른 여러 형태의 단어를 학습해 보겠습니다. [보기]의 단어를 변형하여 빈칸에 들어갈 알맞은 말을 써 보세요.

보기 compassion response reinforce understanding valid

01 I had doubts about the __________ of his argument.

02 I asked my roommate his name, but he didn't __________.

03 The harbor walls need urgent __________.

04 The __________ side of people shows when they help others in a time of very serious crisis.

05 The woman had a strong southern accent, and I couldn't __________ what she was saying.

|정답| 01 validity 02 respond 03 reinforcement 04 compassionate 05 understand

|해석| 01 나는 그의 주장이 갖는 타당성에 대해 의심이 들었다. 02 내가 룸메이트에게 이름을 물어보았지만 그는 반응을 보이지 않았다. 03 그 항구 벽은 긴급한 보강이 필요하다. 04 사람의 동정적인 면은 매우 심각한 위기의 시기에 타인을 도와줄 때 나타난다. 05 그 여자는 남부 억양이 강했고, 나는 그녀가 하고 있는 말을 이해할 수 없었다.

Choosing the Right Word

가장 적절한 단어가 어떤 것인지 확인하는 시간입니다. 주어진 문장에 들어갈 가장 적절한 단어를 네모 안에서 골라 보세요.

01 I knocked on the door of the nearest house but there was no dialogue / response.

02 People have a thick layer of fat under their needle / skin.

03 Be careful with that destiny / needle – it has a very sharp point.

04 You're such a kind and chronic / empathetic friend and you make people laugh!

05 She had compassion / trait for the little dog and took it home.

06 His new novel has long descriptions and not much dialogue / understanding.

07 Researchers found that people's pain centers lit up like pinball machines when they heard words that suggested valid / intense pain was coming.

08 When we say or listen to words conveying / understanding negative or painful thoughts or feelings, our brains immediately activate to feel that pain.

09 We have a tremendous ability to control our own health destinies / skins simply by changing our internal dialogue.

10 A recent study from Germany proved that hearing the words "This is going to hurt" before we get a shot struggles / triggers the pain response in our brains.

|정답| 01 response 02 skin 03 needle 04 empathetic 05 compassion 06 dialogue 07 intense 08 conveying 09 destinies 10 triggers

|해석| 01 나는 가장 가까운 집의 문을 두드렸지만 아무런 반응이 없었다. 02 사람들은 피부 아래에 두꺼운 지방층을 가지고 있다. 03 그 바늘을 조심해. 끝이 무척 날카로워. 04 너는 매우 친절하고 공감하는 친구이고 사람들을 웃게 만들어! 05 그녀는 그 작은 강아지를 동정하여 그것을 집에 데리고 갔다. 06 그의 신간 소설은 묘사가 길고 대화는 많지 않다. 07 연구자들은 강력한 고통이 오고 있다는 것을 암시하는 말을 사람들이 들었을 때 핀볼 기계처럼 그들의 고통 중추가 밝아졌다는 것을 발견했다. 08 우리가 부정적이거나 고통스러운 생각 혹은 느낌을 전달하는 말을 하거나 들을 때 우리의 뇌는 즉시 그 고통을 느끼는 것을 활성화한다. 09 우리는 그저 우리의 내적 대화를 변화시킴으로써 우리 자신의 건강에 대한 운명을 제어하는 엄청난 능력을 가지고 있다. 10 독일의 최근 연구는 우리가 주사를 맞기 전에 "이거 아플 거예요."라는 말을 듣는 것이 우리의 뇌 속에 고통 반응을 유발한다는 것을 입증했다.

Unit 09

Family Sculpting: A Method of Mental Health Care

이번 단원에서 학습하게 될 단어들입니다. 이미 알고 있는 단어에 V 표시해 보세요.

□ therapy	□ unlock	□ express	□ provide
□ lump	□ instruct	□ mold	□ representation
□ menacing	□ step	□ situate	□ sculpture
□ relation	□ identify	□ separate	□ rest
□ psychologist	□ aid	□ relief	□ complex

주어진 단어를 알맞은 뜻과 연결해 보세요. 단어의 뜻을 모르면 아래 정답에서 확인해 보세요.

01 instruct •	• a	위치시키다
02 menacing •	• b	만들다
03 mold •	• c	조력하다
04 sculpture •	• d	표현(물)
05 therapy •	• e	지시하다
06 aid •	• f	완화
07 relief •	• g	위협적인
08 identify •	• h	밝히다
09 situate •	• i	치료
10 representation •	• j	조소(상), 조각(상)

|정답| 01 e 02 g 03 b 04 j 05 i 06 c 07 f 08 h 09 a 10 d

Vocabulary in Reading Context

▌해석은 한 번에 가능하지 않습니다. 해석이 잘되지 않더라도 먼저 아랫글을 단숨에 읽어 보세요.

Although not as popular as other art **therapy** methods, family sculpting is unique in its more tactile approach to art therapy. This method was first developed by psychotherapist Virginia Satir and seeks to **unlock** the inner feelings a patient has toward his/her family that the patient is otherwise unwilling or unable to **express**. The patient is **provided** with several **lumps** of clay and is then **instructed** to **mold** the clay into **representations** of each individual family member. The way the patient creates each figure can provide the therapist with vital information. For example, a patient who is fearful of his or her father might sculpt that figure as large and **menacing** in comparison to another figure.

be unwilling to *do*: ~하는 것을 꺼리다

in comparison to: ~에 비해

Some therapists might take the process one **step** further and ask the patient to then **situate** the **sculptures** in **relation** to each other. This can **identify** issues between certain individuals; for example, if the patient placed the sculpture of the mother far **separate** from the **rest** of the family, it might indicate the mother is distant.

Today, art therapy is a popular practice among **psychologists** and therapists, particularly those working with children. It has been used to **aid** with post-traumatic **relief** during natural disasters and to help both children and adults deal with **complex** issues, such as the death of a loved one.

be used to *do*: ~하기 위해 사용되다

자연재해

deal with: ~에 대처하다

*tactile 촉각의

▌본문의 의미가 이해되나요? 원어민 선생님이 읽어 주시는 지문을 들으며 다시 한 번 읽어 보세요.

Fill in the Blanks

▌본문의 내용을 기억하며 다시 읽어 볼 차례입니다. 이번에는 글을 읽으면서 빈칸에 들어갈 단어를 주어진 철자로 시작하여 써 보세요.

Family Sculpting: A Method of Mental Health Care

Although not as popular as other art therapy methods, family sculpting is unique in its more tactile approach to art therapy. This method was first developed by psychotherapist Virginia Satir and seeks to ❶u__________ the inner feelings a patient has toward his/her family that the patient is otherwise unwilling or unable to ❷e__________. The patient is
5 provided with several lumps of clay and is then ❸i__________ to mold the clay into ❹r__________ of each individual family member. The way the patient creates each figure can provide the therapist with vital information. For example, a patient who is fearful of his or her father might sculpt that figure as large and menacing in comparison to another figure.

Some therapists might take the process one step further and ask the patient to then
10 ❺s__________ the sculptures in ❻r__________ to each other. This can ❼i__________ issues between certain individuals; for example, if the patient placed the sculpture of the mother far ❽s__________ from the rest of the family, it might indicate the mother is distant.

Today, art therapy is a popular practice among psychologists and therapists, particularly those working with children. It has been used to ❾a__________ with post-traumatic relief
15 during natural disasters and to help both children and adults deal with ❿c__________ issues, such as the death of a loved one.

*tactile 촉각의

해석 가족 조각: 정신 건강 관리의 방법

다른 미술 치료 방법만큼 인기 있지는 않지만, 가족 조각은 미술 치료에 대한 더 촉각적인 접근법이라는 점에서 독특하다. 이 방법은 심리 치료사 Virginia Satir에 의해 처음 개발되었고, 환자가 그렇게 하지 않으면 표현하는 것을 꺼리거나 표현할 수 없는 자신의 가족에 대해 환자가 가지고 있는 내적 감정을 드러내고자 한다. 환자는 몇 개의 점토 덩어리를 제공받고, 그다음에 그 점토를 가족 구성원 각 개개인에 대한 표현물로 만들도록 지시받는다. 환자가 각 형상을 만드는 방식은 치료사에게 매우 중요한 정보를 제공할 수 있다. 예를 들어, 자신의 아버지를 두려워하는 환자는 그 형상을 다른 형상에 비해 크고 위협적으로 조소할지도[빚어서 만들지도] 모른다.

몇몇 치료사는 그 과정을 한 단계 더 나아가서 환자에게 그다음에 그 조소상들을 서로 관련지어 위치시켜 보라고 요청할지도 모른다. 이것은 특정 개인 간의 문제를 밝혀 줄 수 있는데, 예를 들어, 환자가 어머니에 대한 조소상을 나머지 가족과 멀리 떨어뜨려 놓는다면 그것은 엄마가 (가족과) 소원하다는 것을 보여 줄지도 모른다.

오늘날 미술 치료는 심리학자와 치료사, 특히 아이들을 대상으로 일을 하는 사람들 사이에서 인기 있는 진료이다. 그것은 자연재해 중 외상 후 (스트레스) 완화에 조력하기 위해, 그리고 아이와 어른 모두 사랑하는 대상의 죽음과 같은 복잡한 문제에 대처하는 데 도움을 주기 위해 사용되어 왔다.

|정답| ❶unlock ❷express ❸instructed ❹representations ❺situate ❻relation ❼identify ❽separate ❾aid ❿complex

therapy
[θérəpi]

명 치료, 요법
He needs drug **therapy** in addition to diet modification.
그는 식단 조절에 더하여 약물 치료를 필요로 한다.
유 **remedy** 치료, 요법 **treatment** 치료, 처치

unlock
[ʌnlɑ́k]

동 드러내다, 자물쇠를 풀다, 열다
You have to **unlock** your mind.
여러분은 마음을 드러내야 합니다.
유 **disclose** 드러내다 **reveal** 드러내다 반 **conceal** 감추다 **veil** 감추다

express
[iksprés]

동 표현하다, 나타내다 **expression** 명 표시, 표현, 표출
expressive 형 표현력이 있는
NGOs have **expressed** concern about the new law.
NGO들은 새 법안에 대해 우려를 표명해 왔다.
유 **indicate** 나타내다, 보여 주다 **exhibit** 나타내다, 드러내다

provide
[prəváid]

동 제공하다, 공급하다 **provision** 명 공급, 조항
The secretary was asked to **provide** him with clean clothes.
그 비서는 그에게 깨끗한 옷을 제공해 주라는 요청을 받았다.
유 **supply** 제공하다, 공급하다 반 **deprive** 빼앗다

lump
[lʌmp]

명 덩어리 동 한 덩어리로 다루다, 하나로 묶다
He bought a **lump** of cheese wrapped in a piece of greasy paper.
그는 기름이 배어 있는 종이로 포장된 치즈 한 덩어리를 샀다.
유 **block** 덩어리, 토막

instruct
[instrʌ́kt]

동 지시하다, 가르치다 **instruction** 명 지시, 설명
The inspector **instructed** them to open up their luggage.
그 조사관은 그들에게 짐을 풀어 보라고 지시했다.
유 **order** 지시[명령]하다 **direct** 지시[명령]하다

mold
[mould]

동 만들다, 본뜨다, 형성하다

David **molded** his hand in clay.

David는 찰흙으로 자신의 손을 만들었다[본떴다].

유 **cast** 틀에 넣어 만들다, 주조하다 **form** 만들다

representation
[rèprizentéiʃən]

명 표현(물), 대표 **represent** 동 나타내다, 표현하다, 대표하다

representative 명 대표자, 대리인 형 대표하는

Human language is a symbolic **representation** of reality.

인간의 언어는 실재의 상징적 표현이다.

menacing
[ménəsiŋ]

형 위협적인 **menace** 명 위협적인 존재 동 위협하다

His voice was so **menacing** and low.

그의 목소리는 매우 위협적이고 낮았다.

유 **threatening** 위협적인 **frightening** 겁을 주는

step
[step]

명 단계, 진보, 걸음, 수단 동 걷다

Joining the army was actually a big **step** in his life.

입대는 실제로 그의 삶에서 한 단계 크게 올라서는 것이었다.

유 **stage** 단계, 무대

Voca Plus

step down[aside] 자리에서 물러나다

step into ~을 시작하다

step out of line 규칙을 어기다, 그릇된 행동을 하다, 무례하게 굴다

fall into step 걸음걸이[보조]를 맞추다

situate
[sítʃuèit]

동 위치시키다, 놓다, 설치하다 **situation** 명 상황

Pakhal Lake is **situated** in the forest hills.

Pakhal 호수는 숲속 언덕에 위치해 있다.

유 **place** 위치시키다, 놓다 **locate** 위치시키다

sculpture
[skʌ́lptʃər]

명 조소(상), 조각(상), 조각품 **sculpt** 동 조각하다, 조소하다

Temples and public buildings were decorated with **sculptures**.

사찰과 공공건물이 조각상들로 꾸며져 있었다.

유 **statue** 조각상

relation
[riléiʃən]

명 관련(성), 관계, 친족 관계 **relate** 동 관련이 있다, 관련시키다, 말하다

The **relation** between cause and effect is the foundation of rationalism.

인과관계는 합리주의의 근간이다.

유 **link** 관련(성) **relationship** 관련(성), 관계

identify
[aidéntəfài]

동 밝히다, 알아보다, 확인하다 **identity** 명 신원 **identification** 명 신원 확인

We must **identify** the cause of the disease.

우리는 그 질병의 원인을 알아봐야 한다.

유 **determine** 알아내다 **diagnose** 원인을 규명하다, 진단하다

separate
[sépərit] 형
[sépərèit] 동

형 떨어진, 별개의 동 분리하다 **separation** 명 분리, 구분

He lived **separate** from others in full liberty.

그는 완전한 자유 상태로 다른 사람들과 떨어져 살았다.

유 **apart** 떨어져 있는 **detached** 떨어져 있는, 무심한 **distant** 떨어진, 소원한

rest
[rest]

명 나머지, 휴식 동 휴식을 취하다

The **rest** of us decided to drag him out of there.

우리 중 나머지는 그를 그곳에서 끌고 나오기로 결심했다.

psychologist
[saikáləʤist]

명 심리학자 **psychology** 명 심리학 **psychological** 형 심리학의

She eventually became a famous **psychologist**.

그녀는 마침내 유명한 심리학자가 되었다.

Voca & Voca

physicist 물리학자	**chemist** 화학자
biologist 생물학자	**anthropologist** 인류학자
archaeologist 고고학자	**geologist** 지질학자
economist 경제학자	**sociologist** 사회학자

aid
[eid]

동 조력하다, 돕다 명 조력, 원조

He hurried to **aid** the flood victims by sending boats and food.

그는 배와 음식을 보내어 서둘러 수재민을 도왔다.

유 **help** 돕다; 도움

relief
[rilí:f]

명 완화, 안도, 구제 **relieve** 동 완화시키다, 안도하게 하다, 구제하다

Humor can provide **relief** from anxiety.

유머는 불안으로부터의 완화를 제공해 줄 수 있다.

유 **ease** 완화, 경감, 용이성

complex
[kámpleks]

형 복잡한 명 복합 단지, 강박 관념

They worked collaboratively to solve **complex** math problems.

그들은 복잡한 수학 문제를 풀기 위해 협동했다.

유 **complicated** 복잡한 **intricate** 복잡한 반 **simple** 단순한 **plain** 간단한

Synonym & Antonym

유의어와 반의어를 확인해 보는 시간입니다. 밑줄 친 단어의 유의어 혹은 반의어를 주어진 철자로 시작하여 써 보세요.

01 unlock your mind ㉯ c__________
02 provide him with clean clothes ㉯ d__________
03 His voice was so menacing and low. ㉮ t__________
04 Public buildings were decorated with sculptures. ㉮ s__________
05 lived separate from others ㉮ a__________
06 aid the flood victims by sending boats and food ㉮ h__________
07 solve complex math problems ㉯ s__________

|정답| 01 conceal 02 deprive 03 threatening 04 statue 05 apart 06 help 07 simple

Vocabulary Extension

이제 품사가 다른 여러 형태의 단어를 학습해 보겠습니다. [보기]의 단어를 변형하여 빈칸에 들어갈 알맞은 말을 써 보세요.

보기 instruct express relation representation relief

01 David gave Peter his watch as an __________ of appreciation.
02 He gave me __________s on how to rear children effectively.
03 He hated that car and everything it __________.
04 Regular aerobic exercise has the potential to __________ depression and anxiety.
05 The purpose of this essay is to help clarify how these two ideas __________ to each other.

|정답| 01 expression 02 instruction 03 represented 04 relieve 05 relate

|해석| 01 David는 감사의 표시로 Peter에게 자신의 시계를 주었다. 02 그는 내게 아이들을 효과적으로 양육하는 방법에 관한 설명을 해 주었다. 03 그는 그 자동차와 그것이 나타내는 모든 것을 싫어했다. 04 규칙적인 유산소 운동은 우울증과 불안을 완화시키는 잠재력을 가지고 있다. 05 이 소논문의 목적은 이 두 개념들이 어떻게 서로 관련이 있는지를 명확히 하는 데 도움을 주는 것이다.

Choosing the Right Word

가장 적절한 단어가 어떤 것인지 확인하는 시간입니다. 주어진 문장에 들어갈 가장 적절한 단어를 네모 안에서 골라 보세요.

01 He needs drug relation / therapy in addition to diet modification.

02 The inspector instructed / provided them to open up their luggage.

03 David molded / unlocked his hand in clay.

04 He bought a lump / representation of cheese wrapped in a piece of greasy paper.

05 Pakhal Lake is sculpted / situated in the forest hills.

06 She eventually became a famous complex / psychologist.

07 We must identify / sculpt the cause of the disease.

08 If the patient placed the sculpture of the mother far separate from the relief / rest of the family, it might indicate the mother is distant.

09 Some therapists might take the process one expression / step further and ask the patient to then situate the sculptures in relation to each other.

10 It has been used to aid / menace with post-traumatic relief during natural disasters and to help both children and adults deal with complex issues, such as the death of a loved one.

|정답| 01 therapy 02 instructed 03 molded 04 lump 05 situated 06 psychologist 07 identify 08 rest 09 step 10 aid

|해석| 01 그는 식단 조절에 더하여 약물 치료를 필요로 한다. 02 그 조사관은 그들에게 짐을 풀어 보라고 지시했다. 03 David는 찰흙으로 자신의 손을 만들었다[본떴다]. 04 그는 기름이 배어 있는 종이로 포장된 치즈 한 덩어리를 샀다. 05 Pakhal 호수는 숲속 언덕에 위치해 있다. 06 그녀는 마침내 유명한 심리학자가 되었다. 07 우리는 그 질병의 원인을 알아봐야 한다. 08 환자가 어머니에 대한 조소상을 나머지 가족과 멀리 떨어뜨려 놓는다면 그것은 엄마가 (가족과) 소원하다는 것을 보여 줄지도 모른다. 09 몇몇 치료사는 그 과정을 한 단계 더 나아가서 환자에게 그다음에 그 조소상들을 서로 관련지어 위치시켜 보라고 요청할지도 모른다. 10 그것은 자연재해 중 외상 후 (스트레스) 완화에 조력하기 위해, 그리고 아이와 어른 모두 사랑하는 대상의 죽음과 같은 복잡한 문제에 대처하는 데 도움을 주기 위해 사용되어 왔다.

Unit 10

Experiencing Original Art via Reproductions

▌이번 단원에서 학습하게 될 단어들입니다. 이미 알고 있는 단어에 V 표시해 보세요.

☐ original	☐ collection	☐ limit	☐ expert
☐ structure	☐ venue	☐ replicate	☐ proportion
☐ practical	☐ reproduction	☐ publish	☐ introductory
☐ contribute	☐ discipline	☐ enhance	☐ significant
☐ spread	☐ visual	☐ invitation	☐ exhibition

▌주어진 단어를 알맞은 뜻과 연결해 보세요. 단어의 뜻을 모르면 아래 정답에서 확인해 보세요.

01	enhance	a	복제하다
02	reproduction	b	전시(회)
03	replicate	c	구조(물)
04	contribute	d	향상시키다
05	exhibition	e	현실적인
06	proportion	f	기여하다
07	practical	g	학과목
08	discipline	h	장소
09	structure	i	복제(품)
10	venue	j	비율

|정답| 01 d 02 i 03 a 04 f 05 b 06 j 07 e 08 g 09 c 10 h

Vocabulary in Reading Context

▌해석은 한 번에 가능하지 않습니다. 해석이 잘되지 않더라도 먼저 아랫글을 단숨에 읽어 보세요.

Where can **original** art be found? Artists' studios and private **collections** are often off **limits** to the public and sometimes even to **experts**. Art is usually displayed in museums, galleries, architectural **structures**, and other 5 public and private **venues**. Seeing originals is an extremely valuable experience that cannot be **replicated**. Size, forms, colors, **proportions**, brushstrokes, glazes, and textures are easier to appreciate when looking at original art.

Even though there are many possibilities for seeing original art, museum field trips and 10 other first-hand experiences (직접적인 체험들) are limited, for **practical** reasons. Art today is viewed mostly in the form of **reproductions**. Reproductions have been, and still are, the essential mode of learning about the value of original art. This applies to (apply to: ~에 적용되다) all levels of research and teaching, from undergraduate papers to (from *A* to *B*: A에서 B까지) **published** books and from **introductory** courses to graduate seminars. These modern tools have **contributed** to the development of art history as a 15 **discipline**, have **enhanced** art education, and have played a **significant** role in (play a role in: ~에 있어 역할을 하다) **spreading** art. Even museums use reproductions to attract visitors to see original art. In 2005, the Philadelphia Museum of Art displayed on its entrance steps a huge replica of Salvador Dali's self-portrait, an unusual, but effective **visual invitation** to the **exhibition**.

▌본문의 의미가 이해되나요? 원어민 선생님이 읽어 주시는 지문을 들으며 다시 한 번 읽어 보세요.

Fill in the Blanks

▌본문의 내용을 기억하며 다시 읽어 볼 차례입니다. 이번에는 글을 읽으면서 빈칸에 들어갈 단어를 주어진 철자로 시작하여 써 보세요.

Experiencing Original Art via Reproductions

Where can original art be found? Artists' studios and private ❶c__________ are often off ❷l__________ to the public and sometimes even to experts. Art is usually displayed in museums, galleries, architectural structures, and other public and private ❸v__________. Seeing originals is an extremely valuable experience that cannot be ❹r__________. Size, 5 forms, colors, proportions, brushstrokes, glazes, and textures are easier to appreciate when looking at original art.

Even though there are many possibilities for seeing original art, museum field trips and other first-hand experiences are limited, for ❺p__________ reasons. Art today is viewed mostly in the form of reproductions. Reproductions have been, and still are, the essential 10 mode of learning about the value of original art. This applies to all levels of research and teaching, from undergraduate papers to ❻p__________ books and from introductory courses to graduate seminars. These modern tools have ❼c__________ to the development of art history as a discipline, have enhanced art education, and have played a ❽s__________ role in spreading art. Even museums use reproductions to attract visitors 15 to see original art. In 2005, the Philadelphia Museum of Art displayed on its entrance steps a huge replica of Salvador Dali's self-portrait, an unusual, but effective ❾v__________ invitation to the ❿e__________.

해석 복제품을 통해 원작을 경험하기

원작은 어디서 찾을 수 있는가? 미술가의 작업실과 개인 소장품은 흔히 대중이 접근할 수 있는 범위에서 벗어나 있고 때때로 전문가조차도 그렇다. 미술품은 대개 미술관, 화랑, 건축 구조물, 그리고 여타의 공공장소와 사적인 장소에 전시된다. 원작을 관람하는 것은 복제될 수 없는 매우 가치 있는 경험이다. 크기, 형태, 색상, 비율, 붓질, 겉칠, 그리고 질감은 원작을 관람할 때 감상하기가 더 쉽다.

원작을 관람할 많은 기회가 있음에도 불구하고, 미술관 현장 학습과 여타의 직접적인 체험들은 현실적인 이유로 제한받는다. 오늘날 미술품은 주로 복제품의 형태로 보게 된다. 복제품은 과거부터 그래 왔고, 현재에도 여전히 원작의 가치에 대해 학습하는 필수적인 방식이다. 이것은 대학생의 과제물에서 출판된 도서에 이르기까지 그리고 입문 강좌에서 대학원 세미나에 이르기까지 모든 수준의 연구와 교수에 적용된다. 이런 현대적 도구는 학과목으로서의 미술사 발전에 기여해 왔고, 미술 교육을 향상시켜 왔으며, 그리고 미술을 확산시키는 데 있어 중요한 역할을 해 왔다. 심지어 미술관도 복제품을 사용하여 관람객이 원작을 관람하도록 끌어들인다. 2005년에 Philadelphia 미술관은 Salvador Dali의 자화상의 거대한 복제품을 미술관 입구 계단에 전시했는데, (그것은) 흔치 않지만 효과적인 전시회로의 시각적 초대였다.

| 정답 | ❶collections ❷limits ❸venues ❹replicated ❺practical ❻published ❼contributed ❽significant ❾visual ❿exhibition

original
[ərídʒənəl]

형 원래의, 독창적인 명 원작 **origin** 명 기원, 근원 **originality** 명 독창성
The **original** meaning of the word 'philosophy' is "love of truth."
'철학'이란 단어의 원래 의미는 '진실에 대한 사랑'이다.
유 **authentic** 진짜의, 진품의 **genuine** 진짜의, 진품의

collection
[kəlékʃən]

명 소장품, 수집품, 수집 **collect** 동 수집하다, 모으다 **collective** 형 집단의, 공동의
They own a **collection** of ancient Greek coins.
그들은 고대 그리스 동전 수집품을 소유하고 있다.

limit
[límit]

명 범위, 경계, 한계 동 한정하다, ~에 한계를 두다 **limitation** 명 국한, 제약
I found a lovely home just a few miles outside of the city **limits**.
나는 시 경계 밖으로 단지 몇 마일 떨어져 있는 아름다운 집을 발견했다.
유 **extent** 범위, 정도, 한계

expert
[ékspəːrt]

명 전문가 형 전문가의, 숙련된 **expertise** 명 전문 지식[기술]
She is an **expert** on ancient Chinese classical music.
그녀는 고대 중국 고전 음악의 전문가이다.
유 **specialist** 전문가 **professional** 전문가 반 **amateur** 비전문가

structure
[strʌ́ktʃər]

명 구조(물), 건축물, 구성, 뼈대 동 구조화하다 **structural** 형 구조상의, 구조적인
The wooden **structure** on the left was built in 1805.
왼쪽에 있는 목조 건축물은 1805년에 지어졌다.
유 **construction** 구조(물), 건설 **organization** 조직(체), 구조

venue
[vénjuː]

명 장소, 행위[사건]의 장소, 회합 장소
The stock exchange is a **venue** for legitimate investment.
증권 거래소는 합법적인 투자를 위한 장소이다.
유 **site** 장소, 현장 **place** 장소

replicate
[réplәkèit]

동 복제하다, 되풀이하다, 반복하다 **replica** 명 복제(품), 모사, 모형

It will be important for future research to **replicate** these findings.

장래의 연구가 이 결과를 그대로 나오게 하는 것이 중요할 것이다.

유 **copy** 복제하다 **duplicate** 복제하다

proportion
[prәpɔ́:rʃәn]

명 비율, 부분, 몫 **proportional** 형 비례하는

A significant **proportion** of the population is at risk of infection.

인구의 상당 비율이 감염 위기에 처해 있다.

유 **ratio** 비율 **rate** 비율, 속도 **portion** 부분, 몫 **share** 몫, 할당

practical
[prǽktikәl]

형 현실적인, 실용적인 **practice** 명 연습, 관행, 관습 동 연습하다, 실천하다

For the planned trip around Europe, I bought a **practical** car.

유럽 전역을 돌아보는 예정된 여행을 위해 나는 실용적인 차를 한 대 구입했다.

유 **functional** 실용적인, 기능적인 **pragmatic** 실용적인

Voca Plus

a practical joke (말뿐이 아닌 실제 행동도 따르는) 짓궂은 장난

a practical nurse 간호조무사 **for all practical purposes** 실제로

in practical terms 실용적인 측면에서

reproduction
[rì:prәdʌ́kʃәn]

명 복제(품), 번식, 재생 **reproduce** 동 복제하다, 번식하다, 재생하다

I am gazing at a **reproduction** of Vincent van Gogh's "Sunflowers."

나는 Vincent van Gogh의 '해바라기' 복제품을 바라보고 있다.

유 **copy** 복제(품) **imitation** 모조품 **duplication** 복제(품) 반 **original** 원본

publish
[pʌ́bliʃ]

동 출판하다, 발표하다 **publication** 명 출판(물), 발표 **publisher** 명 출판사, 출판업자

He **published** his third novel in 1939.

그는 1939년에 자신의 세 번째 소설을 출판했다.

유 **print** 출판하다, 인쇄하다 **announce** 알리다, 발표하다

introductory
[ìntrәdʌ́ktәri]

형 입문의, 예비의, 서두의, 소개하는 **introduce** 동 입문시키다, 소개하다 **introduction** 명 입문, 소개

This book will serve as an **introductory** textbook for Indian philosophy.

이 도서는 인도 철학에 대한 입문 교재의 역할을 할 것이다.

유 **preparatory** 예비의, 준비의 **preliminary** 예비의, 서문의

contribute
[kәntríbju:t]

동 기여하다, 기부하다 **contribution** 명 기여, 기부 **contributor** 명 기부자, 기고가

She **contributed** to improving the health of her students.

그녀는 자신의 학생들의 건강을 증진하는 데 기여했다.

유 **donate** 기부하다 반 **harm** 해를 끼치다

discipline
[dísəplin]

명 학과목, 규율, 훈련, 자제심 동 훈련하다, 징계하다 disciplinary 형 훈육의, 징계의

History is a **discipline** that has a great number of approaches.

역사는 매우 많은 접근 방식을 가진 학과목이다.

유 **subject** 학과, 과목

enhance
[inhǽns]

동 향상하다, 강화하다, 높이다 enhancement 명 향상, 강화

Drama games in the classroom **enhance** students' creativity.

교실에서의 드라마 놀이는 학생들의 창의력을 향상한다.

유 **improve** 향상하다 **reinforce** 강화하다 반 **undermine** 손상시키다

significant
[signífikənt]

형 중요한, 의미 있는 significance 명 중요성, 의의 signify 동 의미하다

Today is a fairly **significant** day for you.

오늘은 너에게 상당히 중요한 날이다.

유 **notable** 중요한 **momentous** 중대한 반 **petty** 하찮은 **trivial** 하찮은

spread
[spred]

동 확산시키다, 퍼뜨리다, 펼치다 명 확산, 전파

They **spread** the news about him all over that region.

그들은 그에 관한 소식을 그 지역 전체에 퍼뜨렸다.

유 **broadcast** 퍼뜨리다, 널리 알리다 반 **stifle** (소문 등을) 억눌러 없애다

visual
[víʒuəl]

형 시각적인, 눈에 보이는 명 시각 자료 visualize 동 시각화하다
vision 명 시력, 상상

In this article, we focus on the **visual** element of advertising.

이 기사에서 우리는 광고의 시각적 요소에 초점을 맞추고 있다.

유 **optical** 시각적인 **visible** 눈에 보이는, 명백한

Voca Plus

visual aids 시각 자료, 시각 교구　　**visual arts** 시각 예술
audio-visual 시청각의　　**visual impairment** 시력 장애
visual display terminal syndrome VDT 증후군(컴퓨터 등에 내장되어 있는 디스플레이를 장시간 보면서 작업하는 사람에게 일어나는 직업병)

invitation
[ìnvitéiʃən]

명 초대, 초청(장) invite 동 초대하다

Membership is by **invitation** only.

회원 자격은 오직 초대에 의해서만 이뤄집니다.

유 **request** 요청

exhibition
[èksəbíʃən]

명 전시(회), 박람회, 표명, 표출 exhibit 동 전시하다, 드러내다

Every four years a very important art **exhibition** is held in Seoul.

4년마다 매우 중요한 미술 전시회가 서울에서 개최된다.

유 **display** 전시 **fair** 박람회

Synonym & Antonym

유의어와 반의어를 확인해 보는 시간입니다. 밑줄 친 단어의 유의어 혹은 반의어를 주어진 철자로 시작하여 써 보세요.

01 an expert on ancient Chinese classical music ㉯ a__________
02 a venue for legitimate investment ㉮ s__________
03 a reproduction of Vincent van Gogh's 'Sunflowers' ㉮ c__________
04 a practical car ㉮ f__________
05 enhance students' creativity ㉮ i__________
06 a fairly significant day for you ㉯ p__________
07 spread the news about him ㉯ s__________

|정답| 01 amateur 02 site 03 copy 04 functional 05 improve 06 petty 07 stifle

Vocabulary Extension

이제 품사가 다른 여러 형태의 단어를 학습해 보겠습니다. [보기]의 단어를 변형하여 빈칸에 들어갈 알맞은 말을 써 보세요.

보기 publish original exhibition visual replicate

01 It is an exact __________ of Michelangelo's David.
02 She came to New York for the __________ of her new book.
03 Evolutionary theory has its __________ in the biological research of Charles Darwin.
04 To __________ the shape of a DNA molecule, think of a spiral staircase
05 His dream is to __________ his paintings and sculptures all over the world in the near future.

|정답| 01 replica 02 publication 03 origin 04 visualize 05 exhibit

|해석| 01 그것은 Michelangelo의 다비드 상의 틀림없는 복제품이다. 02 그녀는 자신의 새 책을 출판하기 위해 뉴욕에 왔다. 03 진화론은 찰스 다윈의 생물학적 연구에 그 기원을 가지고 있다. 04 DNA 분자의 모양을 시각화하기 위해서 나선형의 계단을 생각해 보라. 05 그의 꿈은 자신의 그림과 조각품을 가까운 장래에 전 세계에 전시하는 것이다.

Choosing the Right Word

가장 적절한 단어가 어떤 것인지 확인하는 시간입니다. 주어진 문장에 들어갈 가장 적절한 단어를 네모 안에서 골라 보세요.

01 The original / visual meaning of the word 'philosophy' is 'love of truth.'

02 He invited / published his third novel in 1939.

03 I found a lovely home just a few miles outside of the city experts / limits.

04 The wooden significance / structure on the left was built in 1805.

05 She contributed / exhibited to improving the health of her students.

06 A significant proportion / reproduction of the population is at risk of infection.

07 Artists' studios and private collections / enhancements are often off limits to the public and sometimes even to experts.

08 Seeing originals is an extremely valuable experience that cannot be replicated / visualized.

09 These modern tools have contributed to the development of art history as a discipline / venue, have enhanced art education, and have played a significant role in spreading art.

10 In 2005, the Philadelphia Museum of Art displayed on its entrance steps a huge replica of Salvador Dali's self-portrait, an unusual, but effective visual invitation / spread to the exhibition.

| 정답 | 01 original 02 published 03 limits 04 structure 05 contributed 06 proportion 07 collections 08 replicated 09 discipline 10 invitation

| 해석 | 01 '철학'이란 단어의 원래 의미는 '진실에 대한 사랑'이다. 02 그는 1939년에 자신의 세 번째 소설을 출판했다. 03 나는 시 경계 밖으로 단지 몇 마일 떨어져 있는 아름다운 집을 발견했다. 04 왼쪽에 있는 목조 건축물은 1805년에 지어졌다. 05 그녀는 자신의 학생들의 건강을 증진하는 데 기여했다. 06 인구의 상당 비율이 감염 위기에 처해 있다. 07 미술가의 작업실과 개인 소장품은 흔히 대중이 접근할 수 있는 범위에서 벗어나 있고 때때로 전문가조차도 그렇다. 08 원작을 관람하는 것은 복제될 수 없는 매우 가치 있는 경험이다. 09 이런 현대적 도구는 학과목으로서의 미술사 발전에 기여해 왔고, 미술 교육을 향상시켜 왔으며, 그리고 미술을 확산시키는 데 있어 중요한 역할을 해 왔다. 10 2005년에 Philadelphia 미술관은 Salvador Dali의 자화상의 거대한 복제품을 미술관 입구 계단에 전시했는데, (그것은) 흔치 않지만 효과적인 전시회로의 시각적 초대였다.

Review Test 2

▌학습한 내용은 꾸준히 복습하지 않으면 누구나 며칠 만에 절반 이상을 망각하게 된다고 합니다. 지금 다시 한 번 간단히 복습하면 기억을 되살릴 수 있습니다. 6~10강에서 공부한 내용을 복습해 봅시다.

A 우리말은 영어로, 영어는 우리말로 쓰시오.

01	수직의	v________	11	flexible	________
02	순환하다	c________	12	pesticide	________
03	동정심, 연민	c________	13	convey	________
04	싸우다, 투쟁하다	s________	14	tremendous	________
05	투명한, 명료한, 알기 쉬운	t________	15	characteristic	________
06	의존, 의지	r________	16	consensus	________
07	지시하다, 가르치다	i________	17	therapy	________
08	떨어진, 별개의	s________	18	menacing	________
09	소장품, 수집품	c________	19	proportion	________
10	향상하다, 높이다	e________	20	significant	________

B 다음 문장의 빈칸에 적절한 단어를 [보기]에서 찾아 쓰시오.

보기 coordinate chronic reproduction trait destiny

01 We should appoint a new manager to __________ the new project.

02 Sue wondered whether it was her __________ to marry Ted.

03 Older people can quickly become depressed by __________ illness.

04 __________s have been, and still are, the essential mode of learning about the value of original art.

05 In some ways, this is an amazingly human __________ — we are very empathetic creatures.

|정답| A 01 vertical 02 circulate 03 compassion 04 struggle 05 transparent 06 reliance 07 instruct 08 separate 09 collection 10 enhance 11 융통성 있는, 유연한 12 살충제 13 전달하다, 실어 나르다 14 엄청난, 굉장한 15 특징; 특유의 16 합의, 의견 일치 17 치료, 요법 18 위협적인 19 비율, 부분, 몫 20 중요한, 의미 있는

B 01 coordinate 02 destiny 03 chronic 04 Reproduction 05 trait

|해석| B 01 우리는 새로운 프로젝트를 조정할 새 매니저를 임명해야 한다. 02 Sue는 Ted와 결혼하는 것이 자신의 운명인가 하고 의아해했다. 03 노인들은 만성 질병으로 인해 빨리 우울해질 수 있다. 04 복제품은 과거부터 그래 왔고, 현재에도 여전히 원작의 가치에 대해 학습하는 필수적인 방식이다. 05 몇 가지 면에서 이것은 놀라울 정도로 인간적인 특성이다 — 우리는 매우 공감하는 생명체이다.

C 다음 밑줄 친 부분과 의미가 가장 가까운 단어를 고르시오.

01 All buildings should be reinforced to withstand earthquakes.
① unlocked ② separated ③ realized ④ strengthened

02 Low lighting and soft music can enhance the atmosphere in the room.
① circulate ② improve ③ struggle ④ mold

03 Cheap, clean hotel rooms are scarce in this city, especially in the summer.
① insufficient ② internal ③ flexible ④ complex

04 There was something strange and rather menacing about the way he spoke.
① chronic ② vertical ③ threatening ④ empathetic

D 다음 네모 안에서 주어진 문장에 가장 적절한 단어를 고르시오.

01 Their discoveries have given an exhibition / impetus to further research.
02 It is certain that the food triggered / reflected my headache.
03 The problem of air pollution is especially serious in rural / urban areas.
04 She decorated / instructed the walls of her living room with several expensive paintings.
05 Much to everyone's discipline / relief, the airplane took off on time.
06 She is working on computer-generated speech that publishes / replicates the human voice.

|정답| C 01 ④ 02 ② 03 ① 04 ③
D 01 impetus 02 triggered 03 urban 04 decorated 05 relief 06 replicates

|해석| C 01 모든 건물은 지진을 견뎌 내기 위해 강화되어야 한다. 02 은은한 조명과 부드러운 음악은 그 방의 분위기를 더 낫게 할 수 있다. 03 이 도시에서 특히 여름에 저렴하고 깨끗한 호텔 방이 부족하다. 04 그가 말했던 방식에는 이상하고 약간 위협적인 어떤 것이 있었다.
D 01 그들의 발견은 더 깊은 연구에 대한 자극을 주었다. 02 그 음식이 나의 두통을 유발한 것이 틀림없다. 03 대기 오염 문제는 특히 도시 지역에서 심각하다. 04 그녀는 몇 점의 비싼 그림으로 자신의 거실 벽을 장식했다. 05 모든 사람이 아주 안심하게도 그 비행기는 정시에 이륙했다. 06 그녀는 인간의 목소리를 복제하는 컴퓨터로 생성되는 말에 관해 연구하고 있다.

Progress Test 1

▌공부한 단어를 꾸준히 복습하지 않으면 이내 잊게 됩니다. 지금까지 배운 단어를 다시 한 번 확인해 보세요.

A 영어는 우리말로, 우리말은 영어로 쓰시오.

01 introductory ____________
02 hang ____________
03 consistently ____________
04 therapy ____________
05 televise ____________
06 publish ____________
07 accomplish ____________
08 exhibition ____________
09 intensive ____________
10 provide ____________
11 flexible ____________
12 exhibit ____________
13 representation ____________
14 covert ____________
15 intense ____________
16 enhance ____________
17 separate ____________
18 reflect ____________
19 migrate ____________
20 predictability ____________
21 injure ____________
22 emerge ____________
23 permanent ____________
24 autonomous ____________
25 step ____________
26 작은 땅, 줄거리 p____________
27 다양한 v____________
28 불가피하게 i____________
29 대단히 i____________
30 동정(심) c____________
31 공연 p____________
32 방심하지 않은, 경계하는 a____________
33 만들다, 본뜨다 m____________
34 분류하다 c____________
35 공감하는 e____________
36 확대하다 m____________
37 특성 t____________
38 학과목 d____________
39 미성숙한, 미숙한 i____________
40 조소(상), 조각(상) s____________
41 강화하다 r____________
42 비율 p____________
43 비료 f____________
44 기능상의 f____________
45 지시하다 i____________
46 변조[가장]하다 d____________
47 만성적인 c____________
48 시도하다 a____________
49 도시의 u____________
50 조정하다, 조직하다 c____________

B 주어진 단어를 알맞은 뜻과 연결해 보시오.

01	resistant	a	수직의
02	breathe	b	밝히다, 확인하다, 알아보다
03	consecutive	c	완화
04	relief	d	헌신
05	vertical	e	복제(품)
06	reproduction	f	연속적인
07	identify	g	저항력이 있는, 저항하는
08	commitment	h	호흡하다

C 밑줄 친 단어의 유의어 혹은 반의어를 주어진 철자로 시작하여 쓰시오.

01 leave without permission ㉯ p________

02 take offensive action against the enemy ㉯ d________

03 engage with the unfamiliar ㉮ i________

04 seek professional help for his problems ㉯ a________

05 It was her destiny to marry Ted. ㉮ f________

06 destroy the forest ㉮ r________

|정답| A 01 입문의, 예비의, 서두의, 소개하는 02 걸다, 교수형에 처하다 03 계속해서, 끊임없이, 지속적으로 04 치료, 요법 05 방영하다, 텔레비전으로 방송하다 06 출판하다, 발표하다 07 완수[달성]하다, 성취하다 08 전시(회), 박람회, 표명, 표출 09 집중적인, 집약적인 10 제공하다, 공급하다 11 융통성 있는, 유연한 12 보이다, 전시하다 13 표현(물), 대표 14 비밀의, 은밀한 15 강력한, 극심한 16 향상하다, 강화하다, 높이다 17 떨어진, 별개의; 분리하다 18 반영하다, 비추다, 나타내다, 심사숙고하다 19 이주하다, 이동하다 20 예측 가능성, 예상 가능성 21 부상을 입히다 22 드러나다, 생겨나다 23 영구적인 24 자율적인, 독립된, 자치의 25 단계, 진보, 걸음, 수단; 걷다 26 plot 27 various 28 inevitably 29 incredibly 30 compassion 31 performance 32 alert 33 mold 34 categorize 35 empathetic 36 magnify 37 trait 38 discipline 39 immature 40 sculpture 41 reinforce 42 proportion 43 fertilizer 44 functional 45 instruct 46 disguise 47 chronic 48 attempt 49 urban 50 coordinate

B 01 g 02 h 03 f 04 c 05 a 06 e 07 b 08 d

C 01 prohibition 02 defensive 03 involve 04 amateur 05 fate 06 ruin

|해석| C 01 허락 없이 떠나다 02 적에 대항하여 공격적인 행동을 취하다 03 익숙하지 않은 것과 관계를 맺다 04 그의 문제에 대해 전문적인 도움을 구하다 05 Ted와 결혼하는 것이 그녀의 운명이었다. 06 숲을 파괴하다

Unit 11

The Birth and Evolution of Leisure in Capitalism

▌이번 단원에서 학습하게 될 단어들입니다. 이미 알고 있는 단어에 V 표시해 보세요.

☐ capitalism	☐ leisure	☐ cotton	☐ master
☐ machinery	☐ explicitly	☐ casual	☐ bound
☐ enlarge	☐ entitlement	☐ commercialization	☐ pastime
☐ enterprise	☐ spectator	☐ charge	☐ entry
☐ exaggerate	☐ exploit	☐ sourcc	☐ profit

▌주어진 단어를 알맞은 뜻과 연결해 보세요. 단어의 뜻을 모르면 아래 정답에서 확인해 보세요.

01 capitalism	•	•	a 기계
02 machinery	•	•	b 자본주의
03 explicitly	•	•	c 명시적으로
04 bound	•	•	d 취미 활동, 오락
05 enlarge	•	•	e 기업, 사업체
06 entitlement	•	•	f 과장하다
07 pastime	•	•	g 권리, 자격
08 enterprise	•	•	h 경계를 정하다
09 exaggerate	•	•	i 확대하다
10 exploit	•	•	j 개발하다

|정답| 01 b 02 a 03 c 04 h 05 i 06 g 07 d 08 e 09 f 10 j

Vocabulary in Reading Context

▌해석은 한 번에 가능하지 않습니다. 해석이 잘되지 않더라도 먼저 아랫글을 단숨에 읽어 보세요.

Industrial **capitalism** not only created work, it also created '**leisure**'. This might seem surprising, for the early **cotton masters** wanted to keep their **machinery** running and forced their employees to work very long hours. (force ~ to *do*: ~가 …하도록 강요하다) However, by requiring continuous work during work hours, employers had separated out leisure (separate out: 분리하다) from work. Some did this quite **explicitly** by creating distinct holiday periods, when factories were shut down, because it was better to do this than have work disrupted by the **casual** taking of days off. 'Leisure' as a distinct non-work time was a result of the controlled and **bounded** work time created by capitalist production.

Workers then wanted more leisure and leisure time was **enlarged** by union campaigns, which first started in the cotton industry, and eventually new laws were passed that limited the hours of work and gave workers holiday **entitlements**. Leisure was also the creation of capitalism in another sense (다른 의미에서), through the **commercialization** of leisure. This no longer meant participation in traditional sports and **pastimes**. Workers began to pay for leisure activities organized by capitalist **enterprises**. Mass travel to **spectator** sports, especially football and horse-racing, where people could be **charged** for **entry**, was now possible. The importance of this can hardly be **exaggerated**, for whole new industries were emerging to **exploit** and develop the leisure market, which was to become a huge **source** of consumer demand, employment, and **profit**.

▌본문의 의미가 이해되나요? 원어민 선생님이 읽어 주시는 지문을 들으며 다시 한 번 읽어 보세요.

Fill in the Blanks

본문의 내용을 기억하며 다시 읽어 볼 차례입니다. 이번에는 글을 읽으면서 빈칸에 들어갈 단어를 주어진 철자로 시작하여 써 보세요.

The Birth and Evolution of Leisure in Capitalism

Industrial ❶c__________ not only created work, it also created 'leisure'. This might seem surprising, for the early cotton masters wanted to keep their ❷m__________ running and forced their employees to work very long hours. However, by requiring continuous work during work hours, employers had separated out leisure from work. Some did this quite ❸e__________ by creating distinct holiday periods, when factories were shut down, because it was better to do this than have work disrupted by the casual taking of days off. 'Leisure' as a distinct non-work time was a result of the controlled and bounded work time created by capitalist production.

Workers then wanted more leisure and leisure time was ❹e__________ by union campaigns, which first started in the cotton industry, and eventually new laws were passed that limited the hours of work and gave workers holiday entitlements. Leisure was also the creation of capitalism in another sense, through the ❺c__________ of leisure. This no longer meant participation in traditional sports and pastimes. Workers began to pay for leisure activities organized by capitalist enterprises. Mass travel to ❻s__________ sports, especially football and horse-racing, where people could be charged for ❼e__________, was now possible. The importance of this can hardly be exaggerated, for whole new industries were emerging to ❽e__________ and develop the leisure market, which was to become a huge ❾s__________ of consumer demand, employment, and ❿p__________.

해석 자본주의에서 여가의 탄생과 발전

산업 자본주의는 일거리를 만들어 냈을 뿐만 아니라, 그것은 또한 '여가'도 만들어 냈다. 이것은 놀라운 것으로 보일 수 있는데, 초기의 목화 농장주들은 자신들의 기계를 계속 가동하기를 원했고, 자신들의 일꾼들에게 매우 오랜 시간을 일하도록 강요했기 때문이다. 하지만 근무 시간 동안 지속적인 일을 요구함으로써 고용주들은 여가를 업무와 분리했다. 어떤 고용주들은 공장이 문을 닫는 별도의 휴가 기간을 만듦으로써 이 일을 매우 명시적으로 했는데, 왜냐하면 이렇게 하는 것이 생각지 않게 (그때그때) 휴가를 내는 것에 의해 일을 중단시키는 것보다 더 낫기 때문이었다. 일하지 않는 별도의 시간으로서의 '여가'는 자본주의 생산으로 만들어진 통제되고 제한된 근로 시간의 결과였다.

그 후 노동자들은 더 많은 여가를 원했고, 여가 시간은 노동조합 운동에 의해 확대되었는데, 이 일은 면화 산업에서 맨 처음 시작되었고, 결국 노동 시간을 제한하고 노동자들에게 휴가의 권리를 주는 새로운 법이 통과되었다. 다른 의미에서 여가는 또한 여가의 상업화를 통한 자본주의의 산물이었다. 이것은 더 이상 전통적인 스포츠와 취미 활동에 참여하는 것을 의미하지 않았다. 노동자들은 자본주의 기업이 조직한 여가 활동에 돈을 내기 시작했다. 사람들에게 입장의 비용을 청구할 수 있는 관중 스포츠, 특히 축구와 경마로의 대중의 이동이 이제는 가능했다. 이것의 중요성은 아무리 강조해도 지나치지 않는데, 왜냐하면 완전히 새로운 산업이 출현해서 레저 시장을 개발하고 발전시키고 있었기 때문이었으며, 그 시장은 나중에 소비자의 수요, 고용, 그리고 이익의 거대한 원천이 될 것이었다.

| 정답 | ❶capitalism ❷machinery ❸explicitly ❹enlarged ❺commercialization ❻spectator ❼entry ❽exploit ❾source ❿profit

capitalism
[kǽpitəlìzm]

명 자본주의 (체제) capital 명 자본 capitalist 명 자본가
Capitalism is based on the free exchange of goods and services.
자본주의는 재화와 용역의 자유로운 교환에 기반해 있다.

leisure
[líːʒər]

명 여가 leisurely 형 한가한, 여유로운
The !Kung San had an abundant food supply and a lot of **leisure** time.
!Kung San 족은 풍부한 식량 공급과 많은 여가 시간을 가지고 있었다.
유 recreation 휴양, 오락 rest 휴식 relaxation 휴식, 완화

cotton
[kɑ́tn]

명 목화, 면화, 면직물
Big mama would work like a young woman in the **cotton** fields.
Big mama는 젊은 여자처럼 목화밭에서 일하곤 했다.

master
[mǽstər]

명 농장주, 주인, 명수, 석사 학위 동 숙달하다 형 가장 중요한
mastery 명 숙달, 통달, 장악
Remember that you are the **master** of your universe.
여러분이 여러분의 우주의 주인이라는 것을 기억하라.
At age eight, he had **mastered** calculus.
8세에, 그는 미적분학에 숙달했다.
유 lord 주인 ruler 통치자

Voca Plus
- **the head master of a school** 교장 선생님
- **a master with a bow** 활의 명수
- **Master of Arts** 문학 석사
- **make oneself master of** ~에 정통하다, ~에 숙달하다
- **master plan of a new city** 신도시의 기본 설계[종합 계획]

machinery
[məʃíːnəri]

명 기계(류), 기계 부품들, 조직 machine 명 기계
Only one million tons of wastes were generated in the industrial **machinery** sector.
산업용 기계 부문에서는 폐기물이 단 100만 톤만 발생되었다.
유 equipment 장비, 설비 gear 기어, 장치 apparatus 기구, 기계

explicitly
[iksplísitli]

부 명시적으로, 명쾌하게, 분명하게 explicit 형 분명한, 명쾌한, 노골적인
The report states **explicitly** that the system is out of order.
그 보고서는 그 시스템이 고장 났음을 명시적으로 진술하고 있다.
유 clearly 명백하게 plainly 명백하게 반 implicitly 함축적으로, 암암리에

casual
[kǽʒuəl]

형 생각지 않게 (그때그때) 하는, 비정기적인, 임시의, 대충하는, 가벼운, 평상의

The exhibition is interesting to even a **casual** visitor.

그 전시회는 생각지 않게 방문한 사람에게조차 흥미롭다.

You can wear **casual** clothes at the party.

여러분은 평상복을 파티에서 입을 수 있다.

유 **relaxed** 느슨한 **accidental** 우연한 반 **formal** 격식을 차린

bound
[baund]

동 경계를 정하다, 제한하다 형 ~할 가능성이 큰, 꼭 ~할 것 같은

India is **bounded** on the southwest by the Arabian Sea.

인도는 남서쪽으로 아라비아해에 의해 경계가 정해져 있다.

These policies are **bound** to cause widespread social changes.

이러한 정책들은 광범위한 사회적인 변화를 유발할 가능성이 크다.

유 **sure** 확실한

enlarge
[inlɑ́:rdʒ]

동 확대하다, 확장하다 **enlargement** 명 확대, 확장

Entering a value over 100% will **enlarge** the image.

100%가 넘는 값을 입력하는 것은 그 이미지를 확대할 것이다.

유 **expand** 확장하다 **extend** 연장하다 **increase** 증가하다

entitlement
[intáitlmənt]

명 자격, 권리, 가질 자격이 있는 것[양], 재정 지원 혜택

entitle 동 자격을 주다, 제목을 붙이다

The bar code of the card is considered as proof of **entitlement**.

카드의 바코드는 자격의 증거로 여겨진다.

유 **right** 권리

commercialization
[kəmə̀:rʃələzéiʃən]

명 상업화, 기업화, 영리화 **commercial** 형 상업적인, 영리 목적의 명 광고

commercialize 동 상업화하다

The vaccine will reach **commercialization** after clinical testing.

백신은 임상 시험 후에 상업화에 도달할 것이다.

pastime
[pǽstàim]

명 취미 활동, 오락, 심심풀이

Reading and writing is my favorite **pastime**.

독서와 글쓰기는 내가 제일 좋아하는 취미 활동이다.

유 **activity** 활동, 운동 **hobby** 취미 **entertainment** 오락, 대접

enterprise
[éntərpràiz]

명 기업, 사업체, 대규모 사업, 진취성, 기획력

Thanks to commercial **enterprises**, we have a lot of cultural records.

상업적 기업들 덕분에 우리는 많은 문화적 기록을 가지고 있다.

유 **firm** 회사 **company** 회사 **corporation** 기업

spectator
[spékteitər]

명 (특히 스포츠 행사의) 관중, 관람객 **spectacle** 명 장관

The most popular **spectator** sport is soccer.

가장 인기 있는 관중 스포츠는 축구이다.

Voca Plus

witness 목격자, 증인

audience (연극, 음악회, 강연 등의) 청중[관중], 듣는 대상

viewer 시청자

observer 관찰자, 목격자

charge
[tʃɑːrdʒ]

동 요금을 부과[청구]하다, 신용 카드로 사다, 충전하다, 기소하다, 임무를 맡기다

명 요금, 기소, 고발, 책임

They were **charged** three times more than the usual fare.

그들에게 일반적인 요금보다 세 배 많은 요금이 부과되었다.

Place your smartphone on the center of the **charging** pad.

충전 패드의 중앙에 스마트폰을 놓으시오.

The man was **charged** with burglary.

그 남자는 절도 혐의로 기소되었다.

유 **ask** 요구하다 **impose** 부과하다 **fee** 요금

entry
[éntri]

명 참가, 출전, 입장, 가입, 등재, 입구 **enter** 동 입장하다, 참가하다

Pay your team's $100 **entry** fee as a donation.

여러분의 팀 출전비 100달러를 기부금으로 내시오.

유 **admission** 입장, 입학 **entrance** 입구

exaggerate
[igzǽdʒərèit]

동 과장하다 **exaggeration** 명 과장

Don't **exaggerate** the power of beliefs.

믿음의 힘을 과장하지 말라.

유 **overstate** 과장하여 말하다 **amplify** 크게 하다

exploit
[iksplɔ́it]

동 개발하다, 이용하다, 착취하다 **exploitation** 명 개발, 이용, 착취

The reindeer had a weakness that mankind would **exploit**.

순록에게는 인간이 이용할 약점이 있었다.

유 **manipulate** 교묘하게 다루다 **abuse** 악용하다, 남용하다

source
[sɔːrs]

명 원천, 근원, 자료, 정보원 동 얻다, 공급자를 찾다

This became the **source** of inspiration for some of her writings.

이것은 그녀의 일부 작품의 영감의 원천이 되었다.

유 **origin** 발단, 기원 **informant** 정보 제공자

profit
[prάfit]

명 이익, 수익 동 이득[이익]을 얻다 **profitable** 형 이익이 되는

He made a billion in **profit** through active investing.

그는 능동적인 투자를 통해 10억의 이익을 거두었다.

유 **earnings** 소득, 수입 **return** 수익, 보수 **gain** 이익

Synonym & Antonym

유의어와 반의어를 확인해 보는 시간입니다. 밑줄 친 단어의 유의어 혹은 반의어를 주어진 철자로 시작하여 써 보세요.

01 states explicitly that the system is out of order ㉫ i__________

02 casual clothes ㉫ f__________

03 a weakness that mankind would exploit ㊥ m__________

04 my favorite pastime ㊥ h__________

05 the source of inspiration ㊥ o__________

06 make a billion in profit ㊥ e__________

07 are bound to cause widespread social changes ㊥ s__________

|정답| 01 implicitly 02 formal 03 manipulate 04 hobby 05 origin 06 earnings 07 sure

Vocabulary Extension

이제 품사가 다른 여러 형태의 단어를 학습해 보겠습니다. [보기]의 단어를 변형하여 빈칸에 들어갈 알맞은 말을 써 보세요.

보기 entitlement exaggerate capitalism spectator entry

01 The woman is not __________ to claim unemployment benefits.

02 The city is a magnet for entrepreneurs, innovators and __________.

03 Emphasizing the key point is desirable, but __________ is not desirable.

04 Meteor showers are a great __________ that requires nothing but your eyes to see.

05 If you want to __________ the competition, you have to submit an entry form.

|정답| 01 entitled 02 capitalists 03 exaggeration 04 spectacle 05 enter

|해석| 01 그 여자는 실업 수당을 청구할 자격이 있지 않다. 02 그 도시는 기업가, 혁신가, 자본가들을 자석처럼 끌어당긴다. 03 요점을 강조하는 것은 바람직하나, 과장은 바람직하지 않다. 04 유성우는 보는 데 오직 여러분의 눈만을 필요로 하는 굉장한 장관이다. 05 여러분이 대회에 참가하고 싶으면, 참가 양식을 제출해야 한다.

Choosing the Right Word

가장 적절한 단어가 어떤 것인지 확인하는 시간입니다. 주어진 문장에 들어갈 가장 적절한 단어를 네모 안에서 골라 보세요.

01 Those bank notes are made up of linen and cotton / master paper.

02 India is bounded / sounded on the southwest by the Arabian Sea.

03 If you are hired, you can charge / exaggerate $30.00 an hour for tutoring.

04 He made a billion in entry / profit through active investing.

05 A geothermal pumping station will exploit / bury the natural hot springs.

06 This might seem surprising, for the early cotton masters wanted to keep their machinery / spectators running and forced their employees to work very long hours.

07 Workers then wanted more leisure and leisure time was enlarged / prohibited by union campaigns.

08 Inactive leisure / machinery activities such as watching TV contribute to the obesity problem.

09 The unplanned or the casual / pastime leaves make the employees unavailable for the planned tasks.

10 Leisure was also the creation of capitalism in another sense, through the source / commercialization of leisure.

| 정답 | 01 cotton 02 bounded 03 charge 04 profit 05 exploit 06 machinery 07 enlarged 08 leisure 09 casual 10 commercialization

| 해석 | 01 그 지폐들은 아마[리넨]와 면 종이로 만들어진다. 02 인도는 남서쪽으로 아라비아해에 의해 경계가 정해져 있다. 03 고용되면, 여러분은 한 시간의 개인 지도로 30달러를 청구할 수 있다. 04 그는 능동적인 투자를 통해 10억의 이익을 거두었다. 05 지열 펌프장이 그 자연 온천을 개발할 것이다. 06 이것은 놀라운 것으로 보일 수 있는데, 초기의 목화 농장주들은 자신들의 기계를 계속 가동하기를 원했고, 자신들의 일꾼들에게 매우 오랜 시간을 일하도록 강요했기 때문이다. 07 그 후 노동자들은 더 많은 여가를 원했고, 여가 시간은 노동조합 운동에 의해 확대되었다. 08 TV를 보는 것과 같은 비활동적인 여가 활동이 비만 문제의 원인이 된다. 09 계획되지 않거나 그때그때 내는 휴가는 계획된 과업에 직원들을 이용할 수 없게 한다. 10 다른 의미에서 여가는 또한 여가의 상업화를 통한 자본주의의 산물이었다.

Unit 12

Being Eco with Five R's

▌이번 단원에서 학습하게 될 단어들입니다. 이미 알고 있는 단어에 V 표시해 보세요.

☐ trend	☐ charity	☐ linkage	☐ production
☐ impact	☐ sustainable	☐ clothing	☐ reduce
☐ recycle	☐ tackle	☐ wardrobe	☐ victim
☐ discard	☐ rubbish	☐ treasure	☐ gear
☐ planet	☐ consume	☐ footprint	☐ timeless

▌주어진 단어를 알맞은 뜻과 연결해 보세요. 단어의 뜻을 모르면 아래 정답에서 확인해 보세요.

01	trend •	• a	버리다
02	recycle •	• b	지속 가능한
03	discard •	• c	유행
04	treasure •	• d	옷
05	planet •	• e	재활용하다
06	timeless •	• f	생산
07	rubbish •	• g	쓰레기
08	sustainable •	• h	보물
09	production •	• i	세월이 흘러도 변하지 않는
10	wardrobe •	• j	행성

|정답| 01 c 02 e 03 a 04 h 05 j 06 i 07 g 08 b 09 f 10 d

Vocabulary in Reading Context

▌해석은 한 번에 가능하지 않습니다. 해석이 잘되지 않더라도 먼저 아랫글을 단숨에 읽어 보세요.

Some people follow the latest **trends**. Others buy from **charity** shops. Today, many people have made the **linkage** between the **production** of clothes and the **impact** on the environment. They choose eco-fashion or **sustainable clothing**.

We know about **reduce**, reuse, and **recycle**. Add "rethink" and "respect" to the list and we can **tackle** our **wardrobes** while conserving our environment. A teen guide to eco-fashion is right here. 5

- Rethink: Are you a fast-fashion **victim**?
- Reduce: Being green (친환경적이 되는 것) means buying fewer new clothes.
- Reuse: Instead of **discarding** unwanted clothes, you could think about how you can alter them or accessorize them to look different. 10
- Recycle: One person's **rubbish** is another's **treasure**. Giving unwanted **gear** to friends or charity is good for you, them, and the **planet**. 15
- Respect: If you look after (look after: ~을 잘 관리하다) your things they will last longer, which means you will **consume** less and reduce your carbon **footprint**. Another tip (또 다른 조언) is to buy classic or **timeless** clothes that never go out of fashion (go out of fashion: 구식이 되다). 20

▌본문의 의미가 이해되나요? 원어민 선생님이 읽어 주시는 지문을 들으며 다시 한 번 읽어 보세요.

Fill in the Blanks

▌본문의 내용을 기억하며 다시 읽어 볼 차례입니다. 이번에는 글을 읽으면서 빈칸에 들어갈 단어를 주어진 철자로 시작하여 써 보세요.

Being Eco with Five R's

Some people follow the latest ❶t__________. Others buy from charity shops. Today, many people have made the linkage between the production of clothes and the ❷i__________ on the environment. They choose eco-fashion or ❸s__________ clothing.

We know about reduce, reuse, and recycle. Add "rethink" and "respect" to the list and 5 we can ❹t__________ our wardrobes while conserving our environment. A teen guide to eco-fashion is right here.

- Rethink: Are you a fast-fashion ❺v__________?
- Reduce: Being green means buying fewer new clothes.
- Reuse: Instead of ❻d__________ unwanted clothes, you could think about how you 10 can alter them or accessorize them to look different.
- Recycle: One person's rubbish is another's ❼t__________. Giving unwanted ❽g__________ to friends or charity is good for you, them, and the planet.
- Respect: If you look after your things they will last longer, which means you will ❾c__________ less and reduce your carbon footprint. Another tip is to buy classic or 15 ❿t__________ clothes that never go out of fashion.

해석 5R로 환경 친화적이 되기

어떤 사람들은 최신 유행을 좇는다. 다른 사람들은 자선 가게에서 (물건을) 구입한다. 오늘날, 많은 사람들은 의류 생산과 환경에 대한 영향 사이의 관련성을 만들어 냈다. 그들은 친환경 패션 혹은 지속 가능한 의류를 선택한다.

우리는 줄이기, 재사용하기, 재활용하기에 대해 알고 있다. 그 목록에 '다시 생각하기'와 '존중하기'를 추가하라. 그러면 우리는 환경을 보존하면서 우리의 옷을 다룰 수 있다. 십 대를 위한 친환경 패션 안내서가 바로 여기 있다.

- 다시 생각하기: 여러분은 패스트패션의 피해자인가?
- 줄이기: 친환경적이 되는 것은 새 옷을 더 적게 구입하는 것을 의미한다.
- 재사용하기: 원치 않는 옷을 버리는 대신, 다르게 보이도록 그 옷을 개조하거나 그곳에 액세서리를 달 수 있는 방법에 대해 생각해 볼 수 있다.
- 재활용하기: 한 사람의 쓰레기가 다른 사람에게는 보물이다. 원치 않는 옷을 친구나 자선 단체에 제공하는 것은 여러분, 그들, 그리고 지구를 위해 좋은 일이다.
- 존중하기: 여러분이 여러분의 물건을 잘 관리하면 그것들은 더 오래 지속될 것이고, 그것은 여러분이 더 적게 소비하고 탄소 발자국[온실 효과를 유발하는 이산화탄소의 배출량]을 줄이는 것을 의미한다. 또 다른 조언은 결코 구식이 되지 않는 유행을 타지 않거나 세월이 흘러도 변하지 않는 옷을 구입하는 것이다.

|정답| ❶trends ❷impact ❸sustainable ❹tackle ❺victim ❻discarding ❼treasure ❽gear ❾consume ❿timeless

trend
[trend]

명 유행, 동향, 추세, 경향
What **trend** does this graph show regarding our economy?
이 도표는 우리 경제에 관한 어떤 경향을 보여 주나요?
유 **tendency** 경향, 성향

charity
[tʃǽrəti]

명 자선, 자선 단체
Charities prefer regular donations from the public.
자선 단체들은 대중으로부터의 정기적인 기부를 선호한다.

linkage
[líŋkidʒ]

명 관련(성), 연결, 결합 **link** 동 연결하다, 관련짓다 명 연결
The economist found a positive **linkage** between wages and prices.
그 경제학자는 임금과 물가 사이의 긍정적 관련성을 발견했다.
유 **association** 연관성, 연계

production
[prədʌ́kʃən]

명 생산, 생산량 **produce** 동 생산하다 **product** 명 생산물, 제품
The new model will be in **production** next month.
그 새 모델은 다음 달에 생산될 것이다.
유 **manufacture** 제조, 생산

impact
[ímpækt] 명
[impǽkt] 동

명 영향, 충격, 충돌 동 영향[충격]을 주다, 충돌하다
We need to assess the **impact** on climate change.
우리는 기후 변화에 미치는 영향을 평가해야 한다.
유 **effect** 영향, 효과 **influence** 영향, 영향력

sustainable
[səstéinəbl]

형 (환경 파괴 없이) 지속 가능한 **sustain** 동 지속시키다, 살아가게 하다
The government should do more to promote **sustainable** agriculture.
지속 가능한 농업을 장려하기 위해 정부가 더 많은 일을 해야 한다.
반 **unsustainable** 지탱할 수 없는, 유지할 수 없는

clothing
[klóuðiŋ]

명 옷, 의복
Chris took only a few items of **clothing**.
Chris는 오직 몇 벌의 옷만 입었다.

reduce
[ridjúːs]

동 줄이다, 낮추다, 인하하다 **reduction** 명 감소, 인하

Small businesses will need to **reduce** costs in order to survive.

소기업들이 생존하려면 비용을 줄여야 할 것이다.

유 **decrease** 줄이다 **diminish** 줄이다, 감소하다 반 **increase** 늘다, 늘리다

recycle
[riːsáikl]

동 재활용하다 **recyclable** 형 재활용할 수 있는 **recycling** 명 재활용

Aluminum cans are very easy to **recycle**.

알루미늄 캔은 재활용하기 매우 쉽다.

tackle
[tǽkl]

동 (진지하게) 다루다, 씨름하다 명 (축구·하키 등에서) 태클

There is more than one way to **tackle** the problem.

그 문제를 다룰 방법이 하나 말고 더 있다.

wardrobe
[wɔ́ːrdroub]

명 옷, 옷장

Blue jeans are an indispensable part of most people's **wardrobe**.

청바지는 대부분의 사람들의 옷에 있어서 필수적인 부분이다.

victim
[víktim]

명 피해자, 희생자, 제물

I think schools are the latest **victims** of cuts in public spending.

나는 학교가 공공 비용 지출 삭감의 가장 최근의 피해자라고 생각한다.

유 **casualty** 피해자, 사상자

Voca Plus

flood[earthquake] victim 홍수[지진] 피해자
accident victim 사고 희생자
innocent victim 무고한 피해자
unfortunate victim 운이 없는 희생자

discard
[diskáːrd]

동 버리다, 폐기하다

Instead of **discarding** newspapers, they collected and recycled them.

그들은 신문을 버리는 대신 모아서 재활용했다.

유 **dump** 내버리다, 와르르 쏟아 버리다

rubbish
[rʌ́biʃ]

명 쓰레기, (질이) 형편없는 것

A storm is tossing **rubbish** onto the beach.

폭풍 때문에 쓰레기가 해변으로 밀려오고 있다.

유 **trash** 폐물, 쓰레기 **garbage** 쓰레기, 찌꺼기

treasure
[tréʒər]

명 보물, 대단히 귀중한 것 동 대단히 귀하게 여기다

The **treasure** was discovered by the explorer.

그 보물은 그 탐험가에 의해 발견되었다.

gear
[giər]

명 옷, 복장, 장비

Don't forget to bring hiking **gear**.

등산복을 꼭 가져오렴.

Voca & Voca 옷

▸ gear (특정 활동에 필요한) 옷

Bring your rain gear. 비옷을 가져와.

▸ clothing (특히 특정한 종류의) 옷

You'll need waterproof clothing if you go out in the rain.

너는 우중에 밖에 나가려면 방수 옷이 필요할 것이다.

▸ wardrobe (소유하고 있는) 옷

I need a new summer wardrobe. 나는 새 여름옷이 필요해.

planet
[plǽnit]

명 행성

Mars is sometimes known as the red **planet**.

화성은 가끔 붉은 행성으로 알고들 있다.

consume
[kənsjúːm]

동 소비하다, 소모하다 **consumption** 명 소비, 소모 **consumer** 명 소비자

The electric power industry **consumes** large amounts of fossil fuels.

전력 산업은 많은 양의 화석 연료를 소모한다.

⇔ 유 **spend** 쓰다, 소비하다 반 **preserve** 보존하다, 유지하다

footprint
[fútprìnt]

명 발자국

One snowy morning, **footprints** were imprinted in the snow.

어느 눈 오는 날 아침, 발자국들이 눈에 찍혀 있었다.

timeless
[táimlis]

형 세월이 흘러도 변하지 않는, 시간을 초월한, 끝이 없는

Classical literature is **timeless** and is continuously appreciated by many.

고전 문학은 시간을 초월하여 변함없이 많은 사람들의 인정을 받고 있다.

⇔ 유 **eternal** 영원한 반 **temporary** 일시적인

Synonym & Antonym

유의어와 반의어를 확인해 보는 시간입니다. 밑줄 친 단어의 유의어 혹은 반의어를 주어진 철자로 시작하여 써 보세요.

01 a positive linkage between wages and prices [유] a________
02 the impact on climate change [유] i________
03 promote sustainable agriculture [반] u________
04 reduce costs in order to survive [반] i________
05 A storm is tossing rubbish onto the beach. [유] g________
06 consume large amounts of fossil fuels [반] p________
07 Classical literature is timeless. [반] t________

|정답| 01 association 02 influence 03 unsustainable 04 increase 05 garbage 06 preserve 07 temporary

Vocabulary Extension

이제 품사가 다른 여러 형태의 단어를 학습해 보겠습니다. [보기]의 단어를 변형하여 빈칸에 들어갈 알맞은 말을 써 보세요.

[보기] reduce consume linkage production sustainable

01 The police suspect that the two robbery cases are ________.
02 The stomach ________ acids which help to digest food.
03 It proved particularly difficult to ________ the interest of the older children.
04 The ________ of rice per person in urban areas steadily decreased over the 15-year period.
05 A ________ in trade barriers for businesses has resulted in increased quarterly profits for many corporations.

|정답| 01 linked 02 produces 03 sustain 04 consumption 05 reduction

|해석| 01 경찰은 두 도난 사건이 관련이 있다고 의심한다. 02 위는 음식 소화를 돕는 산을 생산한다. 03 나이가 더 많은 어린이들의 관심을 지속시키는 것은 특히 어렵다는 것이 판명되었다. 04 도시 지역의 1인당 쌀 소비는 15년의 기간 동안 꾸준하게 감소했다. 05 기업들에 대한 무역 장벽을 낮춤으로 해서 많은 회사들의 분기 수익이 증가했다.

Choosing the Right Word

가장 적절한 단어가 어떤 것인지 확인하는 시간입니다. 주어진 문장에 들어갈 가장 적절한 단어를 네모 안에서 골라 보세요.

01 What trend / charity does this graph show regarding our economy?

02 Small businesses will need to reduce / recycle costs in order to survive.

03 I think schools are the latest tackles / victims of cuts in public spending.

04 Another tip is to buy classic or timeless / rubbish clothes that never go out of fashion.

05 Aluminum cans are very easy to recycle / treasure.

06 The electric power industry consumes / produces large amounts of fossil fuels.

07 If you look after your things they will last longer, which means you will consume less and reduce your carbon footprint / planet.

08 Add "rethink" and "respect" to the list and we can discard / tackle our wardrobes while conserving our environment.

09 Today, many people have made the linkage / production between the production of clothes and the impact on the environment.

10 Instead of consuming / discarding unwanted clothes, you could think about how you can alter them or accessorize them to look different.

|정답| 01 trend 02 reduce 03 victims 04 timeless 05 recycle 06 consumes 07 footprint 08 tackle 09 linkage 10 discarding

|해석| 01 이 도표는 우리 경제에 관한 어떤 경향을 보여 주나요? 02 소기업들이 생존하려면 비용을 줄여야 할 것이다. 03 나는 학교가 공공 비용 지출 삭감의 가장 최근의 피해자라고 생각한다. 04 또 다른 조언은 결코 구식이 되지 않는 유행을 타지 않거나 세월이 흘러도 변하지 않는 옷을 구입하는 것이다. 05 알루미늄 캔은 재활용하기 매우 쉽다. 06 전력 산업은 많은 양의 화석 연료를 소모한다. 07 여러분이 여러분의 물건을 잘 관리하면 그것들은 더 오래 지속될 것이고, 그것은 여러분이 더 적게 소비하고 탄소 발자국[온실 효과를 유발하는 이산화탄소의 배출량]을 줄이는 것을 의미한다. 08 그 목록에 '다시 생각하기'와 '존중하기'를 추가하라, 그러면 우리는 환경을 보존하면서 우리의 옷을 다룰 수 있다. 09 오늘날, 많은 사람들은 의류 생산과 환경에 대한 영향 사이의 관련성을 만들어 냈다. 10 원치 않는 옷을 버리는 대신, 다르게 보이도록 그 옷을 개조하거나 그곳에 액세서리를 달 수 있는 방법에 대해 생각해 볼 수 있다.

Unit 13

Chinese and European Ceramics

▌이번 단원에서 학습하게 될 단어들입니다. 이미 알고 있는 단어에 V 표시해 보세요.

☐ barrier	☐ communication	☐ expedition	☐ establish
☐ technology	☐ continuous	☐ favor	☐ import
☐ attract	☐ demand	☐ enrich	☐ convert
☐ development	☐ combination	☐ profitable	☐ merchant
☐ order	☐ export	☐ marriage	☐ manufacture

▌주어진 단어를 알맞은 뜻과 연결해 보세요. 단어의 뜻을 모르면 아래 정답에서 확인해 보세요.

01 expedition •		• a	장애물, 장벽
02 import •		• b	세우다
03 merchant •		• c	수요, 요구
04 demand •		• d	원정(대)
05 convert •		• e	지속적인
06 enrich •		• f	수입하다
07 continuous •		• g	개종시키다, 바꾸다
08 profitable •		• h	풍요롭게 하다
09 barrier •		• i	수익성이 있는
10 establish •		• j	상인, 무역상

|정답| 01 d 02 f 03 j 04 c 05 g 06 h 07 e 08 i 09 a 10 b

Vocabulary in Reading Context

▌해석은 한 번에 가능하지 않습니다. 해석이 잘되지 않더라도 먼저 아랫글을 단숨에 읽어 보세요.

Geographic distance has never been a **barrier** to cultural **communication** between the East and the West. As early as (일찍이) in the Han Dynasty, the Chinese sent out **expeditions** to the West and began to **establish** the important Silk Road. The people of these two cultures brought each other their own **technologies**, styles, and beliefs and left a **continuous** pattern of cultural interaction.

In the 17th and 18th century, Chinese porcelain was one of the **favored** foreign products **imported** into Europe. **Attracted** to the beauty of Chinese porcelains and the market **demand** for Chinese styles, European ceramists started to imitate Chinese porcelain designs. Meanwhile, the Chinese ceramic world was also **enriched** by the increased cultural contact with (~와의 접촉) Europe. After the 16th century, Europeans arrived in China, and although they failed to **convert** many Chinese to Christianity, they successfully introduced European art styles, which resulted in (result in: ~을 낳다[야기하다]) the **development** of new color **combinations** on porcelain. The **profitable** porcelain trade attracted European **merchants** to the Chinese trade port, Canton. They brought paintings and models to have their **orders** custom-made. Many Chinese **export** porcelains are clearly the products of the **marriage** of Western design and Chinese **manufacturing**.

* porcelain 자기(磁器) ** ceramist 도예가

▌본문의 의미가 이해되나요? 원어민 선생님이 읽어 주시는 지문을 들으며 다시 한 번 읽어 보세요.

Fill in the Blanks

▌본문의 내용을 기억하며 다시 읽어 볼 차례입니다. 이번에는 글을 읽으면서 빈칸에 들어갈 단어를 주어진 철자로 시작하여 써 보세요.

Chinese and European Ceramics

Geographic distance has never been a ❶b__________ to cultural communication between the East and the West. As early as in the Han Dynasty, the Chinese sent out expeditions to the West and began to ❷e__________ the important Silk Road. The people of these two cultures brought each other their own technologies, styles, and beliefs and left 5 a ❸c__________ pattern of cultural interaction.

In the 17th and 18th century, Chinese porcelain was one of the ❹f__________ foreign products imported into Europe. Attracted to the beauty of Chinese porcelains and the market ❺d__________ for Chinese styles, European ceramists started to imitate Chinese porcelain designs. Meanwhile, the Chinese ceramic world was also ❻e__________ by the 10 increased cultural contact with Europe. After the 16th century, Europeans arrived in China, and although they failed to ❼c__________ many Chinese to Christianity, they successfully introduced European art styles, which resulted in the ❽d__________ of new color combinations on porcelain. The ❾p__________ porcelain trade attracted European ❿m__________ to the Chinese trade port, Canton. They brought paintings and models to 15 have their orders custom-made. Many Chinese export porcelains are clearly the products of the marriage of Western design and Chinese manufacturing.

* porcelain 자기(磁器) ** ceramist 도예가

해석 중국과 유럽의 도자기

지리상의 거리는 동서양 간의 문화적 소통에 전혀 장애물이 되지 못했다. 일찍이 한 왕조 때, 중국인들은 서양에 원정대를 보내서 중요한 비단길을 만들기 시작했다. 이 두 문화권의 사람들은 서로에게 자기 자신의 기술, 스타일, 그리고 신앙을 가져왔고, 문화 교류의 지속적인 형태를 남겼다.

17세기와 18세기에 중국의 자기(磁器)는 유럽으로 수입되는, (사람들이) 선호하는 외국 상품들 중 하나였다. 중국 자기의 아름다움과 중국 스타일에 대한 시장의 수요에 매료되어서, 유럽의 도예가들은 중국의 자기 디자인을 모방하기 시작했다. 그러는 동안에, 중국의 도자기 업계도 유럽과의 문화 교류 증가로 풍요로워졌다. 16세기 이후에 유럽인들이 중국에 도착했고, 비록 그들은 많은 중국인들을 기독교로 개종시키는 데는 실패했지만, 자기에 대한 새로운 색 조합의 발전을 낳았던 유럽의 예술 스타일을 성공적으로 소개했다. 수익성 있는 자기 무역은 유럽 상인들을 중국의 무역항인 광둥으로 끌어들였다. 그들은 그림과 모형을 가져와 자신들의 주문대로 만들도록 했다. 중국에서 수출한 많은 자기들은 분명히 서양의 디자인과 중국의 제작이라는 결합의 산물이다.

| 정답 | ❶ barrier ❷ establish ❸ continuous ❹ favored ❺ demand ❻ enriched ❼ convert ❽ development ❾ profitable ❿ merchants

barrier
[bǽriər]

명 장애물, 장벽, 한계
The crowd had to stand behind **barriers**.
군중은 장벽 뒤에 서 있어야 했다.

communication
[kəmjù:nəkéiʃən]

명 의사소통, 통신 **communicate** 동 의사소통하다
Speech is the fastest method of **communication** between people.
말은 사람들 사이에서 가장 빠른 의사소통 방식이다.

expedition
[èkspədíʃən]

명 원정(대), 탐험(대), 여행
Three members of the Everest **expedition** were killed.
에베레스트 원정대 중 세 명이 목숨을 잃었다.

Voca & Voca 탐험, 여행

▸ expedition 탐험, 원정
the first expedition to the South Pole 최초의 남극 탐험

▸ trip 여행, 이동, 오고 감
a business trip 출장
a five-minute trip by taxi 택시로 5분 걸리는 (이동) 거리

▸ journey (특히 멀리 가는) 여행, 여정
a long journey across the mountains 그 산맥을 넘는 먼 여정

▸ excursion (보통 단체로 짧게 하는) 여행, 탐방
an all-day excursion to the island 섬으로의 일일 여행

establish
[istǽbliʃ]

동 세우다, 설립하다, 만들다 **establishment** 명 설립, 기관
They agreed to **establish** a free trade zone.
그들은 자유 무역 구역을 설립하기로 합의했다.
유 **institute** 설립하다

technology
[teknɑ́lədʒi]

명 (과학) 기술 **technological** 형 기술의
This is an invention made by state-of-the-art **technology**.
이것은 최첨단 기술로 만들어진 발명품이다.

continuous
[kəntínjuəs]

형 지속적인, 계속되는 **continue** 동 계속하다 **continuity** 명 지속성
The rain has been **continuous** since this morning.
비가 오늘 아침부터 계속 내리고 있다.
유 **constant** 지속적인 **lasting** 지속적인

favor
[féivər]

명 호의, 친절, 부탁 동 선호하다, 좋아하다 **favorable** 형 호의적인

Would you do me a **favor**?

부탁을 하나 해도 될까요?

유 **kindness** 친절 **hospitality** 환대

import
[impɔ́:rt] 동
[ímpɔ:rt] 명

동 수입하다 명 수입

The country has to **import** most of its raw materials.

그 나라는 원자재 대부분을 수입해야 한다.

반 **export** 수출하다; 수출

attract
[ətrǽkt]

동 끌어들이다, 매혹시키다 **attraction** 명 매력 **attractive** 형 매력적인

The warm damp air **attracts** a lot of mosquitoes.

따뜻하고 습한 공기가 많은 모기를 끌어들인다.

유 **draw** 끌다 **charm** 매력을 주다

demand
[dimǽnd]

명 수요, 요구 동 요구하다

There was not much **demand** for tickets.

입장권에 대한 수요가 많지 않았다.

유 **request** 요청하다, 요구하다 **require** 필요로 하다, 요구하다 **claim** 청구하다, 요구하다

Voca Plus

be in demand 수요가 있다
on demand 요구만 있으면 (언제든지)
steady demand 꾸준한 수요
meet the demand 수요를 충족시키다
workers' demand 노동자 측의 요구
demand and supply 수요와 공급

enrich
[inrítʃ]

동 풍요롭게 하다, 강화하다, 질을 높이다 **enrichment** 명 풍요롭게 함

The study of science has **enriched** all our lives.

과학 연구는 우리 모두의 삶을 풍요롭게 해 왔다.

유 **enhance** 강화하다 **improve** 향상하다 반 **impoverish** 빈곤하게 하다

convert
[kənvə́:rt]

동 개종시키다, 바꾸다, 전환시키다 **conversion** 명 전환

We've **converted** from oil to gas heating.

우리는 기름에서 가스 난방으로 바꿨다.

유 **transform** 변형시키다 **alter** 바꾸다, 변화시키다

development
[divéləpmənt]

명 개발, 발전 **develop** 동 개발하다

The city council will meet to discuss urban **development**.

시 의회는 도시 개발 문제를 의논하기 위해 만날 것이다.

유 **improvement** 개량, 향상 **advancement** 발전 **progress** 진전, 진보

combination
[kɑ̀mbənéiʃən]

명 조합, 결합, 연결 **combine** 동 결합하다 **combinational** 형 결합의

What an unusual **combination** of flavors!

정말 특이한 맛의 조합이군요!

유 **mixture** 혼합, 혼합물 **compound** 결합체

profitable
[prɑ́fitəbl]

형 수익성이 있는, 이익이 되는 **profit** 명 수익 **profitability** 명 수익성

It is usually more **profitable** to sell directly to the public.

일반 대중에게 직접 파는 것이 대개 수익성이 더 있다.

유 **lucrative** 이익이 있는 **beneficial** 유익한, 이득이 되는

merchant
[mə́ːrtʃənt]

명 상인, 무역상 **merchandise** 명 상품

Venice was once a city of rich **merchants**.

베니스는 한때 부유한 상인들의 도시였다.

유 **trader** 상인, 무역업자 **dealer** 상인, 거래업자

order
[ɔ́ːrdər]

명 주문, 순서, 정돈, 명령, 질서 동 주문하다, 명령하다

I would like to place an **order** for ten copies of the book.

저는 그 책을 열 권 주문하고 싶어요.

Voca Plus

be on order 주문되어 있다
in numerical order 번호순으로
keep ~ in good order ~을 잘 정돈된 상태로 두다
give the order to advance 진격 명령을 내리다
restore public order 공공질서를 회복하다

export
[ékspɔːrt] 명
[ikspɔ́ːrt] 동

명 수출 동 수출하다

Canadian **exports** of soft drinks remain at around $100 million.

캐나다의 청량음료 수출은 약 1억 달러에 머물러 있다.

반 **import** 수입; 수입하다

marriage
[mǽridʒ]

명 결혼, 결합 **marry** 동 결혼하다

My parents are celebrating 30 years of **marriage**.

우리 부모님은 결혼 30주년을 기념하고 계신다.

유 **union** 결합 **fusion** 융합 반 **separation** 분리, 결별

manufacture
[mæ̀njəfǽktʃər]

동 제조하다 명 제조 **manufacturer** 명 제조업자

The factory **manufactures** steel products.

그 공장은 철강 제품을 제조한다.

유 **produce** 생산하다

Synonym & Antonym

유의어와 반의어를 확인해 보는 시간입니다. 밑줄 친 단어의 유의어 혹은 반의어를 주어진 철자로 시작하여 써 보세요.

01 The rain has been continuous. [유] c________
02 a city of rich merchants [유] t________
03 We've converted from oil to gas heating. [유] a________
04 discuss urban development [유] i________
05 The factory manufactures steel products. [유] p________
06 The country has to import most of its raw materials. [반] e________
07 The study of science has enriched all our lives. [반] i________

|정답| 01 constant 02 trader 03 alter 04 improvement 05 produce 06 export 07 impoverish

Vocabulary Extension

이제 품사가 다른 여러 형태의 단어를 학습해 보겠습니다. [보기]의 단어를 변형하여 빈칸에 들어갈 알맞은 말을 써 보세요.

[보기] profitable combination favor establish attract

01 The speaker announced the ________ of a new college.
02 She showed a(n) ________ attitude to me.
03 Hydrogen ________ with oxygen to form water.
04 Beauty may exercise a powerful ________ at first, but it is found to be of comparatively little consequence afterwards.
05 A(n) ________ and loss statement lists your sales and expenses and is generally recorded on a monthly or yearly basis.

|정답| 01 establishment 02 favorable 03 combines 04 attraction 05 profit

|해석| 01 연사가 새로운 대학의 설립을 발표했다. 02 그녀는 나에게 호의적인 태도를 보여 주었다. 03 수소는 산소와 결합하여 물을 형성한다. 04 아름다움은 처음에는 강력한 매력을 발산할지도 모르지만, 나중에는 비교적 거의 중요하지 않다는 것을 알게 된다. 05 수익과 손실 계산서는 판매와 경비를 목록으로 작성하고 일반적으로 월 단위나 1년 단위로 기록된다.

Choosing the Right Word

가장 적절한 단어가 어떤 것인지 확인하는 시간입니다. 주어진 문장에 들어갈 가장 적절한 단어를 네모 안에서 골라 보세요.

01 The country has to import / favor most of its raw materials.

02 Three members of the Everest establishment / expedition were killed.

03 The rain has been attractive / continuous since this morning.

04 Speech is the fastest method of communication / barrier between people.

05 It is usually more continuous / profitable to sell directly to the public.

06 Geographic distance has never been a barrier / manufacture to cultural communication between the East and the West.

07 Meanwhile, the Chinese ceramic world was also enriched / exported by the increased cultural contact with Europe.

08 The profitable porcelain trade attracted European merchants / profits to the Chinese trade port, Canton.

09 As early as in the Han Dynasty, the Chinese sent out expeditions to the West and began to establish / combine the important Silk Road.

10 After the 16th century, Europeans arrived in China, and although they failed to convert many Chinese to Christianity, they successfully introduced European art styles, which resulted in the merchant / development of new color combinations on porcelain.

|정답| 01 import 02 expedition 03 continuous 04 communication 05 profitable 06 barrier 07 enriched 08 merchants 09 establish 10 development

|해석| 01 그 나라는 원자재 대부분을 수입해야 한다. 02 에베레스트 원정대 중 세 명이 목숨을 잃었다. 03 비가 오늘 아침부터 계속 내리고 있다. 04 말은 사람들 사이에서 가장 빠른 의사소통 방식이다. 05 일반 대중에게 직접 파는 것이 대개 수익성이 더 있다. 06 지리상의 거리는 동서양 간의 문화적 소통에 전혀 장애물이 되지 못했다. 07 그러는 동안에, 중국의 도자기 업계도 유럽과의 문화 교류 증가로 풍요로워졌다. 08 수익성 있는 자기 무역은 유럽 상인들을 중국의 무역항인 광둥으로 끌어들였다. 09 일찍이 한 왕조 때, 중국인들은 서양에 원정대를 보내서 중요한 비단길을 만들기 시작했다. 10 16세기 이후에 유럽인들이 중국에 도착했고, 비록 그들은 많은 중국인들을 기독교로 개종시키는 데는 실패했지만, 자기(磁器)에 대한 새로운 색 조합의 발전을 낳았던 유럽의 예술 스타일을 성공적으로 소개했다.

Unit 14

The Birth of Safe Elevators

▌이번 단원에서 학습하게 될 단어들입니다. 이미 알고 있는 단어에 V 표시해 보세요.

□ inventor	□ platform	□ suspend	□ swift
□ ax	□ devise	□ brake	□ mechanic
□ cargo	□ hoist	□ equipment	□ breakthrough
□ weight	□ press	□ claw	□ patent
□ demonstration	□ leap	□ skyscraper	□ profile

▌주어진 단어를 알맞은 뜻과 연결해 보세요. 단어의 뜻을 모르면 아래 정답에서 확인해 보세요.

01	inventor	•	• a	매달다, 유예하다, 정학시키다
02	suspend	•	• b	발명가
03	devise	•	• c	창안[고안]하다
04	skyscraper	•	• d	화물
05	mechanic	•	• e	획기적인 약진
06	equipment	•	• f	장비, 설비
07	breakthrough	•	• g	수리공
08	cargo	•	• h	시연, 시위
09	patent	•	• i	고층 건물
10	demonstration	•	• j	특허, 특허권

|정답| 01 b 02 a 03 c 04 i 05 g 06 f 07 e 08 d 09 j 10 h

Vocabulary in Reading Context

▌해석은 한 번에 가능하지 않습니다. 해석이 잘되지 않더라도 먼저 아랫글을 단숨에 읽어 보세요.

The scene was the Crystal Palace Exposition in New York. **Inventor** Elisha Otis was speaking to spectators from a **platform suspended** high above by a rope. Suddenly, the rope was severed with the **swift** cut of an **ax**. But after a drop of only a few inches, Otis yelled, "All safe, everybody!" 5

Otis did not invent the first elevator. He **devised** something more important: the elevator **brake**. That meant his elevators were different from all that came before: they were safe. Otis began developing the elevator 10 brake while working as a master **mechanic** in a bed factory. The owner of the factory needed a **cargo hoist** to lift heavy **equipment** to the second floor, and Otis was determined to find a **breakthrough** to make it safe. The key to Otis's invention was a powerful spring, held in check by the **weight** on the elevator rope. When the rope broke, the spring pushed outward (push outward: 밖으로 밀다), **pressing** two **claws** into a jagged track (빼죽빼죽한 트랙) 15 and holding the elevator fast. Otis had gained a **patent** of his brake. He had sold only three of his elevators the year before the **demonstration**, but afterward, sales and investments began to shoot up (shoot up: 급등하다).

Because of his invention, modern buildings would soon begin to **leap** toward the sky. The safe elevator made the **skyscraper** possible, and the **profile** of the American cityscape (미국의 도시 경관) 20 would be changed forever.

* exposition 박람회, 전시회 **sever (두 조각으로) 자르다

▌본문의 의미가 이해되나요? 원어민 선생님이 읽어 주시는 지문을 들으며 다시 한 번 읽어 보세요.

Fill in the Blanks

▌본문의 내용을 기억하며 다시 읽어 볼 차례입니다. 이번에는 글을 읽으면서 빈칸에 들어갈 단어를 주어진 철자로 시작하여 써 보세요.

The Birth of Safe Elevators

The scene was the Crystal Palace Exposition in New York. ❶I__________ Elisha Otis was speaking to spectators from a platform ❷s__________ high above by a rope. Suddenly, the rope was severed with the swift cut of an ax. But after a drop of only a few inches, Otis yelled, "All safe, everybody!"

5 Otis did not invent the first elevator. He ❸d__________ something more important: the elevator brake. That meant his elevators were different from all that came before: they were safe. Otis began developing the elevator brake while working as a master mechanic in a bed factory. The owner of the factory needed a ❹c__________ hoist to lift heavy ❺e__________ to the second floor, and Otis was determined to find a ❻b__________ to
10 make it safe. The key to Otis's invention was a powerful spring, held in check by the ❼w__________ on the elevator rope. When the rope broke, the spring pushed outward, pressing two claws into a jagged track and holding the elevator fast. Otis had gained a ❽p__________ of his brake. He had sold only three of his elevators the year before the ❾d__________, but afterward, sales and investments began to shoot up.

15 Because of his invention, modern buildings would soon begin to ❿l__________ toward the sky. The safe elevator made the skyscraper possible, and the profile of the American cityscape would be changed forever.

*exposition 박람회, 전시회 **sever (두 조각으로) 자르다

해석 안전한 엘리베이터의 탄생

그 장면은 뉴욕의 수정궁 박람회였다. 발명가 Elisha Otis가 로프에 의해 높이 매달린 연단에서 관중에게 말하고 있었다. 갑자기, 그 로프가 도끼의 신속한 절단에 의해 두 조각으로 잘렸다. 하지만 겨우 몇 인치 떨어졌을 때, Otis가 "모두 괜찮습니다, 여러분!"이라고 소리쳤다.

Otis가 최초의 엘리베이터를 발명한 것은 아니었다. 그는 더 중요한 것을 고안했다. 그것은 엘리베이터 브레이크였다. 그것은 그의 엘리베이터가 이전에 나온 어떤 것들과도 달랐다는 것을 의미했다. 그것은 안전했다. Otis는 침대 공장에서 수석 기계공으로 일할 때 엘리베이터 브레이크를 개발하기 시작했다. 그 공장의 주인은 2층까지 무거운 장비를 들어 올릴 화물 승강 장치를 필요로 했고, Otis는 그것을 안전하게 만들기 위한 돌파구를 찾기로 결심했다. Otis의 발명의 핵심은 강력한 스프링이었는데, 그것은 엘리베이터 로프에 매단 추에 의해 제어되었다. 그 로프가 끊어지면 그 스프링이 밖으로 밀려 나와서 삐죽삐죽한 트랙 안으로 두 개의 갈고리를 밀고 그 엘리베이터를 단단히 잡아 주었다. Otis는 자신의 브레이크에 대한 특허권을 얻었다. 그는 시연 이전 해에 엘리베이터를 겨우 세 대 팔았지만 나중에 판매와 투자가 급등하기 시작했다.

그의 발명 때문에, 현대적인 건물들은 곧 하늘을 향해 뛰어오르기 시작할 것이었다. 안전한 엘리베이터는 고층 건물을 가능하게 했고 미국 도시 경관의 윤곽이 영원히 바뀔 것이었다.

|정답| ❶Inventor ❷suspended ❸devised ❹cargo ❺equipment ❻breakthrough ❼weight ❽patent ❾demonstration ❿leap

inventor
[invéntər]

명 발명가 **invent** 동 발명하다
The **inventor** made a fortune by selling his product.
그 발명가는 자신의 상품을 팔아서 거액을 벌었다.
유 **creator** 창작자

platform
[plǽtfɔːrm]

명 연단, 대, (기차역의) 플랫폼, 플랫폼(사용 기반이 되는 컴퓨터 시스템)
She was giving a presentation on the **platform**.
그녀가 연단에서 발표를 하고 있었다.
A **platform** such as YouTube has to respect local laws.
유튜브와 같은 플랫폼은 현지 법률을 존중해야 한다.
유 **podium** 연단

suspend
[səspénd]

동 매달다, 유예[중단]하다, 정학[정직]시키다 **suspension** 명 매달기, 연기, 정학
The chicken was **suspended** out of the cheetah's reach.
닭고기는 치타의 손이 닿을 수 없는 곳에 매달려 있었다.
Jack was **suspended** for three days.
Jack은 3일 동안 정학을 받았다.
유 **hang** 매달다 반 **continue** 지속시키다

swift
[swift]

형 신속한, 재빠른 **swiftly** 부 신속하게, 재빠르게
The horses' steps were **swift** and their jumps were high.
그 말들의 발걸음은 신속했고 뜀박질은 높았다.
유 **quick** 재빠른 반 **slow** 느린

ax
[æks]

명 도끼 동 도끼로 자르다
The man chopped wood for the fire with an **ax**.
그 남자는 도끼로 불을 피울 나무를 잘게 잘랐다.

devise
[diváiz]

동 창안하다, 고안하다
He **devised** a ball game that can be played in winter.
그는 겨울에 할 수 있는 구기 경기를 창안했다.
유 **design** 고안하다

brake
[breik]

명 브레이크 동 브레이크를 밟다
He put on the **brake** as hard as possible.
그는 가능한 한 세게 브레이크를 밟았다.
유 **restraint** 억제, 제지

mechanic
[məkǽnik]

명 수리공

The bicycle **mechanic** was repairing the tire.

그 자전거 수리공은 타이어를 수리하고 있었다.

유 **technician** 기술자, 기사

Voca Plus

an automobile[a car] mechanic 자동차 정비공

an aviation mechanic 항공기 기술공

cargo
[ká:rgou]

명 화물

The **cargo** was unloaded from the ship.

그 화물이 배로부터 내려졌다.

유 **freight** 화물

hoist
[hɔist]

명 승강 장치 동 들어 올리다, 끌어올리다

Using a crane or **hoist**, lift the robot.

크레인이나 승강 장치를 사용해서 로봇을 들어 올려라.

유 **lift** 들어 올리다; 승강기

equipment
[ikwípmənt]

명 장비, 설비

We need more exercise **equipment** for the school gym.

우리는 학교 체육관을 위해 더 많은 운동 장비가 필요하다.

유 **apparatus** 기구, 장치

Voca & Voca 장비, 시설

- equipment 장비

  office equipment 사무실 장비
- facility (생활의 편의를 위한) 시설

  banking[shopping] facility 은행[쇼핑] 시설

breakthrough
[bréikθrù:]

명 (과학·기술 등의) 획기적인 약진[진전/발견], 돌파구

The scientists had an important **breakthrough** in brain surgery.

과학자들은 뇌 수술에서 중요한 획기적인 약진을 이루었다.

유 **progress** 진전, 진보

weight
[weit]

명 추, 무게, 중요성 **weigh** 동 무게가 나가다

Put another **weight** on the scale.

추를 하나 더 저울에 올려놓아라.

If you want to lose **weight**, you should eat less.

체중을 줄이려면 더 적게 먹어야 한다.

유 **mass** 질량 **importance** 중요성

press
[pres]

동 누르다 명 기자, 인쇄기, 출판사 **pressure** 명 압박, 압력

Please **press** the red button to start the treadmill.

런닝머신을 시작하려면 빨간 버튼을 누르세요.

Let's bring her to the **press** conference soon.

그녀를 기자 회견에 곧 데려가자.

유 **push** 밀다

Voca Plus

press for ~을 계속 요구하다

printing press 인쇄기

claw
[klɔː]

명 갈고리, (고양이·매 따위의) 발톱

A large **claw** will grab the toy in the box.

큰 갈고리가 그 상자 안의 장난감을 움켜잡을 것이다.

patent
[pǽtənt]

명 특허, 특허권, 특허증 동 특허를 받다

Mr. Robins applied for a **patent** for this machine.

Robins 씨는 이 기계에 대한 특허를 신청했다.

유 **copyright** 저작권, 판권

demonstration
[dèmənstréiʃən]

명 시연, 시위 **demonstrate** 동 시연[시위]하다

They will give us a **demonstration** of how the device works.

그들은 어떻게 그 장치가 작동하는지에 대한 시연을 우리에게 해 줄 것이다.

유 **display** 전시 **march** 행진

leap
[liːp]

명 도약, 급등 동 뛰어오르다, 급등하다

With a **leap**, the cat jumped onto the counter.

도약을 해서, 그 고양이는 계산대로 뛰어올랐다.

유 **jump** 점프하다 **hop** 펄쩍 뛰다

skyscraper
[skáiskrèipər]

명 고층 건물

The company is going to build a **skyscraper** with 108 stories.

그 회사는 108층짜리 고층 건물을 지을 예정이다.

profile
[próufail]

명 윤곽, 약력, (얼굴의) 옆모습

I described the **profile** of the tower against the sky.

나는 하늘을 배경으로 그 탑의 윤곽을 묘사했다.

Let me introduce the **profile** of the speaker.

연사의 약력을 소개해 드리겠습니다.

유 **silhouette** 실루엣, 반면 영상

Synonym & Antonym

유의어와 반의어를 확인해 보는 시간입니다. 밑줄 친 단어의 유의어 혹은 반의어를 주어진 철자로 시작하여 써 보세요.

01 was suspended out of the cheetah's reach [유] h__________
02 using a crane or hoist [유] l__________
03 a demonstration of how the device works [유] d__________
04 a patent for this machine [유] c__________
05 exercise equipment for the school gym [유] a__________
06 The cargo was unloaded. [유] f__________
07 The horses' steps were swift. [반] s__________

|정답| 01 hang 02 lift 03 display 04 copyright 05 apparatus 06 freight 07 slow

Vocabulary Extension

이제 품사가 다른 여러 형태의 단어를 학습해 보겠습니다. [보기]의 단어를 변형하여 빈칸에 들어갈 알맞은 말을 써 보세요.

[보기] demonstration inventor press suspend weight

01 Let's hope scientists will __________ a hydrogen-powered car.
02 The __________ bridge was too old and needed repair work.
03 The companies were under __________ from their investors.
04 My assistant will come to the stage and __________ the new surgical robots in action.
05 Due to the difference of gravity, if you __________ 60 kilograms on Earth, you will 10 kilograms on the moon.

|정답| 01 invent 02 suspension 03 pressure 04 demonstrate 05 weigh

|해석| 01 과학자들이 수소 동력 자동차를 발명하기를 바랍시다. 02 그 현수교는 너무 오래되었고 수리 작업을 필요로 했다. 03 그 회사들은 투자자들로부터의 압박을 받았다. 04 내 조수가 무대로 와서 새로운 수술 로봇이 작동하는 것을 시연할 것입니다. 05 중력의 차이 때문에, 여러분이 지구에서 60킬로그램 나가면, 달에서는 10킬로그램 나갈 것이다.

Choosing the Right Word

가장 적절한 단어가 어떤 것인지 확인하는 시간입니다. 주어진 문장에 들어갈 가장 적절한 단어를 네모 안에서 골라 보세요.

01 Please press / suspend the red button to start the treadmill.

02 Suddenly, the rope was severed with the weight / swift cut of an ax.

03 He put on the brake / platform as hard as possible.

04 The man chopped wood for the fire with a(n) ax / profile.

05 He devised / hoisted a ball game that can be played in winter.

06 Because of his invention, modern buildings would soon begin to invent / leap toward the sky.

07 Otis began developing the elevator brake while working as a master mechanic / weight in a bed factory.

08 The safe elevator made the demonstration / skyscraper possible, and the profile of the American cityscape would be changed forever.

09 Inventor Elisha Otis was speaking to spectators from a breakthrough / platform suspended high above by a rope.

10 The owner of the factory needed a cargo hoist to lift heavy equipment / patent to the second floor, and Otis was determined to find a breakthrough to make it safe.

| 정답 | 01 press 02 swift 03 brake 04 ax 05 devised 06 leap 07 mechanic 08 skyscraper 09 platform 10 equipment

| 해석 | 01 런닝머신을 시작하려면 빨간 버튼을 누르세요. 02 갑자기, 그 로프가 도끼의 신속한 절단에 의해 두 조각으로 잘렸다. 03 그는 가능한 한 세게 브레이크를 밟았다. 04 그 남자는 도끼로 불을 피울 나무를 잘게 잘랐다. 05 그는 겨울에 할 수 있는 구기 경기를 창안했다. 06 그의 발명 때문에, 현대적인 건물들은 곧 하늘을 향해 뛰어오르기 시작할 것이었다. 07 Otis는 침대 공장에서 수석 기계공으로 일할 때 엘리베이터 브레이크를 개발하기 시작했다. 08 안전한 엘리베이터는 고층 건물을 가능하게 했고 미국 도시 경관의 윤곽이 영원히 바뀔 것이었다. 09 발명가 Elisha Otis가 로프에 의해 높이 매달린 연단에서 관중에게 말하고 있었다. 10 그 공장의 주인은 2층까지 무거운 장비를 들어 올릴 화물 승강 장치를 필요로 했고, Otis는 그것을 안전하게 만들기 위한 돌파구를 찾기로 결심했다.

Unit 15

Exploring Antarctica

▌이번 단원에서 학습하게 될 단어들입니다. 이미 알고 있는 단어에 V 표시해 보세요.

☐ Antarctica	☐ safety	☐ GPS	☐ station
☐ wilderness	☐ landscape	☐ tricky	☐ landmark
☐ circle	☐ calculate	☐ accurate	☐ form
☐ slight	☐ dome	☐ gravity	☐ underlying
☐ slope	☐ automatically	☐ monitor	☐ glacier

▌주어진 단어를 알맞은 뜻과 연결해 보세요. 단어의 뜻을 모르면 아래 정답에서 확인해 보세요.

01 Antarctica •	• a 남극 대륙
02 wilderness •	• b 중력, 심각성, 엄숙
03 calculate •	• c 황무지, 황야
04 gravity •	• d 계산하다, 산출하다
05 underlying •	• e 빙하
06 glacier •	• f 밑에 있는, 기저를 이루는
07 landscape •	• g 추적 관찰하다
08 station •	• h 경사면, 비탈, 경사지
09 monitor •	• i 풍경, 풍경화
10 slope •	• j 기지, 주둔지, 방송국, 역

|정답| 01 a 02 c 03 d 04 b 05 f 06 e 07 i 08 j 09 g 10 h

Vocabulary in Reading Context

▌해석은 한 번에 가능하지 않습니다. 해석이 잘되지 않더라도 먼저 아랫글을 단숨에 읽어 보세요.

In **Antarctica**, one reason that scientists have to leave the **safety** of their base camp is to set up Global Positioning System **(GPS) stations**. These are essential in drawing up maps of the area, which prevent people from getting lost in the Antarctic **wilderness**. Finding your way around such a vast, blank (광대하고 텅 빈) **landscape** is often a **tricky** task because the snow reaches as far as the eye can see. There are very few **landmarks** to use.

GPS is a system that relies upon (rely upon: ~에 의존하다) 24 satellites, which are 19,312 km above the Earth. These satellites are constantly moving and **circle** the Earth twice a day at speeds of up to (up to: ~까지) 11,265 km/h. The receivers must pick up (pick up: ~을 포착하다) the signal of at least three different satellites to **calculate** an **accurate** position. These readings, combined with photographs taken from the air (상공에서 촬영된), help scientists to map out the great snowy continent.

Ice in the Antarctic is always moving. It **forms** in a **slight dome** shape as **gravity** pulls the **underlying** ice down the **slope** and toward the sea. GPS receivers placed out on the ice **automatically** radio their position to base camp every day. The receiver's position is measured once a day and its location is calculated to the nearest centimeter. By using this method, scientists can **monitor** how fast and far (얼마나 빠르고 멀리) the ice and **glaciers** are moving.

▌본문의 의미가 이해되나요? 원어민 선생님이 읽어 주시는 지문을 들으며 다시 한 번 읽어 보세요.

Fill in the Blanks

▌본문의 내용을 기억하며 다시 읽어 볼 차례입니다. 이번에는 글을 읽으면서 빈칸에 들어갈 단어를 주어진 철자로 시작하여 써 보세요.

Exploring Antarctica

In ❶A__________, one reason that scientists have to leave the safety of their base camp is to set up Global Positioning System (GPS) ❷s__________. These are essential in drawing up maps of the area, which prevent people from getting lost in the Antarctic ❸w__________. Finding your way around such a vast, blank ❹l__________ is often a tricky task because the snow reaches as far as the eye can see. There are very few landmarks to use. 5

GPS is a system that relies upon 24 satellites, which are 19,312 km above the Earth. These satellites are constantly moving and ❺c__________ the Earth twice a day at speeds of up to 11,265 km/h. The receivers must pick up the signal of at least three different satellites to ❻c__________ an accurate position. These readings, combined with photographs taken from the air, help scientists to map out the great snowy continent. 10

Ice in the Antarctic is always moving. It forms in a slight dome shape as ❼g__________ pulls the ❽u__________ ice down the slope and toward the sea. GPS receivers placed out on the ice ❾a__________ radio their position to base camp every day. The receiver's position is measured once a day and its location is calculated to the nearest centimeter. By using this method, scientists can monitor how fast and far the ice and ❿g__________ are moving. 15

해석 남극 대륙 탐사하기

남극 대륙에서, 과학자들이 베이스캠프의 안전을 떠나야 하는 한 가지 이유는 GPS 기지국을 설치하는 것이다. 이것들은 그 지역의 지도를 그리는 데 필수적인데, 그것은 사람들이 남극의 황무지에서 길을 잃는 것을 방지한다. 그렇게 광대하고 텅 빈 풍경 속에서 (지리에 밝아) 어디든 갈 수 있는 것은 자주 까다로운 과제인데, 눈으로 볼 수 있는 한 눈이 멀리 펼쳐져 있기 때문이다. 사용할 주요 지형지물이 거의 없다.

GPS는 24개의 위성에 의존하는 체계인데, 이것들은 지구로부터 19,312킬로미터 위에 있다. 이 위성들은 최고 시속 11,265킬로미터의 속도로 끊임없이 움직이고 하루에 두 번 지구를 빙빙 돈다. 수신기들은 정확한 위치를 계산하기 위해 최소한 세 개의 서로 다른 위성의 신호를 포착해야 한다. 이런 측정값은 상공에서 촬영된 사진과 결합되어, 과학자들이 그 거대한 눈 덮인 대륙의 지도를 그리는 것을 도와준다.

남극의 얼음은 항상 움직이고 있다. 그것은 중력이 기저의 얼음을 경사면 아래쪽 바다를 향해 잡아당기기 때문에 약간의 돔 모양으로 형성된다. 얼음 위에 배치된 GPS 수신기들은 자동으로 자신들의 위치를 매일 베이스캠프로 무선으로 보낸다. 수신기의 위치는 하루에 한 번 측정되고 그것이 있는 곳은 가장 근접한 센티미터로까지 계산된다. 이 방법을 사용하여, 과학자들은 얼음과 빙하가 얼마나 빠르고 멀리 움직이는지를 추적 관찰할 수 있다.

|정답| ❶ Antarctica ❷ stations ❸ wilderness ❹ landscape ❺ circle ❻ calculate ❼ gravity ❽ underlying ❾ automatically ❿ glaciers

Antarctica
[æntɑ́:rktikə]

명 남극 대륙(the Antarctic Continent, antarctic, Antarctic) 형 남극의
Only a few plants are found in **Antarctica**.
소수의 식물만이 남극 대륙에서 발견된다.
반 **the Arctic** 북극

safety
[séifti]

명 안전 safe 형 안전한
For your **safety**, keep away from the tall trees.
안전을 위해 키 큰 나무들로부터 멀리 떨어져 있어라.
유 **security** 보안 반 **risk** 위험, 모험

GPS

명 GPS, 전(全) 지구 위치 파악 시스템(= global positioning system)
With **GPS**, I do not need to ask for directions anymore.
GPS가 있으면, 나는 더 이상 방향을 물을 필요가 없다.

station
[stéiʃən]

명 기지, 주둔지, 방송국, 역 동 배치시키다
Would you show me the way to the police **station**?
경찰서로 가는 길을 알려 주시겠어요?
You can tell the broadcasting **station** by a large antenna.
여러분은 큰 안테나로 방송국을 구별할 수 있다.
유 **base** 기지

Voca Plus
fire station 소방서
power station 발전소
service station (고속 도로의) 휴게소

wilderness
[wíldərnis]

명 황무지, 황야
I could see a **wilderness** of grass and weeds.
나는 풀과 잡초의 황무지를 볼 수 있었다.
유 **wasteland** 불모지, 황무지

landscape
[lǽndskèip]

명 풍경, 풍경화
I enjoyed the beautiful **landscape**.
나는 그 아름다운 풍경을 즐겼다.
He painted a lot of **landscapes** during the last decade.
그는 지난 10년 동안 많은 풍경화를 그렸다.
유 **scenery** 풍경 **view** 경치

tricky
[tríki]

형 까다로운, 교활한

Managing people is a **tricky** business.

사람을 다루는 것은 까다로운 일이다.

The mind is a **tricky** thing.

마음이란 교활한 것이다.

유 **difficult** 어려운

landmark
[lǽndmɑ̀ːrk]

명 주요 지형지물, 랜드마크

The statue is a **landmark** of my neighborhood.

그 동상은 우리 동네의 주요 지형지물이다.

유 **feature** (두드러진) 특징, 특색

circle
[sə́ːrkl]

동 (공중에서) 빙빙 돌다, 동그라미를 그리다 명 동그라미 **circulation** 명 순환

Hawks **circled** around above the farm.

매가 그 농장 위를 빙빙 돌았다.

Circle the grammatically incorrect part.

문법적으로 틀린 부분에 동그라미를 치시오.

유 **ring** 원

calculate
[kǽlkjəlèit]

동 계산하다, 산출하다 **calculation** 명 계산

I will **calculate** the interest after tax.

나는 세금을 낸 다음의 이자를 계산하겠다.

accurate
[ǽkjərit]

형 정확한, 정밀한 **accuracy** 명 정확성 **accurately** 부 정확하게

Check if the figures are all **accurate**.

그 수치가 모두 정확한지 확인하라.

유 **precise** 정확한 반 **inaccurate** 정확하지 않은

form
[fɔːrm]

동 형성하다 명 형태, (글·회화의) 형식[양식] **formal** 형 격식을 갖춘

Ancient rituals **formed** the basis of early theater.

고대의 의식은 초기 극장의 기반을 형성했다.

Fill out the **form** with appropriate information.

적절한 정보로 그 양식을 채우시오.

유 **constitute** 구성하다 **type** 형태

slight
[slait]

형 약간의, 조금의, 경미한 **slightly** 부 약간

Over time, **slight** color changes may occur.

시간이 지나면서, 약간의 색상 변화가 일어날 수 있다.

유 **small** 작은 **minor** 사소한

dome
[doum]

명 돔, 반구형 지붕

The church has two large **domes**.

그 교회에는 두 개의 큰 돔이 있다.

gravity
[grǽvəti]

명 (지구의) 중력, 심각성, 엄숙 **gravitational** 형 중력의

Objects fall to the ground because of **gravity**.
중력 때문에 물체들이 땅으로 떨어진다.

You should realize the **gravity** of what you are saying.
너는 지금 말하고 있는 것의 심각성을 깨달아야 한다.

유 **seriousness** 심각성

underlying
[ʌ́ndərlàiiŋ]

형 밑에 있는, 기저를 이루는

We have found the **underlying** causes for the weight gain.
우리는 체중 증가의 기저를 이루는 이유를 찾았다.

slope
[sloup]

명 경사면, 비탈, 경사지 동 경사지다

We had to fight while going up the **slope**, so it was very difficult.
우리는 경사면을 올라가면서 싸워야 해서 매우 힘들었다.

유 **incline** 기울이다

Voca Plus

a continental slope 대륙붕
a gentle slope 완만한 경사면

automatically
[ɔ̀:təmǽtik(ə)li]

부 자동적으로, 무의식적으로 **automatic** 형 자동적인, 무의식적인

We **automatically** associate the image with the product.
우리는 자동적으로 그 이미지를 제품과 연관 짓는다.

유 **unconsciously** 무의식적으로

monitor
[mánitər]

동 추적 관찰하다, 감시하다 명 모니터, 감시 장치

The brain activity of volunteers was **monitored**.
자원봉사자들의 뇌 활동이 추적 관찰되었다.

We watched the **monitor** while they were acting.
우리는 그들이 연기하는 동안 모니터를 보았다.

유 **watch** 지켜보다

glacier
[gléiʃər]

명 빙하

The **glaciers** are melting at an astonishing speed.
빙하들이 깜짝 놀랄 만한 속도로 녹고 있다.

Voca & Voca

ice cap 만년설, 빙원
iceberg 빙산

Synonym & Antonym

유의어와 반의어를 확인해 보는 시간입니다. 밑줄 친 단어의 유의어 혹은 반의어를 주어진 철자로 시작하여 써 보세요.

01 the police station [유] b__________
02 a wilderness of grass and weeds [유] w__________
03 the gravity of what you are saying [유] s__________
04 The brain activity of volunteers was monitored. [유] w__________
05 a tricky business [유] d__________
06 Check if the figures are all accurate. [반] i__________
07 For your safety, keep away from the tall trees. [반] r__________

|정답| 01 base 02 wasteland 03 seriousness 04 watch 05 difficult 06 inaccurate 07 risk

Vocabulary Extension

이제 품사가 다른 여러 형태의 단어를 학습해 보겠습니다. [보기]의 단어를 변형하여 빈칸에 들어갈 알맞은 말을 써 보세요.

[보기] accurate automatically circle safety slight

01 The air's __________ is what creates wind.
02 His comments were __________ different from what I had expected.
03 The Coopers were able to arrive home __________ and sound after driving in the storm.
04 This training program will help you pronounce English words a lot more __________.
05 When we feel threatened, our __________ response will kick in to protect us from harm and anxiety.

|정답| 01 circulation 02 slightly 03 safe 04 accurately 05 automatic

|해석| 01 공기의 순환이 바람을 만드는 것이다. 02 그의 말은 내가 예상했던 것과 약간 달랐다. 03 Cooper 씨 가족은 폭풍 속에서 운전을 해서 안전하고 온전하게 집에 도착할 수 있었다. 04 이 훈련 프로그램은 여러분이 영어 단어를 훨씬 더 정확하게 발음하는 것을 도울 것이다. 05 우리가 위협 받는다고 느끼면, 우리를 손상과 불안으로부터 보호하기 위해 우리의 자동적인 반응이 효과를 나타내기 시작될 것이다.

Choosing the Right Word

가장 적절한 단어가 어떤 것인지 확인하는 시간입니다. 주어진 문장에 들어갈 가장 적절한 단어를 네모 안에서 골라 보세요.

01 I will calculate / dome the interest after tax.

02 Over time, slight / safety color changes may occur.

03 Ancient rituals circled / formed the basis of early theater.

04 We had to fight while going up the slope / landmark, so it was very difficult.

05 Objects fall to the ground because of gravity / Antarctica.

06 These satellites are constantly moving and circle / underlie the Earth twice a day at speeds of up to 11,265 km/h.

07 By using this method, scientists can monitor how fast and far the ice and glaciers / monitors are moving.

08 Finding your way around such a vast, blank landscape / monitor is often a tricky task because the snow reaches as far as the eye can see.

09 GPS receivers placed out on the ice automatically / slightly radio their position to base camp every day.

10 In Antarctica, one reason that scientists have to leave the safety of their base camp is to set up Global Positioning System (GPS) stations / wilderness.

|정답| **01** calculate **02** slight **03** formed **04** slope **05** gravity **06** circle **07** glaciers **08** landscape **09** automatically **10** stations

|해석| **01** 나는 세금을 낸 다음의 이자를 계산하겠다. **02** 시간이 지나면서, 약간의 색상 변화가 일어날 수 있다. **03** 고대의 의식은 초기 극장의 기반을 형성했다. **04** 우리는 경사면을 올라가면서 싸워야 해서 매우 힘들었다. **05** 중력 때문에 물체들이 땅으로 떨어진다. **06** 이 위성들은 최고 시속 11,265킬로미터의 속도로 끊임없이 움직이고 하루에 두 번 지구를 빙빙 돈다. **07** 이 방법을 사용하여, 과학자들은 얼음과 빙하가 얼마나 빠르고 멀리 움직이는지를 추적 관찰할 수 있다. **08** 그렇게 광대하고 텅 빈 풍경 속에서 (지리에 밝아) 어디든 갈 수 있는 것은 자주 까다로운 과제인데, 눈으로 볼 수 있는 한 눈이 멀리 펼쳐져 있기 때문이다. **09** 얼음 위에 배치된 GPS 수신기들은 자동으로 자신들의 위치를 매일 베이스캠프로 무선으로 보낸다. **10** 남극 대륙에서, 과학자들이 베이스캠프의 안전을 떠나야 하는 한 가지 이유는 GPS 기지국을 설치하는 것이다.

Review Test 3

▌학습한 내용은 꾸준히 복습하지 않으면 누구나 며칠 만에 절반 이상을 망각하게 된다고 합니다. 지금 다시 한 번 간단히 복습하면 기억을 되살릴 수 있습니다. 11~15강에서 공부한 내용을 복습해 봅시다.

A 우리말은 영어로, 영어는 우리말로 쓰시오.

01	여가	l________	11	enlarge	________
02	상업화, 영리화	c________	12	explicitly	________
03	자선, 자선 단체	c________	13	linkage	________
04	버리다, 폐기하다	d________	14	consume	________
05	시연, 시위	d________	15	skyscraper	________
06	풍경, 풍경화	l________	16	wilderness	________
07	빙하	g________	17	underlying	________
08	장애물, 장벽	b________	18	expedition	________
09	상인, 무역상	m________	19	manufacture	________
10	매달다, 중단하다, 정학시키다	s________	20	breakthrough	________

B 다음 문장의 빈칸에 적절한 단어를 [보기]에서 찾아 쓰시오.

보기 profitable sustainable equipment calculate pastime

01 They choose eco-fashion or __________ clothing.

02 Reading and writing is my favorite __________.

03 We need more exercise __________ for the school gym.

04 It is usually more __________ to sell directly to the public.

05 The receivers must pick up the signal of at least three different satellites to __________ an accurate position.

|정답| A 01 leisure 02 commercialization 03 charity 04 discard 05 demonstration 06 landscape 07 glacier 08 barrier 09 merchant 10 suspend 11 확대하다, 확장하다 12 명시적으로, 명쾌하게 13 관련(성), 연결, 결합 14 소비하다, 소모하다 15 고층 건물 16 황무지, 황야 17 밑에 있는, 기저를 이루는 18 원정(대), 탐험(대), 여행 19 제조하다; 제조 20 획기적인 약진[진전 · 발견], 돌파구

B 01 sustainable 02 pastime 03 equipment 04 profitable 05 calculate

|해석| B 01 그들은 친환경 패션 혹은 지속 가능한 의류를 선택한다. 02 독서와 글쓰기는 내가 가장 좋아하는 취미 활동이다. 03 우리는 학교 체육관을 위해 더 많은 운동 장비가 필요하다. 04 일반 대중에게 직접 파는 것이 대개 수익성이 더 있다. 05 수신기들은 정확한 위치를 계산하기 위해 최소한 세 개의 서로 다른 위성의 신호를 포착해야 한다.

C 다음 밑줄 친 부분과 의미가 가장 가까운 단어를 고르시오.

01 Our club's new schedule will feature young baseball stars, so join us!

① trait ② article ③ present ④ aspect

02 Don't forget to put the rubbish out before you go to bed.

① cargo ② garbage ③ treasure ④ patent

03 That was a major breakthrough in cancer research.

① practice ② expedition ③ progress ④ demonstration

04 He didn't seem to understand the gravity of the situation.

① seriousness ② charity ③ profile ④ platform

D 다음 네모 안에서 주어진 문장에 가장 적절한 단어를 고르시오.

01 All orders are traceable / unknown, so we know exactly how a product arrived at your doorstep.

02 People who discard / consume their litter in the streets have to be fined.

03 At that time, glaciers / barriers covered almost one-third of the land.

04 Sales of the product will be recycled / suspended until more tests are completed.

05 The purpose of the expedition / landmark is to explore the North American coastline.

06 The car was designed and encompassed / manufactured in collaboration with other makers.

|정답| C 01 ③ 02 ② 03 ③ 04 ①

D 01 traceable 02 discard 03 glaciers 04 suspended 05 expedition 06 manufactured

|해석| C 01 우리 구단의 새로운 일정은 젊은 야구 스타들을 특별히 포함할 것이니 우리와 함께하십시오! 02 잠자리에 들기 전에 쓰레기를 밖에 내놓는 것을 잊지 마라. 03 그것은 암 연구에서 중요한 획기적 진전이었다. 04 그는 그 상황의 심각성을 이해하지 못하는 것 같았다.

D 01 모든 주문은 추적할 수 있으므로 우리는 어떻게 상품이 귀하의 현관에 도착했는지를 정확하게 압니다. 02 거리에 자신들의 쓰레기를 버리는 사람들은 벌금을 물어야만 한다. 03 그 당시 육지의 거의 3분의 1을 빙하가 덮었다. 04 더 많은 실험이 완료될 때까지 그 상품의 판매는 중단될 것이다. 05 그 원정의 목적은 북아메리카 해안선을 탐험하는 것이다. 06 그 자동차는 다른 제조사와 협력으로 설계되고 제조되었다.

Unit 16
Columbus's Young Crew Members

이번 단원에서 학습하게 될 단어들입니다. 이미 알고 있는 단어에 V 표시해 보세요.

☐ sail	☐ journal	☐ crew	☐ vessel
☐ cruise	☐ historian	☐ bare	☐ dump
☐ bucket	☐ deck	☐ assist	☐ officer
☐ apprentice	☐ adjust	☐ knot	☐ servant
☐ scrub	☐ voyage	☐ hourglass	☐ signify

주어진 단어를 알맞은 뜻과 연결해 보세요. 단어의 뜻을 모르면 아래 정답에서 확인해 보세요.

01	sail	a	일지, 학술지, 잡지
02	journal	b	항해하다; 돛
03	vessel	c	갑판, (카드의) 한 세트
04	historian	d	선박, 그릇, 혈관
05	deck	e	역사학자
06	officer	f	(주요 직책에 있는) 사람, 장교, 경찰관
07	knot	g	(유람선을 타고) 다니다; 유람선 여행
08	hourglass	h	돕다
09	cruise	i	매듭, 노트, (나무의) 옹이
10	assist	j	모래시계

|정답| 01 b 02 a 03 d 04 e 05 c 06 f 07 i 08 j 09 g 10 h

Vocabulary in Reading Context

▌해석은 한 번에 가능하지 않습니다. 해석이 잘되지 않더라도 먼저 아랫글을 단숨에 읽어 보세요.

Did you know that many of those who (~하는 사람들) **sailed** with Columbus in 1492 were children? Columbus's **journal** says that twenty people of his ninety-person **crew** were boys. They sailed in the Niña, the Pinta, and the Santa Maria, which were merchant **vessels** about the size of a modern **cruising** yacht. 5

Historians say that the children worked in their **bare** feet, took showers by **dumping buckets** of seawater over their heads, and used a toilet that stuck out (stick out: 튀어나오다) from the ships' **decks** over the sea.

Older boys, called "criados," **assisted** the ships' **officers** or were **apprenticed** as "gromets," climbing ropes high above to **adjust** the sails. Gromets became expert at tying different kinds of **knots**. They hung lengths of rope (밧줄 다발들) from their belts and carried knives to help them in their work. Younger boys worked as **servants** called pages, who cooked and **scrubbed** the decks, though their most important task was to tell time. During their **voyage,** they kept time (keep time: 시간을 정확히 가리키다) by using an ampolleta, which was a half-**hourglass** filled with fine sand (고운 모래). As soon as (as soon as: ~하자마자) all the sand ran out, the page turned it over and ran to the deck, where he rang a bell and sang out a prayer to **signify** that another half-hour had passed. 10 15

*page 심부름꾼, 급사

▌본문의 의미가 이해되나요? 원어민 선생님이 읽어 주시는 지문을 들으며 다시 한 번 읽어 보세요.

Fill in the Blanks

본문의 내용을 기억하며 다시 읽어 볼 차례입니다. 이번에는 글을 읽으면서 빈칸에 들어갈 단어를 주어진 철자로 시작하여 써 보세요.

Columbus's Young Crew Members

Did you know that many of those who ❶s__________ with Columbus in 1492 were children? Columbus's journal says that twenty people of his ninety-person ❷c__________ were boys. They sailed in the Niña, the Pinta, and the Santa Maria, which were merchant ❸v__________ about the size of a modern cruising yacht.

5 ❹H__________ say that the children worked in their bare feet, took showers by ❺d__________ buckets of seawater over their heads, and used a toilet that stuck out from the ships' ❻d__________ over the sea.

Older boys, called "criados," ❼a__________ the ships' officers or were apprenticed as "gromets," climbing ropes high above to adjust the sails. Gromets became expert at tying 10 different kinds of knots. They hung lengths of rope from their belts and carried knives to help them in their work. Younger boys worked as ❽s__________ called pages, who cooked and scrubbed the decks, though their most important task was to tell time. During their ❾v__________, they kept time by using an ampolleta, which was a half-hourglass filled with fine sand. As soon as all the sand ran out, the page turned it over and ran to the 15 deck, where he rang a bell and sang out a prayer to ❿s__________ that another half-hour had passed.

* page 심부름꾼, 급사

해석 Columbus의 어린 선원들

1492년에 Columbus와 함께 항해했던 사람들 중 많은 수가 어린이들이었다는 것을 알고 있는가? Columbus의 일지는 자신의 선원 90명 가운데 20명이 소년들이었다고 말한다. 그들은 Niña, Pinta와 Santa Maria 호를 타고 항해했는데, 그것들은 현대의 (유람선과 같은) 항해용 요트와 크기가 거의 비슷한 상선이었다.

역사학자들은 그 어린이들이 맨발로 일하고, 양동이에 담긴 바닷물을 머리에 쏟아부어 샤워를 하고, 배의 갑판으로부터 바다 위로 튀어나온 화장실을 사용했다고 말한다.

'criado'라고 불렸던 더 나이 많은 소년들은 배의 주요 직책에 있는 사람들을 돕거나 'gromet'으로서 견습생이 되었고 돛을 조정하기 위해 로프를 타고 높은 곳으로 올라갔다. gromet은 다양한 종류의 매듭을 묶는 데 숙달되었다. 그들은 (주요 직책에 있는) 사람들의 일을 돕기 위해 허리띠에 밧줄 다발을 매달고 칼을 갖고 다녔다. 더 어린 소년들은 심부름꾼이라고 불리는 하인으로 일했는데, 그들의 가장 중요한 임무는 시간을 알리는 것이었지만, 그들은 요리를 하고 갑판을 북북 문질러 닦았다. 항해 동안, 그들은 ampolleta를 사용하여 시간을 정확히 가리켰는데, 그것은 고운 모래로 채운 30분짜리 모래시계였다. 모래가 다 떨어지자마자, 심부름꾼은 그것을 뒤집고 갑판으로 달려가서 또 30분이 지났다는 것을 알리기 위해 종을 울리고 기도문을 노래로 불렀다.

|정답| ❶sailed ❷crew ❸vessels ❹Historians ❺dumping ❻decks ❼assisted ❽servants ❾voyage ❿signify

sail
[seil]

동 항해하다 명 항해, 돛

We **sailed** through the Equator on May 14.

우리는 5월 14일에 적도를 통과해서 항해했다.

The wind blew off the **sail**.

바람이 돛을 날려 버렸다.

Voca Plus

in full sail 돛을 모두 올리고, 전속력으로

draw a sail 돛을 올리다

journal
[dʒə́:rnəl]

명 일지, 일기, 학술지, 잡지

I kept a **journal** while I was traveling in Italy.

나는 이탈리아를 여행하는 동안 일지를 썼다.

유 **diary** 일기 **magazine** 잡지

crew
[kru:]

명 선원, 승무원, 팀

The **crew** drew up in the rope.

선원들은 밧줄을 끌어당겼다.

An ambulance **crew** was called to his home.

구급차 팀이 그의 집으로 호출되었다.

유 **squad** 반, 단

vessel
[vésəl]

명 선박, 그릇, 혈관

The ship was an armed merchant **vessel**.

그 배는 무장한 상선이었다.

Blood **vessels** constrict and the blood flow decreases.

혈관이 수축하고 혈류가 감소된다.

유 **ship** 배 **container** 그릇

cruise
[kru:z]

동 항해하다, (유람선을 타고) 다니다, 나아가다 명 유람선 여행

A tourist ship is **cruising** on the ocean.

관광선이 바다에서 항해하는 중이다.

historian
[histɔ́:riən]

명 역사학자 **history** 명 역사 **historic** 형 역사적으로 중요한 **historical** 형 역사적인

A **historian** discovered the remains of the temple.

한 역사학자가 그 사원의 유적을 발견했다.

Voca Plus

an art historian 미술사가

archaeologist 고고학자

bare
[bɛər]

형 벌거벗은, 헐벗은

You can't enter the temple with **bare** arms, so wear a long-sleeved shirt.

팔을 노출하면[가리지 않으면] 사원에 입장할 수 없으니 긴팔 셔츠를 입으시오.

유 **naked** 벌거벗은 반 **dressed** 옷을 입은

dump
[dʌmp]

동 떨어뜨리다, 던지다, 버리다 명 (쓰레기) 하치장

The storm **dumped** 2 meters of snow.

그 폭풍으로 2미터의 눈이 쏟아졌다.

These trucks take the garbage to the **dump**.

이 트럭들은 쓰레기를 하치장으로 옮긴다.

유 **drop** 떨어뜨리다 **junkyard** 고물 집적소

bucket
[bʌ́kit]

명 양동이

Two **buckets** of water will be distributed to each person.

각각의 사람들에게 두 양동이의 물이 배분될 것이다.

유 **pail** 양동이, 들통

deck
[dek]

명 갑판, (카드의) 한 세트

Oysters were piled on the **deck**.

갑판에 굴이 쌓여 있었다.

There are 52 cards in a **deck**, but we have only 51.

한 세트의 카드에 52장이 있지만, 우리에게는 51장만 있다.

assist
[əsíst]

동 돕다 **assistance** 명 도움, 조력 **assistant** 명 조수

These people are here to **assist** voters.

이 사람들은 투표자를 돕기 위해 여기 있다.

유 **help** 돕다 **support** 지지하다

officer
[ɔ́(:)fisər]

명 (주요 직책에 있는) 사람, 장교, 경찰관

In the airport, security **officers** work on 3 shifts.

공항에서, 보안 요원들이 3교대로 일한다.

He went to the military academy to become an **officer**.

그는 장교가 되려고 사관 학교에 갔다.

유 **official** (고위) 공무원

apprentice
[əpréntis]

동 견습생[도제]으로 삼다 명 견습생, 도제 **apprenticeship** 명 견습 기간, 견습직

She was **apprenticed** to the printing master.

그녀는 인쇄 장인의 견습생이 되었다.

유 **trainee** 훈련생 반 **master** 장인

adjust
[ədʒʌ́st]

동 조정[조절]하다, 적응하다 **adjustment** 명 조정, 적응

Look at the screen and then **adjust** your focus.

스크린을 본 다음 초점을 조정하세요.

유 **alter** 변경하다, 바꾸다

knot
[nɑt]

명 매듭, 노트(선박·항공기의 속도를 재는 단위), (나무의) 옹이 동 매듭을 묶다

Mom tried to undo the **knot**.

엄마는 매듭을 풀려고 했다.

Our speed was 10 **knots** an hour.

우리의 속도는 시속 10노트였다.

servant
[sə́ːrvənt]

명 하인, 종업원 **serve** 동 시중을 들다, 제공하다

The **servant** prepared the meal for his master.

하인은 주인을 위해 식사를 준비했다.

유 **attendant** 종업원 반 **master** 주인

Voca Plus

a civil servant 공무원

ring for a servant 종을 울려서 하인을 부르다

scrub
[skrʌb]

동 북북 문지르다 명 관목, 덤불

Scrub the floor with soap and a brush.

바닥을 비누와 솔로 북북 문질러라.

The animal inhabits dry grassland and **scrub**.

그 동물은 건조한 초지와 관목에서 산다.

유 **scour** 문질러 닦다

voyage
[vɔ́iidʒ]

명 항해, 여행 동 항해[여행]하다

The **voyage** from America to Britain used to take two months.

미국에서 영국까지의 항해는 두 달이 걸리곤 했다.

유 **journey** 여행, 여정

hourglass
[áuərglæ̀s]

명 모래시계

The sand in the **hourglass** flows only one way.

모래시계의 모래는 한 방향으로만 흐른다[시간은 앞으로만 간다].

signify
[sígnəfài]

동 알리다, 나타내다, 의미하다 **signification** 명 의미

What the "thumbs-down" sign would **signify** has not been found.

'엄지손가락을 내리는' 표시가 무엇을 나타내곤 했는지는 밝혀지지 않았다.

유 **indicate** 가리키다 **mean** 의미하다

Synonym & Antonym

유의어와 반의어를 확인해 보는 시간입니다. 밑줄 친 단어의 유의어 혹은 반의어를 주어진 철자로 시작하여 써 보세요.

01 The storm dumped 2 meters of snow. ㊌ d________

02 kept a journal ㊌ d________

03 adjust your focus ㊌ a________

04 the voyage from America to Britain ㊌ j________

05 what the "thumbs-down" sign would signify ㊌ i________

06 with bare arms ㊎ d________

07 an armed merchant vessel ㊌ s________

|정답| 01 drop 02 diary 03 alter 04 journey 05 indicate 06 dressed 07 ship

Vocabulary Extension

이제 품사가 다른 여러 형태의 단어를 학습해 보겠습니다. [보기]의 단어를 변형하여 빈칸에 들어갈 알맞은 말을 써 보세요.

보기 adjust assist historian servant signify

01 Our school has a long ________ of more than 100 years.

02 I will ________ the people in my country in the humblest way.

03 A concept understood at a certain time would have a different ________ later.

04 My ________ will stand in for me while I am away for my business trip to Japan.

05 To get clear images in the evening time, some ________ of the lens may be necessary.

|정답| 01 history 02 serve 03 signification 04 assistant 05 adjustment

|해석| 01 우리 학교는 100년이 넘는 긴 역사를 가지고 있다. 02 나는 가장 겸손한 방법으로 우리나라 사람들에게 봉사하겠다. 03 특정한 시기에 이해된 개념이 나중에 다른 의미를 가질 것이다. 04 내가 일본 출장 때문에 없는 동안 내 조수가 내 대신 일을 볼 것이다. 05 저녁 시간에 선명한 이미지를 얻고 싶으면 약간의 렌즈 조정이 필요할 것이다.

Choosing the Right Word

가장 적절한 단어가 어떤 것인지 확인하는 시간입니다. 주어진 문장에 들어갈 가장 적절한 단어를 네모 안에서 골라 보세요.

01 She was apprenticed / assisted to the printing master.

02 In the airport, security officers / historians work on 3 shifts.

03 We served / sailed through the Equator on May 14.

04 You can't enter the temple with bare / tied arms, so wear a long-sleeved shirt.

05 These trucks take the garbage to the dump / bucket.

06 Columbus's journal says that twenty people of his ninety-person crew / buckets were boys.

07 They sailed in the Niña, the Pinta, and the Santa Maria, which were merchant journals / vessels about the size of a modern cruising yacht.

08 As soon as all the sand ran out, the page turned it over and ran to the deck, where he rang a bell and sang out a prayer to deck / signify that another half-hour had passed.

09 Younger boys worked as servants called pages, who cooked and scrubbed / cruised the decks, though their most important task was to tell time.

10 Older boys, called "criados," assisted the ships' officers or were apprenticed as "gromets," climbing ropes high above to adjust / assist the sails.

|정답| 01 apprenticed 02 officers 03 sailed 04 bare 05 dump 06 crew 07 vessels 08 signify 09 scrubbed 10 adjust

|해석| 01 그녀는 인쇄 장인의 견습생이 되었다. 02 공항에서, 보안 요원들이 3교대로 일한다. 03 우리는 5월 14일에 적도를 통과해서 항해했다. 04 팔을 노출하면[가리지 않으면] 사원에 입장할 수 없으니 긴팔 셔츠를 입으시오. 05 이 트럭들은 쓰레기를 하치장으로 옮긴다. 06 Columbus의 일지는 자신의 선원 90명 가운데 20명이 소년들이었다고 말한다. 07 그들은 Niña, Pinta와 Santa Maria 호를 타고 항해했는데, 그것들은 현대의 (유람선과 같은) 항해용 요트와 크기가 거의 비슷한 상선이었다. 08 모래가 다 떨어지자마자, 심부름꾼은 그것을 뒤집고 갑판으로 달려가서 또 30분이 지났다는 것을 알리기 위해 종을 울리고 기도문을 노래로 불렀다. 09 더 어린 소년들은 심부름꾼이라고 불리는 하인으로 일했는데, 그들의 가장 중요한 임무는 시간을 알리는 것이었지만, 그들은 요리를 하고 갑판을 북북 문질러 닦았다. 10 'criado'라고 불렸던 더 나이 많은 소년들은 배의 주요 직책에 있는 사람들을 돕거나 'gromet'으로서 견습생이 되었고 돛을 조정하기 위해 로프를 타고 높은 곳으로 올라갔다.

Unit 17

The Blind Spot in the Research of Ocean Biology

이번 단원에서 학습하게 될 단어들입니다. 이미 알고 있는 단어에 V 표시해 보세요.

☐ biology	☐ ocean	☐ bulk	☐ property
☐ temperature	☐ extract	☐ organism	☐ marine
☐ abundance	☐ perspective	☐ context	☐ fishery
☐ biogeochemical	☐ carbon	☐ insufficient	☐ inaccessible
☐ microscopic	☐ incubation	☐ biased	☐ harsh

주어진 단어를 알맞은 뜻과 연결해 보세요. 단어의 뜻을 모르면 아래 정답에서 확인해 보세요.

01	biology •	• a	생명 활동, 생물학
02	bulk •	• b	특성, 속성
03	property •	• c	얻다, 추출하다
04	extract •	• d	대량의
05	organism •	• e	생물(체), 유기체
06	fishery •	• f	불충분한
07	carbon •	• g	탄소
08	insufficient •	• h	접근하기 어려운
09	inaccessible •	• i	너무 강한, 가혹한
10	harsh •	• j	어장, 어업

|정답| 01 a 02 d 03 b 04 c 05 e 06 j 07 g 08 f 09 h 10 i

▌해석은 한 번에 가능하지 않습니다. 해석이 잘되지 않더라도 먼저 아랫글을 단숨에 읽어 보세요.

Much of our knowledge of the **biology** of the **oceans** is derived from "blind" sampling. We use instruments to measure **bulk properties** of the environment, such as salinity and **temperature**, and we use bottle or net samples to **extract** knowledge about the **organisms** living in the ocean. This kind of approach has influenced the way we view **marine** life. It leads us to focus on **abundances**, production rates, and distribution patterns. Such a **perspective** is very relevant in the **context** of the ocean as a resource for **fisheries**. It is also helpful in developing an understanding of **biogeochemical** issues such as ocean **carbon** fluxes. But on its own, this approach is **insufficient**, even for those purposes. The kind of intuition that we develop about marine life is, of course, influenced by the way we observe it. Because the ocean is **inaccessible** to us and most planktonic organisms are **microscopic**, our intuition is elementary compared, for example, to the intuitive understanding we have about terrestrial life. Our understanding of the biology of planktonic organisms is still based mainly on examinations of (dead) individuals, field samples, and **incubation** experiments, and even our sampling may be severely **biased** toward those organisms that are not destroyed by our **harsh** sampling methods.

be derived from: ~로부터 얻어지다
lead ~ to *do*: ~가 …하도록 이끌다
on one's own: 단독으로
based ... on: ~에 근거한

* salinity 염도 ** flux 흐름 *** terrestrial 육지의

▌본문의 의미가 이해되나요? 원어민 선생님이 읽어 주시는 지문을 들으며 다시 한 번 읽어 보세요.

Fill in the Blanks

▌본문의 내용을 기억하며 다시 읽어 볼 차례입니다. 이번에는 글을 읽으면서 빈칸에 들어갈 단어를 주어진 철자로 시작하여 써 보세요.

The Blind Spot in the Research of Ocean Biology

Much of our knowledge of the ❶b__________ of the oceans is derived from "blind" sampling. We use instruments to measure bulk properties of the environment, such as salinity and ❷t__________, and we use bottle or net samples to extract knowledge about the ❸o__________ living in the ocean. This kind of approach has influenced the way we 5 view marine life. It leads us to focus on abundances, production rates, and distribution patterns. Such a ❹p__________ is very relevant in the context of the ocean as a resource for ❺f__________. It is also helpful in developing an understanding of biogeochemical issues such as ocean ❻c__________ fluxes. But on its own, this approach is insufficient, even for those purposes. The kind of intuition that we develop about marine life is, of 10 course, influenced by the way we observe it. Because the ocean is ❼i__________ to us and most planktonic organisms are ❽m__________, our intuition is elementary compared, for example, to the intuitive understanding we have about terrestrial life. Our understanding of the biology of planktonic organisms is still based mainly on examinations of (dead) individuals, field samples, and incubation experiments, and even our sampling may be 15 severely ❾b__________ toward those organisms that are not destroyed by our ❿h__________ sampling methods.

* salinity 염도 ** flux 흐름 *** terrestrial 육지의

해석 해양 생명 활동 연구의 맹점

해양의 생명 활동에 관한 우리 지식의 많은 부분은 '맹목' 표집으로부터 얻어진다. 우리는 염도와 온도와 같은, 대량의 환경 특성을 측정하기 위해 도구를 사용하고, 해양에서 사는 생물에 관한 지식을 얻기 위해 병이나 그물을 이용해 얻은 표본을 사용한다. 이런 종류의 접근법은 우리가 해양 생물을 보는 방식에 영향을 끼쳤다. 그것은 우리가 풍부함, 생산 비율, 그리고 분포 패턴에 초점을 두도록 이끈다. 그러한 관점은 어장을 위한 자원으로서의 해양이라는 맥락에서는 매우 적절하다. 그것은 또한 해양 탄소 흐름과 같은, 생물 지구 화학의 문제에 관한 이해를 진전시키는 데 있어 유용하다. 하지만 단독으로, 이러한 접근법은 심지어 그 목적을 위해서조차도 불충분하다. 물론, 우리가 해양 생물에 관해 개발하는 직관력은 우리가 그것을 관찰하는 방식에 의해 영향을 받는다. 해양은 우리가 접근하기 어렵고 대부분의 플랑크톤 유기체가 (현미경으로 봐야 볼 수 있을 정도로) 미세하므로, 우리의 직관력은, 예를 들어, 육지 생물에 관하여 우리가 가지고 있는 직관적 이해력과 비교해서 초보적이다. 플랑크톤 유기체의 생명 작용에 관한 우리의 이해는 여전히 주로 (죽은) 개체에 대한 조사, 현장의 표본, 그리고 배양 실험에 근거하고 있고, 심지어 우리의 표본 추출조차도 우리의 너무 강한 표본 추출 방법에 의해 파괴되지 않은 그러한 생물로 과도하게 편향되어 있을 수도 있다.

|정답| ❶biology ❷temperature ❸organisms ❹perspective ❺fisheries ❻carbon ❼inaccessible ❽microscopic ❾biased ❿harsh

biology
[baiálədʒi]

명 생명 활동, 생물학 **biologist** 명 생물학자 **biological** 형 생물학적인
Some distinctions between good and bad are hardwired into our **biology**.
좋음과 나쁨 사이의 몇 가지 구별은 우리의 생명 활동 안에 내재되어 있다.

ocean
[óuʃən]

명 바다, 대양 **oceanic** 형 바다의, 대양의
The planet's major carbon sink is its **oceans**.
지구의 주요 탄소 흡수원은 바다이다.
유 **sea** 바다

bulk
[bʌlk]

형 대량의 명 대량인 것, 큰 규모, 육중한 것
Are the shirts available for a **bulk** purchase?
그 셔츠는 대량 구매가 가능합니까?
유 **massive** 거대한 **huge** 막대한, 거대한

property
[prápərti]

명 속성, 특성, 재산, 소유물
A stone was thought to have the **property** of "gravity."
돌은 '중력'의 속성을 가졌다고 생각되었다.
Individual authors have rights to their intellectual **property**.
개별 작가는 자신들의 지적 재산에 대한 권리를 가진다.
유 **asset** 자산 **quality** 특성, 특징 **attribute** 속성

Voca Plus
- **a man of property** 자산가
- **common property** 공유 자산
- **the chemical properties of copper** 구리의 화학적 성질
- **literary property** 저작권
- **personal[movable] property** 동산
- **real property** 부동산

temperature
[témpərətʃər]

명 온도, 기온, 체온
Heat and **temperature** can be easily confused.
열과 온도는 쉽사리 혼동될 수 있다.

extract
[ikstrǽkt] 동
[ékstrækt] 명

동 추출하다, 발췌하다, 얻다 명 추출물, 발췌 **extraction** 명 추출
Information is **extracted** or learned from these sources of data.
정보는 이러한 데이터 출처로부터 추출되거나 학습된다.
유 **draw** 끌어내다 **obtain** 얻다, 획득하다

organism
[ɔ́:rgənìzm]

명 생물(체), 유기체 **organ** 명 기관, 장기 **organic** 형 유기농의, 유기체의

Not all **organisms** are able to find sufficient food to survive.

모든 생물체가 생존하기에 충분한 먹을 것을 찾을 수 있는 것은 아니다.

유 **creature** 생물

marine
[məríːn]

형 바다의, 해양의, 배의 명 해병대

Global **marine** biodiversity is increasingly endangered.

전 세계 해양 생물의 다양성이 점점 더 위험에 처하고 있다.

유 **oceanic** 바다의, 해양의 **nautical** 해상의, 항해의

abundance
[əbʌ́ndəns]

명 많음, 풍부함 **abound** 동 풍부하다 **abundant** 형 풍부한

An **abundance** of plant and animal life are found in the lake.

풍부한 동식물이 그 호수에서 발견된다.

유 **plenty** 많음, 풍부함 **affluence** 풍족함 반 **shortage** 부족, 결핍

perspective
[pərspéktiv]

명 관점, 시각, 균형감, 원근법, 전망

With a positive **perspective**, you will find a way through obstacles.

긍정적인 관점을 가지면, 여러분은 장애물을 뚫고 나갈 길을 발견하게 될 것이다.

The artist broke the laws of scientific linear **perspectives**.

그 미술가는 과학적인 직선 원근법의 규칙을 어겼다.

유 **viewpoint** 관점 **outlook** 전망

Voca Plus

- **a global perspective** 범세계적인 관점
- **out of perspective** 원근법에 맞지 않는
- **a sense of perspective** 균형감
- **a perspective of the whole valley** 계곡 전체가 보이는 전망

context
[kɑ́ntekst]

명 문맥, 맥락, 전후 사정 **contextual** 형 맥락의 **contextualize** 동 맥락과 관련되다

In a badly crafted text, **context** and content are not happily joined.

제대로 만들어지지 않은 글에서는, 문맥과 내용이 적절하게 결합되지 않는다.

유 **circumstances** 사정, 상황 **conditions** 형세, 사정

fishery
[fíʃəri]

명 어업, 어장, 양식장

The **fishery** industry is highly regulated because it involves wildlife.

어업은 야생 생물과 결부되어 있어서 고도로 규제된다.

biogeochemical
[bàioudʒìːoukémikəl]

형 생물 지구 화학적인 **biogeochemistry** 명 생물 지구 화학

The most efficient **biogeochemical** cycle on earth is the Hydrologic Cycle.

지구의 가장 효율적인 생물 지구 화학적인 순환은 물의 순환이다.

carbon
[kɑ́ːrbən]

명 탄소

A **carbon** sink absorbs or stores more carbon than it releases.

탄소 흡수원은 탄소를 배출하는 것보다 더 많이 흡수하거나 저장한다.

insufficient
[ìnsəfíʃənt]

형 불충분한, 부적당한 **insufficiently** 부 불충분하게, 부적당하게

My salary is **insufficient** to meet all my needs.

내 급여는 내가 필요로 하는 모든 것을 충족하기에는 불충분하다.

유 **inadequate** 부적당한 **scant** 빈약한 반 **sufficient** 충분한

inaccessible
[ìnəksésəbl]

형 접근하기 어려운, 입장할 수 없는, 이해할 수 없는
inaccessibility 명 접근하기 어려움

The sacred area is now **inaccessible** to the public.

그 성스러운 구역은 지금은 대중이 접근하기 어렵다.

유 **unreachable** 접근할 수 없는 반 **accessible** 접근할 수 있는

microscopic
[màikrəskɑ́pik]

형 미세한, 현미경으로 봐야 하는, 현미경을 이용한 **microscope** 명 현미경

The first chapter is about **microscopic** organisms.

1단원은 미세한 유기체에 관한 것이다.

유 **tiny** 매우 작은 **minute** 극히 작은

incubation
[ìŋkjubéiʃən]

명 부화, 배양, (조류의) 알 품기, (질병의) 잠복기 **incubate** 동 배양하다, 알을 품다

Cover the eggs up to avoid disturbing **incubation**.

부화를 방해하지 않도록 알을 완전히 덮어라.

biased
[báiəst]

형 편향된, 선입견이 있는 **bias** 명 편향, 선입견 동 편견을 갖게 하다

Biased employers may dislike hiring members of some groups.

편향된 고용주는 어떤 집단의 구성원을 고용하기를 싫어할 수도 있다.

유 **partial** 불공평한 반 **unbiased** 편향되지 않은, 공평한

harsh
[hɑːrʃ]

형 너무 강한, 가혹한 **harshness** 명 가혹함 **harshly** 부 가혹하게, 너무 강하게

The suggested colors are too **harsh**.

제안된 색상들은 너무 강하다.

The reviewer was **harsh**, calling it "an awful performance."

그 비평가는 가혹했고, 그것을 '끔찍한 공연'이라 불렀다.

반 **soft** 부드러운 **kind** 친절한

Voca & Voca

severe 가혹한, 엄한 **cruel** 잔인한
ruthless 무자비한 **strict** 엄한, 가혹한

Synonym & Antonym

유의어와 반의어를 확인해 보는 시간입니다. 밑줄 친 단어의 유의어 혹은 반의어를 주어진 철자로 시작하여 써 보세요.

01 global marine biodiversity [유] o________
02 with a positive perspective [유] v________
03 biased employers [반] u________
04 The suggested colors are too harsh. [반] s________
05 a bulk purchase [유] m________
06 the context of the ocean [유] c________
07 insufficient to meet all my needs [반] s________

|정답| 01 oceanic 02 viewpoint 03 unbiased 04 soft 05 massive 06 conditions 07 sufficient

Vocabulary Extension

이제 품사가 다른 여러 형태의 단어를 학습해 보겠습니다. [보기]의 단어를 변형하여 빈칸에 들어갈 알맞은 말을 써 보세요.

[보기] extract context ocean organism insufficient

01 The ________ crust lies lower than the continental crust.
02 A(n) ________ clue is information that appears near a word or phrase.
03 The shop is ________ stocked, so it's losing business.
04 Mining is the ________ of valuable minerals from the Earth.
05 An artificial ________ is an engineered device that can be integrated into a human body.

|정답| 01 oceanic 02 contextual 03 insufficiently 04 extraction 05 organ

|해석| 01 대양 지각은 대륙 지각보다 더 낮은 곳에 있다. 02 문맥의 실마리는 단어나 구 근처에서 나타나는 정보이다. 03 그 가게는 재고가 불충분하게 갖춰져 있어서 그것은 거래를 놓치고 있다. 04 광업은 지구로부터 가치 있는 광물을 뽑아내는 것이다. 05 인공 장기는 인간의 신체에 통합될 수 있는 제작된 장치이다.

Choosing the Right Word

가장 적절한 단어가 어떤 것인지 확인하는 시간입니다. 주어진 문장에 들어갈 가장 적절한 단어를 네모 안에서 골라 보세요.

01 A stone was thought to have the biology / property of "gravity."

02 The first chapter is about fishery / microscopic organisms such as bacteria.

03 The ship carries unpackaged bulk / biased cargo like coal, grains, and iron ore.

04 The reviewer was encouraging / harsh, calling it "an awful performance."

05 We consider carbon / nitrogen emission as the most important cause of global warming.

06 Much of our knowledge of the biology / abundance of the oceans is derived from "blind" sampling.

07 The ocean is insufficient / inaccessible to us and most planktonic organisms are visible only through the microscope.

08 Talk with people with differing viewpoints to get a balanced perspective / prejudice on the issue.

09 Heat and context / temperature can be easily confused.

10 The incubation / hatch of the eggs that hatched on 5 July probably began on about 24 June.

| 정답 | 01 property 02 microscopic 03 bulk 04 harsh 05 carbon 06 biology 07 inaccessible 08 perspective 09 temperature 10 incubation

| 해석 | 01 돌은 '중력'의 속성을 가졌다고 생각되었다. 02 1단원은 박테리아와 같은 미세한 유기체에 관한 것이다. 03 그 배는 석탄, 곡물, 그리고 철광석과 같은 포장되지 않은 대량 화물을 운반한다. 04 그 비평가는 가혹했고, 그것을 '끔찍한 공연'이라 불렀다. 05 우리는 탄소 배출이 가장 중요한 지구 온난화의 원인이라고 여긴다. 06 해양의 생명 활동에 관한 우리 지식의 많은 부분은 '맹목' 표집으로부터 얻어진다. 07 해양은 우리가 접근하기 어렵고 대부분의 플랑크톤 유기체는 현미경을 통해서만 보인다. 08 그 문제에 대해 균형 잡힌 관점을 얻기 위해 서로 다른 관점을 가진 사람들과 이야기하라. 09 열과 온도는 쉽사리 혼동될 수 있다. 10 7월 5일에 깨어난 알의 부화는 아마 6월 24일경에 시작되었을 것이다.

Unit 18

Computers Save the World's Artworks

▌이번 단원에서 학습하게 될 단어들입니다. 이미 알고 있는 단어에 V 표시해 보세요.

☐ artwork	☐ threaten	☐ aging	☐ irreplaceable
☐ analyze	☐ enable	☐ undertake	☐ preservation
☐ extensive	☐ moisture	☐ pollution	☐ survey
☐ ceiling	☐ crack	☐ transfer	☐ affect
☐ entire	☐ humidity	☐ generate	☐ masterpiece

▌주어진 단어를 알맞은 뜻과 연결해 보세요. 단어의 뜻을 모르면 아래 정답에서 확인해 보세요.

01 irreplaceable •		• **a** 위협하다	
02 analyze •		• **b** 착수하다	
03 pollution •		• **c** 걸작, 명작	
04 transfer •		• **d** 오염, 불결	
05 undertake •		• **e** 대체할 수 없는	
06 crack •		• **f** 분석하다	
07 masterpiece •		• **g** 습도, 습기	
08 humidity •		• **h** 광범위한	
09 threaten •		• **i** 갈라진 틈	
10 extensive •		• **j** 이동, 환승	

|정답| 01 e 02 f 03 d 04 j 05 b 06 i 07 c 08 g 09 a 10 h

Vocabulary in Reading Context

▌해석은 한 번에 가능하지 않습니다. 해석이 잘되지 않더라도 먼저 아랫글을 단숨에 읽어 보세요.

How can you find a way to help conserve **artworks threatened** by environmental factors and **aging** or damaged by earlier attempts at restoration without causing further harm to **irreplaceable** artworks? Using computers to **analyze** the artwork and its setting **enables** art restorers to **undertake** a more informed and successful **preservation** of an artwork.

Art restoration has developed into a high-technology field that makes **extensive** use of computing. For example, one of the most challenging forms of art to restore and maintain is frescoes, which are painted in the wet plaster of a wall or ceiling. **Moisture** and heat change the surface and cause deterioration; similarly, air **pollution**, smoke from candles, and other contaminants directly attack the paint.

make use of: ~을 사용하다

During the restoration of Michelangelo's frescoes in the Sistine Chapel, computers were used to **survey** the **ceiling**, finding **cracks**. Since the thickness of the ceiling and walls varies from about three feet to almost six feet, there are differences in heat **transfer**, which in turn **affects** the surface painting. Computers were used to model the **entire** structure, including the high **humidity generated** when a thousand people stand inside the chapel on a warm day! The goal is not only to keep the visitors cool but also to preserve the world **masterpiece** for generations to come.

be used to *do*: ~하기 위해 사용되다

not only *A* but also *B*: A뿐만 아니라 B도 또한

* plaster 회반죽 ** deterioration 악화

▌본문의 의미가 이해되나요? 원어민 선생님이 읽어 주시는 지문을 들으며 다시 한 번 읽어 보세요.

Fill in the Blanks

▌본문의 내용을 기억하며 다시 읽어 볼 차례입니다. 이번에는 글을 읽으면서 빈칸에 들어갈 단어를 주어진 철자로 시작하여 써 보세요.

Computers Save the World's Artworks

How can you find a way to help conserve ❶a__________ threatened by environmental factors and aging or damaged by earlier attempts at restoration without causing further harm to irreplaceable artworks? Using computers to ❷a__________ the artwork and its setting enables art restorers to undertake a more informed and successful ❸p__________ of an artwork.

Art restoration has developed into a high-technology field that makes ❹e__________ use of computing. For example, one of the most challenging forms of art to restore and maintain is frescoes, which are painted in the wet plaster of a wall or ceiling. ❺M__________ and heat change the surface and cause deterioration; similarly, air ❻p__________, smoke from candles, and other contaminants directly attack the paint.

During the restoration of Michelangelo's frescoes in the Sistine Chapel, computers were used to ❼s__________ the ceiling, finding cracks. Since the thickness of the ceiling and walls varies from about three feet to almost six feet, there are differences in heat ❽t__________, which in turn affects the surface painting. Computers were used to model the entire structure, including the high ❾h__________ generated when a thousand people stand inside the chapel on a warm day! The goal is not only to keep the visitors cool but also to preserve the world ❿m__________ for generations to come.

* plaster 회반죽 ** deterioration 악화

해석 컴퓨터가 세계의 예술품들을 구한다

대체할 수 없는 예술품에 더는 해를 끼치지 않으면서, 환경적인 요인들과 노화로 위협받고 있거나 더 이전의 복원 시도로 손상된 예술품을 보존하는 데 도움이 되는 방법을 어떻게 찾을 수 있을까? 그 예술품과 그것의 환경을 분석하기 위해 컴퓨터를 사용하는 것은 미술품 복원 전문가들이 더 정통하고 성공적인 예술품 보존에 착수할 수 있게 한다.

미술품 복원은 컴퓨터 조작을 광범위하게 사용하는 첨단 기술 분야로 발전해 왔다. 예를 들면, 복원하고 유지하는 데 가장 어려운 형태의 미술품 중 하나가 프레스코화인데, 그것들은 벽이나 천장의 젖은 회반죽에 그려진다. 수분과 열은 표면을 변화시키고 악화를 초래한다. 마찬가지로, 공기 오염, 촛불의 연기, 그리고 다른 오염 물질들이 물감을 직접 공격한다.

시스티나 성당에 있는 미켈란젤로의 프레스코화의 복원 중에는 천장을 조사하기 위해 컴퓨터가 사용되어 갈라진 틈들을 발견했다. 천장과 벽의 두께가 약 3피트에서 거의 6피트까지 다양하므로 열의 이동에서 차이가 있는데, 그것은 결국 표면 그림에 영향을 준다. 컴퓨터가 수많은 사람들이 따뜻한 날에 성당 안에 서 있을 때 발생하는 높은 습기를 포함하여 전체 구조를 모형으로 만드는 데 사용되었다! 그 목적은 방문객들을 시원하게 하는 것뿐만 아니라 다가올 세대를 위해 세계적인 걸작을 보존하는 것이다.

|정답| ❶artworks ❷analyze ❸preservation ❹extensive ❺Moisture ❻pollution ❼survey ❽transfer ❾humidity ❿masterpiece

artwork
[á:rtwə̀:rk]

명 예술품, 미술품, 삽화
She has gained recognition for her **artwork**.
그녀는 자신의 예술 작품으로 사람들에게 인정을 받아 왔다.
유 **artifact** 공예품

threaten
[θrétən]

동 위협하다, 위태롭게 하다, 협박하다 **threatening** 형 위협적인
Pollution can **threaten** the lives of animals.
오염이 동물들의 생명을 위협할 수 있다.
유 **risk** 위태롭게 하다 **imperil** 위태롭게 하다

aging
[éidʒiŋ]

명 노화 **age** 명 나이, 시대 동 나이 들다, 노화시키다
The substance is known to prevent **aging**.
그 물질은 노화를 방지하는 것으로 알려져 있다.

irreplaceable
[ìripléisəbl]

형 대체할 수 없는
Everyone in the workplace is **irreplaceable** because they're all experts.
그들은 모두 전문가들이기 때문에 그 작업장에 있는 누구도 대체할 수 없다.
반 **replaceable** 대체할 수 있는 **interchangeable** 교체가 가능한

analyze
[ǽnəlàiz]

동 분석하다, 분해하다, 꼼꼼히 살펴보다 **analysis** 명 분석
She attended the seminar to **analyze** recent fashion trends.
그녀는 최근의 패션 경향을 분석하기 위해 그 세미나에 참석했다.

Voca Plus
analyze data 데이터를 분석하다
analyze sentence structure 문장 구조를 분석하다
analyze a situation 상황을 분석하다

enable
[inéibl]

동 할 수 있게 하다, 가능하게 하다 **able** 형 가능한, 능력이 있는 **ability** 명 능력
The new equipment will **enable** doctors to detect the disease early.
그 새 장비는 의사들이 질병을 일찍 탐지할 수 있게 할 것이다.
유 **allow** 허락하다 **facilitate** 가능하게 하다, 용이하게 하다

undertake
[ʌ̀ndərtéik]

동 착수하다, 떠맡다, 약속하다

The research team will **undertake** a project soon.

그 연구 팀은 곧 프로젝트에 착수할 것이다.

유 **engage** 참여하다 **assume** 떠맡다, 추측하다

preservation
[prèzərvéiʃən]

명 보존, 보호, 유지 **preserve** 동 보존하다, 보호하다, 지키다

The old building is in a good state of **preservation**.

그 낡은 건물은 보존된 상태가 양호하다.

유 **conservation** 보존, 보호 **protection** 보호 반 **destruction** 파괴

Voca Plus

be in fair preservation 잘 보존되어 있다
environmental preservation 환경 보전
wildlife preservation 야생 생물의 보호
forestry preservation 산림 보호
the preservation of order 질서의 유지

extensive
[iksténsiv]

형 광범위한, 대규모의 **extend** 동 확장하다 **extension** 명 광범위함, 확대

Extensive research has been done into this disease.

이 질병에 대해 광범위한 연구가 이뤄져 왔다.

유 **comprehensive** 포괄적인 반 **restricted** 제한적인 **limited** 제한적인

moisture
[mɔ́istʃər]

명 수분, 습기 **moist** 형 촉촉한 **moisturize** 동 촉촉하게 하다

The material is designed to absorb **moisture**.

그 물질은 수분을 흡수하도록 만들어졌다.

유 **damp** 축축한 상태

pollution
[pəlúːʃən]

명 오염, 불결, 타락 **pollute** 동 오염시키다 **pollutant** 명 오염 물질, 오염원

They tried to reduce environmental **pollution**.

그들은 환경 오염을 줄이려고 노력했다.

유 **contamination** 오염

survey
[səːrvéi] 동
[sə́ːrvei] 명

동 조사하다, 점검하다, 살피다 명 (설문) 조사, 점검, 측량

We **surveyed** 500 smokers to find out the harms of smoking.

우리는 흡연의 해로움을 알아내기 위해 500명의 흡연자들을 조사했다.

유 **research** 조사, 연구; 조사[연구]하다 **inspect** 조사하다

ceiling
[síːliŋ]

명 천장, 상한(선)

I was lying on the floor looking up at the **ceiling**.

나는 천장을 올려다보며 바닥에 누워 있었다.

crack
[kræk]

명 갈라진 틈, 금, 날카로운 소리 동 갈라지다, 금이 가다, 깨뜨리다

Cracks appeared in the wall between the kitchen and my room.

부엌과 내 방 사이의 벽에 금이 생겼다.

유 **gap** 갈라진 틈, 간격 **split** 길게 찢어진 금

transfer
[trǽnsfər] 명
[trænsfə́ːr] 동

명 이동, 환승, 전학, 전근 동 이동하다, 옮기다

After the election there was a **transfer** of power.

선거 후에 권력 이동이 있었다.

He **transferred** to our school after his freshman year.

그는 1학년 이후에 우리 학교로 전학을 왔다.

유 **relocation** 이전, 재배치 **transport** 수송, 운송

affect
[əfékt]

동 영향을 주다, (병이) 발생하다, 충격을 주다, (감정을) 꾸미다

His opinion didn't **affect** my career decision.

그의 의견은 내 진로 결정에 영향을 주지 않았다.

유 **influence** 영향을 주다

entire
[intáiər]

형 전체의, 온전한, 모든 **entirety** 명 전체, 전부 **entirely** 부 전부, 모두

The **entire** house was destroyed by the earthquake.

그 집 전체가 지진으로 파괴되었다.

유 **whole** 전부의 반 **partial** 일부의

humidity
[hjuːmídəti]

명 습도, 습기 **humid** 형 습한

It maintains correct conditions for **humidity**.

그것은 적절한 습도의 조건을 유지해 준다.

generate
[dʒénərèit]

동 발생시키다, 만들어 내다 **generation** 명 발생, 발전(發電), 세대

The proposal has **generated** a lot of interest.

그 제안은 많은 관심을 불러일으켜 왔다.

유 **create** 창조하다, 만들다

masterpiece
[mǽstərpìːs]

명 걸작, 명작

The gallery displays Picasso's **masterpieces**.

그 미술관은 피카소의 걸작들을 전시한다.

유 **masterwork** 걸작, 명작

Synonym & Antonym

유의어와 반의어를 확인해 보는 시간입니다. 밑줄 친 단어의 유의어 혹은 반의어를 주어진 철자로 시작하여 써 보세요.

01 reduce environmental pollution [유] c__________

02 affect my career decision [유] i__________

03 extensive research [유] c__________

04 threaten the lives of animals [유] r__________

05 generated a lot of interest [유] c__________

06 enable doctors to detect the disease early [유] a__________

07 a good state of preservation [반] d__________

|정답| 01 contamination 02 influence 03 comprehensive 04 risk 05 create 06 allow 07 destruction

Vocabulary Extension

이제 품사가 다른 여러 형태의 단어를 학습해 보겠습니다. [보기]의 단어를 변형하여 빈칸에 들어갈 알맞은 말을 써 보세요.

[보기] analyze pollution preservation humidity generate

01 We need to __________ the forest.

02 The report contains a(n) __________ of poverty and its causes.

03 They grow well in a(n) __________ atmosphere.

04 Although a third of the world's energy is used to produce electricity, at least two-thirds of it is wasted in __________ and transmission.

05 Even on an individual level, humans had constantly __________ the river with their trash.

|정답| 01 preserve 02 analysis 03 humid 04 generation 05 polluted

|해석| 01 우리는 그 숲을 보존할 필요가 있다. 02 그 보고서에는 빈곤과 그 원인의 분석이 포함되어 있다. 03 그것들은 습한 환경에서 잘 자란다. 04 세계 에너지의 3분의 1이 전기를 생산하는 데 사용되지만, 적어도 그것의 3분의 2는 발전과 전송에서 낭비된다. 05 심지어 개인적인 수준에서, 인간은 쓰레기로 강을 지속적으로 오염시켜 왔다.

Choosing the Right Word

가장 적절한 단어가 어떤 것인지 확인하는 시간입니다. 주어진 문장에 들어갈 가장 적절한 단어를 네모 안에서 골라 보세요.

01 It maintains correct conditions for humidity / extension.

02 The material is designed to absorb ceiling / moisture.

03 She attended the seminar to moisturize / analyze recent fashion trends.

04 The old building is in a good state of entirety / preservation.

05 Pollution can threaten / preserve the lives of animals.

06 His opinion didn't affect / pollute my career decision.

07 During the restoration of Michelangelo's frescoes in the Sistine Chapel, computers were used to threaten / survey the ceiling, finding cracks.

08 Using computers to analyze the artwork and its setting enables art restorers to influence / undertake a more informed and successful preservation of an artwork.

09 Art restoration has developed into a high-technology field that makes extensive / damp use of computing.

10 The goal is not only to keep the visitors cool but also to preserve the world masterpiece / crack for generations to come.

|정답| **01** humidity **02** moisture **03** analyze **04** preservation **05** threaten **06** affect **07** survey **08** undertake **09** extensive **10** masterpiece

|해석| **01** 그것은 적절한 습도의 조건을 유지해 준다. **02** 그 물질은 수분을 흡수하도록 만들어졌다. **03** 그녀는 최근의 패션 경향을 분석하기 위해 그 세미나에 참석했다. **04** 그 낡은 건물은 보존된 상태가 양호하다. **05** 오염이 동물들의 생명을 위협할 수 있다. **06** 그의 의견은 내 진로 결정에 영향을 주지 않았다. **07** 시스티나 성당에 있는 미켈란젤로의 프레스코화의 복원 중에는 천장을 조사하기 위해 컴퓨터가 사용되어 갈라진 틈들을 발견했다. **08** 그 예술품과 그것의 환경을 분석하기 위해 컴퓨터를 사용하는 것은 미술품 복원 전문가들이 더 정통하고 성공적인 예술품 보존에 착수할 수 있게 한다. **09** 미술품 복원은 컴퓨터 조작을 광범위하게 사용하는 첨단 기술 분야로 발전해 왔다. **10** 그 목적은 방문객들을 시원하게 하는 것뿐만 아니라 다가올 세대를 위해 세계적인 걸작을 보존하는 것이다.

Unit 19

Sense of Fairness Governing the Human Mind

▌이번 단원에서 학습하게 될 단어들입니다. 이미 알고 있는 단어에 V 표시해 보세요.

☐ cheat	☐ seemingly	☐ behavioral	☐ economist
☐ opposed	☐ reject	☐ unfair	☐ straightforward
☐ pair	☐ option	☐ negotiation	☐ split
☐ assumption	☐ rational	☐ maximizer	☐ subject
☐ subsequent	☐ bond	☐ mechanism	☐ habitually

▌주어진 단어를 알맞은 뜻과 연결해 보세요. 단어의 뜻을 모르면 아래 정답에서 확인해 보세요.

01 cheat •		• a	간단한, 복잡하지 않은
02 seemingly •		• b	겉보기에, 외견상으로
03 reject •		• c	거부하다, 거절하다
04 straightforward •		• d	속이다, 사기 치다
05 negotiation •		• e	절반으로 나눈 것
06 split •		• f	협상, 교섭
07 assumption •		• g	유대 (관계), 채권
08 rational •		• h	늘, 습관적으로
09 bond •		• i	가정, 전제
10 habitually •		• j	합리적인

|정답| 01 d 02 b 03 c 04 a 05 f 06 e 07 i 08 j 09 g 10 h

Vocabulary in Reading Context

해석은 한 번에 가능하지 않습니다. 해석이 잘되지 않더라도 먼저 아랫글을 단숨에 읽어 보세요.

Humans are so averse to feeling that they're being **cheated** that they often respond in ways that **seemingly** make little sense. **Behavioral economists** — the economists who actually study what people do as **opposed** to the kind who simply assume the human mind works like a calculator — have shown again and again that people **reject unfair** offers even if it costs them money to do so. The typical experiment uses a task called the ultimatum game. It's pretty **straightforward**. One person in a **pair** is given some money — say $10. She then has the opportunity to offer some amount of it to her partner. The partner only has two **options**. He can take what's offered or refuse to take anything. There's no room for **negotiation**; that's why it's called the ultimatum game.

(so ~ that ...: 너무 ~해서 …하다 / make little sense: 거의 말이 되지 않다 / again and again: 반복해서 / there is no room for: ~의 여지가 없다)

What typically happens? Many people offer an equal **split** to the partner, leaving both individuals happy and willing to trust each other in the future. Of course, such decisions drive economists crazy; their basic **assumption** is that people are **rational** money **maximizers**. If you don't have to share any money and won't be **subject** to **subsequent** punishment for not sharing, why in the world would you share? It only makes you poorer. But if one adopts a more psychological view, splitting the resources begins to make sense; it builds **bonds** for the long term. As a result, the human mind possesses **mechanisms** that **habitually** push a sense of fairness.

(in the world: 도대체 / as a result: 결과적으로)

* averse to ~을 싫어하는 ** ultimatum game 최후통첩 게임

본문의 의미가 이해되나요? 원어민 선생님이 읽어 주시는 지문을 들으며 다시 한 번 읽어 보세요.

Fill in the Blanks

▌본문의 내용을 기억하며 다시 읽어 볼 차례입니다. 이번에는 글을 읽으면서 빈칸에 들어갈 단어를 주어진 철자로 시작하여 써 보세요.

Sense of Fairness Governing the Human Mind

Humans are so averse to feeling that they're being ❶c__________ that they often respond in ways that seemingly make little sense. ❷B__________ economists — the economists who actually study what people do as opposed to the kind who simply assume the human mind works like a calculator — have shown again and again that people ❸r__________ unfair offers even if it costs them money to do so. The typical experiment uses a task called the ultimatum game. It's pretty straightforward. One person in a ❹p__________ is given some money — say $10. She then has the opportunity to offer some amount of it to her partner. The partner only has two options. He can take what's offered or refuse to take anything. There's no room for ❺n__________; that's why it's called the ultimatum game.

What typically happens? Many people offer an equal ❻s__________ to the partner, leaving both individuals happy and willing to trust each other in the future. Of course, such decisions drive economists crazy; their basic assumption is that people are ❼r__________ money maximizers. If you don't have to share any money and won't be subject to ❽s__________ punishment for not sharing, why in the world would you share? It only makes you poorer. But if one adopts a more psychological view, splitting the resources begins to make sense; it builds ❾b__________ for the long term. As a result, the human mind possesses mechanisms that ❿h__________ push a sense of fairness.

* averse to ~을 싫어하는 ** ultimatum game 최후통첩 게임

해석 인간의 정신을 지배하는 공정성에 대한 의식

인간은 속고 있다고 느끼는 것을 매우 싫어해서 겉보기에 거의 말이 되지 않는 방법으로 흔히 반응한다. 인간의 정신이 계산기처럼 작동한다고 단순히 가정하는 부류와는 달리, 사람들이 하는 행동을 실제로 연구하는 경제학자들인 행동 경제학자들은 사람들이 불공정한 제안을 거부하는 것으로 인해 돈을 잃더라도 그것을 거부한다는 것을 반복해서 보여 주었다. 대표적인 실험은 최후통첩 게임이라 불리는 과업을 이용한다. 그것은 상당히 간단하다. 한 쌍[두 사람] 중 한 사람에게 가령 10달러 정도의 약간의 돈을 준다. 그리고 그 사람은 상대방에게 그 돈의 일부를 제공하는 기회를 가진다. 상대방은 두 가지 선택만 할 수 있다. 그는 제공되는 것을 받거나, 어떤 것도 받는 것을 거절할 수 있다. 협상의 여지가 없으며, 그래서 이를 최후통첩 게임이라 부른다.

일반적으로 무슨 일이 일어나는가? 많은 사람이 상대방에게 똑같이 절반으로 나눈 것을 제안하며, 그것은 두 사람을 모두 행복하게 하고 미래에 서로를 흔쾌히 신뢰할 수 있게 한다. 물론 그와 같은 결정은 경제학자들을 짜증나게 하는데, 그들의 기본적인 가정은 사람들이 돈을 최대한 벌려 하는 합리적인 존재라는 것이기 때문이다. 만약 돈을 나누어 가질 필요가 없고, 나누어 갖지 않는 것으로 인해 이어지는 처벌을 받지 않는다면, 도대체 왜 나누어 갖겠는가? 그것은 사람을 더 가난하게 만들 뿐이다. 그러나 좀 더 심리학적인 관점을 채택하면, 재원을 나누는 것이 이해되기 시작한다. 그것은 장기적인 유대 관계를 형성한다. 결국, 인간의 정신은 공정성에 대한 의식을 늘 밀고 나아가는 기제를 지니고 있다.

|정답| ❶ cheated ❷ Behavioral ❸ reject ❹ pair ❺ negotiation ❻ split ❼ rational ❽ subsequent ❾ bonds ❿ habitually

cheat
[tʃiːt]

동 속이다, 사기 치다, 부정행위를 하다 **cheater** 명 속임수를 쓰는 사람
cheatingly 부 속임수를 써서
You must not **cheat** on the exam.
시험에서 부정행위를 해서는 안 된다.
유 **deceive** 속이다 **trick** 속이다

seemingly
[síːmiŋli]

부 겉보기에, 외견상으로
Most **seemingly** impossible obstacles can be overcome.
겉보기에 불가능한 것 같은 대부분의 장애물은 극복될 수 있다.
유 **apparently** 겉보기에, 보아 하니

behavioral
[bihéivjərəl]

형 행동의, 행동에 관한 **behave** 동 행동하다, 처신하다 **behavior** 명 행동, 행실, 품행
They show **behavioral** problems such as bed-wetting.
그들은 이부자리에 오줌을 싸는 것과 같은 행동의 문제를 보인다.

economist
[ikánəmist]

명 경제학자 **economy** 명 경제 **economics** 명 경제학
The **economist** measured the amount of available resources.
그 경제학자는 사용 가능한 자원의 양을 측정했다.

opposed
[əpóuzd]

형 ~에 반대하는(~ to), ~와 아주 다른 **oppose** 동 반대하다 **opposition** 명 반대
Habitat selection can be different for migrants as **opposed** to residents.
서식지 선택은 철새에게서 텃새와 반대로 다르게 나타날 수 있다.
유 **contrary** 반대되는 **contradictory** 모순된

reject
[ridʒékt]

동 거부하다, 거절하다 **rejection** 명 거절, 거부
Adams submitted some cartoons, but he was quickly **rejected**.
Adams는 몇 편의 만화를 제출했지만, 금방 거절당했다.
유 **deny** 부인하다, 거절하다 **refuse** 거절하다 반 **accept** 받아들이다

unfair
[ənfέər]

형 불공평한, 부당한 **unfairness** 명 불공평함

I think it is **unfair** for the rich to pay less taxes than the poor.

나는 부유한 사람들이 가난한 사람들보다 세금을 덜 내는 것은 부당하다고 생각한다.

유 **biased** 치우친 반 **fair** 공정한 **unbiased** 공정한

Voca Plus

- **an unfair advantage** 불공평한 이점(한 사람에게는 혜택이 되지만 상대방에게는 그렇지 않은 것)
- **a blatantly unfair decision** 노골적으로 불공평한 결정
- **unfair criticism** 부당한 비난
- **an unfair punishment** 편파적인 처벌
- **an unfair labor practice** 부당 노동 행위

straightforward
[streitfɔ́:rwərd]

형 간단한, 복잡하지 않은, 솔직한 **straightforwardness** 명 똑바름, 정직 **straightforwardly** 부 똑바로

Resident-bird habitat selection seems to be **straightforward**.

텃새의 서식지 선택은 간단해 보일 수 있다.

유 **simple** 간단한 반 **complicated** 복잡한

pair
[pεər]

명 한 쌍 동 짝을 짓다

I spotted a **pair** of them in their nest in a huge oak tree nearby.

나는 근처의 거대한 떡갈나무에 있는 둥지 안에서 그것들 한 쌍을 발견했다.

유 **couple** 한 쌍

option
[ápʃən]

명 선택할 수 있는 것, 선택 과목, 선택권 **optional** 형 선택할 수 있는

Our CPR class is the most common **option** for a school.

저희의 심폐 소생술 강좌는 학교에서 가장 일반적으로 선택할 수 있는 것입니다.

유 **choice** 선택 **alternative** 둘 중에서의 선택

negotiation
[nigòuʃiéiʃən]

명 협상, 교섭 **negotiate** 동 협상하다

Prices are generally open to **negotiation**.

가격은 대체로 협상이 가능하다.

유 **bargaining** 거래, 교섭 **debate** 토론

Voca Plus

- **be in negotiation with** ~와 교섭 중이다
- **break off[carry on] negotiations** 교섭을 중단[속행]하다
- **enter into[open/start] negotiations with** ~와 협상[교섭]을 개시하다
- **under negotiation** 협상[교섭] 중에

split
[split]

동 절반으로 나누다, 절반으로 나뉘다 명 절반으로 나눈 것

Groups with an even number of members may **split** into halves.

구성원이 짝수인 집단은 절반으로 나뉠 수도 있다.

유 **break** 쪼개다 **divide** 나누다 **tear** 찢다

assumption
[əsʌ́mpʃən]

명 가정, 전제 **assume** 동 가정하다, 전제하다

Such an **assumption** makes us overlook a lot.

그런 가정은 우리로 하여금 많은 것을 간과하게 한다.

유 **presumption** 추정, 가정 **guess** 추측 **hypothesis** 가설, 가정

rational
[rǽʃənəl]

형 합리적인, 이성적인 **rationalize** 동 합리화하다 **rationally** 부 합리적으로

Most of us have a general, **rational** sense of what to eat.

우리 대부분은 무엇을 먹을지에 대한 일반적이고 합리적인 관념을 갖고 있다.

유 **sensible** 분별 있는 **reasonable** 논리에 맞는 반 **irrational** 불합리한, 비이성적인

maximizer
[mǽksəimàizər]

명 최대를 추구하는 사람 **maximize** 동 최대로 하다

We should not see people behave as rational **maximizers**.

우리는 사람들이 이성적으로 최대를 추구하는 사람으로 행동한다고 봐서는 안 된다.

subject
[sʌ́bdʒikt] 명 형
[səbdʒékt] 동

형 ~의 권한 아래 있는(~ to), ~을 받아야 하는(~ to), 종속된(~ to)
명 주제, 학과, 대상, 연구 대상, 주어 동 종속시키다

Water from flash floods is not **subject** to Islamic law.

갑작스럽게 불어난 물로부터 얻은 물은 이슬람 율법의 권한 아래 있지 않다.

The **subjects** agreed to take pills three times a day.

연구 대상자들은 하루에 세 번 알약을 복용하기로 동의했다.

유 **topic** 화제 **issue** 문제

Voca & Voca

subjective 주관적인 (반 **objective** 객관적인)
subjection 정복, 종속

subsequent
[sʌ́bsikwənt]

형 그 이후의, 그다음의 **subsequently** 부 그 뒤에, 나중에

The teacher reinforces this pattern in **subsequent** oral works.

교사는 그 이후의 구두 수업에서 이 유형을 강화한다.

유 **following** 다음의 반 **previous** 이전의

bond
[bɑnd]

명 유대 (관계), 채권, 굴레, 보석금 동 접착시키다, 유대감을 형성하다

He formed special **bonds** with the artists he worked with.

그는 그가 함께 작업한 예술가들과 특별한 유대 관계를 맺었다.

The interest rate on **bonds** is falling.

채권의 이자율이 떨어지고 있다.

유 **tie** 유대 **union** 결합 **association** 연계, 유대, 연관(성)

mechanism
[mékənìzm]

명 메커니즘, 구조[기제], 기계 장치

Psychologists call this rationalization **mechanism** "cognitive dissonance."

심리학자들은 이 합리화 메커니즘을 '인지 부조화'라고 부른다.

유 **process** 과정 **means** 방법 **system** 체계

habitually
[hǽbitʃuəli]

부 늘, 습관적으로 **habit** 명 습관 **habitual** 형 습관적인

Some people **habitually** use their smartphone to watch TV.

몇몇 사람들은 TV를 보기 위해 늘 스마트폰을 사용한다.

Synonym & Antonym

유의어와 반의어를 확인해 보는 시간입니다. 밑줄 친 단어의 유의어 혹은 반의어를 주어진 철자로 시작하여 써 보세요.

01 a pair of them in their nest ㊌ c________

02 as opposed to residents ㊌ c________

03 the most common option ㊌ c________

04 such an assumption ㊌ g________

05 cheat on the exam ㊌ d________

06 a general, rational sense of what to eat ㊐ i________

07 seem to be straightforward ㊐ c________

|정답| 01 couple 02 contrary 03 choice 04 guess 05 deceive 06 irrational 07 complicated

Vocabulary Extension

이제 품사가 다른 여러 형태의 단어를 학습해 보겠습니다. [보기]의 단어를 변형하여 빈칸에 들어갈 알맞은 말을 써 보세요.

보기 cheat maximizer negotiation option reject

01 He is a(n) __________, no different from other frauds.

02 If you hire an agent, he or she will __________ on your behalf.

03 I don't fear __________ and will keep applying for another position.

04 Change is mandatory, growth is __________, and greatness is inside all of us.

05 We will __________ our resource efficiency, conserve energy and respond to the climate changes.

|정답| 01 cheat(er) 02 negotiate 03 rejection 04 optional 05 maximize

|해석| 01 그는 속임수를 쓰는 사람이고 다른 사기꾼들과 다를 바 없다. 02 여러분이 대리인을 고용하면, 그 사람은 여러분을 대신해 협상할 것이다. 03 나는 거절을 두려워하지 않으며 다른 직위에 계속 지원할 것이다. 04 변화는 의무적이고, 성장은 선택할 수 있으며, 위대함은 우리 모두의 내면에 있다. 05 우리는 자원의 효율성을 최대화하고, 에너지를 절약하고 기후 변화에 대응할 것이다.

Choosing the Right Word

가장 적절한 단어가 어떤 것인지 확인하는 시간입니다. 주어진 문장에 들어갈 가장 적절한 단어를 네모 안에서 골라 보세요.

01 Sharing it builds bonds / pairs for the long term.

02 Groups with an even number of members may reject / split into halves.

03 Water from flash floods is not object / subject to Islamic law.

04 I think it is subsequent / unfair for the rich to pay less taxes than the poor.

05 The teacher reinforces this pattern in irrelevant / subsequent oral works.

06 Economists' basic assumption is that people are opposed / rational money maximizers.

07 Creating a perfect logo is a behavioral / seemingly small task, but it takes much time and effort in reality.

08 Psychological training can be used to get people to make positive subject / behavioral changes, such as exercising regularly or saving more money.

09 The mechanic / mechanism by which an impulse moves down the neuron is quite complex.

10 The questions looked complicated / straightforward and I could answer almost instantly.

|정답| 01 bonds 02 split 03 subject 04 unfair 05 subsequent 06 rational 07 seemingly 08 behavioral 09 mechanism 10 straightforward

|해석| 01 그것을 나누는 것은 장기적으로 유대 관계를 형성한다. 02 구성원이 짝수인 집단은 절반으로 나뉠 수도 있다. 03 갑작스럽게 불어난 물로부터 얻은 물은 이슬람 율법의 권한 아래 있지 않다. 04 나는 부유한 사람들이 가난한 사람들보다 세금을 덜 내는 것은 부당하다고 생각한다. 05 교사는 그 이후의 구두 수업에서 이 유형을 강화한다. 06 경제학자들의 기본적인 가정은 사람들이 돈을 최대한 벌려 하는 합리적인 존재라는 것이다. 07 완벽한 로고를 만드는 것은 겉보기에는 작아 보이는 과업이지만, 그것에는 사실상 많은 시간과 노력이 필요하다. 08 사람들이 규칙적으로 운동하거나 더 많은 돈을 저축하는 것과 같은 긍정적인 행동의 변화를 하도록 만드는 데 심리적 훈련이 사용될 수 있다. 09 자극이 뉴런을 따라 이동하는 메커니즘은 상당히 복잡하다. 10 그 질문은 간단해 보였고 나는 거의 즉시 답할 수 있었다.

Unit 20

Creating: Equally Natural to Our Animal Relatives

▌이번 단원에서 학습하게 될 단어들입니다. 이미 알고 있는 단어에 V 표시해 보세요.

□ spontaneous	□ toddler	□ anthropologist	□ ape
□ postpone	□ scribble	□ fortune	□ accompany
□ therapist	□ session	□ trunk	□ rhythmically
□ forth	□ memento	□ unremarkable	□ cage
□ astonishing	□ absorb	□ firsthand	□ primal

▌주어진 단어를 알맞은 뜻과 연결해 보세요. 단어의 뜻을 모르면 아래 정답에서 확인해 보세요.

01	spontaneous •	• a	미루다
02	ape •	• b	자연히 생겨나는, 자발적인
03	postpone •	• c	유인원
04	accompany •	• d	치료사
05	therapist •	• e	동행하다
06	session •	• f	수업, 회기
07	memento •	• g	기념품
08	unremarkable •	• h	정말 놀라운, 믿기 힘든
09	astonishing •	• i	원초적인, 원시의
10	primal •	• j	평범한, 하찮은

| 정답 | 01 b 02 c 03 a 04 e 05 d 06 f 07 g 08 j 09 h 10 i

Vocabulary in Reading Context

해석은 한 번에 가능하지 않습니다. 해석이 잘되지 않더라도 먼저 아랫글을 단숨에 읽어 보세요.

Creating seems to be natural to our species, involving a **spontaneous** impulse, if not (~은 아니라 할지라도) an actual need. Making marks comes so easily in fact to infants and **toddlers**, that we were not terribly surprised to learn from **anthropologists** like Desmond Morris that our closest animal relatives — **apes** and chimpanzees — also love to draw and paint, sometimes enough to **postpone** (enough to *do*: ~하기에 충분할 정도로) food while engaged in creating. Those that have learned sign language even name their **scribbles**.

I once had the good **fortune** to **accompany** art **therapist** David Henley on a visit to the Lincoln Park Zoo in Chicago, where he had been going for weekly art **sessions** with the animals. Though his chimp friend made it clear (~을 분명히 했다) that she didn't feel like painting (feel like -ing: ~하고 싶어 하다) that day, I did get to watch a mother elephant and child painting side by side, brushes held in **trunks**, both **rhythmically** painting colors back and **forth** on the paper. I also observed a gorilla named June create a crayon drawing, which I treasure as a **memento** of the visit. June's drawing itself was **unremarkable**, like a child's scribble. But watching her concentrate on the activity for a full five minutes (5분 내내) in a large **cage** full of noisily playing apes was **astonishing**. Although I have often seen people similarly **absorbed** in drawing, I felt like I was witnessing **firsthand** the **primal** pleasure of a deep engagement in the creative process.

본문의 의미가 이해되나요? 원어민 선생님이 읽어 주시는 지문을 들으며 다시 한 번 읽어 보세요.

Fill in the Blanks

▌본문의 내용을 기억하며 다시 읽어 볼 차례입니다. 이번에는 글을 읽으면서 빈칸에 들어갈 단어를 주어진 철자로 시작하여 써 보세요.

Creating: Equally Natural to Our Animal Relatives

Creating seems to be natural to our species, involving a spontaneous impulse, if not an actual need. Making marks comes so easily in fact to infants and ❶t__________, that we were not terribly surprised to learn from anthropologists like Desmond Morris that our closest animal relatives — ❷a__________ and chimpanzees — also love to draw and paint, sometimes enough to ❸p__________ food while engaged in creating. Those that have learned sign language even name their scribbles.

I once had the good fortune to ❹a__________ art therapist David Henley on a visit to the Lincoln Park Zoo in Chicago, where he had been going for weekly art ❺s__________ with the animals. Though his chimp friend made it clear that she didn't feel like painting that day, I did get to watch a mother elephant and child painting side by side, brushes held in ❻t__________, both rhythmically painting colors back and forth on the paper. I also observed a gorilla named June create a crayon drawing, which I treasure as a memento of the visit. June's drawing itself was ❼u__________, like a child's scribble. But watching her concentrate on the activity for a full five minutes in a large ❽c__________ full of noisily playing apes was astonishing. Although I have often seen people similarly ❾a__________ in drawing, I felt like I was witnessing firsthand the ❿p__________ pleasure of a deep engagement in the creative process.

해석 창조: 우리의 동물 친척에게도 똑같이 타고난 것이다

창조는 실제적 필요는 아니라 할지라도 자연히 생겨나는 충동을 포함하여 인류에게 자연스러운 것처럼 보인다. 표시를 하는 것은 사실 유아와 아장아장 걷는 아기들에게 너무 쉽게 일어나서 우리는 Desmond Morris와 같은 인류학자들로부터 우리와 가장 가까운 동물 친척인 유인원과 침팬지도 역시 가끔은 창조에 열중하고 있는 동안에는 음식을 미룰 만큼 그리고 칠하는 것을 좋아한다는 것을 알고 대단히 놀라지는 않았다. 수화를 배운 것들은 자신들의 낙서에 이름을 붙여 주기도 한다.

한번은 나는 운 좋게도 미술 치료사인 David Henley와 동행하여 Chicago에 있는 Lincoln Park 동물원을 방문했는데, 그는 매주 동물들과 하는 미술 수업을 위해 그곳에 계속 가고 있었다. 비록 그의 침팬지 친구는 자신이 그날 그림을 그리고 싶지 않다는 것을 분명히 했지만, 나는 엄마 코끼리와 아이 코끼리가 코에 붓을 끼고 둘 다 그림물감을 종이 위에서 앞뒤로 왔다 갔다 율동적으로 칠하며 나란히 그림을 그리고 있는 것을 실제로 볼 수 있게 되었다. 나는 또한 June이라는 이름의 고릴라가 크레용 그림을 창작하고 있는 것을 관찰했고, 나는 그것을 그 방문의 기념품으로 간직하고 있다. June의 그림 자체는 아이의 낙서처럼 평범한 것이었다. 하지만 그 고릴라가 시끄럽게 노는 유인원이 가득한 커다란 우리 안에서 5분 내내 그 활동에 집중하는 것을 바라보는 것은 정말 놀라웠다. 나는 사람들이 비슷하게 그림에 열중하고 있는 것을 자주 보았지만, 나는 창조 과정에 대한 깊은 몰두의 원초적인 즐거움을 내가 직접 목격하고 있는 것처럼 느꼈다.

|정답| ❶toddlers ❷apes ❸postpone ❹accompany ❺sessions ❻trunks ❼unremarkable ❽cage ❾absorbed ❿primal

spontaneous
[spɑntéiniəs]

형 자연히 생겨나는, 자발적인, 마음에서 우러난, 즉흥적인
spontaneously 부 자연스럽게, 즉흥적으로
Spontaneous celebrations erupted as victory became clear.
승리가 확실시되자 자발적인 축하 행사가 벌어졌다.
유 **unplanned** 계획되지 않은 **impromptu** 즉흥적인 **voluntary** 자발적인

toddler
[tɑ́dlər]

명 유아, 걸음마를 배우는 아이
Parents make efforts to socialize their **toddlers**.
부모들은 자신들의 유아를 사회화하기 위해 노력한다.

anthropologist
[æ̀nθrəpɑ́lədʒist]

명 인류학자 **anthropology** 명 인류학
Those **anthropologists** study people living in hunter-gatherer societies.
그 인류학자들은 수렵 채집 사회에서 사는 사람들을 연구한다.

ape
[eip]

명 유인원
An **ape** is an ape though he wears a gold ring.
금반지를 껴도 유인원은 유인원이다.
유 **primate** 영장류

postpone
[poustpóun]

동 미루다, 연기하다
We'll have to **postpone** the presentation until next week.
우리는 다음 주로 그 발표를 미뤄야 할 것 같다.

scribble
[skríbl]

명 휘갈겨 쓴 글씨, 낙서 동 휘갈겨 쓰다
She found **scribbled** words, half sentences, and strange-looking ideas.
그녀는 휘갈겨 쓴 단어, 불완전한 문장, 이상해 보이는 아이디어들을 발견했다.
유 **scrawl** 갈겨쓰다

fortune
[fɔ́ːrtʃən]

명 운, 행운, (큰) 재산, 운수[미래] **fortunate** 형 행운의

A wise man turns chance into good **fortune**.
현명한 사람은 기회를 행운으로 바꾼다.

He invented the antiseptic Argyrol and made a **fortune**.
그는 방부제 Argyrol을 발명하여 큰돈을 벌었다.

유 **wealth** 부 **means** 재산 **luck** 행운

Voca Plus

by good[bad] fortune 운 좋게도[나쁘게도]
tell[read] a person's fortune ~의 운수를 점치다
make one's fortune 한 재산 모으다

accompany
[əkʌ́mpəni]

동 동행하다, 반주하다, 동반되다 **accompaniment** 명 동행, 반주

Retailers often boost sales with **accompanying** support.
소매업자들은 흔히 동반되는 지원을 통해 판매를 증가시킨다.

유 **partner** 함께 일하다; 동업자

therapist
[θérəpist]

명 치료사, 치료 전문가 **therapy** 명 치료

I became an art **therapist** and teacher of diary writing and drawing.
나는 미술 치료사 겸 일기 쓰기와 그리기 교사가 되었다.

유 **healer** 치료자

session
[séʃən]

명 수업, 회기 **sessional** 형 회기 중의, 회기마다의

Jean slipped out of art **sessions** occasionally.
Jean은 가끔 미술 수업 시간에 몰래 빠져나갔다.

유 **period** 기간, 시기 **meeting** 회의

trunk
[trʌŋk]

명 (코끼리의) 코, 나무의 몸통[줄기], 트렁크(옷 등을 담는 큰 가방)

Elephants reach their **trunks** into each other's mouths.
코끼리들은 자신의 코를 상대의 입속에 댄다.

The tree **trunk** was hollow inside.
그 나무의 줄기는 속이 비어 있었다.

유 **stem** 줄기 **chest** 상자, 궤

rhythmically
[ríðmikəli]

부 리드미컬하게, 율동적으로 **rhythm** 명 리듬 **rhythmical** 형 주기적인, 리드미컬한

They danced **rhythmically**, clapping to the beat.
그들은 박자에 따라 박수를 치며 리드미컬하게 춤을 추었다.

forth
[fɔːrθ]

부 앞으로, 멀리

When they "multitask," they switch back and **forth**.
그들이 '다중 임무를 수행한다'라고 할 때, 그들은 (일의) 앞뒤로 왔다 갔다 한다.

유 **forward** 앞쪽으로 **ahead** 앞으로

memento
[məméntou]

명 (사람 · 장소를 기억하기 위한) 기념품

I bought a glass bottle as a **memento** of my trip to Venice.
나는 베니스 여행 기념품으로 유리병을 하나 샀다.

유 **souvenir** 기념품

unremarkable
[ənrimá:rkəbəl]

형 평범한, 하찮은

I was a fairly **unremarkable** student at that time.

그때 나는 상당히 평범한 학생이었다.

반 **remarkable** 놀라운, 비범한

cage
[keidʒ]

명 우리, 새장 동 우리[새장]에 가두다

The treat would be given to a fellow chimp in an adjacent **cage**.

그 맛있는 음식은 옆 우리의 동료 침팬지에게 주어지곤 했다.

Voca & Voca

cage (일반적인 동물, 새 등의) 우리 | **pen** (양, 돼지 등의) 우리
stable 마구간 | **barn** 헛간, 외양간

astonishing
[əstániʃiŋ]

형 정말 놀라운, 믿기 힘든 **astonish** 동 깜짝 놀라게 하다
astonishment 명 깜짝 놀람

The boy ran 100 m in an **astonishing** 9.8 seconds.

그 소년은 100미터를 9.8초라는 정말 놀라운 시간 내에 달렸다.

유 **amazing** 놀라운 반 **common** 흔한 **ordinary** 평범한

absorb
[æbsɔ́:rb]

동 몰두하게 하다, 흡수하다, 받아들이다 **absorption** 명 흡수, 몰두[전념]
absorbable 형 흡수되는

Sally had been **absorbed** in studying birds.

Sally는 새들을 연구하는 데 몰두했다.

The cloth **absorbed** water from the desk.

그 천은 책상으로부터 물을 흡수했다.

유 **engage** 사로잡다, 몰두시키다

Voca Plus

absorb sound and light 소리와 빛을 흡수하다
absorb shock[impact] 충격을 흡수[완화]하다
absorb small states 작은 나라를 병합하다
absorb oneself in a book 책에 몰두하다

firsthand
[fərsthǽnd]

부 직접, 바로, 직접 체험으로 형 직접의, 직접 얻은

The winners earned the opportunity to learn **firsthand** from star players.

우승자들은 스타 선수들로부터 직접 배울 기회를 얻었다.

유 **direct** 직접적인 반 **indirectly** 간접적으로

primal
[práiməl]

형 원초적인, 원시의 **primally** 부 최초로

Fear is a basic **primal** emotion that is key to evolutionary survival.

공포는 진화상의 생존을 위한 핵심인 기본적인 원초적 감정이다.

유 **basic** 기본적인 **fundamental** 근본적인

Synonym & Antonym

유의어와 반의어를 확인해 보는 시간입니다. 밑줄 친 단어의 유의어 혹은 반의어를 주어진 철자로 시작하여 써 보세요.

01 a basic primal emotion [유] f__________
02 a fairly unremarkable student [반] r__________
03 a memento of my trip to Venice [유] s__________
04 the tree trunk [유] s__________
05 made a fortune [유] w__________
06 spontaneous celebrations [유] u__________
07 learn firsthand from star players [반] i__________

|정답| 01 fundamental 02 remarkable 03 souvenir 04 stem 05 wealth 06 unplanned 07 indirectly

Vocabulary Extension

이제 품사가 다른 여러 형태의 단어를 학습해 보겠습니다. [보기]의 단어를 변형하여 빈칸에 들어갈 알맞은 말을 써 보세요.

[보기] **absorb accompany astonishing rhythmically therapist**

01 Maggie Wedgewood is known for her total __________ in her role.
02 The __________ involves getting the patient to tell the doctor about their childhood.
03 I am going to say something that will __________ you, but don't be surprised.
04 Tango is danced in couples to the __________ of the beat played by instruments.
05 Choirs may sing with the __________ of a piano or a pipe organ.

|정답| 01 absorption 02 therapy 03 astonish 04 rhythm 05 accompaniment

|해석| 01 Maggie Wedgewood는 배역에 대한 완전한 몰두로 알려져 있다. 02 그 치료법은 환자가 자신의 어린 시절에 대해 의사에게 말하게 하는 것을 포함한다. 03 내가 너를 놀라게 할 이야기를 할 것인데 놀라지는 마라. 04 탱고는 악기에 의해 연주되는 박자의 리듬에 맞춰 쌍을 이루어 춤춰진다. 05 합창단은 피아노나 파이프 오르간의 반주와 함께 부를 수 있다.

Choosing the Right Word

가장 적절한 단어가 어떤 것인지 확인하는 시간입니다. 주어진 문장에 들어갈 가장 적절한 단어를 네모 안에서 골라 보세요.

01 Parents make efforts to socialize their scribbles / toddlers.

02 We'll have to absorb / postpone the presentation until next week.

03 A wise man turns chance into good bond / fortune.

04 The winners earned the opportunity to learn firsthand / rhythmically from star players.

05 The treat would be given to a fellow chimp in an adjacent memento / cage.

06 The performance was almost scheduled / spontaneous: singers had not rehearsed the song.

07 The morning session / fortune starts at 10 o'clock, so I have some time before it.

08 She found scribbled / absorbed words, half sentences, and strange-looking ideas.

09 Our closest animal relatives — apes / toddlers and chimpanzees — also love to draw and paint.

10 Both anthropologists / geologists and archaeologists study the origin, development, and behavior of humans.

| 정답 | 01 toddlers 02 postpone 03 fortune 04 firsthand 05 cage 06 spontaneous 07 session 08 scribbled 09 apes 10 anthropologists

| 해석 | 01 부모들은 자신들의 유아를 사회화하기 위해 노력한다. 02 우리는 다음 주로 그 발표를 미뤄야 할 것 같다. 03 현명한 사람은 기회를 행운으로 바꾼다. 04 우승자들은 스타 선수들로부터 직접 배울 기회를 얻었다. 05 그 맛있는 음식은 옆 우리의 동료 침팬지에게 주어지곤 했다. 06 그 공연은 거의 즉흥적이었는데, 가수들은 그 노래를 예행연습하지 않았다. 07 아침 수업은 10시 정각에 시작하므로 나는 그 전에 시간이 좀 있다. 08 그녀는 휘갈겨 쓴 단어, 불완전한 문장, 이상해 보이는 아이디어들을 발견했다. 09 우리와 가장 가까운 동물 친척인 유인원과 침팬지도 그리고 칠하는 것을 좋아한다. 10 인류학자와 고고학자는 둘 다 인간의 기원, 발전, 그리고 행동을 연구한다.

Review Test 4

학습한 내용은 꾸준히 복습하지 않으면 누구나 며칠 만에 절반 이상을 망각하게 된다고 합니다. 지금 다시 한 번 간단히 복습하면 기억을 되살릴 수 있습니다. 16~20강에서 공부한 내용을 복습해 봅시다.

A 우리말은 영어로, 영어는 우리말로 쓰시오.

01 특징, 속성, 재산, 소유물 p__________

02 편향된, 선입견이 있는 b__________

03 유인원 a__________

04 합리적인, 이성적인 r__________

05 착수하다, 떠맡다, 약속하다 u__________

06 이동, 환승, 전학, 전근 t__________

07 수업, 회기 s__________

08 몰두하게 하다, 흡수하다 a__________

09 선박, 그릇, 혈관 v__________

10 항해, 여행; 항해하다 v__________

11 ocean __________

12 bulk __________

13 seemingly __________

14 negotiation __________

15 irreplaceable __________

16 moisture __________

17 anthropologist __________

18 accompany __________

19 historian __________

20 bare __________

B 다음 문장의 빈칸에 적절한 단어를 [보기]에서 찾아 쓰시오.

보기 extensive organisms signify pair primal

01 Not all __________ are able to find sufficient food to survive.

02 What the "thumbs-down" sign would __________ has not been found.

03 High-technology fields make __________ use of computing.

04 I spotted a __________ of them in their nest in a huge oak tree nearby.

05 Fear is a basic __________ emotion that is key to evolutionary survival.

|정답| A 01 property 02 biased 03 ape 04 rational 05 undertake 06 transfer 07 session 08 absorb 09 vessel 10 voyage 11 바다, 대양 12 대량의; 대량인 것, 큰 규모, 육중한 것 13 겉보기에, 외견상으로 14 협상, 교섭 15 대체할 수 없는 16 수분, 습기 17 인류학자 18 동행하다, 반주하다, 동반되다 19 역사학자 20 벌거벗은, 헐벗은

B 01 organisms 02 signify 03 extensive 04 pair 05 primal

|해석| B 01 모든 생물체가 생존하기에 충분한 먹을 것을 찾을 수 있는 것은 아니다. 02 '엄지손가락을 내리는' 표시가 무엇을 나타내곤 했는지는 밝혀지지 않았다. 03 첨단 기술 분야는 광범위한 컴퓨터 조작을 사용하고 있다. 04 나는 근처의 거대한 떡갈나무에 있는 둥지 안에서 그것들 한 쌍을 발견했다. 05 공포는 진화상의 생존을 위한 핵심인 기본적인 원초적 감정이다.

C 다음 밑줄 친 부분과 의미가 가장 가까운 단어를 고르시오.

01 Ben was sitting on the deck and mending a fishing net.

① pack ② floor ③ decoration ④ outfit

02 Objects with mass have a property called inertia.

① attribute ② belongings ③ estate ④ valuable

03 My good fortune lasted until July 15th 2009, when I suffered a heart attack.

① wealth ② destiny ③ luck ④ relationship

04 Last month, Congress put a ceiling on government spending.

① tent ② limit ③ coating ④ ban

D 다음 네모 안에서 주어진 문장에 가장 적절한 단어를 고르시오.

01 Share an apartment with a friend, and you can enlarge / split the cost with him.

02 Spies are object / subject to the criminal law of the state that arrests them.

03 In darker conditions, the pupil enlarges / shrinks, which allows more light to enter the eye.

04 This device can analyze / generate heat, so we can save energy.

05 Decide whether you want to record / postpone the meeting to next week or just cancel it.

06 I hope my sister will adjust / assist to her new school routine soon.

|정답| C **01** ② **02** ① **03** ③ **04** ②

D **01** split **02** subject **03** enlarges **04** generate **05** postpone **06** adjust

|해석| C **01** Ben은 갑판에 앉아서 그물을 수선하고 있었다. **02** 질량이 있는 물체는 관성이라고 불리는 속성을 가진다. **03** 나의 행운은 2009년 7월 15일까지 계속되었는데, 그때 나는 심장마비를 겪었다. **04** 지난달에, 의회는 정부 지출의 최고 한도를 정했다.

D **01** 친구와 아파트를 공유하라, 그러면 그와 비용을 절반으로 나눌 수 있다. **02** 첩자들은 그들을 체포한 국가의 형법 권한 아래에 있다. **03** 더 어두운 환경에서, 눈동자가 확장되는데, 그것은 더 많은 빛이 눈에 들어오도록 해 준다. **04** 이 장치는 열을 만들어 낼 수 있어서 우리는 에너지를 절약할 수 있다. **05** 그 회의를 다음 주로 연기하고 싶은지 혹은 그냥 취소하고 싶은지 결정하라. **06** 나는 여동생이 새로운 학교의 일상에 곧 적응하기를 바란다.

Progress Test 2

▌공부한 단어를 꾸준히 복습하지 않으면 이내 잊게 됩니다. 지금까지 배운 단어를 다시 한 번 확인해 보세요.

A 영어는 우리말로, 우리말은 영어로 쓰시오.

01 trend ______________
02 breakthrough ______________
03 profile ______________
04 calculate ______________
05 implement ______________
06 irreplaceable ______________
07 scrub ______________
08 detectable ______________
09 apprentice ______________
10 barrier ______________
11 traceable ______________
12 explicitly ______________
13 leisure ______________
14 illustrate ______________
15 humidity ______________
16 struggle ______________
17 expedition ______________
18 phrase ______________
19 bulk ______________
20 perspective ______________
21 option ______________
22 rational ______________
23 spontaneous ______________
24 forth ______________
25 pesticide ______________

26 쉽게 만들다, 촉진하다 f______________
27 자격, 권리 e______________
28 상업화 c______________
29 조합 c______________
30 문맥, 맥락, 전후 사정 c______________
31 협상, 교섭 n______________
32 연단 p______________
33 뛰어오르다 l______________
34 상인 m______________
35 속설 m______________
36 고층 건물 s______________
37 가정, 전제 a______________
38 수리공 m______________
39 주요 지형지물 l______________
40 미루다, 연기하다 p______________
41 동행하다, 반주하다 a______________
42 운동선수 a______________
43 원초적인, 원시의 p______________
44 수요 d______________
45 구조(물) s______________
46 착수하다 u______________
47 몰두하게 하다, 흡수하다 a______________
48 우리, 새장 c______________
49 운, 행운, 재산 f______________
50 수익성이 있는 p______________

[B] 주어진 단어를 알맞은 뜻과 연결해 보시오.

01	enlarge	a	특징, 속성, 재산, 소유물
02	generate	b	빙하
03	property	c	호의
04	glacier	d	갑판
05	deck	e	선원
06	favor	f	간단한, 복잡하지 않은, 솔직한
07	crew	g	발생시키다
08	straightforward	h	확대하다, 확장하다

[C] 밑줄 친 단어의 유의어 혹은 반의어를 주어진 철자로 시작하여 쓰시오.

01 transform raw data into information [유] c________

02 the industrial machinery sector [유] e________

03 the beautiful landscape [유] s________

04 the entire house [유] w________

05 global marine biodiversity [유] o________

06 I think it is unfair. [반] f________

|정답| A 01 유행, 동향, 추세, 경향 02 (과학·기술 등의) 획기적인 약진[진전 · 발견], 돌파구 03 윤곽, 약력, (얼굴의) 옆모습 04 계산하다, 산출하다 05 실행하다, 이행하다 06 대체할 수 없는 07 북북 문지르다; 관목, 덤불 08 감지[탐지·발견]할 수 있는 09 견습생[도제]으로 삼다; 견습생, 도제 10 장애물, 장벽, 한계 11 추적할 수 있는 12 명시적으로, 명쾌하게, 분명하게 13 여가 14 분명히 보여 주다, 삽화를 넣다, 설명하다, 예시하다 15 습도, 습기 16 싸우다, 투쟁하다; 투쟁, 싸움 17 원정(대), 탐험(대), 여행 18 구, 구절, 관용구 19 대량의 20 관점, 균형감, 원근법 21 선택할 수 있는 것, 선택 과목, 선택권 22 합리적인, 이성적인 23 자연히 생겨나는, 즉흥적인 24 앞으로, 멀리 25 살충제 26 facilitate 27 entitlement 28 commercialization 29 combination 30 context 31 negotiation 32 platform 33 leap 34 merchant 35 myth 36 skyscraper 37 assumption 38 mechanic 39 landmark 40 postpone 41 accompany 42 athlete 43 primal 44 demand 45 structure 46 undertake 47 absorb 48 cage 49 fortune 50 profitable

B 01 h 02 g 03 a 04 b 05 d 06 c 07 e 08 f

C 01 change 02 equipment 03 scenery 04 whole 05 oceanic 06 fair

|해석| C 01 미가공 데이터를 정보로 변환하다 02 산업용 기계 부문 03 그 아름다운 풍경 04 그 집 전체 05 전 세계 해양 생물의 다양성 06 나는 그것이 부당하다고 생각한다.

Unit 21

What Makes Poetry Distinctive

이번 단원에서 학습하게 될 단어들입니다. 이미 알고 있는 단어에 V 표시해 보세요.

☐ philosophical	☐ emotional	☐ sentimental	☐ descriptive
☐ narrative	☐ satirical	☐ informative	☐ reveal
☐ underscore	☐ distinctive	☐ component	☐ element
☐ pause	☐ figure	☐ potentially	☐ intricate
☐ organized	☐ idle	☐ accidental	☐ meaningful

주어진 단어를 알맞은 뜻과 연결해 보세요. 단어의 뜻을 모르면 아래 정답에서 확인해 보세요.

01 sentimental	•	•	a	묘사적인
02 idle	•	•	b	분명히 보여 주다
03 element	•	•	c	요소
04 descriptive	•	•	d	휴지
05 pause	•	•	e	비유
06 satirical	•	•	f	정서적인
07 figure	•	•	g	우발적인
08 underscore	•	•	h	무의미한
09 intricate	•	•	i	풍자적인
10 accidental	•	•	j	복잡한

|정답| 01 f 02 h 03 c 04 a 05 d 06 i 07 e 08 b 09 j 10 g

Vocabulary in Reading Context

▌해석은 한 번에 가능하지 않습니다. 해석이 잘되지 않더라도 먼저 아랫글을 단숨에 읽어 보세요.

Poetry can be many things. Poetry can be **philosophical**, or **emotional**, or **sentimental**. It can paint pictures, in a **descriptive** mode, or tell stories, in a **narrative** one. Poetry can also be **satirical**, or funny, or political, or just **informative**. Yet none of these activities is specific to (be specific to: ~에 한정되다) poetry, or **reveals** how poetry differs from (differ from: ~와 다르다) other kinds of writing or speaking. 5

A definition that **underscores** what makes poetry **distinctive** might be: poetry is language in which every **component element**—word and word order, sound and **pause**, image and echo — is significant, significant in that (in that: ~라는 점에서) every element points toward or stands for (stand for: ~을 나타내다) further relationships among and beyond themselves. Poetry is language that always means more. Its elements are **figures**, and poetry itself is a language of figures, in which each component can **potentially** open toward new meanings, levels, dimensions, or connections. Poetry does this through its careful, **intricate** pattern of words. It offers highly **organized** language. It is language so highly patterned that (so ~ that ...: 너무 ~해서 …하다) there is, ideally, a reason or purpose for each and every word put into a poem. No word is **idle** or **accidental**. Each word has a specific place within a pattern. Together they create **meaningful** and beautiful designs. 10 15

▌본문의 의미가 이해되나요? 원어민 선생님이 읽어 주시는 지문을 들으며 다시 한 번 읽어 보세요.

Fill in the Blanks

본문의 내용을 기억하며 다시 읽어 볼 차례입니다. 이번에는 글을 읽으면서 빈칸에 들어갈 단어를 주어진 철자로 시작하여 써 보세요.

What Makes Poetry Distinctive

Poetry can be many things. Poetry can be philosophical, or emotional, or sentimental. It can paint pictures, in a ❶d__________ mode, or tell stories, in a narrative one. Poetry can also be ❷s__________, or funny, or political, or just informative. Yet none of these activities is specific to poetry, or ❸r__________ how poetry differs from other kinds of writing or speaking.

A definition that underscores what makes poetry ❹d__________ might be: poetry is language in which every component ❺e__________ — word and word order, sound and pause, image and echo — is significant, significant in that every element points toward or stands for further relationships among and beyond themselves. Poetry is language that always means more. Its elements are figures, and poetry itself is a language of figures, in which each component can ❻p__________ open toward new meanings, levels, dimensions, or connections. Poetry does this through its careful, ❼i__________ pattern of words. It offers highly ❽o__________ language. It is language so highly patterned that there is, ideally, a reason or purpose for each and every word put into a poem. No word is idle or ❾a__________. Each word has a specific place within a pattern. Together they create ❿m__________ and beautiful designs.

해석 시를 구별되게 만드는 것

시는 많은 것들이 될 수 있다. 시는 철학적이거나 혹은 감정적이거나 혹은 정서적일 수도 있다. 그것은 묘사적 방식으로 그림을 그릴 수도 있거나, 아니면 이야기체 방식으로 이야기를 말할 수 있다. 시는 또한 풍자적일 수 있거나, 혹은 재미있을 수도 있거나, 혹은 정치적이거나, 아니면 그저 정보를 줄 수도 있다. 하지만 이런 활동 중 그 어느 것도 시에 한정되지 않거나, 혹은 시가 다른 종류의 글이나 말과 어떻게 다른지 밝히지 않는다.

시를 구별되게 만드는 것을 분명히 보여 주는 정의는 다음과 같을지 모르는데, 시는 단어와 어순, 소리와 휴지, 심상과 반향과 같은 모든 구성 요소가 중요한 언어인데, 모든 요소가 그것들 간에 그리고 그것들을 초월하는 한층 더한 관계를 가리키거나 혹은 그 관계를 나타낸다는 점에서 중요하다. 시는 언제나 더 많은 것을 의미하는 언어이다. 그것의 요소는 비유이고, 시 자체는 비유의 언어인데, 그 안에서 각 구성 요소가 잠재적으로 새로운 의미, 수준, 차원, 혹은 연결을 향해 개방될 수 있다. 시는 그 자체의 세심하고 복잡한 단어 패턴을 통해 이것을 수행한다. 시는 매우 조직화된 언어를 제공한다. 그것은 너무 정형화된 언어여서 이상적으로는 시에 포함된 각각의 모든 단어에는 이유나 목적이 있다. 어떤 단어도 무의미하거나 우발적이지 않다. 각 단어는 하나의 패턴 안에서 특별한 자리를 가진다. 함께 함으로써 그것들은 유의미하고 아름다운 디자인을 만들어 낸다.

|정답| ❶descriptive ❷satirical ❸reveals ❹distinctive ❺element ❻potentially ❼intricate ❽organized ❾accidental ❿meaningful

philosophical [fìləsɑ́fikəl]

형 철학적인, 철학의 **philosophy** 명 철학 **philosopher** 명 철학자
My experience is that people are **philosophical** about death.
내 경험에 의하면 사람들은 죽음에 관해 철학적이다.

emotional [imóuʃənəl]

형 감정적인, 정서의 **emotion** 명 감정, 정서
Ann suffered from depression and a number of other **emotional** problems.
Ann은 우울증과 여러 다른 감정적 문제를 겪었다.
유 **sentimental** 정서적인, 감성적인

sentimental [sèntəméntəl]

형 정서적인, 감성적인 **sentiment** 명 정서, 감상
I kept the clock purely for **sentimental** reasons.
나는 그 시계를 순전히 감성적인 이유로 계속 보관했다.
유 **emotional** 감정적인, 정서의

descriptive [diskríptiv]

형 묘사적인, 묘사하는 **describe** 동 묘사하다, 서술하다 **description** 명 묘사
Academic performance will improve when reading **descriptive** novels.
학업 성적은 묘사적인 소설을 읽을 때 향상될 것이다.

narrative [nǽrətiv]

형 이야기체[식]의 명 이야기 **narration** 명 이야기하기, 서술
narrator 명 서술자, 내레이터
Most of his novels are written in a **narrative** style.
대부분의 그의 소설은 이야기체로 쓰여 있다.

satirical [sətírikəl]

형 풍자적인 **satire** 명 풍자
The historical piece delivers a striking **satirical** message.
그 역사물은 놀라운 풍자적 메시지를 전달한다.
유 **sarcastic** 냉소적인, 풍자적인

informative
[infɔ́:rmətiv]

형 정보를 주는, 유익한 information 명 정보 inform 동 알리다

The talk was both **informative** and inspiring.

그 이야기는 유익하면서도 고무적이었다.

유 **instructive** 교훈적인, 유익한

reveal
[riví:l]

동 밝히다, 드러내다 revelation 명 드러냄, 폭로

Details of the accident were **revealed** by the local paper.

그 사고의 상세한 내용이 지역 신문에 의해 밝혀졌다.

반 **conceal** 숨기다, 감추다

Voca & Voca 말하다, 밝히다

- reveal (비밀스러운 것을) 밝히다, 드러내다

  Doctors are not allowed to reveal confidential information.

  의사들이 기밀 정보를 밝히는 것은 허용되지 않는다.
- tell (남이 알 수 있도록) 말해 주다

  Don't tell anyone about this.

  이것에 대해서 누구에게라도 말하지 마라.
- disclose (비밀스러운 것을 공식적으로) 밝히다

  The terms of the agreement have not yet been disclosed.

  합의 조건이 아직 밝혀지지 않았다.

underscore
[ʌ́ndərskɔ̀:r]

동 분명히 보여 주다, 강조하다

The report **underscores** the importance of childhood immunizations.

그 보고서는 유년기 예방 접종의 중요성을 분명히 보여 준다.

유 **underline** 강조하다 **emphasize** 강조하다

distinctive
[distíŋktiv]

형 구별되는, 독특한 distinction 명 특별함, 차이

There are two **distinctive** recurrent themes in Joyce's works.

Joyce의 작품에는 두 가지 구별되어 되풀이되는 주제가 있다.

유 **unique** 특이한, 독특한 반 **ordinary** 보통의

component
[kəmpóunənt]

형 구성하는, 구성 요소를 이루는 명 구성 요소, 성분

I'll describe how to make the **component** pieces for the puzzle.

제가 그 퍼즐의 구성 부분을 만드는 방법을 설명하겠습니다.

유 **constituent** 구성하는, 성분이 되는

element
[éləmənt]

명 요소, 부분, 기본 (원리) elementary 형 초보의, 기본적인

The story has all the **elements** of a comedy.

그 이야기에는 희극의 모든 요소들이 들어 있다.

반 **whole** 전체, 전부

pause
[pɔ:z]

명 휴지, 멈춤 동 잠시 멈추다

I waited for a **pause** in the conversation so I could ask my question.

나는 질문을 할 수 있도록 대화가 멈춰지기를 기다렸다.

반 **continuation** 지속, 계속

figure
[fígjər]

명 비유, 숫자, 인물 동 생각[판단]하다
The war on drugs is not a **figure** of speech.
마약에 관한 전쟁은 비유의 말이 아니다.

potentially
[pəténʃəli]

부 잠재적으로, 가능성 있게 potentiality 명 잠재력, 가능성
Such articles may **potentially** be false or overly biased.
그런 기사들은 잠재적으로 잘못된 것이거나 굉장히 편파적일 수도 있다.

intricate
[íntrəkit]

형 복잡한 intricacy 명 복잡함, 복잡한 사항
The watch mechanism is extremely **intricate** and very difficult to repair.
그 시계의 기계 장치는 매우 복잡하고 수리하기가 대단히 어렵다.
유 **complicated** 복잡한

organized
[ɔ́:rgənàizd]

형 조직화된, 정리된 organize 동 조직하다, 정리하다 organization 명 조직
Organized groups of citizens are more successful at changing something.
조직화된 시민 집단은 무언가를 변화시키는 데 더 성공적이다.
반 **disordered** 무질서한

idle
[áidl]

형 무의미한, 나태한 동 빈둥거리다 idleness 명 무용, 나태
It is **idle** to pretend that our local governments are running well.
우리 지방 정부가 잘 운영되고 있는 것처럼 가장해 봐야 무의미하다.

accidental
[æ̀ksidéntəl]

형 우발적인, 우연한 accident 명 우연, 사고
It's certainly not an **accidental** spill.
그것은 우발적인 누출이 아닌 게 확실하다.
유 **incidental** 우연한 반 **deliberate** 고의의 **intentional** 의도적인

meaningful
[mí:niŋfəl]

형 유의미한, 중요한
I would suggest that you do something valuable and **meaningful**.
여러분이 무엇인가 귀중하고 유의미한 일을 하기를 제안하고자 합니다.
유 **significant** 의미 있는, 중요한 반 **trivial** 하찮은, 사소한

Synonym & Antonym

유의어와 반의어를 확인해 보는 시간입니다. 밑줄 친 단어의 유의어 혹은 반의어를 주어진 철자로 시작하여 써 보세요.

01 a number of other emotional problems ㊌ s__________
02 a striking satirical message ㊌ s__________
03 Details of the accident were revealed. ㊙ c__________
04 two distinctive recurrent themes ㊌ u__________
05 the component pieces for the puzzle ㊌ c__________
06 organized groups of citizens ㊙ d__________
07 intricate and very difficult to repair ㊌ c__________

|정답| 01 sentimental 02 sarcastic 03 conceal 04 unique 05 constituent 06 disordered 07 complicated

Vocabulary Extension

이제 품사가 다른 여러 형태의 단어를 학습해 보겠습니다. [보기]의 단어를 변형하여 빈칸에 들어갈 알맞은 말을 써 보세요.

보기 satirical accidental philosophical informative element

01 The play is a biting __________ on political corruption.
02 I went to several libraries to gather __________ about space travel.
03 I'm only familiar with the subject at a(n) __________ level.
04 A(n) __________ with more than 20 vehicles involved has occurred in the westbound lane.
05 Our business __________ is a simple one: we succeed only when our clients succeed.

|정답| 01 satire 02 information 03 elementary 04 accident 05 philosophy
|해석| 01 그 연극은 정치권의 부패에 대한 신랄한 풍자이다. 02 우주여행에 대한 정보를 모으기 위해 나는 몇몇 도서관에 갔다. 03 나는 초보적인 수준에서 그 주제에 대해 친숙할 뿐이다. 04 20대가 넘는 차량이 관련된 사고가 서쪽으로 향하는 차선에서 일어났다. 05 우리의 사업 철학은 간단한데, 고객이 성공해야만 우리도 성공한다는 것이다.

Choosing the Right Word

가장 적절한 단어가 어떤 것인지 확인하는 시간입니다. 주어진 문장에 들어갈 가장 적절한 단어를 네모 안에서 골라 보세요.

01 It is idle / informative to pretend that our local governments are running well.

02 I'll describe how to make the component / accidental pieces for the puzzle.

03 Academic performance will improve when reading descriptive / idle novels.

04 Ann suffered from depression and a number of other emotional / satirical problems.

05 I waited for a(n) accident / pause in the conversation so I could ask my question.

06 The watch mechanism is extremely intricate / sentimental and very difficult to repair.

07 Poetry can paint pictures, in a descriptive mode, or tell stories, in a narrative / philosophical one.

08 Poetry itself is a language of figures / idleness, in which each component can potentially open toward new meanings, levels, dimensions, or connections.

09 A definition that underscores what makes poetry descriptive / distinctive might be: poetry is language in which every component element is significant.

10 Poetry does this through its careful, intricate pattern of words. It offers highly elementary / organized language.

|정답| 01 idle 02 component 03 descriptive 04 emotional 05 pause 06 intricate 07 narrative 08 figures 09 distinctive 10 organized

|해석| 01 우리 지방 정부가 잘 운영되고 있는 것처럼 가장해 봐야 무의미하다. 02 제가 그 퍼즐의 구성 부분을 만드는 방법을 설명하겠습니다. 03 학업 성적은 묘사적인 소설을 읽을 때 향상될 것이다. 04 Ann은 우울증과 여러 다른 감정적 문제를 겪었다. 05 나는 질문을 할 수 있도록 대화가 멈춰지기를 기다렸다. 06 그 시계의 기계 장치는 매우 복잡하고 수리하기가 대단히 어렵다. 07 시는 묘사적 방식으로 그림을 그릴 수도 있거나, 아니면 이야기체 방식으로 이야기를 말할 수도 있다. 08 시 자체는 비유의 언어인데, 그 안에서 각 구성 요소가 잠재적으로 새로운 의미, 수준, 차원, 혹은 연결을 향해 개방될 수 있다. 09 시를 구별되게 만드는 것을 분명히 보여 주는 정의는 다음과 같을지 모르는데, 시는 모든 구성 요소가 중요한 언어이다. 10 시는 그 자체의 세심하고 복잡한 단어 패턴을 통해 이것을 수행한다. 시는 매우 조직화된 언어를 제공한다.

Unit 22

Don't Ignore Distractions!

▌이번 단원에서 학습하게 될 단어들입니다. 이미 알고 있는 단어에 V 표시해 보세요.

☐ ignore	☐ distraction	☐ pretend	☐ disaster
☐ wonder	☐ brochure	☐ sigh	☐ concentrate
☐ sway	☐ breeze	☐ crash	☐ stare
☐ expose	☐ duration	☐ vase	☐ competition
☐ roar	☐ blame	☐ acknowledgement	☐ mess

▌주어진 단어를 알맞은 뜻과 연결해 보세요. 단어의 뜻을 모르면 아래 정답에서 확인해 보세요.

01	concentrate	a	미풍, 산들바람
02	expose	b	주의를 산만하게 하는 것
03	disaster	c	(지속되는) 기간, 지속
04	acknowledgement	d	엉망진창, 재난
05	stare	e	비난, 책임
06	distraction	f	노출시키다
07	breeze	g	궁금해하다
08	blame	h	집중하다
09	wonder	i	인정, 자인, 승인
10	duration	j	응시하다

|정답| 01 h 02 f 03 d 04 i 05 j 06 b 07 a 08 e 09 g 10 c

Vocabulary in Reading Context

▌해석은 한 번에 가능하지 않습니다. 해석이 잘되지 않더라도 먼저 아랫글을 단숨에 읽어 보세요.

Don't **ignore distractions** when you are giving a speech. Lots of speakers try to **pretend** they don't hear or see distractions — this is a **disaster**. Your audience will be **wondering** what's wrong with you. If a pink-spotted dog runs into the room carrying a **brochure** in its mouth, the audience will see it and be concerned with or focus on it until you recognize it. As soon as you say, "Well, look at that... a pink-spotted dog with a brochure," the audience will **sigh** in relief and **concentrate** on you again.

be concerned with: ~에 관심을 갖다
as soon as: ~하자마자

I saw a classic example of this in Hawaii. Next to a speaker's platform, a plant **swayed** in the **breeze**, then fell over with a **crash**. The speaker, fearing it would be a major distraction, pretended he didn't see or hear it. The audience **stared** at the **exposed** roots and the dirt for the **duration** of his speech. The very same thing happened at a church meeting not far away. Flowers in a **vase** at the front of the pulpit fell over. This time the speaker stopped, and checked the damage with the audience. Then he shook his head slowly and said, "I should have expected that... my **competition** said I was full of hot air." The audience **roared** and loved him for taking the **blame**. His **acknowledgement** was as effective as if he had cleaned up the **mess**!

a classic example: 전형적인 예
next to: ~ 옆에
should have p.p.: ~했어야 했다
full of hot air: 더운 공기로[허풍으로] 가득 찬
as if: 마치 ~처럼

* pulpit (교회의) 설교단

▌본문의 의미가 이해되나요? 원어민 선생님이 읽어 주시는 지문을 들으며 다시 한 번 읽어 보세요.

Fill in the Blanks

▌본문의 내용을 기억하며 다시 읽어 볼 차례입니다. 이번에는 글을 읽으면서 빈칸에 들어갈 단어를 주어진 철자로 시작하여 써 보세요.

Don't Ignore Distractions!

Don't ❶i__________ distractions when you are giving a speech. Lots of speakers try to pretend they don't hear or see distractions — this is a ❷d__________. Your audience will be wondering what's wrong with you. If a pink-spotted dog runs into the room carrying a ❸b__________ in its mouth, the audience will see it and be concerned with or focus on it
5 until you recognize it. As soon as you say, "Well, look at that... a pink-spotted dog with a brochure," the audience will sigh in relief and ❹c__________ on you again.

I saw a classic example of this in Hawaii. Next to a speaker's platform, a plant ❺s__________ in the breeze, then fell over with a ❻c__________. The speaker, fearing it would be a major distraction, pretended he didn't see or hear it. The audience stared at the
10 ❼e__________ roots and the dirt for the duration of his speech. The very same thing happened at a church meeting not far away. Flowers in a vase at the front of the pulpit fell over. This time the speaker stopped, and checked the damage with the audience. Then he shook his head slowly and said, "I should have expected that... my ❽c__________ said I was full of hot air." The audience ❾r__________ and loved him for taking the blame. His
15 ❿a__________ was as effective as if he had cleaned up the mess!

* pulpit (교회의) 설교단

해석 주의를 산만하게 하는 것을 무시하지 마라!

연설을 하고 있을 때 주의를 산만하게 하는 것을 무시하지 마라. 많은 연사들은 주의를 산만하게 하는 것을 듣지 않거나 보지 않는 체하려고 하는데, 이러면 아주 엉망이 된다. 청중은 당신에게 무슨 문제가 있는지 궁금해할 것이다. 분홍색 반점이 있는 개가 입에 안내 책자를 물고 연설장에 뛰어 들어오면 청중은 그것을 볼 것이고 당신이 그것을 인식할 때까지 그들은 그것에 관심을 갖거나 집중할 것이다. 당신이 "음, 저것 좀 보세요… 핑크색 반점이 있는 개가 안내 책자를 물고 있네요."라고 말하자마자 청중은 안도의 한숨을 쉬며 당신에게 다시 집중할 것이다.

나는 이것에 대한 전형적인 예를 하와이에서 보았다. 연사의 연단 옆에서 화초 하나가 미풍에 흔들리다가 요란한 소리를 내며 쓰러졌다. 연사는 그것이 크게 주의를 산만하게 할까 염려되어, 그것을 보거나 듣지 못한 체했다. 청중은 드러난 뿌리와 흙을 그가 연설하는 시간 내내 주시했다. 아주 똑같은 일이 멀리 떨어지지 않은 교회의 모임에서 발생했다. 설교단 앞에 있던 꽃병에 든 꽃이 넘어졌다. 이번에는 연사가 말을 멈추고, 청중과 함께 손상된 것을 확인했다. 그런 다음 그는 머리를 천천히 흔들며 "제가 그것을 예상했어야 했어요… 제 경쟁자들은 제가 더운 공기로[허풍으로] 가득 차 있다고 말했거든요." 라고 말했다. 청중은 폭소를 터뜨렸고, 그가 자신의 탓으로 돌린 것 때문에 그를 좋아했다. 그가 (벌어진 일을) 인정한 것은 마치 그가 어지럽혀진 것을 말끔하게 청소한 것처럼 효과적이었다!

|정답| ❶ignore ❷disaster ❸brochure ❹concentrate ❺swayed ❻crash ❼exposed ❽competition ❾roared ❿acknowledgement

ignore
[ignɔ́ːr]

동 모른 체하다, 무시하다 **ignorant** 형 무지한 **ignorance** 명 무지
He **ignored** the warning signs.
그는 경고 표지판을 무시했다.
유 **neglect** 무시하다 **disregard** 소홀히 하다 반 **attend** 주의를 기울이다

distraction
[distrǽkʃən]

명 주의를 산만하게 하는 것, 주의 산만, 기분 전환 **distract** 동 주의를 산만하게 하다
It was hard to get things done with so many **distractions**.
주의를 산만하게 하는 것이 너무 많아서 일을 끝내기가 어려웠다.
Reading can be a good **distraction**.
독서는 좋은 기분 전환이 될 수 있다.
유 **disturbance** 방해 **interference** 간섭, 방해 **interruption** 중단, 방해

pretend
[priténd]

동 ~하는 체하다, 가장하다
I can't go on **pretending** that everything is okay.
나는 계속해서 모든 것이 괜찮은 체할 수 없다.

disaster
[dizǽstər]

명 엉망진창, 큰 실수, 재난, 재앙 **disastrous** 형 비참한, 재난의
Because of the weather, the parade was a total **disaster**.
날씨 때문에 퍼레이드는 완전히 엉망이었다.
An oil spill is a **disaster** for marine life.
기름 유출은 바다 생물에게 재앙이다.
유 **catastrophe** 대재앙, 참사 **adversity** 역경, 불운
반 **fortune** 행운 **blessing** 축복

wonder
[wʌ́ndər]

동 궁금해하다 명 경이, 불가사의 **wondrous** 형 놀라운, 불가사의한
wonderful 형 멋진
I **wonder** if she is going to change jobs.
나는 그녀가 직업을 바꿀지 궁금하다.
The sight of Angkor Wat filled us with **wonder**.
앙코르 와트의 광경을 보고 우리는 경이로움을 한껏 느꼈다.
유 **marvel** 놀라운 일, 경이 **miracle** 기적

brochure
[bróuʃuər]

명 안내 책자, 소책자
I will send our latest **brochure** for your reference.
참고하시도록 최신 안내 책자를 보내 드리겠습니다.
유 **booklet** 작은 책자, 소책자 **pamphlet** 팸플릿, 소책자 **leaflet** 광고 전단, 리플릿

sigh
[sai]

동 한숨 쉬다, 한숨짓다 명 한숨, 탄식

She let out a **sigh** unconsciously.

그녀는 무의식적으로 한숨을 내쉬었다.

concentrate
[kánsəntrèit]

동 집중하다, 전념하다 **concentration** 명 집중, 전념

Be quiet — I need to **concentrate** on my homework.

조용히 해. 나는 숙제에 집중해야 해.

유 **focus** 집중하다

sway
[swei]

동 흔들리다, 흔들다, 동요하다 명 흔들림, 동요

The boat **swayed** from side to side in the storm.

그 배는 폭풍 속에서 좌우로 흔들렸다.

유 **swing** 흔들다, 흔들리다

breeze
[bri:z]

명 산들바람, 미풍

A cool **breeze** blew in off the sea.

바다 쪽에서 시원한 산들바람이 불어왔다.

crash
[kræʃ]

명 요란한[큰] 소리, 충돌, 추락 동 충돌하다, 추락하다

They listened to the **crash** of waves in the distance.

그들은 멀리에서 파도가 부딪치는 큰 소리를 들었다.

He **crashed** the car into a tree, but no one was hurt.

그는 차를 나무에 들이받았지만, 아무도 다치지 않았다.

유 **collision** 충돌 (사고)

stare
[stɛər]

동 응시하다, 빤히 쳐다보다 명 응시

Donna **stared** at the page for several minutes, trying to understand.

Donna는 이해하려고 애쓰면서 그 페이지를 몇 분 동안 응시했다.

유 **gaze** 가만히 바라보다[응시하다]

expose
[ikspóuz]

동 노출시키다, 드러내다 **exposure** 명 노출, 드러냄, 폭로

Potatoes turn green when **exposed** to light.

감자는 빛에 노출되면 초록색으로 변한다.

유 **reveal** 드러내다, 밝히다 반 **hide** 감추다

duration
[djuəréiʃən]

명 (지속되는) 기간, 지속 **durable** 형 오래 견디는, 내구성이 있는

She refused to comment on her salary or the **duration** of her contract.

그녀는 봉급이나 계약 기간에 대해 언급하기를 거부했다.

유 **period** 기간, 시대

vase
[veis]

명 꽃병, 병, 단지

An old Roman **vase** was dug up here last week.

지난주에 여기에서 오래된 로마 시대 꽃병 하나가 발굴되었다.

competition
[kàmpitíʃən]

명 경쟁자, 경쟁, 시합 **compete** 동 겨루다, 경쟁하다 **competitive** 형 경쟁력 있는 **competitiveness** 명 경쟁력

In my opinion, this store has no **competition**.

내 생각으로는 이 가게는 경쟁 상대가 없다.

Prices are lower here because of the **competition** among the stores.

가게들 사이의 경쟁 때문에 여기의 가격[물건 값]이 더 싸다.

유 **rivalry** 경쟁의식 **contest** 시합

roar
[rɔːr]

동 폭소를 터뜨리다, 고함치다, 포효하다 명 폭소, 함성, 포효

Her witty speech set the audience **roaring** with laughter.

그녀의 재치 있는 연설은 청중들이 폭소를 터뜨리게 했다.

유 **shout** 외치다 **yell** 큰 소리를 지르다

blame
[bleim]

명 비난, 책임 동 비난하다, 탓하다, ~의 책임으로 보다

Don't expect Jason to take all the **blame**.

Jason이 모든 책임을 질 거라고 기대하지 마.

유 **accuse** 비난하다 반 **praise** 칭찬하다 **compliment** 찬사를 보내다

acknowledgement
[əknάlidʒmənt]

명 인정, 자인, 승인 **acknowledge** 동 인정하다, 승인하다

His apology was an **acknowledgement** of his guilt.

그의 사과는 자신의 유죄를 인정하는 것이었다.

유 **admission** 인정, 승인 반 **denial** 부인, 부정

mess
[mes]

명 엉망인 것[상태], 지저분한 것 **messy** 형 어질러진, 더러운

When she got home, the house was a complete **mess**.

그녀가 집에 도착했을 때, 집은 완전히 엉망인 상태였다.

유 **untidiness** 단정치 못함 **clutter** 어수선함, 잡동사니 **litter** 어질러진 물건

Synonym & Antonym

유의어와 반의어를 확인해 보는 시간입니다. 밑줄 친 단어의 유의어 혹은 반의어를 주어진 철자로 시작하여 써 보세요.

01 ignored the warning signs [유] n__________
02 a disaster for marine life [반] b__________
03 need to concentrate on my homework [유] f__________
04 turn green when exposed to light [반] h__________
05 the duration of the contract [유] p__________
06 expect Jason to take all the blame [반] p__________
07 an acknowledgement of his guilt [유] a__________

| 정답 | 01 neglect 02 blessing 03 focus 04 hide 05 period 06 praise 07 admission

Vocabulary Extension

이제 품사가 다른 여러 형태의 단어를 학습해 보겠습니다. [보기]의 단어를 변형하여 빈칸에 들어갈 알맞은 말을 써 보세요.

[보기] ignore disaster expose competition mess

01 Prolonged __________ to the sun can cause skin cancer.
02 Children always __________ for their parents' attention.
03 Her desk isn't always __________ — she's been working on a major project.
04 The bad weather can have a(n) __________ effect on the area's tourism industry.
05 She didn't like to ask him to explain more clearly because she didn't want to appear __________.

| 정답 | 01 exposure 02 compete 03 messy 04 disastrous 05 ignorant

| 해석 | 01 햇빛에 장기적으로 노출되는 것은 피부암을 유발할 수 있다. 02 아이들은 항상 부모의 관심을 받기 위해 경쟁한다. 03 그녀의 책상이 항상 지저분한 것은 아니다. 그녀는 중요한 프로젝트를 담당하고 있다. 04 악천후는 그 지역의 관광 산업에 아주 좋지 않은 영향을 줄 수 있다. 05 그녀는 무지한 것처럼 보이는 것을 원치 않아서, 그에게 보다 분명하게 설명해 달라고 요청하고 싶지 않았다.

Choosing the Right Word

가장 적절한 단어가 어떤 것인지 확인하는 시간입니다. 주어진 문장에 들어갈 가장 적절한 단어를 네모 안에서 골라 보세요.

01 An old Roman vase / mess was dug up here last week.

02 The audience will sigh / stare in relief and concentrate on you again.

03 When she got home, the house was a complete mess / crash.

04 It was hard to get things done with so many distractions / wonders.

05 I can't go on pretending / exposing that everything is okay.

06 Donna stared / roared at the page for several minutes, trying to understand.

07 Your audience will be wondering / swaying what's wrong with you.

08 Prices are lower here because of the competition / duration among the stores.

09 If a pink-spotted dog runs into the room carrying a breeze / brochure in its mouth, the audience will see it and be concerned with or focus on it until you recognize it.

10 Next to a speaker's platform, a plant swayed in the breeze, then fell over with a crash / sigh.

|정답| 01 vase 02 sigh 03 mess 04 distractions 05 pretending 06 stared 07 wondering 08 competition 09 brochure 10 crash

|해석| 01 지난주에 여기에서 오래된 로마 시대 꽃병 하나가 발굴되었다. 02 청중은 안도의 한숨을 쉬며 당신에게 다시 집중할 것이다. 03 그녀가 집에 도착했을 때, 집은 완전히 엉망인 상태였다. 04 주의를 산만하게 하는 것이 너무 많아서 일을 끝내기가 어려웠다. 05 나는 계속해서 모든 것이 괜찮은 체할 수 없다. 06 Donna는 이해하려고 애쓰면서 그 페이지를 몇 분 동안 응시했다. 07 청중은 당신에게 무슨 문제가 있는지 궁금해할 것이다. 08 가게들 사이의 경쟁 때문에 여기의 가격[물건 값]이 더 싸다. 09 분홍색 반점이 있는 개가 입에 안내 책자를 물고 연설장에 뛰어 들어오면 청중은 그것을 볼 것이고 당신이 그것을 인식할 때까지 그들은 그것에 관심을 갖거나 집중할 것이다. 10 연사의 연단 옆에서 화초 하나가 미풍에 흔들리다가 요란한 소리를 내며 쓰러졌다.

Unit 23

Health Anxiety Felt by Medical Students

▌이번 단원에서 학습하게 될 단어들입니다. 이미 알고 있는 단어에 V 표시해 보세요.

☐ propose	☐ rapid	☐ examination	☐ clinical
☐ arouse	☐ frequency	☐ population	☐ prevalence
☐ symptom	☐ exposure	☐ bodily	☐ diffuse
☐ ambiguous	☐ existing	☐ heighten	☐ activation
☐ account	☐ similarity	☐ informed	☐ tendency

▌주어진 단어를 알맞은 뜻과 연결해 보세요. 단어의 뜻을 모르면 아래 정답에서 확인해 보세요.

01 propose •		• a	빠른, 급한
02 rapid •		• b	증상, 징후
03 clinical •		• c	널리 퍼져 있는, 분산된
04 population •		• d	주장하다, 의도하다
05 symptom •		• e	임상의, 치료의
06 exposure •		• f	성향, 경향, 추세
07 diffuse •		• g	집단, 인구, 주민
08 existing •		• h	접할 기회, 노출
09 activation •		• i	현존하는, 기존의
10 tendency •		• j	활성화

|정답| 01 d 02 a 03 e 04 g 05 b 06 h 07 c 08 i 09 j 10 f

Vocabulary in Reading Context

▌해석은 한 번에 가능하지 않습니다. 해석이 잘되지 않더라도 먼저 아랫글을 단숨에 읽어 보세요.

Dr. Mechanic **proposed** that medical school exposes students to continuing stress resulting from (result from: ~에서 오다, ~이 원인이다) the **rapid** pace, **examinations**, anxieties in dealing with new **clinical** experiences and the like. (and the like: 기타 등등) Students, thus, are emotionally **aroused** with some **frequency**, and like others in the **population**, they experience a high **prevalence** of transient **symptoms**. The **exposure** to specific knowledge about disease provides the student with a new framework for identifying and giving meaning to previously neglected **bodily** feelings. **Diffuse** and **ambiguous** symptoms regarded as (~이라고 여겼던) normal in the past may be re-conceptualised within the context of newly acquired knowledge of disease. **Existing** social stress may **heighten** bodily sensations through autonomic **activation**, making the student more aware of (~을 의식하는) his bodily state and motivating him to **account** for (account for: ~을 설명하다) what he is experiencing. The new information that the student may have about possible disease and the **similarity** between the symptoms of a particular condition and his own symptoms establishes a link that he would have more difficulty making if he were less **informed**. Furthermore, the student, in the process of (in the process of: ~하는 과정에서) acquiring new medical information, may begin to pay greater attention to his own bodily experiences and may also attempt to imagine how certain symptoms feel. This **tendency** to give attention to (give attention to: ~에 주의를 기울이다) bodily feelings may assist the development of health anxiety.

* transient 일시적인 ** autonomic 자율적인

▌본문의 의미가 이해되나요? 원어민 선생님이 읽어 주시는 지문을 들으며 다시 한 번 읽어 보세요.

Fill in the Blanks

▌본문의 내용을 기억하며 다시 읽어 볼 차례입니다. 이번에는 글을 읽으면서 빈칸에 들어갈 단어를 주어진 철자로 시작하여 써 보세요.

Health Anxiety Felt by Medical Students

Dr. Mechanic ❶p__________ that medical school exposes students to continuing stress resulting from the rapid pace, examinations, anxieties in dealing with new ❷c__________ experiences and the like. Students, thus, are emotionally aroused with some frequency, and like others in the population, they experience a high prevalence of transient ❸s__________. The ❹e__________ to specific knowledge about disease provides the student with a new framework for identifying and giving meaning to previously neglected bodily feelings. Diffuse and ❺a__________ symptoms regarded as normal in the past may be reconceptualised within the context of newly acquired knowledge of disease. ❻E__________ social stress may heighten bodily sensations through autonomic activation, making the student more aware of his bodily state and motivating him to ❼a__________ for what he is experiencing. The new information that the student may have about possible disease and the ❽s__________ between the symptoms of a particular condition and his own symptoms establishes a link that he would have more difficulty making if he were less ❾i__________. Furthermore, the student, in the process of acquiring new medical information, may begin to pay greater attention to his own bodily experiences and may also attempt to imagine how certain symptoms feel. This ❿t__________ to give attention to bodily feelings may assist the development of health anxiety.

*transient 일시적인 **autonomic 자율적인

해석 의대생이 느끼는 건강 불안

Mechanic 박사는 의과 대학의 학생들이 빠른 속도, 시험, 새로운 임상 경험을 처리할 때의 불안감, 기타 등등에서 오는 계속되는 스트레스에 노출된다고 주장했다. 따라서 학생들은 매우 빈번하게 감정적으로 자극을 받아 그 집단의 다른 사람들처럼 높은 발병률의 일시적인 증상을 경험한다. 질병에 대한 구체적인 지식을 접하게 됨으로써 학생들은 이전에 간과했던 신체의 느낌을 인지하고 의미를 부여하는 새로운 틀을 갖게 된다. 과거에는 정상적이라고 여겼던 널리 퍼져 있는 애매한 증상들이 새롭게 알게 된 질병에 대한 지식의 배경 안에서 다시 개념적으로 해석될 수도 있다. 현존하는 사회적 스트레스는 자율적인 활성화를 통해 신체 감각을 높여서 학생이 자신의 신체 상태를 더 의식하게 만들고 자신이 경험하고 있는 것을 설명하도록 자극할 것이다. 학생이 가능한 질병에 대해서 그리고 특정한 상태의 증상과 자기 자신의 증상과의 유사성에 대해서 얻게 될 수도 있는 새로운 정보는 그가 아는 것이 더 적다면 만들어 내기가 더 힘들 연관성을 확립한다. 더욱이 새로운 의학 정보를 획득하는 과정에서 학생은 자기 자신의 신체 경험에 대해서 더 큰 주의를 기울이기 시작할 것이고, 또한 특정 증상이 어떤 느낌을 주는지를 상상하려고 시도할 것이다. 신체의 느낌에 주의를 기울이는 이런 성향은 건강 불안이 생기는 데 일조할 수도 있다.

|정답| ❶proposed ❷clinical ❸symptoms ❹exposure ❺ambiguous ❻Existing ❼account ❽similarity ❾informed ❿tendency

propose
[prəpóuz]

동 주장하다, 의도하다, 제안하다 **proposal** 명 제안

Man **proposes**, computer performs.

인간이 의도하면 컴퓨터는 수행한다.

유 **intend** 의도하다 **suggest** 제안하다 반 **withdraw** 철회하다

rapid
[rǽpid]

형 빠른, 급한, 신속한

Banks collapsed in **rapid** succession, and children stopped going to school.

은행들은 빠르게 잇달아 파산했으며, 아이들은 등교를 중지했다.

유 **quick** 빠른 **swift** 신속한 반 **leisurely** 느긋한

examination
[igzæ̀mənéiʃən]

명 시험, 검사, 검진 **examine** 동 조사하다, 검사하다

Register online and get a pre-participation physical **examination**.

온라인으로 등록하고 참가 전 신체검사를 받으세요.

유 **scrutiny** 정밀 조사 **inspection** 점검 **test** 시험

clinical
[klínikəl]

형 임상의, 치료의, 꾸밈없는 **clinic** 명 진료소, 병원

There are also **clinical** cases that show the flip side of this coin.

이것의 다른 면을 보여 주는 임상 사례도 있다.

유 **objective** 객관적인 **plain** 숨김없는

Voca Plus

clinical diagnosis 임상 진단

clinical finding 임상 소견

arouse
[əróuz]

동 자극하다, 불러일으키다, 각성시키다

The plot is more than enough to **arouse** the curiosity of the public.

그 줄거리는 대중의 호기심을 불러일으키기에 충분하다.

유 **cause** 초래하다 **provoke** 유발하다 **stimulate** 자극하다

frequency
[fríːkwənsì]

명 빈번함, 빈도, 주파수, 진동수 **frequent** 형 빈번한 **frequently** 부 자주

We often misjudge the **frequency** of the events that have happened recently.

우리는 자주 최근에 발생한 사건들의 빈도를 잘못 판단한다.

population
[pὰpjuléiʃən]

명 집단, 인구, 주민, 개체군

In 1997, 36% of the rural **population** did not have electricity access.

1997년에 시골 인구의 36%가 전기를 이용할 수 없었다.

유 **inhabitant** 주민 **resident** 거주자, 주민

Voca Plus

population policy 인구 정책
population density 인구 밀도
the spread of population 인구 분포

prevalence
[prévələns]

명 발병률, 널리 퍼짐, 유행 **prevail** 동 널리 퍼지다

He was surprised by the **prevalence** of pessimism about the future.

그는 미래에 대한 비관론이 널리 퍼진 것에 놀랐다.

유 **commonness** 일반적임

symptom
[símptəm]

명 증상, 징후, 조짐

Consider a consumer who wants a product to relieve her cold **symptoms**.

감기 증상을 완화해 주는 제품을 원하는 고객을 생각해 보라.

유 **manifestation** 징후 **sign** 조짐

exposure
[ikspóuʒər]

명 접할 기회, 노출, 폭로 **expose** 동 노출하다

Universities need to offer students a wide **exposure** to different ideas.

대학에서는 학생들에게 다양한 아이디어를 폭넓게 접할 기회를 제공할 필요가 있다.

유 **publicity** 널리 알려짐, 공표

bodily
[bádəli]

형 신체의, 몸의 부 몸 전체로, 힘껏, 통째로

Sometimes we are just playing with **bodily** movements to see what happens.

가끔 우리는 어떤 일이 일어나는지 보기 위해 몸동작을 가볍게 다루어 본다.

유 **physical** 신체의 반 **spiritual** 정신의 **mental** 마음의

diffuse
[difjúːz]

형 널리 퍼져 있는, 분산된 동 분산시키다, 분산되다 **diffusion** 명 발산, 확산, 유포

A nebula is a huge, **diffuse** cloud of gas and dust in space.

성운은 우주에 있는 가스와 먼지로 된 거대한 널리 퍼져 있는 구름이다.

유 **spread** 퍼지다 반 **concentrate** 모으다

ambiguous
[æmbígjuəs]

형 애매한, 여러 가지로 해석할 수 있는 **ambiguity** 명 애매성, 애매모호함

The last part of his letter was deliberately **ambiguous**.

그의 편지의 마지막 부분은 의도적으로 애매하게 쓰였다.

유 **equivocal** 애매한 **vague** 희미한, 모호한 반 **unambiguous** 모호하지 않은

existing
[igzístiŋ]

형 현존하는, 기존의, 현행의

It results from breaking **existing** customs and stereotypes.

그것은 기존의 관습과 고정관념을 깬 결과이다.

유 **current** 현재의 **established** 확립된

heighten
[háitn]

동 높이다, 고조시키다, 고조되다 **height** 명 높이, 절정, 최고조

This campaign is intended to **heighten** public awareness.

이 캠페인은 대중의 의식을 높이기 위한 것이다.

반 **lower** 낮추다 **reduce** 줄이다

Voca & Voca

shorten 줄이다 **lengthen** 늘이다

strengthen 강화하다 **weaken** 약화시키다, 약해지다

activation
[æ̀ktəvéiʃən]

명 활성화 **activate** 동 작동시키다, 활성화시키다

The urban planning has been put into **activation**.

도시 계획이 활성화되어 왔다.

account
[əkáunt]

동 설명하다(~ for), 차지하다(~ for), 간주하다 명 설명, (은행) 계좌, 계산(서)

accountable 형 책임이 있는, 설명할 수 있는 **accountability** 명 책임

accountant 명 회계사

This utopian aspect of movies **accounts** for why we enjoy them so much.

영화의 이 이상적인 측면이 우리가 왜 그렇게 많이 영화를 즐기는지를 설명해 준다.

Sales in March **account** for nearly 30% of our annual revenue.

3월 매출이 당사 연간 수익의 30% 가까이 차지한다.

유 **explanation** 설명 **description** 기술 **report** 보고

similarity
[sìməlǽrəti]

명 유사성 **similar** 형 비슷한

The present paper examines the **similarity** between the two groups.

본 논문은 두 집단 사이의 유사성을 검토한다.

유 **resemblance** 유사함 **likeness** 닮음

informed
[infɔ́:rmd]

형 알고 있는, (잘) 아는, 유식한

He is not fully **informed** about the changes.

그는 그 변경 사항들에 대해 완전히 알고 있지 못하다.

유 **knowledgeable** 아는 것이 많은 **learned** 박학한, 박식한

tendency
[téndənsi]

명 성향, 경향, 추세

He has a natural **tendency** towards caution.

그는 타고난 신중한 성향이 있다.

유 **inclination** 성향 **trend** 추세

Synonym & Antonym

유의어와 반의어를 확인해 보는 시간입니다. 밑줄 친 단어의 유의어 혹은 반의어를 주어진 철자로 시작하여 써 보세요.

01 Man proposes, computer performs. ㊌ i________

02 in rapid succession ㊌ q________

03 bodily movements ㊌ p________

04 existing customs and stereotypes ㊌ c________

05 to heighten public awareness ㊎ l________

06 the similarity between the two groups ㊌ r________

07 a natural tendency towards caution ㊌ i________

|정답| 01 intend 02 quick 03 physical 04 current 05 lower 06 resemblance 07 inclination

Vocabulary Extension

이제 품사가 다른 여러 형태의 단어를 학습해 보겠습니다. [보기]의 단어를 변형하여 빈칸에 들어갈 알맞은 말을 써 보세요.

보기 prevalence account propose diffuse ambiguous

01 His ________ was met with unanimous rejection.

02 I will rule them by fixed laws so that rest and happiness shall ________ in the world.

03 Sometimes, the ________ of wrong information is made through the Internet.

04 We wish to clarify any ________ concerning our demands.

05 You should not be held ________ for something over which you do not have any authority.

|정답| 01 proposal 02 prevail 03 diffusion 04 ambiguity 05 accountable

|해석| 01 그의 제안은 만장일치로 부결되었다. 02 나는 정률(定律)로 그들을 다스려 세상에 평온함과 행복이 널리 퍼지게 할 것이다. 03 때때로 잘못된 정보의 확산은 인터넷을 통해 이루어진다. 04 우리는 우리의 요구와 관련하여 어떠한 애매성이라도 분명히 하고 싶다. 05 여러분에게 권한이 전혀 없는 것에 대한 책임이 지워져서는 안 된다.

Choosing the Right Word

가장 적절한 단어가 어떤 것인지 확인하는 시간입니다. 주어진 문장에 들어갈 가장 적절한 단어를 네모 안에서 골라 보세요.

01 Register online and get a pre-participation physical examination / frequency.

02 There are also imaginary / clinical cases that show the flip side of this coin.

03 The plot is more than enough to arouse / differ the curiosity of the public.

04 In 1997, 36% of the rural activation / population did not have electricity access.

05 He was surprised by the examination / prevalence of pessimism about the future.

06 Consider a consumer who wants a product to relieve her cold accounts / symptoms.

07 A nebula is a huge, ambiguous / diffuse cloud of gas and dust in space.

08 The urban planning has been put into activation / symptom.

09 This utopian aspect of movies accounts / arouses for why we enjoy them so much.

10 He is not fully diffuse / informed about the changes.

|정답| 01 examination 02 clinical 03 arouse 04 population 05 prevalence 06 symptoms 07 diffuse 08 activation 09 accounts 10 informed

|해석| 01 온라인으로 등록하고 참가 전 신체검사를 받으세요. 02 이것의 다른 면을 보여 주는 임상 사례도 있다. 03 그 줄거리는 대중의 호기심을 불러일으키기에 충분하다. 04 1997년에 시골 인구의 36%가 전기를 이용할 수 없었다. 05 그는 미래에 대한 비관론이 널리 퍼진 것에 놀랐다. 06 감기 증상을 완화해 주는 제품을 원하는 고객을 생각해 보라. 07 성운은 우주에 있는 가스와 먼지로 된 거대한 널리 퍼져 있는 구름이다. 08 도시 계획이 활성화되어 왔다. 09 영화의 이 이상적인 측면이 우리가 왜 그렇게 많이 영화를 즐기는지를 설명해 준다. 10 그는 그 변경 사항들에 대해 완전히 알고 있지 못하다.

Unit 24

Language: An Evolutionary Product

▌이번 단원에서 학습하게 될 단어들입니다. 이미 알고 있는 단어에 V 표시해 보세요.

☐ adapted	☐ issue	☐ gossip	☐ allege
☐ linguist	☐ lip	☐ tongue	☐ vocal
☐ cord	☐ throat	☐ massively	☐ evidently
☐ arise	☐ entail	☐ enormously	☐ evolution
☐ complexity	☐ gradual	☐ mate	☐ parallel

▌주어진 단어를 알맞은 뜻과 연결해 보세요. 단어의 뜻을 모르면 아래 정답에서 확인해 보세요.

01	issue	•	• a	발성의, 목소리의
02	linguist	•	• b	진화, 발전
03	tongue	•	• c	발생하다, 생기다
04	vocal	•	• d	목, 목구멍
05	throat	•	• e	언어학자
06	arise	•	• f	주제, 문제, 쟁점
07	entail	•	• g	점진적인, 완만한
08	evolution	•	• h	혀, 언어
09	gradual	•	• i	짝, 친구
10	mate	•	• j	수반하다

|정답| 01 f 02 e 03 h 04 a 05 d 06 c 07 j 08 b 09 g 10 i

▌해석은 한 번에 가능하지 않습니다. 해석이 잘되지 않더라도 먼저 아랫글을 단숨에 읽어 보세요.

Language seems especially **adapted** to communication about social matters. Among other things (그중에서도), Robin Dunbar has shown that most conversation today is about face-to-face social **issues** — **gossip**. The need for such complex social fine-tuning would have increased with group size, brain size, and the need to forage widely for high-quality foods. It is sometimes **alleged**, by **linguists**, that language must have been "invented" at some recent point in the past. This is not the case (사실이 아니다, 실제로는 그렇지 않다). The human **lips**, **tongue**, **vocal cords**, and **throat** are **massively** altered to allow complex linguistic production, and the human brain has specific centers for language processing (though they **evidently arose** from simpler and less tightly **entailed** structures). These are all **enormously** different from anything a chimpanzee has and indicate a very long period of very active **evolution**. Human communication took a long time (오랜 시간이 걸렸다) to reach its present level of **complexity**, and the change was **gradual**. Social foraging had much to do with (have much to do with: ~와 많은 관련이 있다) that though social problems such as finding a **mate** must have been major factors as well. Language is clearly a phenomenon of large groups. It is also tightly tied to (~와 연결된) long range complex planning. Nothing close is known among apes; the nearest **parallel** is birdsong, which also involves considerable learning in group contexts. However, birdsong communicates a limited range of messages to a small local community; language is designed to do more.

▌본문의 의미가 이해되나요? 원어민 선생님이 읽어 주시는 지문을 들으며 다시 한 번 읽어 보세요.

Fill in the Blanks

▌본문의 내용을 기억하며 다시 읽어 볼 차례입니다. 이번에는 글을 읽으면서 빈칸에 들어갈 단어를 주어진 철자로 시작하여 써 보세요.

Language: An Evolutionary Product

Language seems especially ❶a__________ to communication about social matters. Among other things, Robin Dunbar has shown that most conversation today is about face-to-face social issues — ❷g__________. The need for such complex social fine-tuning would have increased with group size, brain size, and the need to forage widely for high-quality foods. It is sometimes ❸a__________, by linguists, that language must have been "invented" at some recent point in the past. This is not the case. The human ❹l__________, tongue, vocal cords, and throat are massively altered to allow complex linguistic production, and the human brain has specific centers for language processing (though they evidently ❺a__________ from simpler and less tightly entailed structures). These are all enormously different from anything a chimpanzee has and indicate a very long period of very active ❻e__________. Human communication took a long time to reach its present level of ❼c__________, and the change was ❽g__________. Social foraging had much to do with that — though social problems such as finding a ❾m__________ must have been major factors as well. Language is clearly a phenomenon of large groups. It is also tightly tied to long range complex planning. Nothing close is known among apes; the nearest ❿p__________ is birdsong, which also involves considerable learning in group contexts. However, birdsong communicates a limited range of messages to a small local community; language is designed to do more.

해석 언어: 진화의 산물

언어는 사회적 사안들에 관한 의사소통에 특히 적합한 듯하다. 그중에서도 Robin Dunbar는 오늘날의 대부분 대화는 대면하여 진행되는 사교상의 주제, 즉 세상 돌아가는 이야기라는 점을 밝혔다. 대단히 복잡한 사교적인 미세 조정의 필요성은 집단의 규모, 뇌의 크기, 그리고 품질이 좋은 식량을 널리 찾아다녀야 하는 필요성과 함께 증가했을 것이다. 때때로 언어는 과거의 멀지 않은 어느 시점에 '발명되었음'에 틀림없다고 언어학자들에 의해 주장된다. 이것은 사실이 아니다. 인간의 입술, 혀, 성대, 그리고 목은 복잡한 언어 생성이 가능하도록 크게 변형되어 있으며, (그런 기관들이 분명히 더 단순하고 덜 긴밀하게 수반된 구조로부터 발생하기는 했지만) 인간의 뇌는 언어를 처리하는 특정한 중추를 가지고 있다. 이것들은 모두 침팬지가 갖고 있는 그 어떤 것과도 매우 다르며 아주 오랜 기간 동안의 매우 역동적인 진화임을 보여 준다. 인간의 의사소통은 현재의 복잡성의 단계에 도달하기까지 오랜 시간이 걸렸고, 그 변화는 점진적이었다. 짝을 찾는 것과 같은 사회적 문제들도 틀림없이 주된 요인이었을 것이지만, 사회적 식량 채집 활동이 그 의사소통과 많은 관련이 있었다. 언어는 분명히 큰 집단에서의 현상이다. 언어는 또한 장기적인 복잡한 계획과 긴밀하게 연결되어 있다. 유인원들 사이에서 이와 비슷한 것은 알려진 것이 없으며, 가장 유사한 것이 새의 지저귐인데, 그것도 또한 집단 환경에서 상당한 학습을 필요로 한다. 그러나 새가 지저귀는 소리는 작은 지역의 집단에게 제한된 범위의 메시지를 전달한다. 언어는 그 이상의 기능을 하도록 설계되어 있다.

|정답| ❶adapted ❷gossip ❸alleged ❹lips ❺arose ❻evolution ❼complexity ❽gradual ❾mate ❿parallel

adapted
[ədǽptid]

형 적합한(~ to), 각색한, 개조된 **adapt** 동 적응하다(~ to) **adaptation** 명 적응, 각색
This trail is not **adapted** to beginners in mountain bike riding.
이 길은 산악자전거를 타는 초보자에게는 적합하지 않다.
유 **suitable** 적합한 **fit** 어울리는 **revised** 수정한

issue
[íʃuː]

명 주제, 문제, 쟁점, 발행, 발행본 동 발행하다, 발표하다
Some **issues** impact each of you and perhaps others (your children or coworkers).
몇몇 문제는 여러분 각자에게 그리고 아마도 다른 사람들(자녀나 동료들)에게 영향을 미칠 것이다.
We **issue** a yearly desk diary for local businesses.
저희는 지역 사업체를 위한 연간 업무 일지를 발행합니다.
유 **matter** 문제 **edition** (출간된 책의) 판

gossip
[gɑ́səp]

명 세상 돌아가는 이야기, 뒷공론, 험담 동 남 얘기를 하다
The knowledge of another's personal affairs can tempt one to repeat this information as **gossip**.
다른 사람의 개인적인 일에 대해 아는 것은 이 정보를 뒷공론으로 반복하도록 부추길 수 있다.
유 **chat** 수다(를 떨다)

allege
[əlédʒ]

동 주장하다, 내세우다 **alleged** 형 추정되는, 주장되는
She **alleged** that the police forced her to make false confessions.
그녀는 경찰이 강제로 자신이 거짓 자백을 하게 만들었다고 주장했다.
유 **claim** 주장하다 **state** 진술하다 **assert** 단언하다, 역설하다

linguist
[líŋgwist]

명 언어학자 **linguistics** 명 언어학
She is reputed to be a great **linguist**.
그녀는 뛰어난 언어학자로 평판이 나 있다.

Voca & Voca

philosopher 철학자	**sociologist** 사회학자	**economist** 경제학자
psychologist 심리학자	**physicist** 물리학자	**astronomer** 천문학자

lip
[lip]

명 입술, 가장자리, 테두리
Christie had to bite her **lip** from laughing.
Christie는 웃음이 나오지 않도록 자신의 입술을 깨물어야 했다.
유 **edge** 가장자리 **rim** 테두리

tongue
[tʌŋ]

명 혀, 언어

The snake's **tongue** flicked out.

뱀이 혀를 획 날름거렸다.

유 **language** 언어

vocal
[vóukəl]

형 발성의, 목소리의, 소리 높여 항의하는 명 (음악의) 보컬

String instruments correspond to voice production by the **vocal** cord.

현악기는 성대가 만들어 내는 소리에 상응한다.

유 **oral** 입의, 구두의

cord
[kɔːrd]

명 (신체) 대(帶), (전기) 코드, 줄, 끈

Do not unplug it by pulling on the **cord**; rather, pull it out by the plug.

코드를 당겨서 플러그를 뽑지 말고 플러그를 당겨 뽑으십시오.

유 **string** 줄 **strap** 끈, 띠

Voca Plus

vocal cord 성대(聲帶) **spinal cord** 척수

throat
[θrout]

명 목, 목구멍

He could feel how his **throat** tightened while he delivered his lines.

그는 대사를 말하는 동안 어떻게 자신의 목구멍이 조여지는지를 느낄 수 있었다.

massively
[mǽsivli]

부 크게, 묵직하게, 대량으로, 대규모로 **massive** 형 큰 덩어리의, 육중한

Hot showers **massively** improve blood circulation.

온수로 샤워하는 것은 혈액 순환을 크게 개선한다.

유 **enormously** 엄청나게

evidently
[évədəntli]

부 분명히, 명백히, 듣자 하니, 본 바로는

Evidently, he had nothing to do with the whole affair.

듣자 하니, 그는 그 모든 일과 아무런 관련이 없었다.

유 **seemingly** 보아 하니 **obviously** 명백히

arise
[əráiz]

동 발생하다, 생기다, 일어나다

The problems that undermine their efforts to succeed **arise** from numerous sources.

성공하고자 하는 그들의 노력을 약화하는 문제는 수많은 원인에서 생겨난다.

유 **occur** 일어나다

entail
[intéil]

동 수반하다

Some discoveries seem to **entail** numerous phases and discoverers.

몇몇 발견은 무수한 단계와 발견자들을 수반하는 것처럼 보인다.

유 **involve** 포함하다, 수반하다 **require** 요구하다

enormously
[inɔ́ːrməsli]

부 매우, 엄청나게, 대단히 enormous 형 막대한, 거대한

Every individual is an **enormously** complicated bundle of characteristics.

모든 개체는 엄청나게 복잡한 특질들의 집합체이다.

유 **considerably** 상당히 **extremely** 극히 반 **moderately** 적당히

evolution
[èvəlúːʃən]

명 진화, 발전 evolutionary 형 진화의, 발전의

A complete scientific explanation of moral **evolution** in the human species is a very long way off.

인간 종의 도덕적 진화에 대한 완전한 과학적 설명은 까마득히 멀다.

유 **development** 발달 **growth** 성장

complexity
[kəmpléksəti]

명 복잡성 complex 형 복잡한 명 (건물 등의) 집합체

Some decisions by their nature present great **complexity**.

몇몇 결정들은 그 본질상 엄청나게 복잡하다.

유 **complication** 복잡함 반 **simplicity** 간단함

gradual
[grǽdʒuəl]

형 점진적인, 완만한 gradually 부 점차

Changes in direction are fairly **gradual**.

방향 변화는 상당히 점진적이다.

반 **abrupt** 갑작스러운 **steep** 급격한, 가파른

mate
[meit]

명 짝, 친구

A male bird usually sings to attract a **mate**.

새의 수컷은 짝을 유혹하기 위해 보통 노래를 한다.

유 **companion** 동반자 **partner** 파트너

parallel
[pǽrəlèl]

형 아주 유사한, 평행의, 평행한 명 유사점, 유사한 것 동 ~에 평행시키다

Two toy cars were shown running synchronously on **parallel** tracks.

두 대의 장난감 자동차가 동시에 평행 선로에서 달리고 있는 것을 보여 주었다.

유 **similar** 유사한

Synonym & Antonym

유의어와 반의어를 확인해 보는 시간입니다. 밑줄 친 단어의 유의어 혹은 반의어를 주어진 철자로 시작하여 써 보세요.

01 Hot showers massively improve blood circulation. ㊌ e__________

02 arise from numerous sources ㊌ o__________

03 entail numerous phases and discoverers ㊌ i__________

04 an enormously complicated bundle of characteristics ㊤ m__________

05 moral evolution in the human species ㊌ d__________

06 great complexity ㊤ s__________

07 Changes in direction are fairly gradual. ㊤ a__________

|정답| 01 enormously 02 occur 03 involve 04 moderately 05 development 06 simplicity 07 abrupt

Vocabulary Extension

이제 품사가 다른 여러 형태의 단어를 학습해 보겠습니다. [보기]의 단어를 변형하여 빈칸에 들어갈 알맞은 말을 써 보세요.

보기 adapted allege evolution gradual linguist

01 For nearly two centuries we have been accumulating fossils and other evidence to explain the __________ history of humans.

02 A(n) __________ fact has been stated but has not been proved to be true.

03 __________ includes a diverse range of subjects such as phonetics and semantics.

04 Knowledge of water use is vital in understanding the __________ of desert species to hot environments.

05 As water __________ evaporates from the bandages, this cools the skin and helps relieve inflammation.

|정답| 01 evolutionary 02 alleged 03 Linguistics 04 adaptation 05 gradually

|해석| 01 거의 2세기 동안 우리는 인간의 진화의 역사를 설명하기 위해 화석과 다른 증거들을 축적해 왔다. 02 추정된 사실이 진술되었지만 사실로 증명되지는 않았다. 03 언어학은 음성학이나 의미론 같은 다양한 과목을 포함한다. 04 물의 사용에 관한 지식은 사막의 종들의 더운 환경에의 적응을 이해하는 데 필수적이다. 05 붕대에서 물이 점차 증발하기 때문에, 이것은 피부를 식히고 염증을 완화하는 데 도움을 준다.

Choosing the Right Word

가장 적절한 단어가 어떤 것인지 확인하는 시간입니다. 주어진 문장에 들어갈 가장 적절한 단어를 네모 안에서 골라 보세요.

01 This trail is not adapted / alledged to beginners in mountain bike riding.

02 Some issues / parallels impact each of you and perhaps others (your children or coworkers).

03 The knowledge of another's personal affairs can tempt one to repeat this information as cord / gossip.

04 She alleged / entailed that the police forced her to make false confessions.

05 Christie had to bite her lip / throat from laughing.

06 The snake's lip / tongue flicked out.

07 Do not unplug it by pulling on the cord / issue; rather, pull it out by the plug.

08 He could feel how his gossip / throat tightened while he delivered his lines.

09 A male bird usually sings to attract a mate / tongue.

10 Two toy cars were shown running synchronously on parallel / vocal tracks.

|정답| 01 adapted 02 issues 03 gossip 04 alleged 05 lip 06 tongue 07 cord 08 throat 09 mate 10 parallel

|해석| 01 이 길은 산악자전거를 타는 초보자에게는 적합하지 않다. 02 몇몇 문제는 여러분 각자에게 그리고 아마도 다른 사람들(자녀나 동료들)에게 영향을 미칠 것이다. 03 다른 사람의 개인적인 일에 대해 아는 것은 이 정보를 뒷공론으로 반복하도록 부추길 수 있다. 04 그녀는 경찰이 강제로 자신이 거짓 자백을 하게 만들었다고 주장했다. 05 Christie는 웃음이 나오지 않도록 자신의 입술을 깨물어야 했다. 06 뱀이 혀를 휙 날름거렸다. 07 코드를 당겨서 플러그를 뽑지 말고 플러그를 당겨 뽑으십시오. 08 그는 대사를 말하는 동안 어떻게 자신의 목구멍이 조여지는지를 느낄 수 있었다. 09 새의 수컷은 짝을 유혹하기 위해 보통 노래를 한다. 10 두 대의 장난감 자동차가 동시에 평행 선로에서 달리고 있는 것을 보여 주었다.

Unit 25

Who Are Behind the Scenes?

▌이번 단원에서 학습하게 될 단어들입니다. 이미 알고 있는 단어에 V 표시해 보세요.

☐ broadcast	☐ background	☐ electronics	☐ engineering
☐ operator	☐ regulate	☐ transmit	☐ edit
☐ announcer	☐ audience	☐ auditorium	☐ arena
☐ profession	☐ amplifier	☐ projector	☐ audio
☐ setup	☐ advance	☐ physics	☐ appealing

▌주어진 단어를 알맞은 뜻과 연결해 보세요. 단어의 뜻을 모르면 아래 정답에서 확인해 보세요.

01 broadcast	•	•	a	조작자, 운전자
02 electronics	•	•	b	전송하다, 전염시키다
03 operator	•	•	c	전자 공학
04 transmit	•	•	d	방송하다
05 edit	•	•	e	(카메라·마이크·배우 등의) 설정, 배치
06 setup	•	•	f	시청자, 청중, 관중
07 audience	•	•	g	편집하다
08 auditorium	•	•	h	조절하다, 규제하다
09 projector	•	•	i	강당
10 regulate	•	•	j	영사기

|정답| 01 d 02 c 03 a 04 b 05 g 06 e 07 f 08 i 09 j 10 h

Vocabulary in Reading Context

해석은 한 번에 가능하지 않습니다. 해석이 잘되지 않더라도 먼저 아랫글을 단숨에 읽어 보세요.

Without **broadcast** technicians, there'd be no MTV, no sitcoms, no reality shows. Most technicians have a strong **background** in **electronics** and even a basic knowledge of electrical **engineering**. 5

Operators run cameras, lights, microphones, and the control boards that **regulate** the sounds and images being **transmitted**. (전송되고 있는 소리와 이미지들) Using computers, these technicians may also **edit** images or sounds. In a newscast, an operator brings up still images behind the **announcer** and types names beneath the image of the people being interviewed to identify them. 10

Audiovisual (AV) technicians are to live **audiences** (those who are actually present in an **auditorium** or **arena**) what broadcast technicians are to broadcast audiences. (*A* is to *B* what *C* is to *D*: A와 B의 관계는 C와 D의 관계와 같다) Tools for the AV **profession** include equipment such as **amplifiers**, **projectors**, digital **audio** systems, and speakers. Of course, different types of presentations require different types of equipment. Some jobs require just a basic **setup**. Other productions, say something on the scale of a big name concert (유명 콘서트), can require upwards of (~ 이상의) 25 tons of equipment! As technology **advances**, the required knowledge for technicians will become more advanced. A background in advanced math and **physics** can help with later technical training, and an artistic eye can actually benefit the technician who often must present images and sounds in an **appealing** way. 15 20

본문의 의미가 이해되나요? 원어민 선생님이 읽어 주시는 지문을 들으며 다시 한 번 읽어 보세요.

Fill in the Blanks

▌본문의 내용을 기억하며 다시 읽어 볼 차례입니다. 이번에는 글을 읽으면서 빈칸에 들어갈 단어를 주어진 철자로 시작하여 써 보세요.

Who Are Behind the Scenes?

Without ❶b__________ technicians, there'd be no MTV, no sitcoms, no reality shows. Most technicians have a strong ❷b__________ in electronics and even a basic knowledge of electrical engineering.

❸O__________ run cameras, lights, microphones, and the control boards that regulate
5 the sounds and images being ❹t__________. Using computers, these technicians may also edit images or sounds. In a newscast, an operator brings up still images behind the announcer and types names beneath the image of the people being interviewed to identify them.

Audiovisual (AV) technicians are to live ❺a__________ (those who are actually present in an ❻a__________ or arena) what broadcast technicians are to broadcast audiences.
10 Tools for the AV profession include equipment such as amplifiers, projectors, digital ❼a__________ systems, and speakers. Of course, different types of presentations require different types of equipment. Some jobs require just a basic setup. Other productions, say something on the scale of a big name concert, can require upwards of 25 tons of equipment! As technology ❽a__________, the required knowledge for technicians will become more
15 advanced. A background in advanced math and ❾p__________ can help with later technical training, and an artistic eye can actually benefit the technician who often must present images and sounds in an ❿a__________ way.

해석 누가 장면들 뒤에 있나?

방송 기술자들이 없다면, MTV도, 시트콤도, 리얼리티 쇼도 없을 것이다. 대부분의 기술자들은 전자 공학에서의 강력한 배경이 있고 전기 공학의 기본적인 지식까지도 갖추고 있다.

조작자들은 카메라, 조명, 마이크와 전송되고 있는 소리와 이미지를 조절하는 제어판을 작동한다. 컴퓨터를 사용하여, 이런 기술자들은 또한 이미지나 소리를 편집할 수도 있다. 뉴스 프로에서 조작자는 정지한 이미지를 방송 진행자 뒤에 올리고 인터뷰를 받는 사람들을 확인하기 위해 그들의 이미지 아래에 이름을 타자로 쳐 넣는다.

음향 영상(AV) 기술자들과 생방송 청중(실지로 강당이나 공연장에 있는 사람들)의 관계는 방송 기술자들과 방송의 시청자와의 관계와 같다. 음향 영상직을 위한 도구는 앰프, 영사기, 디지털 음향 시스템과 스피커와 같은 장비를 포함한다. 물론, 다양한 종류의 연출은 다양한 종류의 장비를 필요로 한다. 몇몇 작업들은 기본적인 설정만 필요로 한다. 예를 들어, 유명 콘서트와 같은 규모의 행사와 같은 다른 제작은 25톤 이상의 장비를 필요로 할 수도 있다! 기술이 발전함에 따라, 기술자들에게 요구되는 지식이 더 진보할 것이다. 고급 수학과 물리학에서의 배경(지식)은 이후의 기술적인 훈련에 도움이 될 수 있고, 예술적인 안목은 자주 이미지와 소리를 매력적인 방식으로 제시해야 하는 기술자들에게 실제로 도움이 될 수 있다.

|정답| ❶broadcast ❷background ❸Operators ❹transmitted ❺audiences ❻auditorium ❼audio ❽advances ❾physics ❿appealing

broadcast
[brɔ́ːdkæ̀st]

동 방송하다(-broadcast-broadcast) 명 방송

The talk show will be **broadcast** live.

그 토크쇼는 라이브로 방송될 것이다.

유 **telecast** 텔레비전 방송을 하다

background
[bǽkgràund]

명 배경(지식), 배경색

We are looking for a person with a medical **background**.

우리는 의학적인 배경(지식)이 있는 사람을 찾고 있다.

electronics
[ilèktrɑ́niks]

명 전자 공학, 전자 제품 **electronic** 형 전자의, 전자에 의한

electronically 부 전자적으로

I have been interested in **electronics** since I was a child.

나는 아이였을 때부터 전자 공학에 관심이 있었다.

The new tablet computer is at the **electronics** store.

그 새로운 태블릿 컴퓨터는 전자 제품 가게에 있다.

Voca & Voca

▸ electronics 전자 공학, 전자 제품

home electronics 가전제품 **the electronics industry** 전자 기술 산업

▸ electric 전기의

the electric bill 전기 요금 **an electric kettle** 전기 주전자

engineering
[èndʒəníː(ː)əriŋ]

명 공학, 공학 기술 **engineer** 명 공학자

Genetic **engineering** is one of the hottest research fields.

유전 공학은 가장 인기 있는 연구 분야 중 하나이다.

operator
[ɑ́pərèitər]

명 조작자, 운전자 **operate** 동 조작하다, 운전하다 **operation** 명 조작, 운전

The camera **operator** was fixing the cameras.

그 카메라 조작자는 카메라를 고정하고 있었다.

유 **technician** 기술자

regulate
[régjulèit]

동 조절하다, 규제하다 **regulation** 명 규제, 조절 **regulatory** 형 조절하는, 규제하는

Sweating **regulates** our body temperature.

땀을 흘리는 것은 우리의 체온을 조절한다.

유 **control** 지배[통제/장악]하다

transmit
[trænsmít]

동 전송하다, 전염시키다 **transmission** 명 전송, 전염 **transmitter** 명 송신기

This machine **transmits** images to the receiver.

이 기계는 이미지를 수신기로 전송한다.

There are many ways the virus can be **transmitted**.

바이러스가 전염될 수 있는 수많은 경로가 있다.

edit
[édit]

동 편집하다 **edition** 명 (책의) 판, 회 **editor** 명 편집자

Lily will **edit** all the articles we have sent to her.

Lily는 우리가 보낸 모든 기사를 편집할 것이다.

유 **revise** 수정하다

announcer
[ənáunsər]

명 방송 진행자, 아나운서 **announce** 동 발표하다, 알리다

The **announcer** said an earthquake hit the southern regions.

방송 진행자는 지진이 남부 지방을 강타했다고 말했다.

audience
[ɔ́:diəns]

명 청중, 관중, 시청자

The **audience** gave him a loud applause.

청중은 그에게 큰 박수를 보냈다.

유 **spectator** 관객

auditorium
[ɔ̀:ditɔ́:riəm]

명 강당, 객석, 방청석

The school play will be held at the school **auditorium**.

학교 연극은 학교 강당에서 개최될 것이다.

유 **theater** 극장

arena
[ərí:nə]

명 (원형) 경기장[공연장]

About 20,000 people went to the **arena** for the concert.

약 2만 명의 사람들이 콘서트를 보려고 그 공연장에 갔다.

유 **stage** 무대

Voca & Voca

- arena (원형) 공연장[경기장]
  a hockey arena 하키 경기장
- ballpark 야구장
  a domed ballpark 돔으로 덮인 야구장
- stadium 경기장
  a football stadium 축구 경기장

profession
[prəféʃən]

명 직업, 전문직 **professional** 형 전문적인 명 전문가

You are the future leaders in the **profession**.

여러분은 그 직업에서 미래 지도자이다.

유 **occupation** 직업

amplifier
[ǽmpləfàiər]

명 앰프, 증폭기 amplify 동 증폭시키다 ample 형 광대한, 넓은
amplification 명 증폭, 확대

The **amplifier** turned his whisper into a roar.
그 앰프는 그의 속삭임을 포효로 바꾸었다.

projector
[prədʒéktər]

명 영사기 project 동 (빛·영상 등을) 비추다[투사하다] projection 명 영사, 투영

We need to turn on the **projector** to see the video.
우리는 비디오를 보려면 영사기를 켜야 한다.

audio
[ɔ́:diòu]

형 (녹음된) 음향의, 음성의, 녹음의 audible 형 들릴 수 있는

The theater's **audio** equipment is really great.
그 극장의 음향 장비는 정말 좋다.

Voca & Voca

▸ audio 음성의, 녹음의
an audio file recorded on the computer 컴퓨터에 녹음된 음성 파일

▸ video 화상의; 비디오
a video chat 화상 채팅

setup
[sétʌ̀p]

명 (카메라·마이크·배우 등의) 설정, 배치, 위치, 구조

Change the sound options and speaker **setup**.
소리 옵션과 스피커의 설정을 바꾸시오.

advance
[ədvǽns]

동 (지식·기술 등이) 발전하다 명 발전 advanced 형 상급의, 고급의

The research will **advance** our understanding of cancer.
그 연구는 우리의 암에 대한 이해를 발전시킬 것이다.

The school offers **advanced** mathematics courses.
그 학교는 상급 수학 과정을 제공한다.

유 **higher** 더 상급의

physics
[fíziks]

명 물리학 physical 형 물리의, 신체적인

The next class is **physics**, so I'll go and get my textbook.
다음 수업은 물리학이라서 가서 내 교과서를 가져오겠다.

Voca & Voca

▸ physics 물리학
particle physics 입자 물리학

▸ chemistry 화학
organic chemistry 유기 화학

▸ biology 생물학
marine biology 해양 생물학

appealing
[əpí:liŋ]

형 매력적인, 호소하는 appealingly 부 매력적으로, 애원하듯 appeal 동 호소하다

The metaphor was very **appealing**, so it spread fast.
그 비유는 매우 매력적이어서 그것은 빠르게 퍼졌다.

유 **attractive** 매력적인 반 **unappealing** 매력이 없는

Synonym & Antonym

유의어와 반의어를 확인해 보는 시간입니다. 밑줄 친 단어의 유의어 혹은 반의어를 주어진 철자로 시작하여 써 보세요.

01 held at the school auditorium ㊌ t__________

02 advanced mathematics courses ㊌ h__________

03 The metaphor was very appealing. ㊥ u__________

04 edit all the articles ㊌ r__________

05 the camera operator ㊌ t__________

06 tools for the AV profession ㊌ o__________

07 Sweating regulates our body temperature. ㊌ c__________

| 정답 | 01 theater 02 higher 03 unappealing 04 revise 05 technician 06 occupation 07 control

Vocabulary Extension

이제 품사가 다른 여러 형태의 단어를 학습해 보겠습니다. [보기]의 단어를 변형하여 빈칸에 들어갈 알맞은 말을 써 보세요.

보기 audio edit engineering physics regulate

01 The new __________ targets the factories that produce pollutants.

02 The interview was reported in the Sunday __________ of the newspaper.

03 Stretching every one or two hours is good for mental and __________ health.

04 His apology for his mistake was barely __________ to a few people sitting near the side door.

05 I am the head __________ at a shoe company, and I am in charge of the team that makes new designs.

| 정답 | 01 regulation 02 edition 03 physical 04 audible 05 engineer

| 해석 | 01 새로운 규제는 오염 물질을 만드는 공장들을 겨냥한다. 02 인터뷰는 신문의 일요판에 보도되었다. 03 한두 시간마다 스트레칭을 하는 것은 정신과 신체 건강에 좋다. 04 자신의 실수에 대한 그의 사과는 옆문 옆에 앉았던 몇 명의 사람들에게 간신히 들릴 수 있었다. 05 나는 신발 회사의 수석 공학 기사이고 새 디자인을 만드는 팀을 책임지고 있다.

Choosing the Right Word

가장 적절한 단어가 어떤 것인지 확인하는 시간입니다. 주어진 문장에 들어갈 가장 적절한 단어를 네모 안에서 골라 보세요.

01 You are the future leaders in the profession / projector.

02 The amplifier / audio turned his whisper into a roar.

03 About 20,000 people went to the arena / projector for the concert.

04 The new tablet computer is at the broadcast / electronics store.

05 We are looking for a person with a medical background / audience.

06 Genetic engineering / appealing is one of the hottest research fields.

07 As technology advances / transmits, the required knowledge for technicians will become more advanced.

08 In a newscast, an operator brings up still images behind the announcer / regulation and types names beneath the image of the people being interviewed to identify them.

09 Editors / Operators run cameras, lights, microphones, and the control boards that regulate the sounds and images being transmitted.

10 A background in advanced math and physics / setup can help with later technical training, and an artistic eye can actually benefit the technician who often must present images and sounds in an appealing way.

|정답| 01 profession 02 amplifier 03 arena 04 electronics 05 background 06 engineering 07 advances 08 announcer 09 Operators 10 physics

|해석| 01 여러분은 그 직업에서 미래 지도자이다. 02 그 앰프는 그의 속삭임을 포효로 바꾸었다. 03 약 2만 명의 사람들이 콘서트를 보려고 그 공연장에 갔다. 04 그 새로운 태블릿 컴퓨터는 전자 제품 가게에 있다. 05 우리는 의학적인 배경(지식)이 있는 사람을 찾고 있다. 06 유전 공학은 가장 인기 있는 연구 분야 중 하나이다. 07 기술이 발전함에 따라, 기술자들에게 요구되는 지식이 더 진보할 것이다. 08 뉴스 프로에서 조작자는 정지한 이미지를 방송 진행자 뒤에 올리고 인터뷰를 받는 사람들을 확인하기 위해 그들의 이미지 아래에 이름을 타자로 쳐 넣는다. 09 조작자들은 카메라, 조명, 마이크와 전송되고 있는 소리와 이미지를 조절하는 제어판을 작동한다. 10 고급 수학과 물리학에서의 배경(지식)은 이후의 기술적인 훈련에 도움이 될 수 있고, 예술적인 안목은 자주 이미지와 소리를 매력적인 방식으로 제시해야 하는 기술자들에게 실제로 도움이 될 수 있다.

Review Test 5

▌학습한 내용은 꾸준히 복습하지 않으면 누구나 며칠 만에 절반 이상을 망각하게 된다고 합니다. 지금 다시 한 번 간단히 복습하면 기억을 되살릴 수 있습니다. 21~25강에서 공부한 내용을 복습해 봅시다.

A 우리말은 영어로, 영어는 우리말로 쓰시오.

01	감정적인, 정서의	e__________	11	descriptive	__________
02	밝히다, 드러내다	r__________	12	accidental	__________
03	~하는 체하다, 가장하다	p__________	13	duration	__________
04	경쟁자, 경쟁, 시합	c__________	14	acknowledgment	__________
05	의도하다, 제안하다	p__________	15	exposure	__________
06	기존의, 현행의	e__________	16	clinical	__________
07	발성의, 목소리의	v__________	17	entail	__________
08	생기다, 일어나다	a__________	18	linguist	__________
09	강당, 객석, 방청석	a__________	19	profession	__________
10	물리학	p__________	20	electronics	__________

B 다음 문장의 빈칸에 적절한 단어를 [보기]에서 찾아 쓰시오.

보기 adapted complexity concentrate heighten organized

01 This trail is not __________ to beginners in mountain bike riding.

02 This campaign is intended to __________ public awareness.

03 Human communication took a long time to reach its present level of __________, and the change was gradual.

04 The audience will sigh in relief and __________ on you again.

05 Poetry offers highly __________ language.

|정답| A 01 emotional 02 reveal 03 pretend 04 competition 05 propose 06 existing 07 vocal 08 arise 09 auditorium 10 physics 11 묘사적인, 묘사하는 12 우발적인, 우연한 13 기간, 지속 14 인정, 자인, 승인 15 접할 기회, 노출 16 임상의, 꾸밈없는 17 수반하다 18 언어학자 19 직업, 전문직 20 전자 공학, 전자 제품

B 01 adapted 02 heighten 03 complexity 04 concentrate 05 organized

|해석| B 01 이 길은 산악자전거를 타는 초보자에게는 적합하지 않다. 02 이 캠페인은 일반인들의 의식을 고조시키기 위한 것이다. 03 인간의 의사소통은 현재의 복잡성의 단계에 도달하기까지 오랜 시간이 걸렸고, 그 변화는 점진적이었다. 04 청중은 안도의 한숨을 쉬며 당신에게 다시 집중할 것이다. 05 시는 매우 조직화된 언어를 제공한다.

C 다음 밑줄 친 부분과 의미가 가장 가까운 단어를 고르시오.

01 The dove is a figure of peace.

① number ② symbol ③ mood ④ drawing

02 She gave a detailed account of what happened on that night.

① bill ② interpretation ③ report ④ version

03 That problem is underlined in the latest issue of the *Medical Journal*.

① edition ② emission ③ matter ④ outcome

04 List your strengths versus your competition's weakness.

① rival ② contest ③ test ④ chance

D 다음 네모 안에서 주어진 문장에 가장 적절한 단어를 고르시오.

01 Our special menu is designed to arouse / diffuse the appetite.

02 The French feel passionately about their native gossip / tongue.

03 The clown looked so funny that all the kids advanced / roared with laughter.

04 The awards ceremony will be broadcast / edited to more than 30 countries.

05 If you need to regulate / transmit data to others, connect the Wi-Fi first.

06 There is a large arena / audience at the concert, so the hall is very crowded.

|정답| C **01** ② **02** ③ **03** ① **04** ①

D **01** arouse **02** tongue **03** roared **04** broadcast **05** transmit **06** audience

|해석| C **01** 비둘기는 평화의 상징이다. **02** 그녀는 그날 밤 일어난 일을 자세히 보고했다. **03** 그 문제는 'Medical Journal' 최신 호에 강조되어 있다. **04** 여러분의 강점 대 경쟁자의 약점의 목록을 작성하라.

D **01** 우리의 특별한 메뉴는 식욕을 돋우기 위해 고안되었다. **02** 프랑스인들은 자신의 모국어에 대해 열정적으로 느낀다. **03** 그 광대는 너무 우스워 보여서 모든 아이가 웃음을 크게 터뜨렸다. **04** 그 시상식은 30개가 넘는 국가들에 방송될 것이다. **05** 여러분이 데이터를 다른 사람들에게 전송해야 한다면 먼저 와이파이에 접속하라. **06** 많은 청중이 콘서트에 있어서 콘서트장이 매우 혼잡하다.

Unit 26

The New Two-Way Media

▌이번 단원에서 학습하게 될 단어들입니다. 이미 알고 있는 단어에 V 표시해 보세요.

- ☐ couch
- ☐ memorize
- ☐ participation
- ☐ culture
- ☐ viewer
- ☐ screen
- ☐ media
- ☐ relative
- ☐ willingly
- ☐ click
- ☐ cable
- ☐ target
- ☐ handful
- ☐ assume
- ☐ real-time
- ☐ stick
- ☐ worth
- ☐ backbone
- ☐ possibility
- ☐ content

▌주어진 단어를 알맞은 뜻과 연결해 보세요. 단어의 뜻을 모르면 아래 정답에서 확인해 보세요.

01	participation	a	상대적인; 친척
02	relative	b	가능성
03	possibility	c	참여, 참가
04	real-time	d	추정[상정]하다, (권력·책임을) 맡다
05	culture	e	실시간으로
06	assume	f	문화, 재배, 배양 조직
07	backbone	g	시청자
08	content	h	내용(물)
09	worth	i	가치가 되는
10	viewer	j	근간, 등뼈, 근성

|정답| 01 c 02 a 03 b 04 e 05 f 06 d 07 j 08 h 09 i 10 g

Vocabulary in Reading Context

▌해석은 한 번에 가능하지 않습니다. 해석이 잘되지 않더라도 먼저 아랫글을 단숨에 읽어 보세요.

A friend of mine was watching a DVD with his four-year-old daughter. In the middle of the movie, (in the middle of: ~의 도중에) she jumped up off the **couch** and ran around behind the **screen**. She started searching for something around the **cables** behind the screen. 5 Her dad asked, "What are you doing?" She **stuck** her head out from behind the screen and said, "Looking for the mouse." My friend **memorized** what she said because it made him realize what new **media** is about.

Here's something four-year-olds know: a screen without a mouse is missing something. 10 Here's something else they know: media that's **targeted** at you but doesn't include you may not be **worth** sitting still (sit still: 가만히 앉아 있다) for. Those things make me believe that the kind of **participation** we're seeing today, in a **relative** **handful** of (a handful of: 소수의) examples, is going to spread everywhere and become the **backbone** of assumptions about how our **culture** should work. People won't **willingly** waste their time just watching TV shows. They will just **assume** that media 15 includes the **possibilities** of consuming, producing, and sharing side by side (side by side: 함께), and that those possibilities are open to everyone. In the past, "active participation" of **viewers** meant making a call or writing to a media company. Now, it's **clicking** and typing "**real-time**," affecting the production of media **content**.

▌본문의 의미가 이해되나요? 원어민 선생님이 읽어 주시는 지문을 들으며 다시 한 번 읽어 보세요.

Fill in the Blanks

본문의 내용을 기억하며 다시 읽어 볼 차례입니다. 이번에는 글을 읽으면서 빈칸에 들어갈 단어를 주어진 철자로 시작하여 써 보세요.

The New Two-Way Media

A friend of mine was watching a DVD with his four-year-old daughter. In the middle of the movie, she jumped up off the ❶c__________ and ran around behind the screen. She started searching for something around the cables behind the screen. Her dad asked, "What are you doing?" She ❷s__________ her head out from behind the screen and said, "Looking for the mouse." My friend memorized what she said because it made him realize what new ❸m__________ is about.

Here's something four-year-olds know: a screen without a mouse is missing something. Here's something else they know: media that's targeted at you but doesn't include you may not be ❹w__________ sitting still for. Those things make me believe that the kind of ❺p__________ we're seeing today, in a relative handful of examples, is going to spread everywhere and become the ❻b__________ of assumptions about how our ❼c__________ should work. People won't willingly waste their time just watching TV shows. They will just ❽a__________ that media includes the ❾p__________ of consuming, producing, and sharing side by side, and that those possibilities are open to everyone. In the past, "active participation" of viewers meant making a call or writing to a media company. Now, it's clicking and typing "real-time," affecting the production of media ❿c__________.

해석 새로운 양방향 미디어

내 친구 중 한 명이 네 살짜리 딸과 DVD를 보고 있었다. 영화 도중에, 그녀는 소파에서 뛰어내리더니 스크린 뒤로 뛰어 들어갔다. 그녀는 스크린 뒤의 케이블 주변에서 뭔가를 찾기 시작했다. 그녀의 아빠는 "뭘 하니?"라고 물었다. 그녀는 스크린 뒤쪽에서 머리를 내밀더니 "마우스를 찾아요."라고 말했다. 내 친구는 그녀가 한 말을 기억에 담아 두었는데 그 이유는 그것이 새로운 미디어가 무엇인지에 대해 그가 이해하도록 했기 때문이다.

여기 네 살짜리 아이들이 알고 있는 것이 있다: 그것은 마우스가 없는 스크린은 뭔가 결여되어 있다는 것이다. 여기 그들이 알고 있는 또 다른 것이 있다. 여러분을 겨냥하지만 여러분을 포함하지 않는 미디어는 그것을 위해 가만히 앉아 있을 가치가 없을 것이라는 점이다. 그런 것들은, 비교적 소수의 사례들에서 오늘날 우리가 보고 있는 종류의 참여가 어디든 확산될 것이고 우리 문화가 어떻게 돌아가야 하는지에 대한 추정의 근간이 될 것이라 나를 믿게 한다. 사람들은 그저 TV 프로그램을 보면서 시간을 기꺼이 낭비하려 하지 않을 것이다. 그들은 미디어가 함께 소비하고, 만들고, 나눌 가능성을 포함하고, 그런 가능성이 누구에게나 열려 있다고 간단히 추정할 것이다. 과거에 시청자들의 '적극적인 참여'는 미디어 기업에 전화를 하거나 편지를 쓰는 것을 의미했다. 이제 그것은 '실시간으로' 클릭하고 타자를 쳐서 미디어 내용의 생산에 영향을 미치는 것이다.

|정답| ❶couch ❷stuck ❸media ❹worth ❺participation ❻backbone ❼culture ❽assume ❾possibilities ❿content

couch
[kautʃ]

㉢ 소파
You go to the **couch** with a bowl of chips.
당신은 튀김 과자를 한 그릇 들고 소파로 간다.
㊞ **sofa** 소파

screen
[skri:n]

㉢ 스크린, 화면, 가림막 ㉣ 가리다, 가려내다, 상영[방영]하다
The computer **screen** is all blue.
컴퓨터 화면은 모두 파란색이다.
I should put a **screen** around my desk.
나는 책상 주변에 가림막을 놓아야 한다.

cable
[kéibl]

㉢ 케이블, 전선
Data is sent to computers through a **cable**.
데이터가 케이블을 통해 컴퓨터로 보내진다.

stick
[stik]

㉣ (몸의 일부를) 내밀다, 붙이다, 고착시키다
He **stuck** his head out of the window.
그는 창밖으로 머리를 내밀었다.

memorize
[méməràiz]

㉣ 기억에 담다, 외우다, 암기하다 **memorization** ㉢ 암기 **memory** ㉢ 기억
I have to **memorize** the whole chapter.
나는 그 장 전체를 암기해야 한다.

media
[mí:diə]

㉢ (신문·텔레비전 등의) 매체[미디어·대중 매체]
The **media** picked up on the girls' story.
미디어가 그 소녀들의 이야기를 선택했다.

target
[tá:rgit]

㉣ 겨냥하다, 목표로 하다 ㉢ 목표, 대상
The missiles are mainly **targeted** at power stations.
미사일은 주로 발전소를 겨냥한다.
㊞ **mark** 목표 **end** 목적

worth
[wə:rθ]

㉤ 가치가 되는, 가치 있는 ㉢ 가치 **worthy** ㉤ 훌륭한, 가치 있는
The gold nugget must be **worth** at least $300.
그 금덩어리는 틀림없이 최소한 3백 달러의 가치가 있다.
㊞ **value** 가치

participation
[pɑːrtìsəpéiʃən]

명 참여, 참가 **participate** 동 참여하다 **participant** 명 참여자, 참가자

I expect your active **participation** and support.

저는 여러분의 적극적인 참여와 후원을 기대합니다.

⇔ 반 **boycott** 보이콧, (구입·사용 등의) 거부 운동

relative
[rélətiv]

형 상대적인, 비교상의 명 친척 **relatively** 부 비교적

Happiness is a **relative** concept.

행복은 상대적인 개념이다.

Most of my **relatives** live in my hometown.

내 친척 대다수는 고향에 산다.

⇔ 유 **comparative** 비교의, 비교를 통한 반 **absolute** 절대적인

handful
[hǽndfùl]

명 소수, 한 움큼

A **handful** of people were watching the violinist.

소수의 사람들이 그 바이올리니스트를 보고 있었다.

The boy showed me a **handful** of coins.

그 소년은 나에게 한 움큼의 동전을 보여 주었다.

Voca & Voca

spoonful 한 숟가락
mouthful 한입, 한 모금
bucketful 양동이 하나 분량

backbone
[bǽkbòun]

명 근간, 등뼈, 근성

The car-making industry is the **backbone** of our economy.

자동차 제조 산업은 우리 경제의 근간이다.

The fossil shows that this animal had a **backbone**.

그 화석은 이 동물이 등뼈가 있었다는 것을 보여 준다.

I don't want to think that my partner lacks **backbone**.

내 동업자가 근성이 없다고는 생각하고 싶지 않다.

⇔ 유 **spine** 척추

culture
[kʌ́ltʃər]

명 문화, 재배, 배양 조직 **cultural** 형 문화적인

We value intelligence in our **culture**.

우리 문화에서는 지성을 가치 있게 여긴다.

Oyster **culture** is the main industry.

굴 양식은 주요 산업이다.

⇔ 유 **civilization** 문명

Voca Plus

culture shock 문화 충격
youth culture 젊은이의 문화

willingly
[wíliŋli]

부 기꺼이, 자발적으로 **willing** 형 꺼리지 않는, 자발적인

The villagers were happy and **willingly** helped the old man draw a map.

마을 사람들은 행복했고 노인이 지도를 그리는 것을 기꺼이 도왔다.

반 **unwillingly** 마지못해, 본의 아니게

assume
[əsjúːm]

동 추정[상정]하다, (권력·책임을) 맡다 **assumption** 명 추정

I **assume** he is a friend of yours.

제가 추정하기에는 그가 당신의 친구인 것 같군요.

She **assumed** the responsibility for teaching the children.

그녀는 아이들을 가르치는 책임을 맡았다.

유 **think** 생각하다 **suppose** 추측하다

possibility
[pὰsəbíləti]

명 가능성 **possible** 형 가능한

Don't be afraid of failure; just think about the **possibility** to win.

실패를 두려워하지 말고 이길 가능성에 대해서만 생각하라.

유 **potential** 가능성 **prospect** 전망

viewer
[vjúːər]

명 시청자, 보는 사람 **view** 동 보다 명 전망

Viewers were asked to rank 10 TV shows.

시청자들은 10개의 TV 프로그램의 순위를 매기도록 요청받았다.

click
[klik]

동 클릭하다 명 클릭

Just **click** the banner that pops up.

떠오르는 배너를 클릭하기만 해라.

real-time
[ríːəltàim]

부 실시간으로

This app enables people to talk each other **real-time**.

이 앱은 사람들이 실시간으로 서로 이야기하도록 해 준다.

유 **live** 생중계로, 실황으로

content
[kántent] 명
[kəntént] 형

명 내용(물), 함유량 형 만족하는

The table of **contents** shows the outline of the book.

책의 목차는 책의 개요를 보여 준다.

He says he is **content** with the results.

그는 결과에 만족한다고 말한다.

유 **element** 요소 **satisfied** 만족한

Synonym & Antonym

유의어와 반의어를 확인해 보는 시간입니다. 밑줄 친 단어의 유의어 혹은 반의어를 주어진 철자로 시작하여 써 보세요.

01 your active participation and support [반] b__________

02 You go to the couch. [유] s__________

03 talk each other real-time [유] l__________

04 Just think about the possibility to win. [유] p__________

05 worth at least $300 [유] v__________

06 I assume he is a friend of yours. [유] s__________

07 Happiness is a relative concept. [반] a__________

|정답| 01 boycott 02 sofa 03 live 04 potential 05 value 06 suppose 07 absolute

Vocabulary Extension

이제 품사가 다른 여러 형태의 단어를 학습해 보겠습니다. [보기]의 단어를 변형하여 빈칸에 들어갈 알맞은 말을 써 보세요.

[보기] **assume culture memorize relative participation**

01 Thank you for agreeing to __________ in this program.

02 Older people have __________ weaker immune systems than younger ones.

03 I am better at subjects that require __________ than those that require application.

04 Due to globalization, fewer languages are spoken today and __________ diversity is decreasing.

05 The economy is certainly running very strongly—better than my cautious __________.

|정답| 01 participate 02 relatively 03 memorization 04 cultural 05 assumption

|해석| 01 이 프로그램에 참여하는 것에 동의해 주셔서 감사합니다. 02 나이가 더 많은 사람들은 더 젊은 사람들보다 상대적으로 더 약한 면역 체계를 가지고 있다. 03 나는 응용이 필요한 과목보다 암기가 필요한 과목에서 더 잘한다. 04 세계화 때문에, 더 적은 수의 언어가 오늘날 사용되고 문화적 다양성이 줄어들고 있다. 05 경제는 분명 매우 강력하게 돌아가고 있으며 이것은 내 조심스러운 추정보다 더 좋다.

Choosing the Right Word

가장 적절한 단어가 어떤 것인지 확인하는 시간입니다. 주어진 문장에 들어갈 가장 적절한 단어를 네모 안에서 골라 보세요.

01 A handful / couch of people were watching the violinist.

02 The fossil shows that this animal had a backbone / target.

03 The table of cables / contents shows the outline of the book.

04 She clicked / stuck her head out from behind the screen and said, "Looking for the mouse."

05 The villagers were happy and real-time / willingly helped the old man draw a map.

06 They will just assume that media includes the assume / possibilities of consuming, producing, and sharing, side by side, and that those possibilities are open to everyone.

07 In the middle of the movie, she jumped up off the couch and ran around behind the culture / screen.

08 Here's something else they know: media that's targeted at you but doesn't include you may not be possible / worth sitting still for.

09 In the past, "active participation" of relatives / viewers meant making a call or writing to a media company.

10 My friend memorized / targeted what she said because it made him realize what new media is about.

|정답| 01 handful 02 backbone 03 contents 04 stuck 05 willingly 06 possibilities 07 screen 08 worth 09 viewers 10 memorized

01 소수의 사람들이 그 바이올리니스트를 보고 있었다. 02 그 화석은 이 동물이 등뼈가 있었다는 것을 보여 준다. 03 책의 목차는 책의 개요를 보여 준다. 04 그녀는 스크린 뒤쪽에서 머리를 내밀더니 "마우스를 찾아요."라고 말했다. 05 마을 사람들은 행복했고 노인이 지도를 그리는 것을 기꺼이 도왔다. 06 그들은 미디어가 함께 소비하고, 만들고, 나눌 가능성을 포함하고, 그런 가능성이 누구에게나 열려 있다고 간단히 추정할 것이다. 07 영화 도중에, 그녀는 소파에서 뛰어내리더니 스크린 뒤로 뛰어 들어갔다. 08 여기 그들이 알고 있는 또 다른 것이 있다. 여러분을 겨냥하지만 여러분을 포함하지 않는 미디어는 그것을 위해 가만히 앉아 있을 가치가 없을 것이라는 점이다. 09 과거에 시청자들의 '적극적인 참여'는 미디어 기업에 전화를 하거나 편지를 쓰는 것을 의미했다. 10 내 친구는 그녀가 한 말을 기억에 담아 두었는데 그 이유는 그것이 새로운 미디어가 무엇인지에 대해 그가 이해하도록 했기 때문이다.

Unit 27

The Battle of Acacia and the Giraffe

▌이번 단원에서 학습하게 될 단어들입니다. 이미 알고 있는 단어에 V 표시해 보세요.

☐ definitely	☐ creak	☐ rub	☐ rustle
☐ communicate	☐ feed	☐ thorn	☐ toxic
☐ substance	☐ rid	☐ resume	☐ meal
☐ warning	☐ signal	☐ neighboring	☐ forewarn
☐ prepare	☐ upwind	☐ scent	☐ nearby

▌주어진 단어를 알맞은 뜻과 연결해 보세요. 단어의 뜻을 모르면 아래 정답에서 확인해 보세요.

01	creak	a	바스락거리다, 살랑대다
02	rub	b	독성의, 독의, 유독한
03	rustle	c	재개하다, 다시 시작하다
04	feed	d	삐걱거리다; 삐걱거리는 소리
05	thorn	e	먹고살다, 먹다, 먹이다
06	toxic	f	바람을 거슬러서; 맞바람의
07	substance	g	문지르다, 비벼 대다
08	resume	h	물질, 구성 요소, 본질
09	upwind	i	냄새, 향기
10	scent	j	가시

|정답| 01 d 02 g 03 a 04 e 05 j 06 b 07 h 08 c 09 f 10 i

▌해석은 한 번에 가능하지 않습니다. 해석이 잘되지 않더라도 먼저 아랫글을 단숨에 읽어 보세요.

Trees **definitely** don't produce sounds. Branches **creak** as they **rub** against one another and leaves **rustle**, but these sounds are caused by the wind and the tree has no control over them. Trees have a
have no control over: ~을 통제하지 못하다
completely different way of **communicating**. 5

Four decades ago, scientists noticed something on the African savannah. The giraffes there were **feeding** on umbrella **thorn** acacias, and the trees didn't like this one bit. It took the acacias mere minutes to start pumping **toxic**
not one bit: 전혀[조금도] ~ 아니다
substances into their leaves to **rid** themselves of the large plant-eating animals. The giraffes got the message and moved on to other trees in the area. But for the time being, 10
for the time being: 일단, 당분간
they walked right by a few trees and **resumed** their **meal** only when they had moved about 100 yards away.

The reason for this behavior is astonishing. The acacia trees that were being eaten gave
give off: 발산하다, 발하다
off a **warning** gas that **signaled** to **neighboring** trees of the same species that a crisis was at hand. Right away, all the **forewarned** trees also pumped toxins into their leaves to 15
at hand: 임박한, 가까운
prepare themselves. The giraffes were wise to this game and therefore moved farther away to a part of the savannah where they could find trees that were not aware what was going on. Or else they moved **upwind**. For the **scent** messages are carried to **nearby** trees on the breeze, and if the animals walked upwind, they could find acacias close by that had no idea the giraffes were there. 20

▌본문의 의미가 이해되나요? 원어민 선생님이 읽어 주시는 지문을 들으며 다시 한 번 읽어 보세요.

Fill in the Blanks

❙ 본문의 내용을 기억하며 다시 읽어 볼 차례입니다. 이번에는 글을 읽으면서 빈칸에 들어갈 단어를 주어진 철자로 시작하여 써 보세요.

The Battle of Acacia and the Giraffe

Trees ❶d__________ don't produce sounds. Branches creak as they rub against one another and leaves ❷r__________, but these sounds are caused by the wind and the tree has no control over them. Trees have a completely different way of communicating.

Four decades ago, scientists noticed something on the African savannah. The giraffes there
5 were ❸f__________ on umbrella thorn acacias, and the trees didn't like this one bit. It took the acacias mere minutes to start pumping ❹t__________ substances into their leaves to ❺r__________ themselves of the large plant-eating animals. The giraffes got the message and moved on to other trees in the area. But for the time being, they walked right by a few trees and ❻r__________ their meal only when they had moved about 100 yards away.

10 The reason for this behavior is astonishing. The acacia trees that were being eaten gave off a warning gas that signaled to ❼n__________ trees of the same species that a crisis was at hand. Right away, all the ❽f__________ trees also pumped toxins into their leaves to prepare themselves. The giraffes were wise to this game and therefore moved farther away to a part of the savannah where they could find trees that were not aware what was
15 going on. Or else they moved ❾u__________. For the ❿s__________ messages are carried to nearby trees on the breeze, and if the animals walked upwind, they could find acacias close by that had no idea the giraffes were there.

해석 아카시아와 기린의 싸움

나무는 분명 소리를 내지 않는다. 나뭇가지들은 서로 비벼대면서 삐걱거리고 나뭇잎은 바스락거리지만, 이러한 소리는 바람에 의해 발생하며 나무는 그것을 통제하지 못한다. 나무들은 완전히 다른 의사소통 방법을 가지고 있다.

40년 전에, 과학자들은 아프리카의 사바나에서 (벌어지는) 어떤 일에 주목했다. 거기에 있는 기린들은 우산 가시 아카시아를 먹으며 살고 있었고, 그 나무들은 이것을 전혀 좋아하지 않았다. 아카시아는 그 커다란 초식 동물에게서 벗어나기 위해 단지 몇 분 만에 잎 속으로 독성 물질을 내보내기 시작했다. 기린들은 (아카시아가 보내는) 그 메시지를 받고는 그 지역에 있는 다른 나무들로 이동해 갔다. 하지만 그러는 동안 기린들은 몇 그루의 나무를 곧장 지나가 100야드쯤 멀리 이동하고 나서야 다시 식사를 재개했다.

이런 행동의 이유는 놀랍다. 기린이 먹고 있던 아카시아 나무는 근처에 있는 같은 종의 나무들에게 위기가 임박해 있다는 것을 알리는 경고 가스를 발산했다. 즉시 경고를 받은 모든 나무도 자신을 준비시키기 위해 독소를 잎 속으로 내보냈다. 기린들은 이 수법을 알고 있었고, 그래서 무슨 일이 일어나고 있는지를 알지 못하는 나무들을 찾을 수 있는 사바나의 한 지역으로 더 멀리 이동해 갔다. 그렇지 않으면 그것들은 바람을 거슬러서 이동해 갔다. 냄새 메시지가 산들바람을 타고 근처에 있는 나무들로 옮겨 가기 때문에, 만약 기린들이 바람을 거슬러 걸어가면, 그것들은 가까이에 있으면서도 자신들이 거기에 있다는 것을 알지 못하는 아카시아를 찾을 수 있을 것이다.

|정답| ❶definitely ❷rustle ❸feeding ❹toxic ❺rid ❻resumed ❼neighboring ❽forewarned ❾upwind ❿scent

definitely
[défənitli]

[부] 분명히, 확실히
While being an introvert comes with its challenges, it **definitely** has its advantages as well.
내성적인 사람이라는 것에는 그 자체의 어려움이 있지만, 또한 분명히 이점도 있다.
[유] **clearly** 또렷하게, 분명히

creak
[kri:k]

[동] 삐걱거리다 [명] 삐걱거리는 소리
The bed springs are **creaking** a lot.
침대의 스프링이 매우 삐걱거린다.
[유] **squeak** 끼익하는 소리를 내다 **screech** 끽끽 소리가 나다

rub
[rʌb]

[동] 문지르다, 비벼 대다 **rubber** [명] 고무, 지우개
An animal caretaker was **rubbing** cool, muddy water behind Kioko's ear.
한 동물 관리인이 시원하고 진흙이 많은 물을 Kioko의 귀 뒤에 문지르고 있었다.
[유] **massage** 마사지(하다) **apply** 바르다

Voca & Voca
grate 비비다, 갈다 **mix** 비비다, 섞다

rustle
[rʌsl]

[동] 바스락거리다, 살랑대다, 스치다 [명] 바스락거리는 소리
rustling [형] 바스락 소리 나는
A soft breeze gently **rustles** the tall clover blossoms.
부드러운 미풍이 키 큰 클로버 꽃송이를 부드럽게 살랑댄다.

communicate
[kəmjú:nəkèit]

[동] 전달하다, 의사소통하다 **communication** [명] 의사소통
We have a continual desire to **communicate** our feelings.
우리는 우리의 감정을 전달하고자 하는 끊임없는 욕망을 가지고 있다.
[유] **convey** 전달하다 **talk** 이야기하다

feed
[fi:d]

[동] 먹고살다(~ on, upon), 먹다, 먹이다, 공급하다 [명] 먹이
Impalas **feed** upon grass, fruits, and leaves from trees.
임팔라들은 풀, 과일, 나뭇잎을 먹고산다.
[유] **eat** 먹다 **supply** 공급하다

thorn
[θɔ:rn]

명 가시 **thorny** 형 골치 아픈, 곤란한, 가시가 있는

Every rose has its **thorn**.

가시 없는 장미는 없다[완전한 행복은 없다].

유 **spike** 뾰족한 것 **spine** 가시(털)

toxic
[tάksik]

형 독성의, 독의, 유독한

Many agricultural chemicals have **toxic** effects when improperly handled, stored, or applied.

많은 농약은 부적절하게 취급되거나, 보관되거나, 사용되었을 때 독성 효과를 지닌다.

유 **poisonous** 유독한 반 **non-toxic** 무독성의

substance
[sʌ́bstəns]

명 물질, 구성 요소, 본질 **substantial** 형 실질적인, 상당한

An atom is the smallest **substance** in the world.

원자는 세상에서 가장 작은 구성 요소이다.

유 **matter** 물질

rid
[rid]

동 벗어나게 하다, 제거하다, 없애다

They wanted to **rid** themselves of the burden of the secret.

그들은 그 비밀의 부담에서 벗어나고 싶었다.

유 **remove** 제거하다 **deprive** 빼앗다

resume
[rizú:m]

동 재개하다, 다시 시작하다

They urged both sides to **resume** the negotiation process.

그들은 양측에 협상 과정을 재개하라고 촉구했다.

유 **restart** 다시 시작하다 반 **suspend** 중단하다

meal
[mi:l]

명 식사

They ate at **meal** time, rather than when they were hungry.

그들은 배고플 때보다는 식사 시간에 먹었다.

유 **snack** 간식

warning
[wɔ́:rniŋ]

명 경보, 경고 형 경고하는 **warn** 동 경고하다

A heavy snow **warning** was posted for Seoul.

서울에 폭설 경보가 발표되었다.

유 **caution** 경고 **notice** 공고

signal
[sígnəl]

동 알려 주다, 신호를 보내다 명 신호 **signaling** 명 신호법, 신호하기

The plant uses the color of the fruit to **signal** to predators that it is ripe.

식물은 포식자에게 과일이 익었음을 알려 주기 위해 그것[과일]의 색깔을 사용한다.

유 **indication** 암시 **sign** 조짐, 징조 **cue** 신호

neighboring
[néibəriŋ]

형 인접한, 이웃의, 근처의, 근처에 있는

The epidemic is spreading to **neighboring** countries.

전염병이 인접 국가로 확산되고 있다.

유 **surrounding** 주위의 **nearby** 인근의 **adjacent** 인접한

Voca Plus

neighboring town 이웃 마을
neighboring mountain 인근의 산

forewarn
[fɔrwɔ́rn]

동 미리 경고하다, 미리 주의를 주다

He **forewarned** us that there were pickpockets on the train.

그는 열차 안에 소매치기가 있다고 우리에게 미리 경고했다.

유 **warn** 경고하다 **inform** 알리다

prepare
[pripέər]

동 준비하다, 대비하다 **preparation** 명 준비, 대비

Make sure everybody is **prepared** for next week.

모든 사람이 다음 주를 위해 확실히 준비되어 있게 하라.

유 **arrange** 마련하다

upwind
[ʌpwínd]

부 바람을 거슬러서 형 맞바람의, 바람 불어오는 쪽의

The wolves stalked a deer **upwind**.

늑대들은 바람을 거슬러서 사슴을 따라갔다.

반 **downwind** 바람을 타고, 바람 부는 방향으로

scent
[sent]

명 냄새, 향기 **scented** 형 향기로운

Large mammals receive cues from **scent** and sound.

큰 포유동물은 냄새와 소리로부터 신호를 받는다.

유 **fragrance** 향기 **smell** 냄새 반 **stink** 악취

nearby
[nìərbái]

부 근처에, 가까운 곳에 형 인근의

I'll check right away if there are any **nearby**.

당장 근처에 누구라도 있는지 확인해 볼게요.

반 **faraway** 멀리 떨어진

Synonym & Antonym

유의어와 반의어를 확인해 보는 시간입니다. 밑줄 친 단어의 유의어 혹은 반의어를 주어진 철자로 시작하여 써 보세요.

01 a continual desire to communicate our feelings [유] c________
02 Many agricultural chemicals have toxic effects. [반] n________
03 resume the negotiation process [유] r________
04 a heavy snow warning [유] c________
05 neighboring countries [유] s________
06 The wolves stalked a deer upwind. [반] d________
07 from scent and sound [유] s________

|정답| 01 convey 02 non-toxic 03 restart 04 caution 05 surrounding 06 downwind 07 smell

Vocabulary Extension

이제 품사가 다른 여러 형태의 단어를 학습해 보겠습니다. [보기]의 단어를 변형하여 빈칸에 들어갈 알맞은 말을 써 보세요.

[보기] scent thorn rustle signal prepare

01 Something startled her with a ________ sound.
02 The ________ issue of illegal immigration remains unresolved.
03 Changing lanes is all about ________.
04 Every ________ was made to meet any emergency.
05 Let your home glow with a gorgeous ________ candle.

|정답| 01 rustling 02 thorny 03 signaling 04 preparation 05 scented

|해석| 01 무엇인가가 바스락거리는 소리가 그녀를 놀라게 했다. 02 불법 이민이라는 골치 아픈 문제가 여전히 해결되지 않고 있다. 03 차선을 바꾸는 데서 가장 중요한 것은 신호하기이다. 04 위급 사태에 대비하기 위한 만반의 준비가 되었다. 05 여러분의 집이 멋진 향초로 빛나게 하세요.

Choosing the Right Word

가장 적절한 단어가 어떤 것인지 확인하는 시간입니다. 주어진 문장에 들어갈 가장 적절한 단어를 네모 안에서 골라 보세요.

01 The bed springs are creaking / ridding a lot.

02 An animal caretaker was feeding / rubbing cool, muddy water behind Kioko's ear.

03 A soft breeze gently rids / rustles the tall clover blossoms.

04 Impalas feed / rid upon grass, fruits, and leaves from trees.

05 Every rose has its meal / thorn.

06 An atom is the smallest substance / scent in the world.

07 They wanted to forewarn / rid themselves of the burden of the secret.

08 They ate at meal / substance time, rather than when they were hungry.

09 The plant uses the color of the fruit to prepare / signal to predators that it is ripe.

10 He forewarned / prepared us that there were pickpockets on the train.

|정답| 01 creaking 02 rubbing 03 rustles 04 feed 05 thorn 06 substance 07 rid 08 meal 09 signal 10 forewarned

|해석| 01 침대의 스프링이 매우 삐걱거린다. 02 한 동물 관리인이 시원하고 진흙이 많은 물을 Kioko의 귀 뒤에 문지르고 있었다. 03 부드러운 미풍이 키 큰 클로버 꽃송이를 부드럽게 살랑댄다. 04 임팔라들은 풀, 과일, 나뭇잎을 먹고산다. 05 가시 없는 장미는 없다[완전한 행복은 없다]. 06 원자는 세상에서 가장 작은 구성 요소이다. 07 그들은 그 비밀의 부담에서 벗어나고 싶었다. 08 그들은 배고플 때보다는 식사 시간에 먹었다. 09 식물은 포식자에게 과일이 익었음을 알려 주기 위해 그것[과일]의 색깔을 사용한다. 10 그는 열차 안에 소매치기가 있다고 우리에게 미리 경고했다.

Unit 28

Ethical Consumption

▌이번 단원에서 학습하게 될 단어들입니다. 이미 알고 있는 단어에 V 표시해 보세요.

☐ fair	☐ ethics	☐ supply	☐ shift
☐ evident	☐ concern	☐ purchase	☐ interest
☐ labor	☐ policy	☐ responsibility	☐ financial
☐ voice	☐ boycott	☐ sue	☐ multinational
☐ existence	☐ emphasis	☐ force	☐ effort

▌주어진 단어를 알맞은 뜻과 연결해 보세요. 단어의 뜻을 모르면 아래 정답에서 확인해 보세요.

01	evident	**a**	윤리, 도덕
02	purchase	**b**	책임, 책무
03	policy	**c**	정책, 방침
04	ethics	**d**	분명한
05	supply	**e**	재정적인
06	responsibility	**f**	공급하다
07	concern	**g**	중요성, 강조
08	emphasis	**h**	구입하다
09	sue	**i**	염려, 우려, 관심(사)
10	financial	**j**	소송을 제기하다

| 정답 | 01 d 02 h 03 c 04 a 05 f 06 b 07 i 08 g 09 j 10 e

Vocabulary in Reading Context

▌해석은 한 번에 가능하지 않습니다. 해석이 잘되지 않더라도 먼저 아랫글을 단숨에 읽어 보세요.

Today's consumers are not just looking for a good product at a **fair** price. They are looking beyond the product or service to the **ethics** of the company that **supplies** it. This **shift** in focus by consumers is **evident** in their **concerns** about the companies they **purchase** from. For example, there is growing **interest** in **labor** practices, environmental **policies**, and social **responsibility**. Also, there is pressure to get companies to present not just **financial** results, but also social and environmental results and impact. Companies need to respond to the pressure because customers are **voicing** their concerns in every way, from **boycotting** stores to **suing** companies. Some **multinational** companies have experienced the anger of ethical consumers in recent years, and have been forced to respond quickly to protect their reputations and their **existence** as companies.

interest in: ~에 대한 관심
not just *A* but also *B*: A뿐만 아니라 B도 또한
be forced to *do*: ~하도록 강요받다

This growing **emphasis** on ethical consumption is a trend that cannot be ignored. It is not going to go away. There are some important changes in the world indicating that ethical consumers will continue to be a growing **force** in the next few decades. Companies would do well to understand this trend and make **efforts** to deal with it.

go away: 사라지다, 없어지다
do well to *do*: ~하는 것이 현명[온당]하다
deal with: ~에 대처하다

▌본문의 의미가 이해되나요? 원어민 선생님이 읽어 주시는 지문을 들으며 다시 한 번 읽어 보세요.

Fill in the Blanks

▌본문의 내용을 기억하며 다시 읽어 볼 차례입니다. 이번에는 글을 읽으면서 빈칸에 들어갈 단어를 주어진 철자로 시작하여 써 보세요.

Ethical Consumption

Today's consumers are not just looking for a good product at a ❶f__________ price. They are looking beyond the product or service to the ❷e__________ of the company that supplies it. This shift in focus by consumers is evident in their concerns about the companies they ❸p__________ from. For example, there is growing interest in ❹l__________ practices, environmental policies, and social responsibility. Also, there is pressure to get companies to present not just ❺f__________ results, but also social and environmental results and impact. Companies need to respond to the pressure because customers are ❻v__________ their concerns in every way, from boycotting stores to suing companies. Some ❼m__________ companies have experienced the anger of ethical consumers in recent years, and have been forced to respond quickly to protect their reputations and their ❽e__________ as companies.

This growing ❾e__________ on ethical consumption is a trend that cannot be ignored. It is not going to go away. There are some important changes in the world indicating that ethical consumers will continue to be a growing ❿f__________ in the next few decades. Companies would do well to understand this trend and make efforts to deal with it.

해석 윤리적 소비

오늘날의 소비자들은 단지 타당한 가격의 괜찮은 제품을 찾고 있는 것만이 아니다. 그들은 제품이나 서비스를 넘어서 그것을 공급하는 기업의 윤리까지 살펴보고 있다. 소비자들에 의한 이 주안점의 전환은 그들이 물건을 구입하는 기업에 대한 관심사에서 분명하다. 예를 들면, 노동 관행, 환경 정책, 그리고 사회적 책임에 대한 관심이 커져 가고 있다. 또한, 기업으로 하여금 재정적 성과뿐만 아니라, 사회적 그리고 환경적 결과와 영향을 제시하도록 하는 압력이 있다. 기업은 그 압력에 반응할 필요가 있는데, 고객들이 상점에 대한 불매 운동에서부터 기업에 대한 소송에 이르기까지 그들의 관심사를 모든 방법으로 표현하고 있기 때문이다. 몇몇 다국적 기업은 근년에 윤리적 소비자의 분노를 겪었으며, 평판과 기업으로서의 존재를 보호하기 위해 재빨리 반응하도록 강요받아 왔다.

윤리적 소비에 대한 이런 커지는 중요성은 무시될 수 없는 추세이다. 그것은 사라지지 않을 것이다. 윤리적 소비자가 이후 몇십 년간 성장하는 세력으로 계속 존재할 것임을 알려 주는 몇몇 중요한 세계적인 변화가 있다. 기업들은 이 추세를 이해하고 그것에 대처하려고 노력하는 것이 현명할 것이다.

|정답| ❶ fair ❷ ethics ❸ purchase ❹ labor ❺ financial ❻ voicing ❼ multinational ❽ existence ❾ emphasis ❿ force

fair
[fɛər]

형 타당한, 공정한 명 박람회 **fairness** 명 공정성 **fairly** 부 공정하게, 상당히
It was not **fair** to ask him to do all the work.
그에게 그 일을 다 하라고 한 것은 공정하지 못했다.
유 **reasonable** 합리적인, 타당한 반 **unfair** 불공정한

ethics
[éθiks]

명 윤리, 도덕, 윤리학 **ethical** 형 윤리적인, 도덕적인
Companies must not overlook the need to strengthen corporate **ethics**.
기업들은 기업 윤리를 강화할 필요성을 간과해서는 안 된다.

supply
[səplái]

동 공급하다, 제공하다 명 공급(량), 제공, 보급품
The food can **supply** our daily requirement of vitamin C.
그 식품은 우리의 일일 비타민 C 필요량을 공급해 줄 수 있다.
유 **provide** 제공하다 **offer** 제공하다, 제안하다

Voca Plus

supply food 식량을 보급하다
supply power 동력을 공급하다
in short supply 공급이 딸리는
excessive supply 공급 과다
office supplies 사무 용품

shift
[ʃift]

명 전환, 변화 동 바꾸다, 옮기다
For some countries, a **shift** in climate is causing great hardship.
어떤 나라들에게, 기후 변화가 큰 어려움을 유발하고 있다.

evident
[évidənt]

형 분명한 **evidence** 명 증거
It is **evident** that a mistake has been made by them.
그들에 의해 실수가 저질러졌다는 것이 분명하다.
유 **obvious** 분명한 **clear** 분명한 **plain** 분명한, 명확한

concern
[kənsə́ːrn]

명 염려, 우려, 관심(사), 관련, 관계 동 염려하다, 관련되다
There is a growing **concern** about violence in movies.
영화에서의 폭력에 대한 우려가 커지고 있다.
유 **anxiety** 염려, 걱정

purchase
[pə́ːrtʃəs]

동 구입하다, 구매하다 명 구입, 구매

He wanted to **purchase** a ticket for the game.

그는 그 경기를 위한 입장권을 구입하고 싶어 했다.

interest
[íntərəst]

명 관심, 흥미, 취미, 이익 동 흥미를 주다

My parents have a great **interest** in my school life.

나의 부모님은 내 학교생활에 많은 관심을 가지고 계시다.

Voca Plus

show interest 관심을 보이다

have a common interest 공통의 취미를 가지다

conflict of interests 이해의 충돌

interest rate 이자율

labor
[léibər]

명 노동, 근로, 수고, 노동 계급 동 노동하다, 노력하다, 고생하다

laborer 명 노동자, 인부

They are not strong enough to do heavy **labor**.

그들은 중노동을 할 만큼 충분히 강하지 않다.

유 **work** 일, 노동 **effort** 노력

policy
[pálisi]

명 정책, 방침, 보험 증권[증서]

The new educational **policy** is based on three principles.

그 새 교육 정책은 세 가지 원칙에 근거하고 있다.

responsibility
[rispànsəbíləti]

명 책임, 책무 **responsible** 형 책임이 있는

It is their **responsibility** to have the students follow the rules.

학생들이 규칙을 따르도록 하는 것이 그들의 책임이다.

유 **duty** 의무, 업무 반 **irresponsibility** 책임을 지지 않음, 무책임

financial
[finǽnʃəl]

형 재정적인, 금융의 **finance** 명 재정, 금융, 재무 **financially** 부 재정적으로

The company has been in **financial** difficulties since last quarter.

그 회사는 지난 분기 이래로 재정적인 어려움에 처해 있다.

유 **economic** 경제의, 경제상의 **monetary** 화폐의, 재정의 **fiscal** 국고의, 재정상의

voice
[vɔis]

동 표현하다, 나타내다 명 목소리

Many parents **voice** concern about their children's safety.

많은 부모들이 자녀의 안전에 대한 우려를 나타낸다.

유 **express** 표현하다 **pronounce** 표명하다

boycott
[bɔ́ikɑt]

동 (항의의 표시로) 불매 운동하다, 배척하다 명 불매 운동, 배척

They decided to **boycott** goods from companies that use child labor.

그들은 아동 노동을 이용하는 회사들의 상품에 대해 불매 운동하기로 결정했다.

sue
[sjuː]

동 소송을 제기하다, 고소하다, 청구하다

Consumers may **sue** the company for damages.

소비자들이 그 회사를 상대로 손해 배상 소송을 제기할지도 모른다.

유 **accuse** 고소하다, 고발하다 **charge** 기소하다, 고소하다

multinational
[mʌ̀ltinǽʃənəl]

형 다국적으로 된, 다국적 기업의 명 다국적 기업

Multinational companies are significant employers across Europe.

다국적 기업들은 전 유럽에 걸쳐서 중요한 고용주이다.

existence
[igzístəns]

명 존재, 실재, 생계 **exist** 동 존재하다 **existent** 형 존재하는, 현존하는

I want myself to be a meaningful **existence** for others.

나는 내 자신이 다른 사람들에게 의미 있는 존재가 되기를 원한다.

유 **presence** 존재, 참석 **being** 존재

emphasis
[émfəsis]

명 중요성, 강조, 역점 **emphasize** 동 강조하다

In his book, Professor Lee placed an **emphasis** on world peace.

그의 책에서 이 교수님은 세계 평화를 강조했다.

유 **stress** 강조

force
[fɔːrs]

명 세력, 힘, 효력, 물리력, 군대 동 강요하다 **forceful** 형 강력한, 강압적인

The civil rights movement is turning into a political **force**.

인권 운동은 하나의 정치 세력으로 변해가고 있다.

Voca Plus

force of habit 습관의 힘
by force 힘으로
vital force 생명력
come into force 발효되다
labor force 노동력
join the air force 공군에 입대하다

effort
[éfərt]

명 노력, 수고 **effortful** 형 노력한, 억지로 만들어 낸

The success was a valuable result of our constant **effort**.

그 성공은 우리의 지속적인 노력의 소중한 결과였다.

유 **attempt** 시도, 노력 **endeavor** 노력 **try** 시도

Synonym & Antonym

유의어와 반의어를 확인해 보는 시간입니다. 밑줄 친 단어의 유의어 혹은 반의어를 주어진 철자로 시작하여 써 보세요.

01 It was not fair to ask him to do all the work. ㉥ u__________

02 It is evident that a mistake has been made by them. ㉧ o__________

03 responsibility to have the students follow the rules ㉧ d__________

04 sue the company for damages ㉧ a__________

05 voice concern about their children's safety ㉧ e__________

06 placed an emphasis on world peace ㉧ s__________

07 financial difficulties ㉧ e__________

| 정답 | 01 unfair 02 obvious 03 duty 04 accuse 05 express 06 stress 07 economic

Vocabulary Extension

이제 품사가 다른 여러 형태의 단어를 학습해 보겠습니다. [보기]의 단어를 변형하여 빈칸에 들어갈 알맞은 말을 써 보세요.

보기 responsibility emphasis financial ethics existence

01 He __________ change and innovation in his speech yesterday.

02 The __________ department is also responsible for management of an organization's cashflow.

03 Dragons only __________ in people's imaginations.

04 The manager is __________ for maximizing the value of the product and the work of the development department.

05 Individuals have a(n) __________ duty to friends and family, and businesses are obligated to promote ethics in the workplace.

| 정답 | 01 emphasized 02 finance 03 exist 04 responsible 05 ethical

| 해석 | 01 그는 어제 자신의 연설에서 변화와 혁신을 강조했다. 02 재무 부서는 한 조직의 현금 유동성의 관리도 책임지고 있다. 03 용은 사람들의 상상 속에서만 존재한다. 04 그 관리자는 제품의 가치를 최대화하는 것과 개발 부서의 일을 책임지고 있다. 05 개인들은 친구와 가족에게 윤리적 의무를 가지고 있고, 기업은 일자리에서의 윤리를 증진시킬 의무가 있다.

Choosing the Right Word

가장 적절한 단어가 어떤 것인지 확인하는 시간입니다. 주어진 문장에 들어갈 가장 적절한 단어를 네모 안에서 골라 보세요.

01 Companies must not overlook the need to strengthen corporate evidence / ethics.

02 The food can supply / emphasize our daily requirement of vitamin C.

03 For some countries, a shift / duty in climate is causing great hardship.

04 There is a growing concern / existence about violence in movies.

05 Multinational / Evident companies are significant employers across Europe.

06 He wanted to purchase / sue a ticket for the game.

07 Companies would do well to understand this trend and make interests / efforts to deal with it.

08 Companies need to respond to the pressure because customers are voicing their concerns in every way, from boycotting stores to suing / emphasizing companies.

09 There are some important changes in the world indicating that ethical consumers will continue to be a growing finance / force in the next few decades.

10 Some multinational companies have experienced the anger of ethical consumers in recent years, and have been forced to respond quickly to protect their reputations and their boycott / existence as companies.

| 정답 | 01 ethics 02 supply 03 shift 04 concern 05 Multinational 06 purchase 07 efforts 08 suing 09 force 10 existence

| 해석 | 01 기업들은 기업 윤리를 강화할 필요성을 간과해서는 안 된다. 02 그 식품은 우리의 일일 비타민 C 필요량을 공급해 줄 수 있다. 03 어떤 나라들에게, 기후 변화가 큰 어려움을 유발하고 있다. 04 영화에서의 폭력에 대한 우려가 커지고 있다. 05 다국적 기업들은 전 유럽에 걸쳐서 중요한 고용주이다. 06 그는 그 경기를 위한 입장권을 구입하고 싶어 했다. 07 기업들은 이 추세를 이해하고 그것에 대처하려고 노력하는 것이 현명할 것이다. 08 기업은 그 압력에 반응할 필요가 있는데, 고객들이 상점에 대한 불매 운동에서부터 기업에 대한 소송에 이르기까지 그들의 관심사를 모든 방법으로 표현하고 있기 때문이다. 09 윤리적 소비자가 이후 몇십 년간 성장하는 세력으로 계속 존재할 것임을 알려 주는 몇몇 중요한 세계적인 변화가 있다. 10 몇몇 다국적 기업은 근년에 윤리적 소비자의 분노를 겪었으며, 평판과 기업으로서의 존재를 보호하기 위해 재빨리 반응하도록 강요받아 왔다.

Unit 29

How the Slump in Raisin Sales Was Overcome

▌이번 단원에서 학습하게 될 단어들입니다. 이미 알고 있는 단어에 V 표시해 보세요.

☐ raisin	☐ harvest	☐ panic	☐ drop
☐ desperation	☐ sensation	☐ associate	☐ task
☐ pump	☐ hire	☐ innovative	☐ clay
☐ distinct	☐ campaign	☐ advertisement	☐ industry
☐ rescue	☐ devastating	☐ slump	☐ annual

▌주어진 단어를 알맞은 뜻과 연결해 보세요. 단어의 뜻을 모르면 아래 정답에서 확인해 보세요.

01 raisin •		• a 결부시키다
02 desperation •		• b 혁신적인
03 harvest •		• c 건포도
04 associate •		• d 주입하다
05 innovative •		• e 침체(기)
06 annual •		• f 절망
07 pump •		• g 지독한
08 distinct •		• h 연간의
09 slump •		• i 수확(물)
10 devastating •		• j (전혀) 다른

|정답| 01 c 02 f 03 i 04 a 05 b 06 h 07 d 08 j 09 e 10 g

Vocabulary in Reading Context

▌해석은 한 번에 가능하지 않습니다. 해석이 잘되지 않더라도 먼저 아랫글을 단숨에 읽어 보세요.

In 1986, California **raisin** growers were expecting a huge **harvest**, yet they were beginning to **panic**. Year by year, they had seen their sales **dropping** by one percent annually. In **desperation** they turned to their advertising agency, who said they needed to change people's feelings about raisins. For most people, raisins were considered lonely and dull. "Shriveled" and "dried" are not the **sensations** that most people **associate** with feeling good about their lives. The **task** was clear: **pump** a healthy dose of emotional appeal into the shriveled-up fruit. What can raisin growers associate to raisins that would make people really want to buy them?

year by year: 해가 갈수록

At the time, an old jazz song was enjoying national popularity: "I Heard It Through the Grapevine." Raisin growers used the chance. They **hired innovative** animators, who then created about thirty little **clay** raisin models for the farmers, each with a **distinct** personality, to dance to the old tune. In those moments, the California Raisins were born. The first ad **campaign** created an instant sensation and successfully linked the sensations that they hoped for. As people watched the **advertisement**, they linked strong feelings of fun, humor, and pleasure to the once boring fruit. The raisin **industry** was **rescued** from its **devastating slump** in sales to a twenty percent **annual** increase.

was enjoying national popularity: 전국에 걸쳐 인기를 누리고 있었다

dance to the old tune: 옛 곡조에 맞춰 춤을 추다

created an instant sensation: 즉각적인 반향을 불러일으켰다

* shriveled 쪼글쪼글해진

▌본문의 의미가 이해되나요? 원어민 선생님이 읽어 주시는 지문을 들으며 다시 한 번 읽어 보세요.

Fill in the Blanks

▌본문의 내용을 기억하며 다시 읽어 볼 차례입니다. 이번에는 글을 읽으면서 빈칸에 들어갈 단어를 주어진 철자로 시작하여 써 보세요.

How the Slump in Raisin Sales Was Overcome

In 1986, California raisin growers were expecting a huge harvest, yet they were beginning to ❶p__________. Year by year, they had seen their sales ❷d__________ by one percent annually. In desperation they turned to their advertising agency, who said they needed to change people's feelings about raisins. For most people, raisins were considered lonely and dull. "Shriveled" and "dried" are not the sensations that most people ❸a__________ with feeling good about their lives. The task was clear: ❹p__________ a healthy dose of emotional appeal into the shriveled-up fruit. What can raisin growers associate to raisins that would make people really want to buy them?

At the time, an old jazz song was enjoying national popularity: "I Heard It Through the Grapevine." Raisin growers used the chance. They ❺h__________ innovative animators, who then created about thirty little clay raisin models for the farmers, each with a ❻d__________ personality, to dance to the old tune. In those moments, the California Raisins were born. The first ad ❼c__________ created an instant sensation and successfully linked the sensations that they hoped for. As people watched the ❽a__________, they linked strong feelings of fun, humor, and pleasure to the once boring fruit. The raisin industry was ❾r__________ from its devastating slump in sales to a twenty percent ❿a__________ increase.

* shriveled 쪼글쪼글해진

해석 건포도 판매 침체기가 어떻게 극복되었는가

1986년 California의 건포도 재배업자들은 많은 수확을 기대하고 있었지만, 그들은 당황하기 시작했다. 그들은 해가 갈수록 1년에 1%씩 판매량이 감소하고 있다는 것을 알았었다. 절망 속에서 그들은 자신들의 광고 대행사에 의지했고, 그 광고 대행사는 그들이 건포도에 대한 사람들의 감정을 변화시킬 필요가 있다고 말했다. 대부분 사람에게 건포도는 쓸쓸하고 무미건조한 것으로 여겨졌다. '쪼글쪼글해진'과 '말라 버린'은 대부분의 사람이 자신의 삶에 대한 좋은 감정과 결부시키는 느낌들이 아니다. 해야 할 일은 분명했다. 말라서 쪼글쪼글해진 그 과일에 감정적인 호소라는 건강한 약을 주입해 주는 것이었다. 건포도 재배업자들은 사람들이 건포도를 정말 구매하고 싶도록 만들 그 무엇을 건포도에 결부시킬 수 있을까?

그 당시 오래된 재즈 한 곡이 전국에 걸쳐 인기를 누리고 있었다. 'I Heard It Through the Grapevine(소문으로 들었네)'라는 노래였다. 건포도 재배업자들은 그 기회를 이용했다. 그들은 혁신적인 만화 영화 제작자들을 고용했고, 그러고 나서 그들이 농부들을 위해 약 30개의 작은 건포도 찰흙 모형을 만들었는데 이것들은 각각 다른 개성을 지녔고 옛 곡조에 맞춰 춤을 추었다. 그런 시기에 California Raisins가 탄생하게 되었다. 첫 번째 광고 활동은 즉각적인 반향을 불러일으켰고 자신들이 바라는 느낌들을 성공적으로 결부시켰다. 그 광고를 보면서 사람들은 한때 따분했던 과일에 재미, 유머, 그리고 즐거움이라는 강한 감정들을 결부시켰다. 건포도 산업은 판매에 있어 지독한 침체기에서 해방되어 연간 20%씩 신장했다.

|정답| ❶panic ❷dropping ❸associate ❹pump ❺hired ❻distinct ❼campaign ❽advertisement ❾rescued ❿annual

raisin
[réizən]

명 건포도
I've baked some **raisin** bread for my mother.
나는 엄마를 위해 약간의 건포도 빵을 구웠다.

harvest
[há:rvist]

명 수확(물), 수확량, 수확기 동 수확하다, 거두어들이다
This year's grape **harvest** is the best of all time.
올해 포도 수확은 역대 최고이다.
유 **gathering** 수확, 수집 **yield** 수확량

Voca Plus
- **a bad[poor] harvest** 흉작
- **a(n) abundant[heavy] harvest** 풍작
- **a harvest festival** 추수 감사제
- **reap a harvest** 수확하다, 추수하다
- **bring in the harvest** 수확물을 거둬들이다

panic
[pǽnik]

동 당황하다, 허둥대다(-panicked-panicked) 명 당황
She **panicked** and began screaming at him.
그녀는 당황해서 그에게 소리를 지르기 시작했다.

drop
[drɑp]

동 감소하다, 하락하다 명 감소, 방울, 소량
The temperature **dropped** quite dramatically in the evening.
기온이 저녁에 매우 급격히 떨어졌다.
유 **fall** 떨어지다 **lower** 줄다 **decline** 감소하다 반 **rise** 오르다

desperation
[dèspəréiʃən]

명 절망, 자포자기 **despair** 동 절망하다 명 절망
desperate 형 절망적인, 자포자기한, 필사적인
The hopeful look has been replaced by a look of **desperation**.
희망찬 표정이 절망적인 표정으로 바뀌었다.
유 **misery** 괴로움, 비탄 반 **comfort** 안락, 편안

sensation
[senséiʃən]

명 느낌, 반향, 감각 **sensational** 형 세상을 놀라게 하는, 선풍적인
A cold **sensation** suddenly ran through my body.
차가운 느낌이 갑자기 내 몸속으로 퍼져 나갔다.
유 **feeling** 느낌, 기분 **sense** 느낌, 감각

associate
[əsóuʃièit] 동
[əsóuʃiət] 명

동 결부시키다, 연상하다 명 동료, 동업자 **association** 명 연계, 유대
We **associate** gifts with special occasions.
우리는 선물을 특별한 경우와 결부시킨다.
유 **connect** 연결하다 반 **separate** 분리하다 **detach** 떼어 내다

task
[tæsk]

명 (해야 할) 일, 과업, 과제
Our first **task** is to gather information about the issue.
우리의 첫 번째 과제는 그 사안에 대한 정보를 수집하는 것이다.
유 **job** 일, 과제 **duty** 임무, 의무 **assignment** 과제, 임무

pump
[pʌmp]

동 주입하다, (펌프로) 퍼 올리다 명 펌프
Education should not **pump** knowledge into children's heads.
교육은 지식을 아이들의 머리에 주입해서는 안 된다.
유 **inject** 주입하다 **pour** 퍼붓다

hire
[haiər]

동 고용하다, 임대하다
The local newspaper **hired** her to be their music critic.
그 지역 신문사는 그녀를 자신들의 음악 비평가로 고용했다.
유 **employ** 고용하다 반 **dismiss** 해고하다, 묵살하다 **fire** 해고하다

innovative
[ínəvèitiv]

형 혁신적인 **innovate** 동 혁신하다 **innovation** 명 혁신
She took an **innovative** approach to her business.
그녀는 자신의 사업에 혁신적인 접근 방법을 택했다.
유 **novel** 새로운 **inventive** 창의[독창]적인 반 **customary** 관습적인

clay
[klei]

명 찰흙, 점토
Once you've made an object out of the **clay**, let it stand for a day.
일단 여러분이 찰흙으로 물체를 만들었으면, 그것을 하루 동안 세워 두어라.

distinct
[distíŋkt]

형 (전혀) 다른, 독특한 **distinction** 명 차이, 대조
There are four **distinct** types of leadership.
리더십의 네 가지 전혀 다른 유형이 있다.
유 **different** 다른 **separate** 서로 다른 반 **similar** 비슷한 **identical** 똑같은

campaign
[kæmpéin]

명 (조직적) 활동, (사회적·정치적) 운동, 캠페인 동 캠페인을 벌이다
A nationwide **campaign** against the death penalty was organized.
사형을 반대하는 전국적인 캠페인이 조직되었다.
유 **drive** 운동 **movement** 운동

advertisement
[ædvərtáizmənt]

명 광고(= ad) **advertise** 동 광고하다 **advertiser** 명 광고 회사, 광고주
The magazines are full of **advertisements** for books.
그 잡지들은 책 광고로 가득하다.
유 **commercial** 광고 (방송) **notice** 광고문, 공고문

Voca Plus
- **a job advertisement** 구직 광고
- **a classified advertisement** 항목별 광고
- **a comparative advertisement** 비교 광고(동일 제품군의 경쟁 브랜드명을 자사 광고에 등장시켜서 비교하는 광고)

industry
[índəstri]

명 산업, 제조업, 근면 **industrial** 형 산업의 **industrious** 형 근면한
The agricultural **industry** faces major challenges.
농업은 심각한 어려움에 직면해 있다.
유 **diligence** 근면, 성실

rescue
[réskjuː]

동 해방시키다, 구조하다 명 구조
They **rescued** him from poverty and misery.
그들은 그를 빈곤과 고통에서 해방시켰다.
유 **save** 구하다 반 **desert** 버리다

devastating
[dévəstèitiŋ]

형 지독한, 황폐시키는, 파괴적인 **devastate** 동 완전히 파괴하다
devastation 명 대대적인 파괴[손상]
Droughts can have a **devastating** effect on the regional economy.
가뭄은 지역 경제에 지독한[대대적으로 안 좋은] 영향을 미칠 수 있다.
유 **destructive** 파괴적인 **damaging** 해로운 반 **blessed** 축복받은

slump
[slʌmp]

명 침체(기), 불황, 급감 동 급격히 쇠퇴하다, 급감하다
The Korean War was followed by an economic **slump**.
한국 전쟁 이후 경기 침체가 뒤따라왔다.
유 **depression** 불경기 **recession** 불황 반 **growth** 성장 **boom** 호황

annual
[ǽnjuəl]

형 연간의, 연례의 **annually** 부 연례적으로, 매년
Her **annual** income is about $100,000.
그녀의 연간 소득은 약 100,000달러이다.
유 **yearly** 해마다 있는, 매년의

Synonym & Antonym

유의어와 반의어를 확인해 보는 시간입니다. 밑줄 친 단어의 유의어 혹은 반의어를 주어진 철자로 시작하여 써 보세요.

01 this year's grape harvest [유] g__________
02 The temperature dropped. [유] f__________
03 a look of desperation [반] c__________
04 associate gifts with special occasions [유] c__________
05 The local newspaper hired her. [반] d__________
06 a devastating effect on the regional economy [반] b__________
07 an economic slump [반] g__________

|정답| 01 gathering 02 fall 03 comfort 04 connect 05 dismiss 06 blessed 07 growth

Vocabulary Extension

이제 품사가 다른 여러 형태의 단어를 학습해 보겠습니다. [보기]의 단어를 변형하여 빈칸에 들어갈 알맞은 말을 써 보세요.

[보기] innovative distinct industry sensation desperation

01 Time was running out, and we were getting __________ and frightened.
02 An eight-year-old boy's piano performance was reviewed as a(n) __________ success.
03 The federal government should encourage __________ in industry.
04 We usually make a clear __________ between war and other forms of violence.
05 Rapid post-war __________ development resulted in severe pollution and public health problems.

|정답| 01 desperate 02 sensational 03 innovation 04 distinction 05 industrial

|해석| 01 시간이 다 되어 가고 있었고, 우리는 절망적이 되어가고 겁을 먹고 있었다. 02 여덟 살 소년의 피아노 연주는 세상을 놀라게 한 성공이었다는 논평을 받았다. 03 연방 정부는 산업에서의 혁신을 장려해야 한다. 04 우리는 대개 전쟁과 다른 형태의 폭력 간에 분명한 차이를 둔다. 05 급격한 전후 산업 발전은 심각한 오염과 공중 보건 문제를 초래했다.

Choosing the Right Word

가장 적절한 단어가 어떤 것인지 확인하는 시간입니다. 주어진 문장에 들어갈 가장 적절한 단어를 네모 안에서 골라 보세요.

01 Once you've made an object out of the clay / harvest, let it stand for a day.

02 I've baked some raisin / slump bread for my mother.

03 Our first distinction / task is to gather information about the issue.

04 Education should not hire / pump knowledge into children's heads.

05 A nationwide campaign / industry against the death penalty was organized.

06 Her annual / devastating income is about $100,000.

07 The raisin industry was associated / rescued from its devastating slump in sales to a twenty percent annual increase.

08 In 1986, California raisin growers were expecting a huge harvest, yet they were beginning to advertise / panic.

09 "Shriveled" and "dried" are not the innovations / sensations that most people associate with feeling good about their lives.

10 As people watched the advertisement / desperation, they linked strong feelings of fun, humor, and pleasure to the once boring fruit.

|정답| 01 clay 02 raisin 03 task 04 pump 05 campaign 06 annual 07 rescued 08 panic 09 sensations 10 advertisement

01 일단 여러분이 찰흙으로 물체를 만들었으면, 그것을 하루 동안 세워 두어라. 02 나는 엄마를 위해 약간의 건포도 빵을 구웠다. 03 우리의 첫 번째 과제는 그 사안에 대한 정보를 수집하는 것이다. 04 교육은 지식을 아이들의 머리에 주입해서는 안 된다. 05 사형을 반대하는 전국적인 캠페인이 조직되었다. 06 그녀의 연간 소득은 약 100,000달러이다. 07 건포도 산업은 판매에 있어 지독한 침체기에서 해방되어 연간 20%씩 신장했다. 08 1986년 California의 건포도 재배업자들은 많은 수확을 기대하고 있었지만, 그들은 당황하기 시작했다. 09 '쪼글쪼글해진'과 '말라 버린'은 대부분의 사람이 자신의 삶에 대한 좋은 감정과 결부시키는 느낌들이 아니다. 10 그 광고를 보면서 사람들은 한때 따분했던 과일에 재미, 유머, 그리고 즐거움이라는 강한 감정들을 결부시켰다.

Unit 30

Variability in Statistics

▌이번 단원에서 학습하게 될 단어들입니다. 이미 알고 있는 단어에 V 표시해 보세요.

☐ core	☐ statistics	☐ result	☐ vary
☐ individual	☐ moment	☐ variation	☐ exist
☐ exact	☐ compare	☐ effectively	☐ average
☐ employ	☐ mark	☐ typical	☐ distance
☐ roughly	☐ case	☐ fine	☐ parenthesis

▌주어진 단어를 알맞은 뜻과 연결해 보세요. 단어의 뜻을 모르면 아래 정답에서 확인해 보세요.

01 parenthesis	•	•	**a** 변화, 편차
02 result	•	•	**b** 효과적으로
03 fine	•	•	**c** 정확한
04 core	•	•	**d** 다르다, 달라지다
05 compare	•	•	**e** 괄호
06 variation	•	•	**f** 결과
07 effectively	•	•	**g** 비교하다
08 vary	•	•	**h** 작은, 미세한
09 distance	•	•	**i** 거리, 간격
10 exact	•	•	**j** 핵심적인

|정답| 01 e 02 f 03 h 04 j 05 g 06 a 07 b 08 d 09 i 10 c

Vocabulary in Reading Context

▌해석은 한 번에 가능하지 않습니다. 해석이 잘되지 않더라도 먼저 아랫글을 단숨에 읽어 보세요.

Variability is one of the **core** concepts in **statistics**. **Results vary** from individual to **individual**, from group to group, from city to city, from moment to **moment**. **Variation** always **exists** in a data set, regardless of (regardless of: ~와 관계없이) which characteristic you're measuring, because not every (모두 ~은 아니다) individual will have the same **exact** value for every characteristic you measure. Without a measure of variability you can't **compare** two data sets **effectively**. What if (what if: ~라면 어떻게 될까?) two sets of data have about the same **average** and the same median? Does that mean that the data are all the same? Not at all (전혀 그렇지 않다). For example, the data sets 199, 200, 201, and 0, 200, 400 both have the same average, which is 200, and the same median, which is also 200. Yet they have very different amounts of variability. The first data set has a very small amount of variability compared to (compared to: ~에 비하여) the second.

By far the most commonly (단연코 가장 흔히) **employed** measure of variability is the standard deviation. The standard deviation of a data set, **marked** by *s*, represents the **typical distance** from any point in the data set to the center. It's **roughly** the average distance from the center, and in this **case**, the center is the average. Most often, you don't hear a standard deviation given just by itself (단지 그 자체만 제시되는); if it's reported, it's usually in the **fine** print, in **parentheses**, like "(s = 2.68)."

* variability 변산도 ** median 중앙값 ***standard deviation 표준 편차

▌본문의 의미가 이해되나요? 원어민 선생님이 읽어 주시는 지문을 들으며 다시 한 번 읽어 보세요.

Fill in the Blanks

▌본문의 내용을 기억하며 다시 읽어 볼 차례입니다. 이번에는 글을 읽으면서 빈칸에 들어갈 단어를 주어진 철자로 시작하여 써 보세요.

Variability in Statistics

Variability is one the core concepts in ❶s__________. Results vary from individual to individual, from group to group, from city to city, from moment to moment. Variation always ❷e__________ in a data set, regardless of which characteristic you're measuring, because not every individual will have the same ❸e__________ value for every 5 characteristic you measure. Without a measure of variability you can't ❹c__________ two data sets effectively. What if two sets of data have about the same ❺a__________ and the same median? Does that mean that the data are all the same? Not at all. For example, the data sets 199, 200, 201, and 0, 200, 400 both have the same average, which is 200, and the same median, which is also 200. Yet they have very different amounts of variability. The 10 first data set has a very small amount of variability compared to the second.

By far the most commonly ❻e__________ measure of variability is the standard deviation. The standard deviation of a data set, ❼m__________ by *s*, represents the typical ❽d__________ from any point in the data set to the center. It's ❾r__________ the average distance from the center, and in this case, the center is the average. Most often, 15 you don't hear a standard deviation given just by itself; if it's reported, it's usually in the fine print, in ❿p__________, like "(*s* = 2.68)."

* variability 변산도 ** median 중앙값 ***standard deviation 표준 편차

해석 통계에서의 변산도

변산도는 통계에서 아주 핵심적인 개념 중 하나이다. 결과는 개인, 집단, 도시, 시간에 따라 다르다. 여러분이 측정하는 모든 특징에 대해 모든 개체가 똑같이 정확한 값[측정치]을 갖는 것은 아닐 것이기 때문에, 여러분이 어떤 특징을 측정하고 있는가에 관계없이 데이터 세트에는 항상 편차가 존재한다. 변산도라는 척도 없이 두 데이터 세트를 효과적으로 비교할 수 없다. 만약 두 데이터 세트가 대략 같은 평균과 같은 중앙값을 갖는다면 어떻게 될까? 그것이 그 데이터들이 모두 같다는 것을 의미하는가? 전혀 그렇지 않다. 예를 들면, 199, 200, 201과 0, 200, 400이라는 두 데이터 세트는 200인 같은 평균과, 또한 200인 같은 중앙값을 갖고 있다. 그러나 그것들은 아주 다른 양의 변산도를 갖고 있다. 두 번째에 비해 첫 번째 데이터 세트는 아주 작은 양의 변산도를 갖고 있다.

단연코 가장 흔히 사용되는 변산도의 척도는 표준 편차이다. 's'로 표시되는 한 데이터 세트의 표준 편차는 데이터 세트의 어떤 한 지점에서 중간까지의 통상적인 거리를 나타낸다. 그것은 중간으로부터의 대략적으로 평균 거리인데, 이 경우에 중간은 평균이다. 아주 흔히 여러분은 표준 편차가 단지 그 자체로만 제시되는 것을 듣지 않으며, 만약 그것이 언급된다면, 그것은 '(s = 2.68)'처럼 보통 아주 작은 글씨로 괄호 안에 들어가 있다.

|정답| ❶statistics ❷exists ❸exact ❹compare ❺average ❻employed ❼marked ❽distance ❾roughly ❿parentheses

core
[kɔːr]

형 핵심적인, 가장 중요한 명 핵심, 중심부
Construction is the company's **core** business.
건설은 그 회사의 핵심 사업이다.
유 **essence** 본질, 핵심, 정수

statistics
[stətístiks]

명 통계(학), 통계 자료 **statistical** 형 통계상의, 통계학의
Statistics is a branch of mathematics.
통계학은 수학의 한 분야이다.

result
[rizʌ́lt]

명 결과, 성과, 성적 동 발생하다, 생기다
Without effort, you can't achieve the desired **result**.
노력 없이 너는 바라는 결과를 얻을 수 없다.
유 **consequence** (발생한 일의) 결과 **effect** 결과, 효과, 영향 **outcome** 결과, 성과
반 **cause** 원인

vary
[vɛ́(ː)əri]

동 다르다, 달라지다, 변경하다 **variety** 명 다양성, 다양함 **various** 형 다양한
The temperature **varies** as you climb higher.
네가 더 높이 올라갈수록 온도는 달라진다.
유 **change** 변하다, 달라지다 **shift** 바뀌다 반 **fix** 고정하다

individual
[ìndəvídʒuəl]

명 개인, 개체 형 개개의, 개인적인
Each **individual** receives two genes, one inherited from each parent.
각 개인은 각각의 부모로부터 한 개씩 물려받은 두 개의 유전자를 받는다.
You can have the office designed to suit your **individual** needs.
여러분은 개인적 필요에 맞춰 디자인된 사무실을 가질 수 있다.
유 **independent** 독립적인 **separate** 따로 분리된 반 **collective** 집단적인

moment
[móumənt]

명 때, 순간, 중요(성) **momentary** 형 순간적인 **momentous** 형 중요한
She was just waiting for the right **moment** to tell him.
그녀는 그에게 말할 적절한 때를 단지 기다리고 있었다.
유 **instant** 아주 짧은 순간

variation
[vὲəriéiʃən]

명 변화, 편차, 차이
She repeated the story without **variation**.
그녀는 변화 없이 그 이야기를 반복했다.
유 **difference** 차이 **variety** 다양함 반 **uniformity** 한결같음, 획일성

exist
[igzíst]

동 존재하다 **existence** 명 존재, 실존
Do you think aliens really **exist**?
너는 외계인이 정말로 존재한다고 믿니?
유 **survive** 살아남다

exact
[igzǽkt]

형 정확한, 정밀한 **exactness** 명 정확, 정밀
The police are investigating the **exact** cause of the accident.
경찰은 그 사고의 정확한 원인에 대해 조사하고 있다.
유 **precise** 정확한, 정밀한 **accurate** 정확한 **correct** 옳은, 틀림없는
반 **incorrect** 부정확한, 틀린 **inaccurate** 부정확한 **faulty** 결점이 있는

compare
[kəmpέər]

동 비교하다, 비유하다 **comparison** 명 비교, 비유
comparable 형 필적하는, 비교되는 **comparative** 형 비교적인, 상대적인
She **compared** several bicycles before buying one.
그녀는 자전거를 구매하기 전에 몇 대를 비교했다.
He **compared** his girlfriend to a beautiful rose.
그는 자신의 여자 친구를 아름다운 장미에 비유했다.
유 **contrast** 대조하다 **liken** 비유하다

effectively
[iféktivli]

부 효과적으로, 실질적으로 **effect** 명 효과 **effective** 형 효과적인, 효력이 있는
You have to learn to communicate **effectively**.
너는 효과적으로 의사소통하는 법을 배워야 한다.
유 **efficiently** 능률[효율]적으로

average
[ǽvəridʒ]

명 평균 형 평균의, 보통의
An **average** of 3,000 people attended the show each night.
평균 3천 명이 매일 밤 그 쇼에 참석했다.

employ
[implɔ́i]

동 이용[사용]하다, 고용하다 **employment** 명 사용, 고용
unemployment 명 실업, 실직
She **employed** a pen for sketching wildlife.
그녀는 야생 동물을 스케치하는 데 펜을 사용했다.
유 **utilize** 사용하다

mark
[mɑːrk]

동 표시하다, 특징짓다, 흔적을 내다 명 표시, 흔적, 특징, 점수

She has **marked** the event on her calendar.

그녀는 달력에 그 행사를 표시해 두었다.

유 **indicate** 표시하다, 가리키다

typical
[típikəl]

형 통상적인, 전형적인, 대표적인 **typify** 동 대표하다, 전형이 되다

Milk is a **typical** dairy product we consume every day.

우유는 우리가 매일 소비하는 전형적인 유제품이다.

유 **normal** 보통의, 전형적인 **routine** 판에 박힌, 일상적인 **usual** 보통의

반 **unusual** 별난, 이상한 **extraordinary** 대단한, 비범한, 이상한

distance
[dístəns]

명 거리, 간격, 사이 **distant** 형 (거리·시간이) 먼, 떨어진

Do you know the **distance** between the Earth and the Sun?

너는 지구와 태양 사이의 거리를 아니?

유 **interval** 간격, 틈

roughly
[rʌ́fli]

부 대략(적으로), 거의, 대충, 거칠게 **rough** 형 대략적인, 거친

Roughly 30 percent of our land is farmland.

대략 30%의 우리 땅은 농경지이다.

유 **approximately** 대략, 거의 반 **precisely** 정확히

case
[keis]

명 경우, 사례, 사건, 환자

That is true in all three **cases**.

세 가지 모든 경우에서 그것은 사실이다.

유 **situation** 상황 **occasion** 경우, 특별한 때 **instance** 경우, 사례

fine
[fain]

형 작은, 미세한, 세밀한, 멋진, 건강한, 화창한 명 벌금

We don't have to make such **fine** distinctions.

우리는 그렇게 세밀한 구분을 할 필요가 없다.

유 **minute** 미세한, 상세한

parenthesis
[pərénθəsis]

명 괄호

The figures in **parentheses** are page numbers.

괄호 속의 숫자는 페이지 번호이다.

유 **bracket** 괄호

Synonym & Antonym

유의어와 반의어를 확인해 보는 시간입니다. 밑줄 친 단어의 유의어 혹은 반의어를 주어진 철자로 시작하여 써 보세요.

01 compared his girlfriend to a beautiful rose [유] l__________
02 roughly 30 percent of our land [유] a__________
03 marked the event on her calendar [유] i__________
04 employed a pen for sketching wildlife [유] u__________
05 don't have to make such fine distinctions [유] m__________
06 a typical dairy product we consume every day [반] u__________
07 investigating the exact cause of the accident [유] p__________

|정답| 01 liken 02 approximately 03 indicate 04 utilize 05 minute 06 unusual 07 precise

Vocabulary Extension

이제 품사가 다른 여러 형태의 단어를 학습해 보겠습니다. [보기]의 단어를 변형하여 빈칸에 들어갈 알맞은 말을 써 보세요.

[보기] moment statistics exist employ distance

01 Do you believe in the __________ of ghosts?
02 We will discuss the __________ significance of the information.
03 Slowly and quietly, they moved toward the __________ shore.
04 It is expected that the new factory will provide __________ for hundreds of workers.
05 The revolution taking place in Eastern Europe must be counted as one of the most __________ events of this century.

|정답| 01 existence 02 statistical 03 distant 04 employment 05 momentous

|해석| 01 너는 유령의 존재를 믿니? 02 우리는 그 정보의 통계적인 중요성을 논의할 것이다. 03 천천히 그리고 조용히, 그들은 멀리 있는 해안 쪽으로 이동했다. 04 그 새로운 공장은 수백 명의 노동자들에게 일자리를 제공할 것으로 예상된다. 05 동유럽에서 일어나고 있는 혁명은 이번 세기에 가장 중요한 사건들 중 하나로 간주되어야 한다.

Choosing the Right Word

가장 적절한 단어가 어떤 것인지 확인하는 시간입니다. 주어진 문장에 들어갈 가장 적절한 단어를 네모 안에서 골라 보세요.

01 Without effort, you can't achieve the desired case / result.

02 A(n) average / variation of 3,000 people attended the show each night.

03 She was just waiting for the right moment / individual to tell him.

04 Without a measure of variability you can't compare / vary two data sets effectively.

05 She repeated the story without average / variation.

06 Do you know the result / distance between the Earth and the Sun?

07 Construction is the company's average / core business.

08 By far the most commonly employed / varied measure of variability is the standard deviation.

09 Variation always compares / exists in a data set, regardless of which characteristic you're measuring.

10 Results vary / exist from individual to individual, from group to group, from city to city.

|정답| 01 result 02 average 03 moment 04 compare 05 variation 06 distance 07 core 08 employed 09 exists 10 vary

|해석| 01 노력 없이 너는 바라는 결과를 얻을 수 없다. 02 평균 3천 명이 매일 밤 그 쇼에 참석했다. 03 그녀는 그에게 말할 적절한 때를 단지 기다리고 있었다. 04 변산도라는 척도 없이 두 데이터 세트를 효과적으로 비교할 수 없다. 05 그녀는 변화 없이 그 이야기를 반복했다. 06 너는 지구와 태양 사이의 거리를 아니? 07 건설은 그 회사의 핵심 사업이다. 08 단연코 가장 흔히 사용되는 변산도의 척도는 표준 편차이다. 09 여러분이 어떤 특징을 측정하고 있는가에 관계없이 데이터 세트에는 항상 편차가 존재한다. 10 결과는 개인, 집단, 도시에 따라 다르다.

Review Test 6

학습한 내용은 꾸준히 복습하지 않으면 누구나 며칠 만에 절반 이상을 망각하게 된다고 합니다. 지금 다시 한 번 간단히 복습하면 기억을 되살릴 수 있습니다. 26~30강에서 공부한 내용을 복습해 봅시다.

A 우리말은 영어로, 영어는 우리말로 쓰시오.

1	근간, 등뼈, 근성	b________	11	assume	________
2	참여, 참가	p________	12	relative	________
3	살랑대다, 스치다	r________	13	content	________
4	정확한, 정밀한	e________	14	exist	________
5	타당한, 공정한	f________	15	rub	________
6	독의, 유독한	t________	16	upwind	________
7	재정적인, 금융의	f________	17	ethics	________
8	소송을 제기하다, 고소하다	s________	18	policy	________
9	당황하다, 허둥대다; 당황	p________	19	innovative	________
10	평균; 평균의, 보통의	a________	20	distance	________

B 다음 문장의 빈칸에 적절한 단어를 [보기]에서 찾아 쓰시오.

보기 emphasis feed pump statistics willingly

01 People won't __________ waste their time just watching TV shows.

02 Impalas __________ upon grass, fruits, and leaves from trees.

03 Variability is one of the core concepts in __________.

04 The task was clear: __________ a healthy dose of emotional appeal into the shriveled-up fruit.

05 This growing __________ on ethical consumption is a trend that cannot be ignored.

|정답| A 01 backbone 02 participation 03 rustle 04 exact 05 fair 06 toxic 07 financial 08 sue 09 panic 10 average 11 추정[상정]하다, (권력·책임을) 맡다 12 상대적인, 비교상의; 친척 13 내용(물); 만족하는 14 존재하다 15 문지르다, 비벼 대다 16 바람을 거슬러서 17 윤리, 도덕, 윤리학 18 정책, 방침, 보험, 보험 증권[증서] 19 혁신적인 20 거리, 간격, 사이

B 01 willingly 02 feed 03 statistics 04 pump 05 emphasis

|해석| B 01 사람들은 그저 TV 프로그램을 보면서 시간을 기꺼이 낭비하려 하지 않을 것이다. 02 임팔라들은 풀, 과일, 나뭇잎을 먹고산다. 03 변산도는 통계에서 아주 핵심적인 개념 중 하나이다. 04 해야 할 일은 분명했다. 그것은 말라서 쪼글쪼글해진 그 과일에 감정적인 호소라는 건강한 약을 주입해 주는 것이었다. 05 윤리적 소비에 대한 이런 커지는 중요성은 무시될 수 없는 추세이다.

C 다음 밑줄 친 부분과 의미가 가장 가까운 단어를 고르시오.

01 The report says that fine grains of plastic are threatening marine animals.
① tiny ② good ③ expensive ④ clear

02 The members do not have the same interest in the matter.
① profit ② curiosity ③ purchase ④ advantage

03 This substance is classified as flammable liquid.
① content ② fabric ③ importance ④ matter

04 Ms. Kim will assume the chief executive's duties until a replacement is found.
① think ② analyze ③ change ④ accept

D 다음 네모 안에서 주어진 문장에 가장 적절한 단어를 고르시오.

01 You will naturally memorize / target the song after listening to it every day.
02 Foods that have a high content / possibility of water are recommended.
03 After the war he resumed / ridded his life in France.
04 I feel it is my existence / responsibility to take care of the poor children.
05 We usually associate / hire the images in the ads with the products.
06 The clinic will employ / compete a new motivation tool for dieters.

|정답| C 01 ① 02 ② 03 ④ 04 ④
D 01 memorize 02 content 03 resumed 04 responsibility 05 associate 06 employ

|해석| C 01 그 보고서는 미세한 플라스틱 알갱이가 바다 동물들을 위협한다고 말한다. 02 구성원들이 그 일에 대해 같은 관심을 가지는 것은 아니다. 03 이 물질은 가연성 액체로 분류된다. 04 김 씨는 교체할 사람을 찾기 전까지 최고 경영자의 임무를 맡을 것이다.
D 01 여러분은 그 노래를 매일 듣고 나면 자연스럽게 암기할 것이다. 02 수분 함유량이 높은 식품이 권장된다. 03 전쟁이 끝난 후 그는 프랑스에서 자신의 삶을 다시 시작했다. 04 나는 가난한 어린이들을 돌보는 것이 나의 임무라고 느낀다. 05 우리는 대개 광고의 이미지와 제품을 연관시킨다. 06 그 병원은 다이어트를 하는 사람들에게 새로운 동기 부여 도구를 사용할 것이다.

Progress Test 3

▌공부한 단어를 꾸준히 복습하지 않으면 이내 잊게 됩니다. 지금까지 배운 단어를 다시 한 번 확인해 보세요.

A 영어는 우리말로, 우리말은 영어로 쓰시오.

01 establish ____________

02 harvest ____________

03 immature ____________

04 parenthesis ____________

05 subtle ____________

06 consensus ____________

07 policy ____________

08 inventor ____________

09 reject ____________

10 officer ____________

11 distinct ____________

12 assume ____________

13 postpone ____________

14 remain ____________

15 prevalence ____________

16 broadcast ____________

17 allege ____________

18 rub ____________

19 variation ____________

20 wardrobe ____________

21 statistics ____________

22 resume ____________

23 idle ____________

24 compare ____________

25 tremendous ____________

26 장소 v____________

27 명시적으로 e____________

28 조절하다 r____________

29 투명한 t____________

30 겨냥하다 t____________

31 대량의 b____________

32 덩어리 l____________

33 윤리 e____________

34 유대 b____________

35 결부시키다 a____________

36 걸작 m____________

37 집중하다 c____________

38 직업 o____________

39 연간의 a____________

40 다수, 대중 m____________

41 근간 b____________

42 빠른 r____________

43 매듭 k____________

44 알고 있는 i____________

45 작은 땅; 깁다 p____________

46 발행하다 i____________

47 주문 o____________

48 언어 t____________

49 불매 운동하다 b____________

50 완만한 g____________

B 주어진 단어를 알맞은 뜻과 연결해 보시오.

01	fade	a	밑에 있는
02	roar	b	아주 유사한
03	spontaneous	c	설명
04	underlying	d	매력적인
05	account	e	재정적인
06	appealing	f	자발적인
07	financial	g	폭소를 터뜨리다
08	parallel	h	희미해지다

C 밑줄 친 단어의 유의어 혹은 반의어를 주어진 철자로 시작하여 쓰시오.

01 waited for a <u>pause</u> in the conversation ㉥ c__________

02 <u>devised</u> a ball game ㉤ d__________

03 <u>surveyed</u> 500 smokers ㉤ r__________

04 <u>ignored</u> the warning signs ㉥ a__________

05 <u>arouse</u> the curiosity of the public ㉤ p__________

06 <u>formed</u> the basis of early theater ㉤ c__________

|정답| A 01 세우다, 설립하다, 만들다 02 수확(물), 수확량, 수확기; 수확하다, 거두어들이다 03 미성숙한, 미숙한 04 괄호 05 미묘한, 감지하기 힘든 06 합의, 의견 일치 07 정책, 방침, 보험 증권[증서] 08 발명가 09 거부하다, 거절하다 10 (주요 직책에 있는) 사람, 장교, 경찰관 11 (전혀) 다른, 독특한 12 추정[상정]하다, (권력·책임을) 맡다 13 미루다, 연기하다 14 여전히 ~이다, 남다, 머무르다 15 널리 퍼짐, 유행, 발병률 16 방송하다; 방송 17 주장하다, 내세우다 18 문지르다, 비벼 대다 19 변화, 편차, 차이 20 옷, 옷장 21 통계(학), 통계 자료 22 재개하다, 다시 시작하다 23 무의미한, 나태한; 빈둥거리다 24 비교하다, 비유하다 25 엄청난, 굉장한 26 venue 27 explicitly 28 regulate 29 transparent 30 target 31 bulk 32 lump 33 ethics 34 bond 35 associate 36 masterpiece 37 concentrate 38 occupation 39 annual 40 mass 41 backbone 42 rapid 43 knot 44 informed 45 patch 46 issue 47 order 48 tongue 49 boycott 50 gradual

B 01 h 02 g 03 f 04 a 05 c 06 d 07 e 08 b

C 01 continuation 02 design 03 research 04 attend 05 provoke 06 constitute

|해석| C 01 대화가 <u>멈춰지기</u>를 기다렸다 02 구기 경기를 <u>창안했다</u> 03 500명의 흡연자들을 <u>조사했다</u> 04 경고 표지판을 <u>무시했다</u> 05 대중의 호기심을 <u>불러일으키다</u> 06 초기 극장의 기반을 <u>형성했다</u>

Unit 31

Smaller, Innovative Firms Beat Large Bureaucratic Ones

▌이번 단원에서 학습하게 될 단어들입니다. 이미 알고 있는 단어에 V 표시해 보세요.

☐ bureaucratic	☐ organization	☐ firm	☐ flat
☐ democratic	☐ level	☐ unit	☐ upward
☐ decentralized	☐ multiple	☐ client	☐ forefront
☐ innovation	☐ eliminate	☐ variety	☐ delegate
☐ authority	☐ defect	☐ morale	☐ sector

▌주어진 단어를 알맞은 뜻과 연결해 보세요. 단어의 뜻을 모르면 아래 정답에서 확인해 보세요.

01 bureaucratic •		• a	다양성, 품종, 종류
02 organization •		• b	선두, 맨 앞
03 firm •		• c	회사; 단호한, 확고한
04 democratic •		• d	조직, 단체, 구성
05 forefront •		• e	관료주의의, 관료적인
06 variety •		• f	민주적인, 민주주의의
07 delegate •		• g	권한, 권위, 당국
08 authority •		• h	사기, 의욕
09 defect •		• i	결함, 결점, 결핍
10 morale •		• j	위임하다; 대표

|정답| 01 e 02 d 03 c 04 f 05 b 06 a 07 j 08 g 09 i 10 h

▌해석은 한 번에 가능하지 않습니다. 해석이 잘되지 않더라도 먼저 아랫글을 단숨에 읽어 보세요.

In the business world, large **bureaucratic organizations** are sometimes unable to compete against smaller, innovative **firms**. This is because innovative firms tend to have **flatter** and more **democratic** organizational structures. 5 Compare the flat network structure in smaller, (compare *A* with *B*: A를 B에 비교하다) innovative firms with the traditional bureaucratic structure. Note that (~에 주목하다) the network structure has fewer **levels** than the traditional bureaucratic structure. Moreover, in the network structure, lines of communication link all **units**. In the traditional bureaucratic structure, information flows only **upward**. 10

Much evidence suggests that flatter bureaucracies with **decentralized** decision making and **multiple** lines of communication produce more satisfied workers, happier **clients**, and bigger profits. Beginning in the early 1970s, Volvo and Toyota were at the **forefront** of bureaucratic **innovation**. They began **eliminating** middle-management positions. They allowed worker participation in a **variety** of tasks related to (~와 관련된) their main functions and 15 **delegated authority** to autonomous teams of a dozen or so workers that were allowed to make many decisions themselves. They formed "quality circles" of workers to monitor and correct **defects** in products and services. Consequently, product quality, worker **morale**, and profitability improved. Today, these ideas have spread well beyond the Swedish and Japanese automobile industries and are evident in many large North American companies, 20 both in the manufacturing and in the service **sectors**.

▌본문의 의미가 이해되나요? 원어민 선생님이 읽어 주시는 지문을 들으며 다시 한 번 읽어 보세요.

Fill in the Blanks

▌본문의 내용을 기억하며 다시 읽어 볼 차례입니다. 이번에는 글을 읽으면서 빈칸에 들어갈 단어를 주어진 철자로 시작하여 써 보세요.

Smaller, Innovative Firms Beat Large Bureaucratic Ones

In the business world, large bureaucratic ❶o__________ are sometimes unable to compete against smaller, innovative firms. This is because innovative firms tend to have flatter and more ❷d__________ organizational structures. Compare the flat network structure in smaller, innovative firms with the traditional bureaucratic structure. Note that 5 the network structure has fewer levels than the traditional bureaucratic structure. Moreover, in the network structure, lines of communication link all ❸u__________. In the traditional bureaucratic structure, information flows only ❹u__________.

Much evidence suggests that flatter bureaucracies with decentralized decision making and ❺m__________ lines of communication produce more satisfied workers, happier 10 clients, and bigger profits. Beginning in the early 1970s, Volvo and Toyota were at the forefront of bureaucratic ❻i__________. They began eliminating middle-management positions. They allowed worker participation in a variety of tasks related to their main functions and ❼d__________ authority to autonomous teams of a dozen or so workers that were allowed to make many decisions themselves. They formed "quality circles" of 15 workers to monitor and correct ❽d__________ in products and services. Consequently, product quality, worker ❾m__________, and profitability improved. Today, these ideas have spread well beyond the Swedish and Japanese automobile industries and are evident in many large North American companies, both in the manufacturing and in the service ❿s__________.

해석 작고 혁신적인 기업이 크고 관료주의적인 기업을 이긴다

사업의 세계에서 큰 관료주의적 조직은 때로는 더 작은 혁신적인 회사와 경쟁할 수 없다. 이것은 혁신적인 회사가 더 수평적이고 더 민주적인 조직 구조를 갖는 경향이 있기 때문이다. 더 작은 혁신적인 회사에서의 수평적인 네트워크 구조와 전통적인 관료주의적 구조를 비교해 보라. 네트워크 구조에는 전통적인 관료주의적 구조보다 층이 더 적다는 것에 주목하라. 게다가, 네트워크 구조에서 의사소통의 경로는 모든 구성단위를 연결한다. 전통적인 관료주의적 구조에서 정보는 오로지 위로만 흐른다.

많은 증거가 보여 주기를, 분권화된 의사 결정과 다수의 의사소통의 경로를 지닌 더 수평적인 관료주의가 더 만족하는 직원, 더 행복한 고객 그리고 더 큰 수익을 만든다. 1970년대 초반에 시작해서 Volvo와 Toyota는 관료주의 혁신의 선두에 있었다. 그 회사들은 중간 관리직을 없애기 시작했다. 그 회사들은 주요 업무와 관련된 다양한 과업에서 직원 참여를 허용했고 많은 의사 결정을 스스로 내리도록 허용된 십여 명의 직원으로 구성된 자율적인 팀에게 권한을 위임했다. 그들은 제품과 서비스에서의 결함을 감시하고 수정하는 직원들의 '품질 관리 서클'을 구성했다. 결과적으로 제품 품질, 직원 사기 그리고 수익성이 향상되었다. 오늘날 이런 아이디어는 스웨덴과 일본의 자동차 업계를 훨씬 넘어 확산되었고 제조업 부문과 서비스 부문 둘 다에서 많은 북미의 대기업에서 드러난다.

|정답| ❶organizations ❷democratic ❸units ❹upward ❺multiple ❻innovation ❼delegated ❽defects ❾morale ❿sectors

bureaucratic
[bjùərəkrǽtik]

형 관료주의의, 관료적인, 절차가 복잡한 **bureaucracy** 명 관료 체제, 관료 국가
The report highlighted a great deal of **bureaucratic** inefficiency.
그 보고서는 대단히 많은 관료주의의 비효율성을 강조했다.
유 **administrative** 관리상의

organization
[ɔ̀rgənizéiʃən]

명 조직, 단체, 구성 **organize** 동 조직하다
The **organization**'s profitability soared and the manager was appreciated for his performance.
그 조직의 수익성은 치솟았고 그 관리자는 그의 실적에 대해서 인정받았다.
유 **structure** 구조 **association** 협회

firm
[fəːrm]

명 회사 형 단호한, 확고한, 단단한 **firmly** 부 확고하게
The **firm** manufactures a global positioning system (GPS).
그 회사는 전 지구 위치 파악 시스템(GPS)을 제조한다.
Enforcement of the limit should be consistent and **firm**.
제한의 시행은 일관성 있고 단호해야 한다.
유 **solid** 단단한

Voca & Voca

confirm 확인하다	**confirmed** 확고부동한
affirm 단언하다	**affirmative** 긍정의

flat
[flæt]

형 수평의, 편평한, 김이 빠진, 바람이 빠진 명 아파트 **flatten** 동 납작하게 만들다
She lay **flat** on her back.
그녀는 등을 편평하게 대고 누웠다.
유 **even** 평평한 **level** 평평한, 수평의 반 **uneven** 평탄하지 않은

democratic
[dèməkrǽtik]

형 민주적인, 민주주의의 **democracy** 명 민주주의
Many countries adopted a **democratic** and participatory decision-making process.
많은 국가가 민주적이고 참여적인 의사 결정 과정을 채택했다.
유 **autonomous** 자율의, 자주적인

level
[lévəl]

명 층, (권한상의) 수준, 지위 형 평평한, 수평의
If someone has a Bachelor's Degree, we can say that he's educated to degree **level**.
만약 누군가가 학사 학위를 가지고 있다면, 우리는 그가 학위 수준까지 교육받았다고 말할 수 있다.
유 **status** 신분, 지위 **floor** 층 **rank** 지위, 순위

unit
[jú:nit]

명 부서, 구성단위 형 단위의

We are about to open a new **unit**.

저희는 새로운 부서를 막 열려고 합니다.

유 **component** 구성 요소 **element** 요소 **entity** 독립체

upward
[ʌ́pwərd]

부 위로 형 위쪽을 향한, 증가하고 있는, 상승하는

Various economic indicators show an **upward** movement.

다양한 경제 지표가 상승하는 움직임을 보여 준다.

반 **downward** 아래쪽으로, 하향의

Voca & Voca

onward 전방으로; 앞으로 나아가는 **backward** 뒤로; 뒤로 향하는, 퇴보적인
homeward 집으로; 집[본국]으로 향하는

decentralized
[di:séntrəlàizd]

형 분권화된, 분산적인 **decentralize** 동 분산시키다

A country that uses such a **decentralized** decision-making process has a market economy.

그런 분권화된 의사 결정 과정을 이용하는 나라는 시장 경제를 가지고 있다.

반 **centralized** 중앙 집권의

multiple
[mʌ́ltəpl]

형 다수의, 여러, 복합의, 다양한 **multiply** 동 늘리다, 번식시키다, 곱하다

Multiple related causes are referred to simply as "causal factors."

여러 관련된 원인들은 단순히 '인과 요인들'이라 불린다.

유 **numerous** 많은 **various** 다양한

client
[kláiənt]

명 고객, 의뢰인

Many of Maria's **clients** lost their jobs when the coal industry collapsed.

Maria의 많은 고객은 석탄 산업이 붕괴되었을 때 그들의 일자리를 잃었다.

유 **customer** 고객 **patron** 후원자

forefront
[fɔ́rfrənt]

명 선두, 맨 앞, 중심, 가장 중요한 위치

The new product took the company to the **forefront** of the field.

그 신상품이 그 회사를 그 분야 선두로 이끌었다.

유 **leader** 선두 **head** 맨 앞쪽

innovation
[ìnəvéiʃən]

명 혁신 **innovative** 형 혁신적인, 획기적인

They combined individuality and **innovation** by copying the past.

그들은 과거를 모방함으로써 개성과 혁신을 결합하였다.

유 **revolution** 혁명 **transformation** 변혁, 변형

eliminate
[ilímənèit]

동 없애다, 제거하다, 철폐하다 **elimination** 명 철폐, 제거, 배출

We know we can't completely **eliminate** our biases.

우리는 자신의 편견을 완전히 없앨 수 없다는 것을 알고 있다.

유 **remove** 치우다 **abolish** 폐지하다 **eradicate** 근절하다

Voca Plus

eliminate toxins 유독 물질을 제거하다

eliminate racial discrimination 인종 차별을 없애다

variety
[vəráiəti]

명 다양성, 품종, 종류 **various** 형 다양한

Recent years have seen the emergence of a wide **variety** of "green adhesives."

최근 몇 년 동안 매우 다양한 '친환경 접착제'의 출현을 목도했다.

유 **diversity** 다양성 **variation** 변화, 변형, 변주 **type** 종류

delegate
[déligèit] 동
[déligət] 명

동 위임하다 명 대표

They decided not to send a **delegate** to the conference.

그들은 회의에 대표를 보내지 않기로 결정했다.

유 **representative** 대표자, 대리인 **agent** 대리인 **ambassador** 대사, 사절

authority
[əθɔ́:rəti, əθárəti]

명 권한, 권위, 당국, 지휘권 **authoritarian** 형 권위주의적인, 독재적인

In the classic model of the Sumerian economy, the temple functioned as an administrative **authority**.

수메르 경제의 전형적 모델에서 사원은 관리 당국으로서 기능했다.

유 **power** 권력, 정권 **command** 지휘

defect
[dí:fekt]

명 결함, 결점, 결핍 **defective** 형 결함이 있는

The accident was caused by its structural **defect**.

그 사고는 그것의 구조적 결함으로 야기되었다.

유 **fault** 결점 **imperfection** 불완전 **deficiency** 결핍

morale
[mərǽl]

명 사기, 의욕

The news boosted the **morale** of the soldiers.

그 소식은 군인들의 사기를 북돋웠다.

유 **spirit** 의기 **confidence** 자신감

sector
[séktər]

명 부문, 분야, 지구

A job search starts with identifying **sector** interests and preferred work environments.

구직은 분야에 관한 관심과 선호하는 작업 환경의 확인으로 시작된다.

유 **field** 분야 **area** 분야 **district** 지구

Synonym & Antonym

유의어와 반의어를 확인해 보는 시간입니다. 밑줄 친 단어의 유의어 혹은 반의어를 주어진 철자로 시작하여 써 보세요.

01 upward movement ㊥ d__________
02 a decentralized decision-making process ㊥ c__________
03 the forefront of the field ㊤ l__________
04 a wide variety of "green adhesives" ㊤ d__________
05 send a delegate to the conference ㊤ r__________
06 its structural defect ㊤ i__________
07 identifying sector interests ㊤ f__________

|정답| 01 downward 02 centralized 03 leader 04 diversity 05 representative 06 imperfection 07 field

Vocabulary Extension

이제 품사가 다른 여러 형태의 단어를 학습해 보겠습니다. [보기]의 단어를 변형하여 빈칸에 들어갈 알맞은 말을 써 보세요.

보기 innovation defect eliminate flat democratic

01 Use a rolling pin to __________ the dough.
02 Elections are essential for the sustenance of parliamentary __________.
03 South Korea has won praise around the world for its __________ drive-thru model for testing people for the coronavirus.
04 Although the business circles strongly requested for the __________ of various regulations, the government did not take their demand seriously.
05 If the product is __________, we provide a replacement or a refund.

|정답| 01 flatten 02 democracy 03 innovative 04 elimination 05 defective

|해석| 01 반죽을 납작하게 하려면 밀대를 사용하세요. 02 선거는 의회 민주주의 지속에 필수적이다. 03 한국은 코로나바이러스 검사를 위한 혁신적인 드라이브 스루 모델로 전 세계에서 찬사를 받았다. 04 재계가 각양각색의 규제 철폐를 강력히 요청했지만, 정부는 이들의 요구를 진지하게 받아들이지 않았다. 05 제품에 결함이 있으면, 교환이나 환불해 드립니다.

Choosing the Right Word

가장 적절한 단어가 어떤 것인지 확인하는 시간입니다. 주어진 문장에 들어갈 가장 적절한 단어를 네모 안에서 골라 보세요.

01 The report highlighted a great deal of bureaucratic / innovative inefficiency.

02 Many of Maria's clients / varieties lost their jobs when the coal industry collapsed.

03 Enforcement of the limit should be consistent and firm / flat.

04 She lay flat / upward on her back.

05 We are about to open a new client / unit.

06 Forefront / Multiple related causes are referred to simply as "causal factors."

07 They combined individuality and innovation / unit by copying the past.

08 We know we can't completely delegate / eliminate our biases.

09 In the classic model of the Sumerian economy, the temple functioned as an administrative defect / authority.

10 The news boosted the client / morale of the soldiers.

|정답| 01 bureaucratic 02 clients 03 firm 04 flat 05 unit 06 Multiple 07 innovation 08 eliminate 09 authority 10 morale

|해석| 01 그 보고서는 대단히 많은 관료주의의 비효율성을 강조했다. 02 Maria의 많은 고객은 석탄 산업이 붕괴되었을 때 그들의 일자리를 잃었다. 03 제한의 시행은 일관성 있고 단호해야 한다. 04 그녀는 등을 편평하게 대고 누웠다. 05 저희는 새로운 부서를 막 열려고 합니다. 06 여러 관련된 원인들은 단순히 '인과 요인들'이라 불린다. 07 그들은 과거를 모방함으로써 개성과 혁신을 결합하였다. 08 우리는 자신의 편견을 완전히 없앨 수 없다는 사실을 알고 있다. 09 수메르 경제의 전형적 모델에서 사원은 관리 당국으로서 기능했다. 10 그 소식은 군인들의 사기를 북돋웠다.

Unit 32

Activate Your Prior Knowledge

이번 단원에서 학습하게 될 단어들입니다. 이미 알고 있는 단어에 V 표시해 보세요.

☐ relevant	☐ prior	☐ retain	☐ participant
☐ variable	☐ recall	☐ unfamiliar	☐ demonstrate
☐ capacity	☐ integrate	☐ spontaneously	☐ activate
☐ productively	☐ instructional	☐ intervention	☐ positive
☐ concept	☐ convergence	☐ vast	☐ majority

주어진 단어를 알맞은 뜻과 연결해 보세요. 단어의 뜻을 모르면 아래 정답에서 확인해 보세요.

01	relevant •	• a	기억하다
02	demonstrate •	• b	다양한
03	spontaneously •	• c	다수
04	integrate •	• d	개입
05	retain •	• e	관련 있는
06	variable •	• f	개념
07	intervention •	• g	보여 주다
08	concept •	• h	활성화하다
09	majority •	• i	자연스럽게
10	activate •	• j	통합시키다

|정답| 01 e 02 g 03 i 04 j 05 a 06 b 07 d 08 f 09 c 10 h

Vocabulary in Reading Context

▌해석은 한 번에 가능하지 않습니다. 해석이 잘되지 않더라도 먼저 아랫글을 단숨에 읽어 보세요.

When students can connect what they are learning to **relevant prior** knowledge, they **retain** more. In one study, for example, **participants** with **variable** knowledge of soccer were presented with scores from different soccer matches and their **recall** was tested. People with more prior knowledge recalled more scores. Similarly, research showed that college students who were presented with **unfamiliar** facts about well-known individuals **demonstrated** twice the **capacity** to retain those facts as students who were presented with the same number of facts about unfamiliar individuals. Both of these studies illustrate how prior knowledge of a topic can help students **integrate** new information.

be presented with: ~을 제공받다

However, students may not **spontaneously** bring their prior knowledge. Thus, it is important to help students **activate** prior knowledge so they can build on it **productively**. Indeed, even small **instructional interventions** can activate students' relevant prior knowledge to **positive** effect. For instance, in one study, college students were presented with two problems that required them to apply the **concept** of **convergence**. The researchers found that even when the students knew the solution to the first problem, the **vast majority** did not think to apply an analogous solution to the second problem. However, when the instructor suggested that they think about the second problem in relation to the first, 80 percent of the students were able to solve it.

build on: ~에 기반하다

in relation to: ~와 연관하여

*analogous 유사한

▌본문의 의미가 이해되나요? 원어민 선생님이 읽어 주시는 지문을 들으며 다시 한 번 읽어 보세요.

Fill in the Blanks

▌본문의 내용을 기억하며 다시 읽어 볼 차례입니다. 이번에는 글을 읽으면서 빈칸에 들어갈 단어를 주어진 철자로 시작하여 써 보세요.

Activate Your Prior Knowledge

When students can connect what they are learning to ❶r__________ prior knowledge, they retain more. In one study, for example, participants with variable knowledge of soccer were presented with scores from different soccer matches and their ❷r__________ was tested. People with more prior knowledge recalled more scores. Similarly, research showed that college students who were presented with ❸u__________ facts about well-known individuals demonstrated twice the ❹c__________ to retain those facts as students who were presented with the same number of facts about unfamiliar individuals. Both of these studies illustrate how prior knowledge of a topic can help students ❺i__________ new information.

However, students may not ❻s__________ bring their prior knowledge. Thus, it is important to help students ❼a__________ prior knowledge so they can build on it ❽p__________. Indeed, even small instructional interventions can activate students' relevant prior knowledge to positive effect. For instance, in one study, college students were presented with two problems that required them to apply the ❾c__________ of convergence. The researchers found that even when the students knew the solution to the first problem, the vast ❿m__________ did not think to apply an analogous solution to the second problem. However, when the instructor suggested that they think about the second problem in relation to the first, 80 percent of the students were able to solve it.

*analogous 유사한

해석 사전 지식을 활성화하라

자신들이 배우고 있는 것을 관련 있는 사전 지식과 연결할 수 있으면, 학생들은 더 많이 기억한다. 예를 들어, 한 연구에서 축구에 관한 다양한 지식을 가지고 있는 참가자들에게 서로 다른 축구 경기의 점수를 제공했고 그들의 기억을 시험했다. 사전 지식이 더 많은 사람들이 더 많은 점수를 기억했다. 마찬가지로, 잘 알고 있는 사람들에 대한 익숙하지 않은 사실을 제공받은 대학생들이 잘 모르는 사람들에 대한 같은 수의 사실을 제공받은 학생들에 비해 그 사실에 대한 두 배의 기억하는 능력을 보여 주었음을 연구가 밝혀 주었다. 이 두 가지 연구 모두 한 주제에 관한 사전 지식이 어떻게 학생들이 새로운 정보를 통합하는 데 도움을 줄 수 있는지를 설명한다.

하지만 학생들이 자신들의 사전 지식을 자연스럽게 가져오지 못할 수도 있다. 따라서, 학생들이 사전 지식에 생산적으로 기반할 수 있도록 그들이 그것을 활성화하는 것을 돕는 것이 중요하다. 실제로, 작은 교육적 개입조차도 학생들의 관련 사전 지식이 긍정적인 효과를 갖도록 활성화할 수 있다. 예를 들어, 한 연구에서 융합 개념을 적용하도록 요구하는 두 개의 문제를 대학생들에게 제공했다. 연구원들은 학생들이 첫 번째 문제에 대한 답을 알고 있을 때조차도 압도적인 다수가 두 번째 문제에 유사한 해결책을 적용하는 것을 생각하지 않았다는 것을 발견했다. 하지만 그들이 첫 번째 문제와 연관하여 두 번째 문제를 생각하도록 교수자가 제안했을 때, 그 학생들의 80%가 그것을 풀 수 있었다.

|정답| ❶relevant ❷recall ❸unfamiliar ❹capacity ❺integrate ❻spontaneously ❼activate ❽productively ❾concept ❿majority

relevant
[réləvənt]

형 관련 있는, 적절한 **relevance** 명 관련(성), 적절함

These comments are not directly **relevant** to the legal issue.

이 논평은 법적인 사안과 직접적인 관련은 없다.

반 **irrelevant** 관계없는, 부적절한

prior
[práiər]

형 사전의, 우선하는 **priority** 명 우선권

This information must not be announced without **prior** written consent.

이 정보는 문서상의 사전 동의 없이 발표해서는 안 된다.

유 **previous** 앞의, 이전의

retain
[ritéin]

동 기억하다, 유지[보유]하다 **retention** 명 기억(력), 유지, 보유

I find it very difficult to **retain** facts.

나는 사실을 기억하는 것이 매우 어렵다는 것을 안다.

유 **remember** 기억하다

participant
[pɑːrtísəpənt]

명 참가자 **participate** 동 참가하다, 참여하다 **participation** 명 참가, 참여

Participants in the survey were randomly selected shoppers.

조사 참가자들은 무작위로 선발된 쇼핑객들이었다.

반 **onlooker** 구경꾼

Voca Plus

a willing participant 자발적인 참가자
an active participant 적극적인 참가자
a reluctant participant 마지못해하는 참가자

variable
[vέəriəbl]

형 다양한, 가변적인 명 변수 **variability** 명 가변성 **variably** 부 일정하지 않게

I'm looking for a motor that has a **variable** speed control.

나는 다양한 속도 조절이 가능한 모터를 찾고 있다.

유 **various** 다양한 **changeable** 바뀔 수 있는

recall
[rikɔ́ːl]

명 기억, 회수, 리콜 동 기억해 내다, 생각나게 하다, 회수[리콜]하다

If I **recall** correctly, he was in his mid-fifties in 1946.

내 기억이 맞다면, 그는 1946년에 50대 중반이었다.

유 **recollect** 기억해 내다

unfamiliar
[ʌ̀nfəmíljər]

형 익숙지 않은, 낯선

I always felt uneasy in the **unfamiliar** surroundings.

나는 익숙지 않은 환경에서 늘 불안을 느꼈다.

유 **unaccustomed** 익숙지 않은 반 **familiar** 친숙한

demonstrate
[démənstrèit]

동 보여 주다, 입증[실증]하다 **demonstration** 명 입증, 실증, 시연

Galileo Galilei **demonstrated** that the earth revolves around the sun.

갈릴레오 갈릴레이가 지구가 태양 주위를 도는 것을 입증했다.

유 **prove** 입증하다, 증명하다

capacity
[kəpǽsəti]

명 능력, 용량, 수용력

Limited resources are restricting our **capacity** for developing new drugs.

한정된 자원 때문에 신약을 개발하는 우리의 능력이 제약을 받고 있다.

유 **capability** 능력, 재능 반 **incapacity** 무능력

integrate
[íntəgrèit]

동 통합시키다, 통합되다 **integration** 명 통합

Transport planning should be **integrated** with energy policy.

교통 계획은 에너지 정책과 통합되어야 한다.

유 **combine** 통합시키다 반 **separate** 분리하다

spontaneously
[spɑntéiniəsli]

부 자연스럽게, 자발적으로 **spontaneity** 명 자발성, 자연 발생

The audience **spontaneously** burst into laughter by his action.

관객들은 그의 행동에 자연스럽게 웃음을 터뜨렸다.

activate
[ǽktəvèit]

동 활성화하다, 작동시키다 **active** 형 활동적인 **activation** 명 활성화

To **activate** your account, please click on the following link.

귀하의 계좌를 활성화하려면, 다음 링크를 클릭하십시오.

유 **spark** 촉발시키다, 유발하다

productively
[prədʌ́ktivli]

부 생산적으로 **productive** 형 생산적인

I didn't spend the time shopping but used it very **productively**.

나는 그 시간을 쇼핑을 하는 데 쓰지 않았고 매우 생산적으로 사용했다.

유 **constructively** 건설적으로

instructional
[instrʌ́kʃənəl]

형 교육의, 교육을 위한 **instruct** 동 지도하다, 지시하다 **instruction** 명 지시, 지도

She uses **Instructional** visual aids to better people's understanding.

그녀는 사람들의 이해를 향상하기 위해 교육용 시각 보조 자료를 사용한다.

유 **educational** 교육의, 교육적인

intervention
[ìntərvénʃən]

명 개입, 간섭, 중재 **intervene** 동 개입하다, 중재하다

Government **intervention** to regulate prices has hardly succeeded.

물가를 규제하려는 정부의 개입이 성공한 적은 거의 없다.

positive
[pázitiv]

형 긍정적인, 양성의, 확신하는 **positivity** 명 확실함, 확신, 적극성

The most important thing is to go into the exam feeling **positive**.

가장 중요한 것은 긍정적인 마음으로 시험에 임하는 것이다.

반 **negative** 부정적인

concept
[kánsept]

명 개념

The **concept** of "equality" is extremely important in democracy.

민주주의에서 '평등'의 개념은 매우 중요하다.

유 **notion** 생각, 개념

Voca Plus

understand[grasp] a concept 개념을 이해하다

introduce a concept 개념을 도입하다

convergence
[kənvə́ːrdʒəns]

명 융합, 집중성 **converge** 동 집중하다, 한 점에 모으다

The **convergence** of ICTs gave rise to innovations.

ICT의 융합이 혁신을 이끌었다.

반 **divergence** 갈라져 나오기, 일탈

vast
[væst]

형 방대한, 거대한 **vastness** 명 광대(함)

The **vast** oceans help to regulate climate around the earth.

거대한 대양들이 지구 주위의 기후를 조절하는 데 도움을 준다.

유 **huge** 막대한, 거대한

majority
[mədʒɔ́(ː)rəti]

명 다수, 득표 차

Today, a **majority** of the population in Argentina is of European origin.

오늘날, 아르헨티나 인구의 다수는 유럽의 혈통을 가지고 있다.

반 **minority** 소수, 소수 집단, 미성년

Synonym & Antonym

유의어와 반의어를 확인해 보는 시간입니다. 밑줄 친 단어의 유의어 혹은 반의어를 주어진 철자로 시작하여 써 보세요.

01 retain facts [유] r________
02 participants in the survey [반] o________
03 a variable speed control [유] v________
04 our capacity for developing new drugs [유] c________
05 I used it very productively. [유] c________
06 instructional visual aids [유] e________
07 go into the exam feeling positive [반] n________

|정답| 01 remember 02 onlooker 03 various 04 capability 05 constructively 06 educational 07 negative

Vocabulary Extension

이제 품사가 다른 여러 형태의 단어를 학습해 보겠습니다. [보기]의 단어를 변형하여 빈칸에 들어갈 알맞은 말을 써 보세요.

[보기] prior integrate demonstrate instructional intervention

01 Her performance is a(n) ________ of tradition and new technology.
02 Our top ________ is to increase competitiveness in overseas markets.
03 Our polluted air is a clear ________ of the need for tougher environmental laws.
04 He insists that governments ________ in economic systems to reduce the inequality.
05 Sometimes teachers call the students' parents and give them advice on how to ________ their children.

|정답| 01 integration 02 priority 03 demonstration 04 intervene 05 instruct

|해석| 01 그녀의 공연은 전통과 신기술의 통합이다. 02 우리의 최우선 사항은 해외 시장에서 경쟁력을 높이는 것이다. 03 우리의 오염된 공기가 더 강력한 환경 법규가 필요한 분명한 실증이다. 04 그는 불평등을 줄이기 위해서 정부가 경제 체제에 개입해야 한다고 주장한다. 05 교사들은 가끔 학생의 부모님을 불러서 자녀를 지도하는 방법에 대한 조언을 한다.

Choosing the Right Word

가장 적절한 단어가 어떤 것인지 확인하는 시간입니다. 주어진 문장에 들어갈 가장 적절한 단어를 네모 안에서 골라 보세요.

01 The positive / vast oceans help to regulate climate around the earth.

02 Transport planning should be integrated / participated with energy policy.

03 Limited resources are restricting our capacity / majority for developing new drugs.

04 Galileo Galilei demonstrated / integrated that the earth revolves around the sun.

05 I'm looking for a motor that has a(n) instructional / variable speed control.

06 This information must not be announced without prior / unfamiliar written consent.

07 It is important to help students activate prior knowledge so they can build on it productively / variably.

08 When students can connect what they are learning to relevant prior knowledge, they intervene / retain more.

09 College students were presented with two problems that required them to apply the concept / participant of convergence.

10 Even small instructional interventions / majority can activate students' relevant prior knowledge to positive effect.

| 정답 | 01 vast 02 integrated 03 capacity 04 demonstrated 05 variable 06 prior 07 productively 08 retain 09 concept 10 interventions

| 해석 | 01 거대한 대양들이 지구 주위의 기후를 조절하는 데 도움을 준다. 02 교통 계획은 에너지 정책과 통합되어야 한다. 03 한정된 자원 때문에 신약을 개발하는 우리의 능력이 제약을 받고 있다. 04 갈릴레오 갈릴레이가 지구가 태양 주위를 도는 것을 입증했다. 05 나는 다양한 속도 조절이 가능한 모터를 찾고 있다. 06 이 정보는 문서상의 사전 동의 없이 발표해서는 안 된다. 07 학생들이 사전 지식에 생산적으로 기반할 수 있도록 그들이 그것을 활성화하는 것을 돕는 것이 중요하다. 08 자신들이 배우고 있는 것을 관련 있는 사전 지식과 연결할 수 있으면, 학생들은 더 많이 기억한다. 09 융합 개념을 적용하도록 요구하는 두 개의 문제를 대학생들에게 제공했다. 10 작은 교육적 개입조차도 학생들의 관련 사전 지식이 긍정적인 효과를 갖도록 활성화할 수 있다.

Unit 33

Can Language Die Out?

▌이번 단원에서 학습하게 될 단어들입니다. 이미 알고 있는 단어에 V 표시해 보세요.

☐ related	☐ introduce	☐ settler	☐ century
☐ decline	☐ increasingly	☐ instead	☐ native
☐ continue	☐ revival	☐ process	☐ gather
☐ pace	☐ fluently	☐ recognize	☐ official
☐ minority	☐ union	☐ classical	☐ hero

▌주어진 단어를 알맞은 뜻과 연결해 보세요. 단어의 뜻을 모르면 아래 정답에서 확인해 보세요.

01 official •	• a	동족[동류]의
02 gather •	• b	원주민의
03 related •	• c	점점 더
04 revival •	• d	모으다
05 increasingly •	• e	정착민
06 settler •	• f	고전의
07 decline •	• g	유창하게
08 fluently •	• h	감소하다
09 classical •	• i	공식적인
10 native •	• j	부활

|정답| 01 i 02 d 03 a 04 j 05 c 06 e 07 h 08 g 09 f 10 b

Vocabulary in Reading Context

▌해석은 한 번에 가능하지 않습니다. 해석이 잘되지 않더라도 먼저 아랫글을 단숨에 읽어 보세요.

Languages sometimes die out, usually (die out: 사멸되다) because of competition from another language. For example, Norn, a Germanic language **related** to Old Norse, was **introduced** to Orkney and Shetland by Viking **settlers** and spoken there until the eighteenth **century**. Its use began to **decline** from the fifteenth century, when Norway ceded the islands to Scotland, and Scots was **increasingly** used **instead**.

When a language officially becomes 'extinct' is sometimes difficult to determine (알아내기 어려운): for instance, many histories of English state that Cornish 'died out' in 1777 when the last **native** speaker died. However, a small number of (소수의) speakers **continued** to use and write in the language, and by the middle of the nineteenth century a **revival** was in **process**. The revival **gathered pace** in the twentieth century, and a number of people now use it as first language, some 1,000 use it as their everyday language (일상어), and 2,000 others speak it **fluently**. Cornish is now **recognized** as an **official** language of the United Kingdom, and as a **Minority** Language within the European **Union**.

A language can also become dead in another way. Nobody today speaks **Classical** Latin as spoken by Julius Caesar, or Classical Greek as spoken by Pericles, or the Old Icelandic as spoken by the **heroes** of the Norse sagas. So Classical Latin and Classical Greek and Old Icelandic are dead languages.

* cede 양도하다 ** saga 영웅 전설[이야기]

▌본문의 의미가 이해되나요? 원어민 선생님이 읽어 주시는 지문을 들으며 다시 한 번 읽어 보세요.

Fill in the Blanks

▌본문의 내용을 기억하며 다시 읽어 볼 차례입니다. 이번에는 글을 읽으면서 빈칸에 들어갈 단어를 주어진 철자로 시작하여 써 보세요.

Can Language Die Out?

Languages sometimes die out, usually because of competition from another language. For example, Norn, a Germanic language related to Old Norse, was ❶i__________ to Orkney and Shetland by Viking ❷s__________ and spoken there until the eighteenth century. Its use began to ❸d__________ from the fifteenth century, when Norway ceded the islands to Scotland, and Scots was increasingly used ❹i__________.

When a language officially becomes 'extinct' is sometimes difficult to determine: for instance, many histories of English state that Cornish 'died out' in 1777 when the last ❺n__________ speaker died. However, a small number of speakers continued to use and write in the language, and by the middle of the nineteenth century a ❻r__________ was in process. The revival gathered ❼p__________ in the twentieth century, and a number of people now use it as first language, some 1,000 use it as their everyday language, and 2,000 others speak it ❽f__________. Cornish is now recognized as an ❾o__________ language of the United Kingdom, and as a Minority Language within the European Union.

A language can also become dead in another way. Nobody today speaks Classical Latin as spoken by Julius Caesar, or Classical Greek as spoken by Pericles, or the Old Icelandic as spoken by the ❿h__________ of the Norse sagas. So Classical Latin and Classical Greek and Old Icelandic are dead languages.

* cede 양도하다 ** saga 영웅 전설[이야기]

해석 언어는 사멸될 수 있는가?

언어는 가끔 사멸되는데, 대개 다른 언어와의 경쟁으로 인해 그러하다. 예를 들어, 고대 스칸디나비아 말과 동족인 게르만어인 노른어는 바이킹 정착민들에 의해 Orkney와 Shetland에 소개되어 18세기까지 그곳에서 언어로 사용되었다. 그것의 사용은 15세기부터 감소하기 시작했는데, 그때 노르웨이가 그 섬들을 스코틀랜드에 양도했고, 스코틀랜드어가 대신에 점점 더 많이 쓰였다.

한 언어가 언제 공식적으로 '사멸'되는지는 때때로 알아내기 어렵다. 예를 들어, 콘월어가 마지막 원주민 화자가 사망한 1777년에 '사멸되었다'고 많은 영어사 저술서에 언급되어 있다. 하지만 소수의 화자들이 계속 그 언어를 사용하고 글로 썼으며, 19세기 중엽에 부활이 진행되었다. 그 부활은 20세기에 속도를 더했고, 여러 사람들이 현재 그 언어를 제1언어로 사용하고 있고, 1,000명 정도는 일상어로 그 언어를 사용하고 있으며, 그리고 그 외의 2,000명이 그 언어를 유창하게 말한다. 콘월어는 현재 영국의 공용어로 그리고 유럽 연합 내의 소수 언어로 인정받고 있다.

언어는 또한 다른 방식으로도 사멸할 수 있다. 오늘날 Julius Caesar가 하는 것처럼 고전 라틴어를 말하는 사람, 혹은 Pericles가 하는 것처럼 고전 그리스어를 말하는 사람, 혹은 스칸디나비아 영웅 전설 속 주인공들이 하는 것처럼 고대 아이슬란드어를 말하는 사람은 없다. 그러므로 고전 라틴어와 고전 그리스어, 그리고 고대 아이슬란드어는 죽은 언어이다.

|정답| ❶introduced ❷settlers ❸decline ❹instead ❺native ❻revival ❼pace ❽fluently ❾official ❿heroes

related
[riléitid]

형 동족[동류]의, 관련된 **relate** 동 관련시키다 **relation** 명 관련
The word "imfundo" means "education" in Zulu and several **related** languages.
'imfundo'라는 단어는 Zulu 어와 몇몇 동족어에서 '교육'을 의미한다.

introduce
[ìntrədjú:s]

동 소개하다, 도입하다 **introduction** 명 소개, 도입 **introductory** 형 서두의
Einstein **introduced** his theory of relativity in 1915 in a scientific paper.
아인슈타인은 1915년에 자신의 상대성 이론을 과학 논문에 소개했다.

settler
[sétlər]

명 정착민 **settle** 동 정착하다, 해결하다 **settlement** 명 정착, 해결
The village was founded by **settlers** from the Volga region.
그 마을은 Volga 지역 출신의 정착민들이 세웠다.

century
[séntʃəri]

명 세기, 100년
The **century** from 1848 to 1947 saw tremendous political change in Europe.
1848년부터 1947년까지의 100년에 유럽에서는 어마어마한 정치적 변화가 일어났다.

decline
[dikláin]

동 감소하다, 거절하다 명 감소, 하락
The number of tourists to the region **declined** by 10% last year.
작년에 그 지역을 찾은 관광객의 수가 10% 감소했다.
유 **decrease** 줄다, 감소하다 반 **increase** 증가하다

increasingly
[inkríːsiŋli]

부 점점 더, 갈수록 더 **increasing** 형 증가하는
He was finding it **increasingly** difficult to make decisions.
그는 결정을 내리는 것이 점점 더 어렵다는 것을 깨닫고 있었다.
유 **progressively** (꾸준히) 계속해서

instead
[instéd]

㊀ 대신에

Mom had no honey, so she used sugar **instead**.

엄마는 꿀이 없어서 대신 설탕을 썼다.

유 **rather** 오히려, 차라리

native
[néitiv]

형 원주민의, 토박이의 명 토착민, 현지인, 원주민

Native Americans walked huge distances in their quest for food.

아메리카 원주민들은 식량을 찾아 엄청난 거리를 걸었다.

반 **nonnative** 본토 태생이 아닌 (사람)

continue
[kəntínju(:)]

동 계속하다 **continuation** 명 계속, 지속 **continuous** 형 연속적인, 지속적인

Jessy **continued** to work after she had her baby.

Jessy는 아기를 낳은 후에도 일을 계속했다.

유 **persist** 지속하다, 고집하다 반 **cease** 중단하다

revival
[riváivəl]

명 부활, 부흥, 재유행 **revive** 동 활기를 되찾다, 회복하다

The Pope's visit sparked a religious **revival** in Cuba.

교황의 방문이 쿠바에서의 종교 부활을 촉발했다.

반 **extinction** 멸종

process
[prɑ́ses]

명 과정, 절차 동 가공[처리]하다 **proceed** 동 진행하다

Detoxing is the **process** of getting rid of an addiction.

해독은 중독을 없애는 과정이다.

유 **procedure** 절차

gather
[gǽðər]

동 모으다, 모이다

We **gathered** our things together and left quickly with them.

우리는 우리의 물건을 함께 모아 그것들을 가지고 재빨리 떠났다.

Voca & Voca 모으다

- gather (이리저리 흩어져 있는 것들을 함께) 모으다
  I gathered up my papers. 나는 내 서류를 챙겨 모았다.
- collect (물건이나 정보를 여기저기서) 모으다
  Our institute has been collecting data from various sources.
  우리 연구소는 다양한 출처로부터 데이터를 모아 오고 있다.
- accumulate (서서히 점점 더 많이) 모으다
  He seems to have accumulated a lot of paintings.
  그는 그림을 많이 모은 것 같다.

pace
[peis]

명 속도, 걸음 동 속도[리듬]를 유지하다

Many people were not satisfied with the **pace** of change.

많은 사람들이 변화의 속도에 만족해하지 않았다.

유 **tempo** 속도, 빠르기

fluently
[flúəntli]

부 유창하게, 술술 **fluent** 형 유창한 **fluency** 명 유창성, 능숙도

My mother speaks three languages **fluently**: English, Chinese and French.

우리 엄마는 3개 국어, 즉 영어, 중국어, 프랑스어를 유창하게 말한다.

유 **effortlessly** 손쉽게, 어려움 없이

recognize
[rékəgnàiz]

동 인정[인식]하다, 알아보다 **recognition** 명 인정, 알아봄

Most people who fish **recognize** the need to preserve fish stocks.

물고기를 잡는 대부분의 사람들은 어류 자원 보존의 필요를 인정한다.

유 **acknowledge** (사실로) 인정하다 반 **ignore** 무시하다, 모르는 체하다

official
[əfíʃəl]

형 공식적인, 공인된 명 공무원

The **official** name of Afghanistan is "Islamic Republic of Afghanistan."

아프가니스탄의 공식 명칭은 '아프가니스탄 이슬람 공화국'이다.

유 **authorized** 인정받은, 공인된

Voca Plus

- **official funds** 공금
- **official approval** 공인
- **official seal** 직인
- **official name[title]** 공식 명칭
- **official dinner** 공식 만찬

minority
[mainɔ́(:)rəti]

명 소수, 소수 집단 **minor** 형 작은, 중요하지 않은

The Kurds, a **minority** group in Iraq, are moving to expand their areas.

이라크 소수 집단인 쿠르드족은 그들의 영역을 확장하려고 움직이고 있다.

반 **majority** 다수

union
[júːnjən]

명 연합, 조합, 노조

The artist's work shows the perfect **union** of feeling and imagination.

그 예술가의 작품은 감정과 상상력의 완벽한 조합을 보여 준다.

유 **combination** 조합, 연합

classical
[klǽsikəl]

형 고전의, 고전적인

Do you prefer **classical** music like Mozart and Mahler or pop?

모차르트와 말러 같은 고전 음악을 선호하나요 아니면 팝을 선호하나요?

유 **conventional** 전통적인, 재래의

hero
[híərou]

명 (남자) 주인공, 영웅 **heroine** 명 여자 주인공 **heroic** 형 영웅적인, 영웅의

He was treated as a local **hero** after rescuing a boy from drowning.

한 소년을 익사에서 구한 후에 그는 지역 영웅으로 대접받았다.

유 **icon** 우상시되는 인물, 상징

Synonym & Antonym

유의어와 반의어를 확인해 보는 시간입니다. 밑줄 친 단어의 유의어 혹은 반의어를 주어진 철자로 시작하여 써 보세요.

01 declined by 10% last year [유] d________
02 increasingly difficult to make decisions [유] p________
03 recognize the need to preserve fish stocks [반] i________
04 Jessy continued to work. [유] p________
05 a religious revival in Cuba [반] e________
06 the pace of change [유] t________
07 a minority group in Iraq [반] m________

|정답| 01 decrease 02 progressively 03 ignore 04 persist 05 extinction 06 tempo 07 majority

Vocabulary Extension

이제 품사가 다른 여러 형태의 단어를 학습해 보겠습니다. [보기]의 단어를 변형하여 빈칸에 들어갈 알맞은 말을 써 보세요.

[보기] hero settler continue revival introduce

01 Our speaker today needs no ________.
02 To ________ sales, the company has cut prices by as much as 20%.
03 These doctors perform ________ work in difficult conditions.
04 The family ________ in a small Nevada town where they opened a store.
05 His research could be seen as a natural ________ of the work done by Professor Kim.

|정답| 01 introduction 02 revive 03 heroic 04 settled 05 continuation

|해석| 01 오늘 저희의 연사는 소개가 필요 없는 분입니다. 02 판매를 회복하기 위해서, 그 회사는 가격을 20%까지 할인했다. 03 이 의사들은 어려운 환경에서 영웅적인 일을 수행한다. 04 그 가족은 Nevada의 작은 도시에 정착해서 그곳에서 가게를 열었다. 05 그의 연구는 김 교수가 수행한 연구의 자연스러운 지속으로 볼 수 있었다.

Choosing the Right Word

가장 적절한 단어가 어떤 것인지 확인하는 시간입니다. 주어진 문장에 들어갈 가장 적절한 단어를 네모 안에서 골라 보세요.

01 The artist's work shows the perfect hero / union of feeling and imagination.

02 We gathered / introduced our things together and left quickly with them.

03 Detoxing is the pace / process of getting rid of an addiction.

04 Einstein introduced / settled his theory of relativity in 1915 in a scientific paper.

05 My mother speaks three languages fluently / increasingly: English, Chinese and French.

06 The revival gathered decline / pace in the twentieth century, and a number of people now use it as first language.

07 A small number of speakers continued to use and write in the language, and by the middle of the nineteenth century a pace / revival was in process.

08 Many histories of English state that Cornish 'died out' in 1777 when the last native / union speaker died.

09 Its use began to continue / decline from the fifteenth century, when Norway ceded the islands to Scotland, and Scots was increasingly used instead.

10 Norn, a Germanic language related / classical to Old Norse, was introduced to Orkney and Shetland by Viking settlers and spoken there until the eighteenth century.

|정답| 01 union 02 gathered 03 process 04 introduced 05 fluently 06 pace 07 revival 08 native 09 decline 10 related

|해석| 01 그 예술가의 작품은 감정과 상상력의 완벽한 조합을 보여 준다. 02 우리는 우리의 물건을 함께 모아 그것들을 가지고 재빨리 떠났다. 03 해독은 중독을 없애는 과정이다. 04 아인슈타인은 1915년에 자신의 상대성 이론을 과학 논문에 소개했다. 05 우리 엄마는 3개 국어, 즉 영어, 중국어, 프랑스어를 유창하게 말한다. 06 그 부활은 20세기에 속도를 더했고, 여러 사람들이 현재 그 언어를 제1언어로 사용하고 있다. 07 소수의 화자들이 계속 그 언어를 사용하고 글로 썼으며, 19세기 중엽에 부활이 진행되었다. 08 콘월어가 마지막 원주민 화자가 사망한 1777년에 '사멸되었다'고 많은 영어사 저술서에 언급되어 있다. 09 그것의 사용은 15세기부터 감소하기 시작했는데, 그때 노르웨이가 그 섬들을 스코틀랜드에 양도했고, 스코틀랜드어가 대신에 점점 더 많이 쓰였다. 10 고대 스칸디나비아 말과 동족인 게르만어인 노른어는 바이킹 정착민들에 의해 Orkney와 Shetland에게 소개되어 18세기까지 그곳에서 언어로 사용되었다.

Unit 34

Different Cultural Rules of Politeness in Conversation

▌이번 단원에서 학습하게 될 단어들입니다. 이미 알고 있는 단어에 V 표시해 보세요.

- ☐ traditional
- ☐ correct
- ☐ conversation
- ☐ upset
- ☐ follow
- ☐ focus
- ☐ speech
- ☐ host
- ☐ equally
- ☐ aware
- ☐ attention
- ☐ argue
- ☐ offer
- ☐ misunderstanding
- ☐ universal
- ☐ linguistic
- ☐ guarantee
- ☐ polite
- ☐ evidence
- ☐ consequence

▌주어진 단어를 알맞은 뜻과 연결해 보세요. 단어의 뜻을 모르면 아래 정답에서 확인해 보세요.

01	offer	•	• a	결과
02	universal	•	• b	전통적인
03	equally	•	• c	제안
04	linguistic	•	• d	주장하다
05	consequence	•	• e	보장하다
06	traditional	•	• f	보편적인
07	guarantee	•	• g	알고 있는
08	evidence	•	• h	언어(학)의
09	argue	•	• i	증거
10	aware	•	• j	마찬가지로

|정답| 01 c 02 f 03 j 04 h 05 a 06 b 07 e 08 i 09 d 10 g

Vocabulary in Reading Context

▌해석은 한 번에 가능하지 않습니다. 해석이 잘되지 않더라도 먼저 아랫글을 단숨에 읽어 보세요.

Traditional second language learning has **focused** its **attention** on **linguistic** knowledge. Of course, you need this knowledge in order to produce **correct speech**. Sociolinguists **argue**, however, that linguistic knowledge does not **guarantee** that you can understand and produce socially appropriate speech.

in order to *do*: ~하기 위해

To see what they mean, consider the following **conversation** between a US **host** and a Korean student: *Would you like some more dessert?; No, thank you very much.* The host doesn't repeat the **offer**. The student really wants more dessert but is trying to be **polite**. He remains hungry and might even feel **upset**. Clearly, the speech of each participant is linguistically correct. What is **equally** clear, however, is that a **misunderstanding** has occurred in the situation.

그들이 무엇을 의미하는지 / 마찬가지로 분명한 것

Such misunderstandings offer **evidence** for the existence of sociolinguistic rules of speaking. Both **follow** the rules of politeness of their own society. Therefore, they need to be **aware** that the rules for polite interaction are not **universal**. To be a successful language learner, they should be able to identify situations in which the rules of the cultures are different. Failure to do so will lead to misunderstandings that may have negative **consequences** for those who are involved.

사회 언어학적 발화 규칙들 / lead to: ~을 초래하다

* sociolinguist 사회 언어학자

▌본문의 의미가 이해되나요? 원어민 선생님이 읽어 주시는 지문을 들으며 다시 한 번 읽어 보세요.

Fill in the Blanks

▌본문의 내용을 기억하며 다시 읽어 볼 차례입니다. 이번에는 글을 읽으면서 빈칸에 들어갈 단어를 주어진 철자로 시작하여 써 보세요.

Different Cultural Rules of Politeness in Conversation

Traditional second language learning has focused its ❶a__________ on linguistic knowledge. Of course, you need this knowledge in order to produce correct speech. Sociolinguists ❷a__________, however, that linguistic knowledge does not ❸g__________ that you can understand and produce socially appropriate speech.

5 To see what they mean, consider the following ❹c__________ between a US host and a Korean student: *Would you like some more dessert?; No, thank you very much.* The host doesn't repeat the ❺o__________. The student really wants more dessert but is trying to be polite. He remains hungry and might even feel upset. Clearly, the speech of each participant is linguistically correct. What is equally clear, however, is that a 10 misunderstanding has occurred in the situation.

Such misunderstandings offer ❻e__________ for the existence of sociolinguistic rules of speaking. Both ❼f__________ the rules of politeness of their own society. Therefore, they need to be ❽a__________ that the rules for polite interaction are not ❾u__________. To be a successful language learner, they should be able to identify situations in which the 15 rules of the cultures are different. Failure to do so will lead to misunderstandings that may have negative ❿c__________ for those who are involved.

* sociolinguist 사회 언어학자

해석 대화에서 공손함에 대한 각기 다른 문화적 규칙들

전통적인 제2 언어 학습은 언어적 지식에 주의를 집중시켜 왔다. 물론 여러분은 정확한 발화를 하기 위해 이 지식이 필요하다. 그러나 사회 언어학자들은 언어적 지식이 여러분이 사회적으로 적절한 발화를 이해하고 만들어 낼 수 있다는 것을 보장해 주지는 않는다고 주장한다.

그들이 무엇을 의미하는지를 알아보기 위해 미국인 집주인과 한국인 학생 간의 다음 대화를 생각해 보라. "후식을 좀 더 먹을래요? — 아뇨, 고맙습니다." 집주인은 그 제안을 반복하지 않는다. 학생은 정말로 후식을 더 원하지만, 예의를 지키려 하고 있다. 그는 계속 배가 고프고 심지어 기분이 상할지도 모른다. 분명히 각 참가자의 말은 언어적으로 정확하다. 그러나 이 상황에서 오해가 발생했다는 것도 마찬가지로 분명하다.

그러한 오해는 사회 언어학적 발화 규칙들이 존재한다는 증거를 제공한다. 두 사람 모두 자신이 속한 사회의 공손함에 대한 규칙들을 따른다. 그러므로 그들은 공손한 상호 작용을 위한 규칙이 보편적이지 않다는 것을 알 필요가 있다. 성공적인 언어 학습자가 되기 위해서 문화의 규칙이 서로 다른 상황을 식별할 수 있어야 한다. 그렇게 하지 못하면 (대화에) 참여하는 사람들에게 부정적인 결과를 가져올 수 있는 오해를 초래할 것이다.

|정답| ❶attention ❷argue ❸guarantee ❹conversation ❺offer ❻evidence ❼follow ❽aware ❾universal ❿consequences

traditional
[trədíʃənəl]

형 전통적인, 인습적인 **tradition** 명 전통 **traditionally** 부 전통적으로
I love **traditional** Irish folk songs.
나는 아일랜드의 전통 민요를 매우 좋아한다.
유 **conventional** 전통적인 **customary** 관습상의 반 **contemporary** 현대의

focus
[fóukəs]

동 집중시키다, 초점을 맞추다 명 초점, 주목
He needs to **focus** his mind on his training.
그는 훈련에 마음을 집중시킬 필요가 있다.
유 **concentrate** 집중시키다 반 **distract** 주의를 다른 곳으로 돌리다

attention
[əténʃən]

명 주의, 주목, 관심 **attend** 동 주의를 기울이다 **attentive** 형 주의를 기울이는
Poverty problems attract great **attention** from researchers.
빈곤 문제는 연구원들로부터 많은 관심을 끈다.
유 **mind** 신경, 관심 **notice** 주목, 주의 반 **indifference** 무관심 **disregard** 무시

linguistic
[liŋgwístik]

형 언어(학)의, 말의 **linguistics** 명 언어학
Every child is a **linguistic** genius.
모든 아이는 언어 천재이다.

correct
[kərékt]

형 정확한, 옳은 동 바로잡다, 정정하다 **correction** 명 수정, 교정
She asked him to guess the **correct** number.
그녀는 그에게 정확한 숫자를 추측해 보라고 요청했다.
유 **accurate** 정확한 **right** 옳은 반 **incorrect** 부정확한

speech
[spi:tʃ]

명 발화, 연설, 담화 **speak** 동 말하다, 연설하다
With increasing age, children gain greater control over polite **speech**.
나이가 들어감에 따라, 아이들은 공손한 발화에 대한 더 큰 통제권을 갖는다.
유 **communication** 의사소통

argue
[ɑ́ːrgjuː]

동 주장하다, 다투다 **argument** 명 주장, 논거, 언쟁

Some have **argued** for the right to medical care.

몇몇은 의료에 대한 권리를 지지하는 주장을 해 왔다.

유 **claim** 주장하다 **insist** 주장하다

guarantee
[gæ̀rəntíː]

동 보장하다, 확신하다, 보증하다 명 보장, 확약, 품질 보증서

Today's victory may not **guarantee** tomorrow's victory.

오늘의 승리는 내일의 승리를 보장하지 못할지도 모른다.

유 **assure** 보장하다 **ensure** 보장하다

conversation
[kɑ̀nvərséiʃən]

명 대화 **converse** 동 대화를 나누다

conversational 형 대화의, 회화체의, 이야기하기 좋아하는

I had a long **conversation** with my client.

나는 나의 의뢰인과 긴 대화를 나눴다.

유 **talk** 대화, 이야기

host
[houst]

명 (손님을 초대한) 주인, 주최측, (라디오 · TV의) 사회자

동 주최하다, (TV · 라디오 프로를) 진행하다

The **host** welcomed his guests and related his family history.

주인은 손님들을 환영했고 자신의 가족사에 대해 이야기해 주었다.

유 **owner** 주인 반 **guest** 손님 **visitor** 방문객

offer
[ɔ́(ː)fər]

명 제안 동 제안하다, 제공하다

I accepted her **offer** of a cold drink.

나는 차가운 음료를 권하는 그녀의 제안을 받아들였다.

유 **proposal** 제안 **suggestion** 제안

Voca Plus

- **a job offer** 일자리 제의, 구인
- **a generous offer** 관대한 제안
- **accept an offer** 제안을 수락하다
- **turn down[refuse / reject / decline] an offer** 제안을 거절하다

polite
[pəláit]

형 예의 바른, 공손한 **politeness** 명 공손, 정중 **politely** 부 예의 바르게

It is important to be **polite** to those who work with you.

여러분과 함께 일하는 사람들에게 예의를 지키는 것이 중요하다.

유 **mannerly** 예의 바른 **courteous** 공손한 반 **impolite** 무례한 **rude** 무례한

upset
[ʌpsét] 형 동
[ʌ́pset] 명

형 기분이 상한, 속상한 동 속상하게 하다 명 전복, 혼란

You don't need to be **upset** about the results.

당신은 그 결과에 대해 마음 상할 필요가 없어요.

유 **distressed** 괴로워하는 **disturbed** 고뇌에 사로잡힌

equally
[íːkwəli]

부 마찬가지로, 똑같이, 동일하게 **equal** 형 동일한 **equality** 명 평등, 균등
But, **equally**, we know that we can't foresee many things.
그러나 마찬가지로 우리는 많은 것을 예견할 수 없다는 것을 안다.
유 **similarly** 마찬가지로 **likewise** 똑같이

misunderstanding
[mìsʌndərstǽndiŋ]

명 오해, 착오 **misunderstand** 동 오해하다
There must have been some **misunderstanding** between us.
우리 사이에 약간의 오해가 있었음이 틀림없다.
유 **mistake** 오해, 실수 **misconception** 오해 반 **understanding** 이해

evidence
[évidəns]

명 증거, 흔적 동 증언하다, 입증하다 **evident** 형 분명한, 눈에 띄는
He has **evidence** to support his claim.
그는 자신의 주장을 뒷받침할 증거를 가지고 있다.
유 **proof** 증거

follow
[fálou]

동 따르다, 뒤따르다 **following** 형 그다음의 **follower** 명 추종자
He has trouble **following** oral and written directions.
그는 구두 지시와 서면 지시를 따르는 데 어려움이 있다.
유 **obey** 따르다 **observe** 준수하다 반 **ignore** 무시하다 **reject** 거부하다

aware
[əwέər]

형 알고 있는 **awareness** 명 의식, 자각
She was fully **aware** of my intention.
그녀는 나의 의도를 충분히 알고 있었다.
유 **informed** 잘 아는 반 **ignorant** 무지한

universal
[jùːnəvə́ːrsəl]

형 보편적인, 일반적인, 전 세계적인 **universe** 명 우주
Gesturing is a **universal** feature of human communication.
몸짓은 인간 의사소통의 보편적인 특징이다.
유 **widespread** 일반적인, 광범위한 **general** 일반적인 **common** 공통의

consequence
[kánsəkwèns]

명 결과, 중요성 **consequent** 형 결과로서 일어나는
Climate change is a **consequence** of development.
기후 변화는 개발의 결과이다.
유 **result** 결과 **effect** 결과, 영향 **outcome** 결과 반 **cause** 원인

Voca Plus

a necessary consequence 필연적인 결과
of little[no] consequence 거의[전혀] 중요하지 않은
as a consequence of ~의 결과로서
in consequence 그 결과

Synonym & Antonym

유의어와 반의어를 확인해 보는 시간입니다. 밑줄 친 단어의 유의어 혹은 반의어를 주어진 철자로 시작하여 써 보세요.

01 traditional Irish folk songs ㉡ c__________
02 attract great attention from researchers ㉡ i__________
03 argued for the right to medical care ㉠ c__________
04 guarantee tomorrow's victory ㉠ a__________
05 her offer of a cold drink ㉠ p__________
06 following oral and written directions ㉡ i__________
07 a consequence of development ㉡ c__________

|정답| 01 contemporary 02 indifference 03 claim 04 assure 05 proposal 06 ignore 07 cause

Vocabulary Extension

이제 품사가 다른 여러 형태의 단어를 학습해 보겠습니다. [보기]의 단어를 변형하여 빈칸에 들어갈 알맞은 말을 써 보세요.

보기 equally polite correct aware conversation

01 I feel the need to make a few __________s and additions.
02 He __________ quite cheerfully with his friends yesterday.
03 Almost all of the participants showed their __________ and respect to the lecturer.
04 Keep in mind that all children have the right to __________ of opportunity in education.
05 We should try to raise __________ about human rights violations and crimes against humanity around the world.

|정답| 01 correction 02 conversed 03 politeness 04 equality 05 awareness

|해석| 01 나는 몇 가지의 수정과 첨가를 할 필요성을 느낀다. 02 어제 그는 자신의 친구들과 매우 기분 좋게 대화를 나눴다. 03 거의 모든 참가자들이 강연자에게 공손함과 존경심을 보였다. 04 모든 아이들은 교육에서 기회의 평등에 대한 권리를 가진다는 것을 명심하라. 05 우리는 전 세계의 인권 침해와 반인도적 범죄에 대한 의식을 높이기 위해 노력해야 한다.

Choosing the Right Word

가장 적절한 단어가 어떤 것인지 확인하는 시간입니다. 주어진 문장에 들어갈 가장 적절한 단어를 네모 안에서 골라 보세요.

01 She asked him to guess the conversational / correct number.

02 They need to be aware that the rules for polite interaction are not universal / upset.

03 You don't need to be linguistic / upset about the results.

04 There must have been some misunderstanding / tradition between us.

05 With increasing age, children gain greater control over polite guarantee / speech.

06 What is equally / politely clear is that a misunderstanding has occurred in the situation.

07 Traditional second language learning has argued / focused its attention on linguistic knowledge.

08 Such misunderstandings offer evidence / tradition for the existence of sociolinguistic rules of speaking.

09 Sociolinguists argue that consequent / linguistic knowledge does not guarantee that you can understand and produce socially appropriate speech.

10 To see what they mean, consider the following conversation between a US host / offer and a Korean student: *Would you like some more dessert?; No, thank you very much.*

|정답| **01** correct **02** universal **03** upset **04** misunderstanding **05** speech **06** equally **07** focused **08** evidence **09** linguistic **10** host

|해석| **01** 그녀는 그에게 정확한 숫자를 추측해 보라고 요청했다. **02** 그들은 공손한 상호 작용을 위한 규칙이 보편적이지 않다는 것을 알 필요가 있다. **03** 당신은 그 결과에 대해 마음 상할 필요가 없어요. **04** 우리들 사이에 약간의 오해가 있었음이 틀림없다. **05** 나이가 들어감에 따라, 아이들은 공손한 발화에 대한 더 큰 통제권을 갖는다. **06** 이 상황에서 오해가 발생했다는 것도 마찬가지로 분명하다. **07** 전통적인 제2 언어 학습은 언어적 지식에 주의를 집중시켜 왔다. **08** 그러한 오해는 사회 언어학적 발화 규칙들이 존재한다는 증거를 제공한다. **09** 사회 언어학자들은 언어적 지식이 여러분이 사회적으로 적절한 발화를 이해하고 만들어 낼 수 있다는 것을 보장해 주지는 않는다고 주장한다. **10** 그들이 무엇을 의미하는지를 알아보기 위해 미국인 집주인과 한국인 학생 간의 다음 대화를 생각해 보라. "후식을 좀 더 먹을래요? — 아뇨, 고맙습니다."

Unit 35

The Right Decision

▌이번 단원에서 학습하게 될 단어들입니다. 이미 알고 있는 단어에 V 표시해 보세요.

☐ invest	☐ precious	☐ comment	☐ decision
☐ concerning	☐ sacrifice	☐ achieve	☐ successful
☐ eager	☐ discover	☐ deliberation	☐ international
☐ obvious	☐ discussion	☐ unbelievable	☐ quit
☐ stadium	☐ reporter	☐ retire	☐ beat

▌주어진 단어를 알맞은 뜻과 연결해 보세요. 단어의 뜻을 모르면 아래 정답에서 확인해 보세요.

01	retire •	• a	투자하다
02	eager •	• b	분명한
03	sacrifice •	• c	소중한
04	obvious •	• d	열망하는
05	invest •	• e	토론, 논의
06	deliberation •	• f	발견하다
07	discover •	• g	은퇴하다
08	precious •	• h	박자, 운율
09	discussion •	• i	희생, 헌신
10	beat •	• j	숙고, 심의

|정답| 01 g 02 d 03 i 04 b 05 a 06 j 07 f 08 c 09 e 10 h

Vocabulary in Reading Context

▌해석은 한 번에 가능하지 않습니다. 해석이 잘되지 않더라도 먼저 아랫글을 단숨에 읽어 보세요.

Families don't grow strong unless parents **invest precious** time in them. In *New Man*, Gary Oliver **commented** on a difficult **decision** made by professional baseball player Tim Burke **concerning** his family. From the time Tim can first remember (맨 처음 Tim이 기억할 수 있는 그때부터), his dream was to be a professional baseball player. Through years of **sacrifice** and hard work he **achieved** that goal.

While a **successful** pitcher for the Montreal Expos, he and his wife were **eager** to start a family but **discovered** they were unable to have children. After much **deliberation**, they decided to adopt four special-needs (특수 장애가 있는) **international** children. This led to (lead to: ~로 이어지다) one of the most difficult decisions of Tim's life.

He discovered that his life on the road (on the road: (장거리를) 여행 중인) conflicted with his ability to be a quality husband and dad. Over time (over time: 시간이 흐르면서) it became **obvious** that he couldn't do a good job at both (두 가지 일을 잘 해내다). After more thought and **discussion**, he made what many considered an **unbelievable** decision: he decided to **quit** professional baseball.

When he left the **stadium** for the last time, **reporters** wanted to know why he was **retiring**. "Baseball is going to do just fine without me," he said. "It's not going to miss a beat (miss a beat: 박자를 잃다, 잠시 중단되다). But I'm the only father my children have. I'm the only husband my wife has. And they need me a lot more than baseball does."

▌본문의 의미가 이해되나요? 원어민 선생님이 읽어 주시는 지문을 들으며 다시 한 번 읽어 보세요.

Fill in the Blanks

▌본문의 내용을 기억하며 다시 읽어 볼 차례입니다. 이번에는 글을 읽으면서 빈칸에 들어갈 단어를 주어진 철자로 시작하여 써 보세요.

The Right Decision

Families don't grow strong unless parents ❶i__________ precious time in them. In *New Man*, Gary Oliver ❷c__________ on a difficult decision made by professional baseball player Tim Burke concerning his family. From the time Tim can first remember, his dream was to be a professional baseball player. Through years of ❸s__________ and
5 hard work he achieved that goal.

While a successful pitcher for the Montreal Expos, he and his wife were eager to start a family but ❹d__________ they were unable to have children. After much ❺d__________, they decided to adopt four special-needs international children. This led to one of the most difficult decisions of Tim's life.

10 He discovered that his life on the road conflicted with his ability to be a quality husband and dad. Over time it became ❻o__________ that he couldn't do a good job at both. After more thought and ❼d__________, he made what many considered an unbelievable decision: he decided to ❽q__________ professional baseball.

When he left the stadium for the last time, reporters wanted to know why he was
15 ❾r__________. "Baseball is going to do just fine without me," he said. "It's not going to miss a ❿b__________. But I'm the only father my children have. I'm the only husband my wife has. And they need me a lot more than baseball does."

해석 올바른 결정

부모가 소중한 시간을 가정을 위해 투자하지 않으면 가정은 강해지지 않는다. 'New Man'에서 Gary Oliver는 프로 야구 선수였던 Tim Burke가 자신의 가정에 관해 내렸던 어려운 결정에 대해 언급했다. 맨 처음 Tim이 기억할 수 있는 그 때부터 그의 꿈은 프로 야구 선수가 되는 것이었다. 다년간의 희생과 노력 끝에 그는 그 꿈을 이루었다.

그가 Montreal Expos 팀에서 성공한 투수로 활동하는 동안 그와 그의 아내는 가정을 꾸리기를 열망했지만, 아이를 가질 수 없다는 것을 알게 되었다. 많은 숙고 후에 그들은 특수 장애가 있는 네 명의 해외 아이들을 입양하기로 결정했다. 이것은 Tim의 인생에서 가장 힘든 결정 중 하나로 이어졌다.

그는 (장거리를) 이동하며 다니는 자신의 삶이 훌륭한 남편과 아버지가 되는 능력과 상충된다는 것을 발견했다. 시간이 흐르면서 그가 두 가지 일 모두 잘할 수 없다는 것이 명확해졌다. 더 많이 생각과 논의를 한 후에 그는 많은 사람이 믿을 수 없다고 여기는 결정을 내렸다. 즉 그는 프로 야구를 그만두기로 결정했다.

그가 마지막으로 경기장을 떠날 때 기자들은 그가 왜 은퇴하려고 하는지 알고 싶어 했다. "야구는 제가 없어도 별 문제 없이 잘 돌아갈 겁니다. 그것은 박자를 잃지[잠시도 중단되지] 않을 겁니다. 하지만 저는 우리 아이들의 유일한 아버지입니다. 제 아내의 유일한 남편이고요. 그리고 그들은 야구가 저를 필요로 하는 것보다 저를 훨씬 더 필요로 합니다."라고 그는 말했다.

|정답| ❶invest ❷commented ❸sacrifice ❹discovered ❺deliberation ❻obvious ❼discussion ❽quit ❾retiring ❿beat

invest
[invést]

동 투자하다, 지출하다 **investment** 명 투자, 출자
She made a fortune by **investing** in real estate.
그녀는 부동산에 투자하여 큰돈을 벌었다.
유 **expend** 지출하다

precious
[préʃəs]

형 소중한, 귀중한, 값비싼
The **precious** painting will be preserved at the museum.
그 귀중한 그림은 박물관에서 보존될 것이다.
유 **valuable** 소중한, 귀중한 **invaluable** 매우 소중한 반 **valueless** 가치 없는

comment
[kάment]

동 언급하다, 논평하다 명 언급, 논평 **commentary** 명 논평, 비평
She refused to **comment** on the matter.
그녀는 그 문제에 대해 언급하기를 거부했다.
유 **remark** 언급하다, 발언하다 **mention** 언급하다

decision
[disíʒən]

명 결정, 판단, 결심 **decide** 동 결정하다, 결심하다 **decisive** 형 단호한, 결정적인
Do you think you made the right **decision**?
너는 올바른 결정을 했다고 생각하니?
유 **resolution** 결의, 결심 **judgment** 판단 **conclusion** 결론, 결말

concerning
[kənsə́ːrniŋ]

전 ~에 관한 **concern** 명 관계, 관련, 관심, 염려
I have several questions **concerning** the report.
나는 그 보고에 관해 몇 가지 질문이 있다.
유 **regarding** ~에 관한

sacrifice
[sǽkrəfàis]

명 희생, 헌신, 제물(을 바침) 동 희생하다
We need to make some **sacrifices** to overcome this disaster.
우리는 이 재난을 극복하기 위해 약간의 희생을 할 필요가 있다.

achieve
[ətʃíːv]

동 성취하다, 달성하다, 해내다 **achievement** 명 성취, 업적, 달성

He eventually **achieved** his goal of becoming a professor.

그는 마침내 교수가 되는 그의 목표를 달성했다.

유 **accomplish** 완수하다, 성취하다

successful
[səksésfəl]

형 성공적인 **succeed** 동 성공하다, 이어가다 **success** 명 성공

It was a highly **successful** meeting.

그것은 아주 성공적인 회의였다.

반 **fruitless** 효과 없는, 무익한

eager
[íːgər]

형 열망하는, 간절히 바라는 **eagerness** 명 열망

She was **eager** to hear the latest news.

그녀는 최근 소식을 몹시 듣고 싶어 했다.

유 **anxious** 열망하는 **desirous** 원하는, 바라는 반 **indifferent** 무관심한

discover
[diskʌ́vər]

동 깨닫다, 알다, 발견하다 **discovery** 명 발견, 발견된 것

She was surprised to **discover** that she had lost her keys.

그녀는 열쇠를 잃어버린 것을 알고서 놀랐다.

유 **realize** 깨닫다 **perceive** 이해하다, 감지하다

deliberation
[dilìbəréiʃən]

명 숙고, 심의 **deliberate** 동 숙고하다, 심의하다 형 고의의, 의도적인

After hours of **deliberation**, the committee came to a decision.

여러 시간을 숙고한 후, 그 위원회는 결정을 내렸다.

유 **consideration** 고려, 숙고 **reflection** 반성, 숙고 **meditation** 명상, 심사숙고

international
[ìntərnǽʃənəl]

형 국제적인

He achieved **international** fame as a poet.

그는 시인으로 국제적인 명성을 얻었다.

유 **global** 세계적인 **worldwide** 전 세계의
반 **national** 국내의 **domestic** 국내의, 자국의

obvious
[ábviəs]

형 분명한, 명백한

Using cars less is the **obvious** way of reducing pollution.

차를 덜 사용하는 것이 오염을 줄이는 분명한 방법이다.

유 **apparent** 명백한 **evident** 분명한, 명백한 **distinct** 별개의, 뚜렷한
반 **vague** 막연한, 애매한 **obscure** 불분명한 **ambiguous** 모호한

discussion
[diskʌ́ʃən]

명 논의, 토론, 검토 **discuss** 동 토론하다, 논의하다

A new project is now under **discussion**.

새로운 프로젝트가 지금 논의 중에 있다.

유 **debate** (찬반) 토론 **argument** 논쟁

unbelievable
[ʌ̀nbilíːvəbl]

형 믿기 힘든[어려운], 놀라운, 끔찍한

Unbelievable things often happen in this world.

이 세상에는 자주 믿기 어려운 일들이 발생한다.

유 **incredible** 믿을 수 없는, 놀라운

quit
[kwit]

동 그만두다, 중단하다

He **quit** smoking five years ago.

그는 5년 전에 담배를 끊었다.

stadium
[stéidiəm]

명 경기장, 스타디움

The **stadium** has a capacity of at least 30,000.

그 경기장은 적어도 3만 명을 수용할 수 있다.

유 **arena** 경기장, 활동[활약] 장소

reporter
[ripɔ́ːrtər]

명 기자, 리포터

A crowd of **reporters** were waiting at the airport.

수많은 기자들이 공항에서 기다리고 있었다.

유 **journalist** 저널리스트, 기자 **correspondent** 특파원, 통신원

retire
[ritáiər]

동 은퇴하다, 물러나다 **retirement** 명 은퇴, 퇴직

The legendary boxer **retired** undefeated.

그 전설적인 복싱 선수는 패배하지 않고 은퇴했다.

beat
[biːt]

명 박자, 운율, 맥박 동 이기다, 능가하다, 고동치다, 때리다

The music has a steady **beat**.

그 음악은 일정한 박자를 갖고 있다.

She got very angry when I **beat** her at chess.

내가 체스에서 그녀를 이겼을 때 그녀는 매우 화가 났다.

Synonym & Antonym

유의어와 반의어를 확인해 보는 시간입니다. 밑줄 친 단어의 유의어 혹은 반의어를 주어진 철자로 시작하여 써 보세요.

01 the precious painting ㉥ v__________

02 refused to comment on the matter ㉤ r__________

03 questions concerning the report ㉤ r__________

04 a highly successful meeting ㉥ f__________

05 eager to hear the latest news ㉤ a__________

06 international fame as a poet ㉤ g__________

07 the obvious way of reducing pollution ㉥ v__________

|정답| 01 valueless 02 remark 03 regarding 04 fruitless 05 anxious 06 global 07 vague

Vocabulary Extension

이제 품사가 다른 여러 형태의 단어를 학습해 보겠습니다. [보기]의 단어를 변형하여 빈칸에 들어갈 알맞은 말을 써 보세요.

보기 deliberation achieve discover retire discussion

01 How much do we need to save for a comfortable __________?

02 Getting our project done on time was a real __________.

03 If you would like to __________ the matter further, please call me.

04 I don't think it was an accident; it was a(n) __________ attempt to prevent the truth from being known.

05 Perhaps Darwin's most important __________ is that all species are related to all other species.

|정답| 01 retirement 02 achievement 03 discuss 04 deliberate 05 discovery

|해석| 01 편안한 은퇴를 위해 우리가 얼마를 저축할 필요가 있나요? 02 우리의 프로젝트를 제시간에 끝낸 것은 정말 대단한 성과였다. 03 당신이 그 문제를 더 논의하고 싶으면, 저에게 전화 주세요. 04 나는 그것이 우연이었다고 생각하지 않는다. 그것은 진실이 알려지는 것을 방해하려는 의도적인 시도였다. 05 아마도 다윈의 가장 중요한 발견은 모든 종들이 다른 모든 종들과 관련되어 있다는 것이다.

Choosing the Right Word

가장 적절한 단어가 어떤 것인지 확인하는 시간입니다. 주어진 문장에 들어갈 가장 적절한 단어를 네모 안에서 골라 보세요.

01 A new project is now under discussion / decision.

02 She refused to comment / achieve on the matter.

03 She was surprised to beat / discover that she had lost her keys.

04 We need to make some sacrifices / concerning to overcome this disaster.

05 Over time it became obvious / precious that he couldn't do a good job at both.

06 He eventually achieved / retired his goal of becoming a professor.

07 Families don't grow strong unless parents invest / achieve precious time in them.

08 When he left the stadium for the last time, reporters wanted to know why he was retiring / investing.

09 He and his wife were eager / obvious to start a family but discovered they were unable to have children.

10 After more thought and discussion, he made what many considered an unbelievable decision: he decided to quit / beat professional baseball.

| 정답 | 01 discussion 02 comment 03 discover 04 sacrifices 05 obvious 06 achieved 07 invest 08 retiring 09 eager 10 quit

| 해석 | 01 새로운 프로젝트가 지금 논의 중에 있다. 02 그녀는 그 문제에 대해 언급하기를 거부했다. 03 그녀는 열쇠를 잃어버린 것을 알고서 놀랐다. 04 우리는 이 재난을 극복하기 위해 약간의 희생을 할 필요가 있다. 05 시간이 흐르면서 그가 두 가지 일 모두 잘할 수 없다는 것이 명확해졌다. 06 그는 마침내 교수가 되는 그의 목표를 달성했다. 07 부모가 소중한 시간을 가정을 위해 투자하지 않으면 가정은 강해지지 않는다. 08 그가 마지막으로 경기장을 떠날 때 기자들은 그가 왜 은퇴하려고 하는지 알고 싶어 했다. 09 그와 그의 아내는 가정을 꾸리기를 열망했지만, 아이를 가질 수 없다는 것을 알게 되었다. 10 더 많이 생각과 논의를 한 후에 그는 많은 사람이 믿을 수 없다고 여기는 결정을 내렸다. 즉 그는 프로 야구를 그만두기로 결정했다.

Review Test 7

▌학습한 내용은 꾸준히 복습하지 않으면 누구나 며칠 만에 절반 이상을 망각하게 된다고 합니다. 지금 다시 한 번 간단히 복습하면 기억을 되살릴 수 있습니다. 31~35강에서 공부한 내용을 복습해 봅시다.

A 우리말은 영어로, 영어는 우리말로 쓰시오.

01 다양성, 품종 v__________

02 선두, 맨 앞 f__________

03 관련 있는, 적절한 r__________

04 다양한, 가변적인 v__________

05 정착민 s__________

06 유창하게, 술술 f__________

07 대화 c__________

08 보장하다, 확신하다 g__________

09 희생; 희생하다 s__________

10 은퇴하다 r__________

11 delegate __________

12 bureaucratic __________

13 retain __________

14 spontaneously __________

15 revival __________

16 minority __________

17 traditional __________

18 linguistic __________

19 concerning __________

20 deliberation __________

B 다음 문장의 빈칸에 적절한 단어를 [보기]에서 찾아 쓰시오.

보기 comment correct discover flat morale

01 She asked him to guess the __________ number.

02 Consequently, product quality, worker __________, and profitability improved.

03 She lay __________ on his back.

04 She refused to __________ on the matter.

05 She was surprised to __________ that she had lost her keys.

|정답| A 01 variety 02 forefront 03 relevant 04 variable 05 settler 06 fluently 07 conversation 08 guarantee 09 sacrifice 10 retire 11 위임하다; 대표 12 관료주의의 13 기억하다, 유지[보유]하다 14 자연스럽게, 자발적으로 15 부활, 부흥, 재유행 16 소수, 소수 집단 17 전통적인, 인습적인 18 언어(학)의, 말의 19 ~에 관한 20 숙고, 심의

B 01 correct 02 morale 03 flat 04 comment 05 discover

|해석| B 01 그녀는 그에게 정확한 숫자를 추측해 보라고 요청했다. 02 결과적으로 제품 품질, 직원 사기 그리고 수익성이 향상되었다. 03 그녀는 등을 편평하게 대고 누웠다. 04 그녀는 그 문제에 대해 언급하기를 거부했다. 05 그녀는 열쇠를 잃어버린 것을 알고서 놀랐다.

C 다음 밑줄 친 부분과 의미가 가장 가까운 단어를 고르시오.

01 She was recognized as an authority on cancer.

① command ② expert ③ permission ④ power

02 Interest rates on loans can be highly variable.

① positive ② familiar ③ changeable ④ productive

03 If the rain continues, we'll have to cancel tonight's plans.

① persists ② gathers ③ declines ④ corrects

04 If you are always kind and polite, you will have good people around you.

① eager ② precious ③ obvious ④ courteous

D 다음 네모 안에서 주어진 문장에 가장 적절한 단어를 고르시오.

01 Brian was almost firm / level with the winner, but luck was not on his side.

02 I didn't realize the defect / sector when I purchased it.

03 He invested / quit the program last month because of bad health.

04 The state government tried to integrate / repeat blacks and whites.

05 One hundred people got their jobs as a direct consequence / misunderstanding of the merger.

06 The decline / participation in test scores has been attributed to poor attention span.

|정답|
C 01 ② 02 ③ 03 ① 04 ④
D 01 level 02 defect 03 quit 04 integrate 05 consequence 06 decline

|해석|
C 01 그녀는 암 전문가로 인정받았다. 02 대출금에 대한 금리는 매우 가변적일 수 있다. 03 비가 지속되면, 우리는 오늘 밤 계획을 취소해야 할 것이다. 04 만약 여러분이 항상 친절하고 예의가 바르면, 여러분 주변에는 좋은 사람들이 있을 것이다.
D 01 Brian은 거의 우승자와 동등했지만, 운이 그의 편이 아니었다. 02 나는 그것을 살 때 결함을 깨닫지 못했다. 03 그는 건강이 안 좋아서 지난달에 그 프로그램을 그만두었다. 04 주 정부는 흑인과 백인을 통합시키려고 노력했다. 05 그 합병의 직접적인 결과로 100명의 사람들이 직장을 얻었다. 06 시험 점수가 내려간 것은 주의력 지속 시간이 떨어졌기 때문이었다.

Unit 36

Optimism Matters for the Environment

■ 이번 단원에서 학습하게 될 단어들입니다. 이미 알고 있는 단어에 V 표시해 보세요.

☐ optimism	☐ solve	☐ matter	☐ crucial
☐ environmental	☐ downside	☐ extinct	☐ deforestation
☐ huge	☐ acre	☐ reserve	☐ protection
☐ skill	☐ opportunity	☐ share	☐ challenge
☐ fear	☐ grab	☐ ultimately	☐ motivator

■ 주어진 단어를 알맞은 뜻과 연결해 보세요. 단어의 뜻을 모르면 아래 정답에서 확인해 보세요.

01	extinct •	• a	아주 중요한
02	deforestation •	• b	낙관주의
03	ultimately •	• c	공유하다, 나누다
04	downside •	• d	붙잡다
05	motivator •	• e	산림 벌채
06	optimism •	• f	결국
07	reserve •	• g	멸종된
08	grab •	• h	부정적인 면
09	share •	• i	보존하다, 예약하다
10	crucial •	• j	동기(부여) 요인

|정답| 01 g 02 e 03 f 04 h 05 j 06 b 07 i 08 d 09 c 10 a

Vocabulary in Reading Context

▌해석은 한 번에 가능하지 않습니다. 해석이 잘되지 않더라도 먼저 아랫글을 단숨에 읽어 보세요.

Optimism makes a difference: students are not going to work to **solve** problems if they do not believe their actions **matter**. They will lose hope. That is why showing them there is hope and that problems can be solved is so **crucial**. So much of the news on environmental issues is focused on the **downside**. Students hear more about the animals that are going **extinct** than the animals that have been protected. They need to learn how the water quality in many rivers has improved, how trees have regrown after **deforestation** in the Northeast, how **huge acres** of land has been **reserved** for **protection**, and many more stories. These success stories are examples of how the knowledge and **skills** that students are learning will make a difference.

make a difference: 중요하다, 영향을 미치다, 변화를 가져오다
that is why: 그것이 ~한 이유이다
be focused on: ~에 초점이 맞춰지다

Teaching students about heroes is another great **opportunity** to **share** success stories. We all need to know that there are people who have made a difference and who are making a difference right now. When children learn the stories of environmental heroes, they are learning about environmental issues, they are learning how people take on **challenges**, and, most importantly, they are learning that what a person does matters. It is also important to teach without using **fear**. Fear may **grab** some attention in the beginning, but **ultimately** it is not a good **motivator**. Fear takes away hope.

take on challenges: 도전하다
take away: ~을 앗아 가다

▌본문의 의미가 이해되나요? 원어민 선생님이 읽어 주시는 지문을 들으며 다시 한 번 읽어 보세요.

Fill in the Blanks

▌본문의 내용을 기억하며 다시 읽어 볼 차례입니다. 이번에는 글을 읽으면서 빈칸에 들어갈 단어를 주어진 철자로 시작하여 써 보세요.

Optimism Matters for the Environment

❶O__________ makes a difference: students are not going to work to solve problems if they do not believe their actions matter. They will lose hope. That is why showing them there is hope and that problems can be solved is so ❷c__________. So much of the news on environmental issues is focused on the ❸d__________. Students hear more about the
5 animals that are going ❹e__________ than the animals that have been protected. They need to learn how the water quality in many rivers has improved, how trees have regrown after ❺d__________ in the Northeast, how huge acres of land has been ❻r__________ for protection, and many more stories. These success stories are examples of how the knowledge and skills that students are learning will make a difference.

10 Teaching students about heroes is another great ❼o__________ to share success stories. We all need to know that there are people who have made a difference and who are making a difference right now. When children learn the stories of environmental heroes, they are learning about environmental issues, they are learning how people take on ❽c__________, and, most importantly, they are learning that what a person does matters. It is also
15 important to teach without using fear. Fear may ❾g__________ some attention in the beginning, but ultimately it is not a good ❿m__________. Fear takes away hope.

해석 환경을 위해 낙관주의는 중요하다

낙관주의가 중요한데, 학생들은 자신의 행동이 중요하다고 믿지 않으면 문제를 해결하려고 노력하지 않을 것이기 때문이다. 그들은 희망을 잃을 것이다. 그것이 희망이 있다는 것과 문제가 해결될 수 있다는 것을 그들에게 보여 주는 것이 아주 중요한 이유이다. 환경 문제에 관한 매우 많은 소식들이 부정적인 면에 초점이 맞춰져 있다. 학생들은 보호되어 온 동물보다 멸종되고 있는 동물에 대하여 더 많이 듣는다. 그들은 많은 강의 수질이 어떻게 개선되었고, 북동부에서 산림 벌채 후에 어떻게 나무가 다시 자랐으며, 엄청난 에이커의 땅이 어떻게 보호 지역으로 지정되었는가와 더 많은 이야기를 배울 필요가 있다. 이러한 성공 이야기는 학생들이 배우고 있는 지식과 기술이 어떻게 변화를 가져올 것인가에 대한 예이다.

영웅에 대해 학생들에게 가르치는 것은 성공 이야기를 공유하는 또 다른 좋은 기회이다. 우리 모두는 변화를 만들어 냈고 바로 지금도 변화를 만들고 있는 사람들이 있다는 것을 알 필요가 있다. 아이들이 환경에 관한 영웅의 이야기를 배울 때, 그들은 환경 문제에 대해 배우고 있으며, 사람들이 어떻게 도전하는가를 배우고 있으며, 가장 중요한 것은 어떤 한 사람이 하는 일이 중요하다는 것을 배우고 있는 것이다. 두려움을 이용하지 않고 가르치는 것이 또한 중요하다. 두려움이 처음에는 관심을 붙들 수 있지만, 결국 그것은 좋은 동기 부여 요인이 아니다. 두려움은 희망을 앗아 간다.

| 정답 | ❶ Optimism ❷ crucial ❸ downside ❹ extinct ❺ deforestation ❻ reserved ❼ opportunity ❽ challenges ❾ grab ❿ motivator

optimism
[áptəmìzəm]

명 낙관주의, 낙관론 **optimist** 명 낙관[낙천]주의자 **optimistic** 형 낙관[낙천]적인

Pessimism is gradually taking the place of **optimism**.

비관론이 서서히 낙관론을 대신하고 있다.

반 **pessimism** 비관주의, 비관론

solve
[sɑlv]

동 해결하다, 풀다 **solution** 명 해결책, 해답

Chris thinks money will **solve** all his problems.

Chris는 돈이 자신의 모든 문제를 해결해 줄 거라 생각한다.

유 **resolve** 해결하다, 해소하다, 결정하다

matter
[mǽtər]

동 중요하다 명 물질, 문제, 일, 상황

His wealth doesn't **matter** to me.

그의 부는 나에게 중요하지 않다.

She has a few personal **matters** to deal with.

그녀는 처리해야 할 몇 가지 개인적인 일이 있다.

유 **count** 중요하다

crucial
[krú:ʃəl]

형 아주 중요한, 결정적인

Vitamins are **crucial** for keeping good health.

비타민은 좋은 건강을 유지하는 데 아주 중요하다.

유 **vital** 아주 중요한, 필수적인 **essential** 아주 중요한

environmental
[invàiərənméntəl]

형 환경의, 환경과 관련된 **environment** 명 환경

An oil spill causes a lot of **environmental** damage.

기름 유출은 많은 환경적인 피해를 초래한다.

유 **ecological** 생태계의

downside
[dáunsàid]

명 부정적인[불리한] 면, 결점

He could find no **downside** to the new computer.

그는 새로운 컴퓨터의 결점을 전혀 찾을 수 없었다.

유 **negative** 부정적인 것 **fault** 결점 반 **positive** 긍정적인 것

extinct
[ikstíŋkt]

형 멸종된 **extinction** 명 멸종, 사멸

Dinosaurs have been **extinct** for millions of years.
공룡은 멸종된 지 수백만 년이 되었다.

유 **vanished** 사라진 반 **alive** 살아 있는, 생존해 있는

deforestation
[di:fɔ̀(:)ristéiʃən]

명 산림 벌채 **deforest** 동 산림을 없애다

Deforestation causes floods and droughts.
산림 벌채는 홍수와 가뭄을 초래한다.

유 **logging** 벌목

huge
[hju:ʤ]

형 막대한, 엄청난, 거대한

The store has a **huge** frozen foods section.
그 가게에는 엄청나게 큰 냉동식품 코너가 있다.

유 **enormous** 막대한, 거대한 **tremendous** 굉장한, 거대한 **vast** 막대한, 광대한 **immense** 거대한, 막대한 반 **tiny** 작은

acre
[éikər]

명 에이커(약 4,050제곱미터의 땅)

They own 300 **acres** of farmland.
그들은 300에이커의 농지를 소유하고 있다.

reserve
[rizə́:rv]

동 보존하다, 지정하다, 예약하다 명 지정 보호 지역, 준비금, 매장량
reservation 명 예약, 유보, 보호 구역

I will **reserve** this wine for a special occasion.
특별한 때를 위해 나는 이 와인을 남겨 둘 것이다.

The seats are **reserved** under her name.
그 좌석은 그녀의 이름으로 예약되어 있다.

protection
[prətékʃən]

명 보호 **protect** 동 보호하다, 보장하다, 막다, 지키다

They fight for the **protection** of the environment.
그들은 환경 보호를 위해 분투한다.

유 **preservation** 보호, 보존 **conservation** 보존, 유지 반 **destruction** 파괴

skill
[skil]

명 (숙련된) 기술, 기능, 솜씨 **skillful** 형 능숙한, 숙련된

Today many jobs require computer **skills**.
오늘날 많은 일들은 컴퓨터 기술을 필요로 한다.

유 **technique** 기법, 기교 **craft** 기능, 기술, 재주

opportunity
[àpərtjúːnəti]

명 기회

For many athletes, the Olympics is a once-in-a-lifetime **opportunity**.

많은 운동선수에게 올림픽은 평생에 한 번 오는 기회이다.

유 **chance** 기회

share
[ʃεər]

동 공유하다, 나누다 명 몫, 지분

She **shares** an office with two other people.

그녀는 다른 두 사람과 사무실을 함께 쓴다.

He sold his **share** of the business.

그는 그 사업에 대한 자신의 지분을 팔았다.

유 **portion** 일부, 부분

challenge
[tʃǽlindʒ]

명 도전, 어려운 일[과제], 저항 동 도전하다, 요구하다

Robin now faces the biggest **challenge** of his career.

Robin은 지금 자신의 일에서 가장 큰 어려움에 직면해 있다.

유 **hardship** 고난, 역경 **trial** 시험, 시련

fear
[fiər]

명 두려움 동 두려워하다 **fearful** 형 무서운 **fearless** 형 두려움을 모르는

As it turned out, our **fears** were groundless.

판명된 것처럼, 우리의 두려움은 근거 없는 것이었다.

유 **dread** 두려움 **horror** 공포, 혐오 **panic** 공황 상태

grab
[græb]

동 붙잡다, 움켜쥐다 명 움켜쥐기

She tried to **grab** the ball out of his hands.

그녀는 그의 손에서 공을 낚아채려 했다.

유 **catch** 붙들다 **seize** 잡다, 붙잡다

ultimately
[ʌ́ltimitli]

부 궁극적으로, 결국 **ultimate** 형 궁극적인, 최종적인

They have confidence that the plan will **ultimately** succeed.

그들은 그 계획이 결국 성공할 거라는 확신을 가지고 있다.

유 **eventually** 결국, 드디어, 마침내

motivator
[móutəvèitər]

명 동기 (부여) 요인 **motivate** 동 동기를 부여하다 **motivation** 명 동기 부여, 유도

Money can be a good **motivator**.

금전은 좋은 동기 부여 요인이 될 수 있다.

유 **incentive** 유인책, 장려책

Synonym & Antonym

유의어와 반의어를 확인해 보는 시간입니다. 밑줄 친 단어의 유의어 혹은 반의어를 주어진 철자로 시작하여 써 보세요.

01 a huge frozen foods section [유] e__________
02 a once-in-a-lifetime opportunity [유] c__________
03 crucial for keeping good health [유] v__________
04 find no downside to the new computer [유] f__________
05 the protection of the environment [유] c__________
06 gradually taking the place of optimism [반] p__________
07 extinct for millions of years [유] v__________

|정답| 01 enormous 02 chance 03 vital 04 fault 05 conservation 06 pessimism 07 vanished

Vocabulary Extension

이제 품사가 다른 여러 형태의 단어를 학습해 보겠습니다. [보기]의 단어를 변형하여 빈칸에 들어갈 알맞은 말을 써 보세요.

[보기] extinct solve optimism protection motivator

01 Medication may not be the best __________ for his illness.
02 Greenpeace believes that whales are in danger of __________.
03 Somehow she remained a(n) __________ despite all that had happened to her.
04 The company uses a number of methods to __________ its employees to work harder.
05 I'm sorry to tell you that the insurance does not __________ against damage caused by natural disasters.

|정답| 01 solution 02 extinction 03 optimist 04 motivate 05 protect

|해석| 01 약이 그의 병에 대한 최상의 해결책이 아닐 수도 있다. 02 그린피스는 고래가 멸종 위기에 있다고 믿는다. 03 어떻게든 그녀는 자신에게 일어났던 모든 일에도 불구하고 낙천주의자로 남아 있었다. 04 그 회사는 직원들이 더 열심히 일하도록 동기를 부여할 많은 방법들을 쓰고 있다. 05 보험은 자연재해에 의해 야기된 손실은 보장하지 않는다는 것을 말씀 드리게 되어 유감입니다.

Choosing the Right Word

가장 적절한 단어가 어떤 것인지 확인하는 시간입니다. 주어진 문장에 들어갈 가장 적절한 단어를 네모 안에서 골라 보세요.

01 Vitamins are crucial / huge for keeping good health.

02 Robin now faces the biggest challenge / optimism of his career.

03 They fight for the protection / downside of the environment.

04 Huge acres of land has been reserved / shared for protection.

05 She tried to grab / fear the ball out of his hands.

06 Pessimism is gradually taking the place of optimism / opportunity.

07 Students hear more about the animals that are going extinct / crucial than the animals that have been protected.

08 Teaching students about heroes is another great opportunity to share / fear success stories.

09 Students are not going to work to solve problems if they do not believe their actions matter / solve.

10 Fear may grab some attention in the beginning, but ultimately it is not a good motivator / challenge.

|정답| 01 crucial 02 challenge 03 protection 04 reserved 05 grab 06 optimism 07 extinct 08 share 09 matter 10 motivator

|해석| 01 비타민은 좋은 건강을 유지하는 데 아주 중요하다. 02 Robin은 지금 자신의 일에서 가장 큰 어려움에 직면해 있다. 03 그들은 환경 보호를 위해 분투한다. 04 엄청난 에이커의 땅이 보호 지역으로 지정되었다. 05 그녀는 그의 손에서 공을 낚아채려 했다. 06 비관론이 서서히 낙관론을 대신하고 있다. 07 학생들은 보호되어 온 동물보다 멸종되고 있는 동물에 대하여 더 많이 듣는다. 08 영웅에 대해 학생들에게 가르치는 것은 성공 이야기를 공유하는 또 다른 좋은 기회이다. 09 학생들은 자신의 행동이 중요하다고 믿지 않으면 문제를 해결하려고 노력하지 않을 것이다. 10 두려움이 처음에는 관심을 붙들 수 있지만, 결국 그것은 좋은 동기 부여 요인이 아니다.

Unit 37

Winners and Losers in the Age of Smart Machines

▌이번 단원에서 학습하게 될 단어들입니다. 이미 알고 있는 단어에 V 표시해 보세요.

☐ area	☐ comparative	☐ advantage	☐ hypothesis
☐ journalist	☐ sniff	☐ chef	☐ accelerate
☐ quote	☐ useless	☐ valuable	☐ predict
☐ employer	☐ creativity	☐ describe	☐ characterization
☐ lousy	☐ amazing	☐ defeat	☐ substantially

▌주어진 단어를 알맞은 뜻과 연결해 보세요. 단어의 뜻을 모르면 아래 정답에서 확인해 보세요.

01	area	a	충분히, 대체로, 사실상
02	hypothesis	b	영역, 분야, 구역
03	accelerate	c	패배시키다, 꺾다; 패배
04	quote	d	가치 있는, 소중한
05	valuable	e	창의력
06	creativity	f	엉망인, 형편없는
07	describe	g	가설, 가정
08	lousy	h	가속하다, 촉진하다
09	defeat	i	인용하다; 인용구, 따옴표
10	substantially	j	묘사하다

|정답| 01 b 02 g 03 h 04 i 05 d 06 e 07 j 08 f 09 c 10 a

Vocabulary in Reading Context

▌해석은 한 번에 가능하지 않습니다. 해석이 잘되지 않더라도 먼저 아랫글을 단숨에 읽어 보세요.

Ideation is an **area** today where humans have a **comparative advantage** over machines. Scientists come up with new **hypotheses**. **Journalists sniff** out a good story. **Chefs** add a new dish to the menu. Many of these activities are **accelerated** by computers, but none are driven by them. Picasso's **quote** — Computers are **useless**. They can only give you answers. — is just about half right. Computers are not useless, but they're still machines for generating answers, not posing interesting new questions. That ability still seems to be uniquely human, and still highly **valuable**. We **predict** that people who are good at idea creation will continue to have a comparative advantage over digital labor, and will find themselves in demand. In other words, we believe that **employers**, when looking for talent, follow the advice attributed to the Enlightenment sage Voltaire: "Judge a man by his questions, not his answers."

come up with: ~을 생각해 내다 / sniff out: ~을 감각으로 찾아내다 / be good at: ~에 능하다, ~을 잘하다 / in other words: 다시 말해서 / attributed to: ~의 것으로 여겨지는

Ideation, **creativity**, and innovation are often **described** as 'thinking outside the box,' and this **characterization** indicates another reasonably sustainable advantage of human over digital labor. Computers remain **lousy** at doing anything outside the frame of their programming. Watson, for example, is an **amazing** *Jeopardy!* player, but would be **defeated** by a child at *Wheel of Fortune*, *The Price is Right*, or any other TV game show unless it was **substantially** reprogrammed by its human creators.

* ideation 관념 작용 ** sage 현자, 현인 *** Watson 인공 지능을 구현한 IBM의 슈퍼컴퓨터

▌본문의 의미가 이해되나요? 원어민 선생님이 읽어 주시는 지문을 들으며 다시 한 번 읽어 보세요.

Fill in the Blanks

▌본문의 내용을 기억하며 다시 읽어 볼 차례입니다. 이번에는 글을 읽으면서 빈칸에 들어갈 단어를 주어진 철자로 시작하여 써 보세요.

Winners and Losers in the Age of Smart Machines

Ideation is an area today where humans have a ❶c__________ advantage over machines. Scientists come up with new ❷h__________. Journalists ❸s__________ out a good story. Chefs add a new dish to the menu. Many of these activities are accelerated by computers, but none are driven by them. Picasso's ❹q__________ — Computers are useless. They can only give you answers. — is just about half right. Computers are not useless, but they're still machines for generating answers, not posing interesting new questions. That ability still seems to be uniquely human, and still highly ❺v__________. We predict that people who are good at idea creation will continue to have a comparative advantage over digital labor, and will find themselves in demand. In other words, we believe that ❻e__________, when looking for talent, follow the advice attributed to the Enlightenment sage Voltaire: "Judge a man by his questions, not his answers."

Ideation, creativity, and innovation are often described as 'thinking outside the box,' and this ❼c__________ indicates another reasonably sustainable advantage of human over digital labor. Computers remain ❽l__________ at doing anything outside the frame of their programming. Watson, for example, is an amazing *Jeopardy!* player, but would be ❾d__________ by a child at *Wheel of Fortune*, *The Price is Right*, or any other TV game show unless it was ❿s__________ reprogrammed by its human creators.

* ideation 관념 작용 ** sage 현자, 현인 *** Watson 인공 지능을 구현한 IBM의 슈퍼컴퓨터

해석 스마트 머신 시대의 승자와 패자

관념 작용은 오늘날 인간이 기계보다 비교 우위에 있는 영역이다. 과학자들은 새로운 가설을 생각해 낸다. 기자들은 좋은 기삿거리를 감각으로 찾아낸다. 요리사들은 메뉴에 새로운 요리를 추가한다. 이러한 활동 중 많은 것이 컴퓨터에 의해 가속되지만, 그 어느 것도 그것들에 의해 추진되지는 않는다. "컴퓨터는 쓸모가 없다. 그것들은 단지 여러분에게 해답만을 제공한다."라는 피카소가 한 말의 인용문은 반쯤만 옳다. 컴퓨터가 쓸모없는 것은 아니지만, 그것들은 여전히 답을 만들어 내는 기계이며, 흥미로운 새로운 질문을 던지지는 않는다. 그 능력은 여전히 독특하게 인간의 것이며, 여전히 매우 가치 있어 보인다. 아이디어 창출에 능한 사람들이 디지털 노동보다 비교 우위를 계속 가지게 될 것이며, 자신들에 대한 수요가 있음을 알게 될 것이라고 우리는 예측한다. 다시 말해서, 우리는 고용주들이, 인재를 찾을 때에, 계몽주의 현자(賢者)인 Voltaire가 말한 것으로 여겨지는 "사람을 그의 대답이 아니라, 그의 질문으로 판단하라."라는 충고를 따를 것이라고 믿는다.

관념 작용, 창의력, 그리고 혁신은 흔히 '상자 밖에서 생각하는 것[독창적으로 생각하는 것]'으로 묘사되며, 이러한 특징 부여는 디지털 노동보다 인간이 지니는 또 다른 하나의 상당히 지속 가능한 장점을 나타낸다. 컴퓨터는 자신들의 프로그래밍 틀에서 벗어난 것이면 무엇이든지 그것을 수행하는 데 여전히 엉망인 상태이다. 예를 들어, Watson은 'Jeopardy!' 게임은 놀랍도록 잘하지만 'Wheel of Fortune', 'The Price is Right', 혹은 그 밖의 다른 텔레비전 게임 쇼에서는 자기를 만든 사람에 의해 충분히 다시 프로그래밍되지 않으면, 아이에게도 패배할 것이다.

|정답| ❶comparative ❷hypotheses ❸sniff ❹quote ❺valuable ❻employers ❼characterization ❽lousy ❾defeated ❿substantially

area
[ɛ́əriə]

명 영역, 분야, 지역, 구역

In some subject **areas**, topics build on one another in a hierarchical fashion.

일부 과목 영역에서는, 주제들이 서로 계층적 방식으로 형성된다.

Goalkeepers may run or walk with the ball while inside the penalty **area**.

골키퍼는 페널티 구역 안에 있는 동안 공을 가지고 뛰거나 걸을 수 있다.

유 **field** 분야 **region** 지역 **zone** 구역

comparative
[kəmpǽrətiv]

형 비교의, 상대적 **compare** 동 비교하다

We can use **comparative** work to test theories about our own culture.

우리는 비교 연구를 사용하여 우리 자신의 문화에 대한 이론을 시험할 수 있다.

유 **relative** 상대적인

advantage
[ədvǽntidʒ]

명 우위, 득, 유리한 점, 장점 동 유리하게 하다 **advantageous** 형 이로운, 유리한

Galloping is of no **advantage** to a horse unless it is being chased by a predator.

질주는 포식자에 의해 쫓기지 않는 한 말에게 득이 되지 않는다.

유 **benefit** 이익 **superiority** 우위 반 **disadvantage** 불리한 점

Voca Plus

take advantage of ~을 이용하다
tactical advantage 전술상의 이점

hypothesis
[haipάθəsis]

명 가설, 가정

This verified the original **hypothesis** made by the famous physicist Michael Faraday in 1850.

이것은 1850년 유명한 물리학자 Michael Faraday가 세운 최초의 가설이 사실임을 입증했다.

유 **theory** 이론 **thesis** 논지, 학위 논문

journalist
[dʒə́ːrnəlist]

명 기자, 언론인, 저널리스트 **journalism** 명 저널리즘, 언론학, 언론계

The *Columbia Journalism Review* is marketed toward professional **journalists**.

'Columbia Journalism Review'는 전문 언론인들을 대상으로 내놓아진다.

유 **reporter** 기자 **correspondent** 특파원

Voca & Voca

columnist 칼럼니스트, 특별 기고가
commentator 해설자, 실황 방송 아나운서

sniff
[snif]

동 감각으로 찾아내다(~ out), 코를 킁킁거리며 냄새를 맡다, 코를 훌쩍이다

A large animal was **sniffing** on the other side of my tree.

큰 동물이 내 나무 건너편에서 코를 킁킁거리며 냄새를 맡고 있었다.

유 **smell** 냄새 맡다 **inhale** (숨을) 들이쉬다

chef
[ʃef]

명 요리사, 주방장

She is not only a famous **chef** but also a writer.

그녀는 유명한 요리사일 뿐만 아니라 작가이기도 하다.

유 **cook** 요리사

accelerate
[əksélərèit]

동 가속하다, 촉진하다 **acceleration** 명 가속(도)

Gasoline engines can **accelerate** quickly.

휘발유 엔진들은 빨리 가속할 수 있다.

유 **speed** 가속하다 **boost** 북돋우다

quote
[kwout]

동 인용하다, 전달하다 명 인용구, 따옴표

This passage is too long to **quote** in its entirety.

이 구절은 너무 길어서 전체를 인용할 수 없다.

유 **cite** 인용하다

useless
[jú:slis]

형 쓸모없는

There was nothing but **useless** corn stalks in her sack.

그녀의 자루에는 쓸모없는 옥수수 줄기 외에는 아무것도 없었다.

유 **worthless** 가치 없는 **valueless** 하찮은 **impractical** 비실용적인

valuable
[vǽljuəbl]

형 가치 있는, 소중한

Those who can distinguish **valuable** information from background clutter gain power.

배후의 혼란으로부터 가치 있는 정보를 식별해 낼 수 있는 사람이 권력을 얻는다.

유 **precious** 귀중한 **profitable** 유익한 **beneficial** 이로운

predict
[pridíkt]

동 예측하다, 예상하다, 예언하다 **prediction** 명 예상

High levels of adversity **predicted** poor mental health, as expected.

높은 수준의 역경은 예상대로 나쁜 정신 건강을 예측했다.

유 **forecast** 예상하다 **foretell** 예언하다

employer
[implɔ́iər]

명 고용주 **employ** 동 고용하다

Employers value work experience.

고용주들은 업무 경험을 중요하게 여긴다.

반 **employee** 종업원

creativity
[krìːeitívəti]

명 창의력 **creative** 형 창의력이 있는

Conventional wisdom in the West credits geniuses with **creativity** and originality.

서양의 일반 통념은 천재들에게 창의력과 독창성이 있다고 믿는다.

유 **imagination** 상상력 **originality** 독창성

describe
[diskráib]

동 묘사하다, 서술하다 **description** 명 묘사, 기술, 표현

Bloch **described** rural history as a "vibrant human interaction with the soil."

Bloch는 농촌사를 '인간과 토양과의 활기찬 상호 작용'으로 묘사했다.

유 **portray** 그리다, 표현하다 **depict** 묘사하다

characterization
[kæ̀riktəraizéiʃən]

명 특징 부여, 성격 묘사, 특성화 **characterize** 동 특성을 묘사하다[부여하다]

The **characterization** in her novel was excellent.

그녀의 소설에서의 성격 묘사는 탁월했다.

lousy
[láuzi]

형 엉망인, 형편없는

All he bought me was this **lousy** watch.

그가 나에게 사준 것이라곤 이 형편없는 시계뿐이었다.

유 **awful** 끔찍한

amazing
[əméiziŋ]

형 놀라운, 굉장한 **amaze** 동 놀라게 하다

The original drawings of the building are **amazing**!

그 건물의 원래 그림이 굉장해요!

유 **wonderful** 경이로운 **marvelous** 기묘한

defeat
[difíːt]

동 패배시키다, 꺾다 명 패배

Ms. Haulman has been **defeated** in the recent election.

Haulman 씨는 최근 선거에서 패배했다.

유 **beat** 이기다 **overwhelm** 압도하다 **conquer** 정복하다, 공략하다

substantially
[səbstǽnʃəli]

부 충분히, 대체로, 상당히, 사실상

What he says is **substantially** true.

그가 말하는 것은 대체로 사실이다.

유 **considerably** 상당히

Synonym & Antonym

유의어와 반의어를 확인해 보는 시간입니다. 밑줄 친 단어의 유의어 혹은 반의어를 주어진 철자로 시작하여 써 보세요.

01 in some subject areas ㊌ f________

02 of no advantage ㉯ d________

03 a famous chef ㊌ c________

04 This passage is too long to quote in its entirety. ㊌ c________

05 useless corn stalks ㊌ w________

06 Employers value work experience. ㉯ e________

07 All he bought me was this lousy watch. ㊌ a________

|정답| 01 field 02 disadvantage 03 cook 04 cite 05 worthless 06 employee 07 awful

Vocabulary Extension

이제 품사가 다른 여러 형태의 단어를 학습해 보겠습니다. [보기]의 단어를 변형하여 빈칸에 들어갈 알맞은 말을 써 보세요.

보기 advantage characterization describe accelerate amazing

01 The free trade agreements will be ________ to both countries.

02 A car with good ________ increases its speed in a short time.

03 The beauty of the scene goes beyond ________.

04 How would you ________ your country?

05 It never ceases to ________ me how many diverse people are present in this world.

|정답| 01 advantageous 02 acceleration 03 description 04 characterize 05 amaze

|해석| 01 그 자유 무역 협정은 두 나라 모두에게 이로울 것이다. 02 가속도가 좋은 차는 단시간에 속도를 높인다. 03 그 광경의 아름다움은 표현 이상이다. 04 여러분은 어떻게 자신의 국가의 특징을 묘사하겠어요? 05 이 세상에 얼마나 많은 다양한 사람들이 존재하는지는 나를 끊임없이 놀라게 한다.

Choosing the Right Word

가장 적절한 단어가 어떤 것인지 확인하는 시간입니다. 주어진 문장에 들어갈 가장 적절한 단어를 네모 안에서 골라 보세요.

01 We can use comparative / lousy work to test theories about our own culture.

02 This verified the original hypothesis / quote made by the famous physicist Michael Faraday in 1850.

03 The *Columbia Journalism Review* is marketed toward professional chefs / journalists.

04 A large animal was defeating / sniffing on the other side of my tree.

05 Gasoline engines can accelerate / predict quickly.

06 Those who can distinguish useless / valuable information from background clutter gain power.

07 High levels of adversity predicted / sniffed poor mental health, as expected.

08 Conventional wisdom in the West credits geniuses with creativity / quote and originality.

09 Bloch described / advantaged rural history as a "vibrant human interaction with the soil."

10 Ms. Haulman has been accelerated / defeated in the recent election.

|정답| 01 comparative 02 hypothesis 03 journalists 04 sniffing 05 accelerate 06 valuable 07 predicted 08 creativity 09 described 10 defeated

|해석| 01 우리는 비교 연구를 사용하여 우리 자신의 문화에 대한 이론을 시험할 수 있다. 02 이것은 1850년 유명한 물리학자 Michael Faraday가 세운 최초의 가설이 사실임을 입증했다. 03 'Columbia Journalism Review'는 전문 언론인들을 대상으로 내놓아진다. 04 큰 동물이 내 나무 건너편에서 코를 킁킁거리며 냄새를 맡고 있었다. 05 휘발유 엔진들은 빨리 가속할 수 있다. 06 배후의 혼란으로부터 가치 있는 정보를 식별해 낼 수 있는 사람이 권력을 얻는다. 07 높은 수준의 역경은 예상대로 나쁜 정신 건강을 예측했다. 08 서양의 일반 통념은 천재들에게 창의력과 독창성이 있다고 믿는다. 09 Bloch는 농촌사를 '인간과 토양과의 활기찬 상호 작용'으로 묘사했다. 10 Haulman 씨는 최근 선거에서 패배했다.

Unit 38

The Role of Conflict in a Story

▌이번 단원에서 학습하게 될 단어들입니다. 이미 알고 있는 단어에 V 표시해 보세요.

☐ tale	☐ scary	☐ predictable	☐ spring
☐ director	☐ harmony	☐ conflict	☐ nature
☐ instinctively	☐ balance	☐ tune	☐ surroundings
☐ disrupt	☐ restore	☐ anxiety	☐ colleague
☐ bother	☐ seek	☐ motion	☐ disturb

▌주어진 단어를 알맞은 뜻과 연결해 보세요. 단어의 뜻을 모르면 아래 정답에서 확인해 보세요.

01	predictable	•	• a	괴롭히다, 성가시게 하다
02	conflict	•	• b	감독, 임원, 지휘자
03	disrupt	•	• c	붕괴시키다
04	tale	•	• d	갈등, 마찰
05	colleague	•	• e	본능적으로
06	bother	•	• f	동료
07	director	•	• g	예측이 가능한
08	instinctively	•	• h	복구하다
09	restore	•	• i	불안(감), 염려
10	anxiety	•	• j	이야기, 소설

| 정답 | 01 g 02 d 03 c 04 j 05 f 06 a 07 b 08 e 09 h 10 i

Vocabulary in Reading Context

▌해석은 한 번에 가능하지 않습니다. 해석이 잘되지 않더라도 먼저 아랫글을 단숨에 읽어 보세요.

Imagine *Jaws* without a hungry white shark or the **tale** of *Little Red Riding Hood* without a **scary** wolf: The teenagers would have had a great summer at the beach, and Little Red Riding Hood would have visited her grandmother and then gone home. Words like "boring" 5 and "**predictable**" **spring** to mind! Movie **director** Nils Malmros once said, "Paradise on a Sunday afternoon sounds great, but it sure is boring on film." In other words, too much **harmony** and not enough **conflict** makes for a story that is about as exciting as watching paint dry. 10

spring to mind: (갑자기) 생각[기억]나다
~만큼 흥미로운

Conflict is the driving force of a good story. But why is this the case? The answer lies in human **nature**. As humans, we **instinctively** look for **balance** and harmony in our lives. We simply don't like being out of **tune** with our **surroundings** and ourselves. So, as soon as harmony is **disrupted**, we do whatever we can to **restore** it. We avoid unpleasant situations, feelings of stress or **anxiety**. If we have an 15 unresolved problem with our loved ones or our **colleagues**, it **bothers** us until we clear the air and return to a state of harmony. When faced with a problem, we instinctively **seek** to find a solution. Conflict forces us to act. Thus, a story is set in **motion** by a change that **disturbs** this sense of harmony.

추진력
be out of tune with: ~와 조화가 맞지 않다
as soon as: ~하자마자
우리가 할 수 있는 무엇이든
clear the air: 상황을 개선하다
force ~ to *do*: ~가 …하도록 강요하다
set ~ in motion: ~의 활기를 띠게 하다, ~을 움직이게 하다

▌본문의 의미가 이해되나요? 원어민 선생님이 읽어 주시는 지문을 들으며 다시 한 번 읽어 보세요.

Fill in the Blanks

▌본문의 내용을 기억하며 다시 읽어 볼 차례입니다. 이번에는 글을 읽으면서 빈칸에 들어갈 단어를 주어진 철자로 시작하여 써 보세요.

The Role of Conflict in a Story

Imagine *Jaws* without a hungry white shark or the tale of *Little Red Riding Hood* without a ❶s__________ wolf: The teenagers would have had a great summer at the beach, and Little Red Riding Hood would have visited her grandmother and then gone home. Words like "boring" and "❷p__________" spring to mind! Movie ❸d__________ Nils Malmros once said, "Paradise on a Sunday afternoon sounds great, but it sure is boring on film." In other words, too much harmony and not enough ❹c__________ makes for a story that is about as exciting as watching paint dry.

Conflict is the driving force of a good story. But why is this the case? The answer lies in human ❺n__________. As humans, we ❻i__________ look for balance and harmony in our lives. We simply don't like being out of tune with our surroundings and ourselves. So, as soon as harmony is ❼d__________, we do whatever we can to ❽r__________ it. We avoid unpleasant situations, feelings of stress or ❾a__________. If we have an unresolved problem with our loved ones or our colleagues, it bothers us until we clear the air and return to a state of harmony. When faced with a problem, we instinctively seek to find a solution. Conflict forces us to act. Thus, a story is set in motion by a change that ❿d__________ this sense of harmony.

해석 이야기에서 갈등의 역할

배고픈 백상어가 없는 'Jaws' 또는 무서운 늑대가 없는 'Little Red Riding Hood(빨간 모자)'의 이야기를 상상해 보라. 십 대들은 해변에서 멋진 여름을 보냈을 것이고, Little Red Riding Hood는 할머니를 방문했다가 그 후에 집에 갔을 것이다. '지루한'과 '예측 가능한'과 같은 단어들이 갑자기 생각난다! 영화감독 Nils Malmros는 "일요일 오후의 천국은 멋지게 들리지만, 분명 영화에서는 지루하다."고 예전에 말했다. 다시 말해, 지나치게 많은 조화와 충분하지 않은 갈등은 물감이 마르는 것을 보는 것 정도만큼의 흥미를 끄는 이야기를 만들어 낼 뿐이다.

갈등은 좋은 이야기의 추진력이다. 그러나 왜 그럴까? 해답은 인간의 본성에 있다. 인간으로서, 우리는 본능적으로 우리의 삶 속에서 균형과 조화를 찾는다. 우리는 우리의 환경과 우리 자신과 조화가 맞지 않는 것을 전혀 좋아하지 않는다. 그래서 조화가 붕괴되자마자 우리는 그것을 복구하기 위해 할 수 있는 무엇이든지 한다. 우리는 불쾌한 상황과 스트레스 또는 불안의 감정을 피한다. 만약 우리가 사랑하는 사람들 또는 우리의 동료들과의 해결되지 않은 문제를 가지고 있다면, 우리가 상황을 개선하고 조화의 상태로 돌아갈 때까지 그것은 우리를 괴롭힌다. 문제에 직면했을 때, 우리는 본능적으로 해결책을 찾으려고 한다. 갈등은 우리를 행동하도록 강요한다. 그러므로 이야기는 이런 조화로움을 방해하는 변화에 의해 활기를 띤다.

|정답| ❶scary ❷predictable ❸director ❹conflict ❺nature ❻instinctively ❼disrupted ❽restore ❾anxiety ❿disturbs

tale
[teil]

명 이야기, 소설
My wife likes listening to my **tales** at work.
내 아내는 나의 직장 이야기를 듣는 것을 좋아한다.
유 **narrative** 이야기 **fable** 우화, 꾸며 낸 이야기 **plot** 줄거리

scary
[skέ(:)əri]

형 무서운 **scare** 동 겁주다, 누십게 하다 **scared** 형 겁먹은
I saw a really **scary** movie with my friends.
나는 친구들과 정말 무서운 영화를 보았다.
유 **frightening** 무서운, 겁을 주는 **fearful** 무서운, 두려운

predictable
[pridíktəbl]

형 예측이 가능한, 뻔한 **predict** 동 예측하다 **prediction** 명 예측
The ending of the movie is **predictable**.
그 영화의 결말은 예측이 가능하다.

spring
[spriŋ]

동 떠오르다, 뛰어나오다 명 봄, 샘, 활기, 용수철, 탄력
When discussing modern art, three names **spring** to mind.
현대 미술을 논할 때, 세 명의 이름이 머리에 떠오른다.
유 **bounce** 뛰어오르다 **leap** 도약하다

director
[diréktər]

명 감독, 임원, 지휘자 **direct** 동 감독하다, 지시하다, 안내하다
directive 형 지시하는
When the **director** raised his hand, the actors started acting.
감독이 손을 들어 올리자, 배우들이 연기를 시작했다.
유 **manager** 관리자 **leader** 지도자 **supervisor** 감독관

harmony
[hάːrməni]

명 조화, 화합 **harmonize** 동 조화롭게 하다 **harmonious** 형 조화로운
People in the remote village live together in perfect **harmony**.
그 외딴 마을 사람들은 완벽하게 화합하며 함께 산다.
유 **agreement** 일치, 조화 반 **discord** 부조화, 불협화음

Voca Plus

work in harmony 호흡이 맞다
sing in harmony 화음을 넣어 노래하다
live in perfect harmony 화목하게 살다
racial harmony 인종 간의 조화
in[out of] harmony 조화되어[되지 않아]

conflict
[kάnflikt] 명
[kənflíkt] 동

명 갈등, 마찰, 충돌 동 상충하다

The mayor has tried to resolve political and ethnic **conflicts**.

그 시장은 정치적 그리고 인종적 갈등을 해결하기 위해 노력해 왔다.

유 **dispute** 분쟁 **friction** 마찰, 불화 반 **agreement** 합의, 동의

Voca Plus

conflict of interest 이해의 충돌	**generational conflict** 세대 간의 갈등
a trade conflict 통상 마찰	**a mental conflict** 심리적 갈등
resolve a conflict 분쟁을 해결하다	**inner conflict** 내적 갈등

nature
[néitʃər]

명 본성, 본질, 자연 **natural** 형 자연적인, 타고난, 천부의

I believe to prefer evil to good is not human **nature**.

나는 선보다 악을 선호하는 것이 인간의 본성은 아니라고 믿는다.

유 **essence** 본질

instinctively
[instíŋktivli]

부 본능적으로 **instinct** 명 본능 **instinctive** 형 본능적인

Birds learn how to fly **instinctively**.

새들은 본능적으로 나는 방법을 배운다.

유 **innately** 선천적으로 **inherently** 선천적으로

balance
[bǽləns]

명 균형, 평정, 잔고, 잔액, 저울 동 균형을 잡다

Try to keep a **balance** between work and relaxation.

일과 휴식 사이의 균형을 유지하려고 노력하라.

유 **equilibrium** (힘 · 세력 등의) 균형 반 **imbalance** 불균형

tune
[tjuːn]

명 조화, 곡조, 음조 동 조율하다, 조정하다

The governmental policies are out of **tune** with public opinion.

정부의 정책들이 여론과 조화를 이루지 못하고 있다.

유 **accord** 일치, 조화 반 **disaccord** 불일치, 불화

surroundings
[səráundiŋz]

명 (주위) 환경, 주위의 상황 **surround** 동 둘러싸다

Every employee hopes to work in pleasant **surroundings**.

모든 직원은 쾌적한 환경에서 일하기를 기대한다.

유 **environment** 환경 **situation** 상황, 처지, 환경

disrupt
[disrʌ́pt]

동 붕괴시키다, 방해하다 **disruption** 명 붕괴 **disruptive** 형 붕괴시키는, 지장을 주는

The chemical factory **disrupted** the traditional way of life of the village.

그 화학 공장은 그 마을의 전통적인 삶의 방식을 붕괴시켰다.

유 **collapse** 붕괴시키다 **obstruct** 가로막다, 방해하다

restore
[ristɔ́ːr]

동 복구하다, 복원시키다 **restoration** 명 복구, 복원

They cooperated to **restore** the damaged house.

그들은 그 손상된 집을 복구하기 위해 협동했다.

유 **recover** 복구하다 반 **destroy** 파괴하다

anxiety
[æŋzáiəti]

명 불안(감), 염려, 열망 **anxious** 형 불안한, 걱정하는, 열망하는

She felt acute **anxiety** waiting for the job interview.

그녀는 구직 면접을 기다리면서 심한 불안감을 느꼈다.

유 **uneasiness** 불안함

colleague
[káliːg]

명 (같은 직장이나 직종에서의) 동료

He has been our friend and **colleague** for more than 20 years.

그는 20년 넘게 우리의 친구이자 동료였다.

유 **coworker** 직장 동료

bother
[báðər]

동 괴롭히다, 성가시게 하다 **bothersome** 형 성가신

I don't want to **bother** my mother with my personal problem.

나는 내 개인적인 문제로 어머니를 괴롭히고 싶지는 않다.

유 **annoy** 괴롭히다, 성가시게 하다

Voca & Voca 괴롭히다, 놀려 대다

▸ distress 고통스럽게 하다, (정신적으로) 괴롭히다

The letter had deeply distressed her.

그 편지가 그녀를 몹시 고통스럽게 했다.

▸ bully (약자를) 괴롭히다

He came to bully us and eventually disturbed the event.

그가 와서 우리를 괴롭히고 결국 그 행사를 방해했다.

▸ tease 놀려 대다, 못살게 굴다

A few kids tease Sam, but he doesn't care about it.

몇몇 아이들이 Sam을 놀려 대지만, 그는 그것에 대해 신경 쓰지 않는다.

seek
[siːk]

동 찾다, 구하다, 추구하다

I think I need to **seek** professional help for my mental health.

나는 내 정신 건강을 위해 전문가의 도움을 찾아야 할 것 같다.

유 **pursue** 쫓다, 추구하다

motion
[móuʃən]

명 활동, 운동 **motionless** 형 활기가 없는, 움직이지 않는

Disaster relief was quickly set in **motion**.

재해 구호가 빠르게 활기를 띠었다.

유 **movement** 움직임, 활동

disturb
[distə́ːrb]

동 방해하다, 저해하다, 혼란을 야기하다 **disturbance** 명 방해, 소란

I'm sorry to **disturb** you, but I'd like to ask you a question.

방해해서 죄송합니다만, 질문을 하나 하고 싶어요.

유 **interrupt** 방해하다 **interfere** 방해하다, 간섭하다

Synonym & Antonym

유의어와 반의어를 확인해 보는 시간입니다. 밑줄 친 단어의 유의어 혹은 반의어를 주어진 철자로 시작하여 써 보세요.

01 restore the damaged house ⓑ d__________

02 bother my mother with my personal problem ⓤ a__________

03 a balance between work and relaxation ⓑ i__________

04 To prefer evil to good is not human nature. ⓤ e__________

05 our friend and colleague ⓤ c__________

06 work in pleasant surroundings ⓤ e__________

07 resolve political and ethnic conflicts ⓤ d__________

|정답| 01 destroy 02 annoy 03 imbalance 04 essence 05 coworker 06 environment 07 dispute

Vocabulary Extension

이제 품사가 다른 여러 형태의 단어를 학습해 보겠습니다. [보기]의 단어를 변형하여 빈칸에 들어갈 알맞은 말을 써 보세요.

보기 instinctively restore disturb scary predictable

01 It __________ me to think I was alone in the darkness.

02 The building construction causes dust and __________.

03 The temple is closed for __________.

04 When we see two people meet, we can often __________ what happens next: a handshake, or a hug.

05 An infant grasping an object placed in the palm of his hand, a spider spinning a web, and a bird building a nest are all examples of __________ behavior.

|정답| 01 scared 02 disturbance 03 restoration 04 predict 05 instinctive

|해석| 01 어둠 속에 혼자 있다는 생각이 나를 무섭게 했다. 02 그 빌딩 건축은 먼지와 (생활의) 지장을 초래한다. 03 그 사원은 복구를 위해 폐쇄되어 있다. 04 두 사람이 만나는 것을 볼 때, 우리는 흔히 그다음에 무슨 일이 일어날지 예측할 수 있다. 악수 또는 포옹이다. 05 아기가 손바닥에 놓인 물건을 쥐는 것, 거미가 거미집을 짓는 것, 그리고 새가 둥지를 짓는 것은 모두 본능적인 행동의 예들이다.

Choosing the Right Word

가장 적절한 단어가 어떤 것인지 확인하는 시간입니다. 주어진 문장에 들어갈 가장 적절한 단어를 네모 안에서 골라 보세요.

01 The ending of the movie is predictable / directive.

02 Try to keep a tune / balance between work and relaxation.

03 My wife likes listening to my tales / disturbances at work.

04 The mayor has tried to resolve political and ethnic surroundings / conflicts.

05 The chemical factory disrupted / scared the traditional way of life of the village.

06 I think I need to bother / seek professional help for my mental health.

07 In other words, too much prediction / harmony and not enough conflict makes for a story that is about as exciting as watching paint dry.

08 Conflict forces us to act. Thus, a story is set in motion by a change that springs / disturbs this sense of harmony.

09 Movie director / anxiety Nils Malmros once said, "Paradise on a Sunday afternoon sounds great, but it sure is boring on film."

10 If we have an unresolved problem with our loved ones or our colleagues / narratives, it bothers us until we clear the air and return to a state of harmony.

|정답| **01** predictable **02** balance **03** tales **04** conflicts **05** disrupted **06** seek **07** harmony **08** disturbs **09** director **10** colleagues

|해석| **01** 그 영화의 결말은 예측이 가능하다. **02** 일과 휴식 사이의 균형을 유지하려고 노력하라. **03** 내 아내는 나의 직장 이야기를 듣는 것을 좋아한다. **04** 그 시장은 정치적 그리고 인종적 갈등을 해결하기 위해 노력해 왔다. **05** 그 화학 공장은 그 마을의 전통적인 삶의 방식을 붕괴시켰다. **06** 나는 내 정신 건강을 위해 전문가의 도움을 찾아야 할 것 같다. **07** 다시 말해, 지나치게 많은 조화와 충분하지 않은 갈등은 물감이 마르는 것을 보는 것 정도만큼의 흥미를 끄는 이야기를 만들어 낼 뿐이다. **08** 갈등은 우리를 행동하도록 강요한다. 그러므로 이야기는 이런 조화로움을 방해하는 변화에 의해 활기를 띤다. **09** 영화감독 Nils Malmros는 "일요일 오후의 천국은 멋지게 들리지만, 분명 영화에서는 지루하다."고 예전에 말했다. **10** 만약 우리가 사랑하는 사람들 또는 우리의 동료들과의 해결되지 않은 문제를 가지고 있다면, 우리가 상황을 개선하고 조화의 상태로 돌아갈 때까지 그것은 우리를 괴롭힌다.

Unit 39

Can Philosophy Bake Bread?

▌이번 단원에서 학습하게 될 단어들입니다. 이미 알고 있는 단어에 V 표시해 보세요.

☐ philosophy	☐ brick	☐ direction	☐ solidarity
☐ society	☐ saying	☐ indicate	☐ forest
☐ actually	☐ circumstances	☐ political	☐ economic
☐ reason	☐ remote	☐ mere	☐ speculation
☐ immediate	☐ relevance	☐ oppression	☐ genetics

▌주어진 단어를 알맞은 뜻과 연결해 보세요. 단어의 뜻을 모르면 아래 정답에서 확인해 보세요.

01 circumstances •		• a	연대, 결속
02 solidarity •		• b	외딴, 먼, 원격의
03 saying •		• c	나타내다, 보여 주다, 가리키다
04 economic •		• d	경제적인
05 indicate •		• e	상황, 환경
06 remote •		• f	직접적인, 즉각적인, 당연한
07 speculation •		• g	속담
08 relevance •		• h	관련성, 적절성, 타당성
09 oppression •		• i	압제, 압박, 고난
10 immediate •		• j	추측, (어림)짐작

|정답| 01 e 02 a 03 g 04 d 05 c 06 b 07 j 08 h 09 i 10 f

Vocabulary in Reading Context

▌해석은 한 번에 가능하지 않습니다. 해석이 잘되지 않더라도 먼저 아랫글을 단숨에 읽어 보세요.

Asking "What good (무슨 소용) is **philosophy**?" is like asking "What good is a street sign?" or "What good is the mortar holding together (고정하는) the **bricks** in a building?" Philosophy gives **direction** to our lives and **solidarity** to our **society**. 5

There's an old **saying** that philosophy doesn't bake any bread, which is supposed to **indicate** its uselessness. However, let's not miss the **forest** because of the trees. Philosophy may not **actually** put food on the table, but it does do something else that is even more important. Philosophy decides who owns the 10 bakery. It decides who gets to eat the bread, and under what **circumstances** some people get to eat more bread than others. Behind every **political** and **economic** system there is a philosophy, and we can be sure that (be sure that: ~을 확신하다) somebody is paying attention to it. We can also be sure that if we don't pay attention to (pay attention to: ~에 주의를 기울이다) the **reasons** for things, those who are paying attention will have the advantage over us. What sounds **remote** and harmless, a **mere speculation** of no 15 **immediate relevance** to us, can be, and has been, turned into various forms of **oppression**. **Genetics**, statistics, or even psychology sounds more useful than philosophy, but it's philosophy that determines for what purpose (어떤 목적을 위해) the knowledge of the subjects should be used.

* mortar 모르타르(시멘트와 모래를 섞어서 물로 반죽한 것)

▌본문의 의미가 이해되나요? 원어민 선생님이 읽어 주시는 지문을 들으며 다시 한 번 읽어 보세요.

Fill in the Blanks

▌본문의 내용을 기억하며 다시 읽어 볼 차례입니다. 이번에는 글을 읽으면서 빈칸에 들어갈 단어를 주어진 철자로 시작하여 써 보세요.

Can Philosophy Bake Bread?

Asking "What good is ❶p__________?" is like asking "What good is a street sign?" or "What good is the mortar holding together the bricks in a building?" Philosophy gives ❷d__________ to our lives and ❸s__________ to our society.

There's an old ❹s__________ that philosophy doesn't bake any bread, which is
5 supposed to ❺i__________ its uselessness. However, let's not miss the forest because of the trees. Philosophy may not actually put food on the table, but it does do something else that is even more important. Philosophy decides who owns the bakery. It decides who gets to eat the bread, and under what ❻c__________ some people get to eat more bread than others. Behind every ❼p__________ and economic system there is a philosophy, and we
10 can be sure that somebody is paying attention to it. We can also be sure that if we don't pay attention to the reasons for things, those who are paying attention will have the advantage over us. What sounds ❽r__________ and harmless, a mere ❾s__________ of no immediate relevance to us, can be, and has been, turned into various forms of ❿o__________. Genetics, statistics, or even psychology sounds more useful than
15 philosophy, but it's philosophy that determines for what purpose the knowledge of the subjects should be used.

* mortar 모르타르(시멘트와 모래를 섞어서 물로 반죽한 것)

해석 철학이 빵을 구울 수 있나?

"철학이 무슨 소용이 있는가?"라고 물어보는 것은 "거리의 표지판이 무슨 소용이 있는가?"나 "건물에서 벽돌들을 고정하는 모르타르가 무슨 소용이 있는가?"라고 묻는 것과 비슷하다. 철학은 우리 삶에 방향을 제시해 주고, 우리 사회에 연대감을 준다.

철학은 어떤 빵도 굽지 않는다는 오래된 속담이 있는데, 그 속담은 그것[철학]의 무용성을 가리키는 것으로 보인다. 그렇지만 나무 때문에 숲을 놓치지는 말자. 철학이 실제로 식탁에 음식을 올려놓지 못할지는 모르지만, 그것은 훨씬 더 중요한 뭔가 다른 것을 실제로 한다. 철학은 누가 그 제과점을 소유하는지를 결정한다. 그것은 누가 그 빵을 먹게 되는지, 그리고 어떤 상황에서 몇몇 사람들이 다른 사람들보다 더 많은 빵을 먹게 되는지를 결정한다. 모든 정치적이고 경제적인 체제 이면에는 철학이 있고, 우리는 누군가 그것에 주의를 기울이고 있다는 것을 확신할 수 있다. 또한 우리가 여러 일들에 대한 이유에 주의를 기울이지 않는다면 주의를 기울이는 사람들이 우리보다 더 이점을 가질 것이라는 점을 우리는 확신할 수 있다. 동떨어지고 무해한 것처럼 보이는 것, 우리에게 직접적인 관련성이 없는 단순한 추측이 다양한 형태의 압박이 될 수 있고, 압박이 되어 왔다. 유전학, 통계학이나 심지어 심리학이 철학보다 더 유용해 보이지만, 어떤 목적을 위해 그 과목의 지식이 사용되어야 하는지를 결정하는 것은 바로 철학이다.

|정답| ❶philosophy ❷direction ❸solidarity ❹saying ❺indicate ❻circumstances ❼political ❽remote ❾speculation ❿oppression

philosophy
[filásəfi]

명 철학 **philosopher** 명 철학자
Descartes is the founder of modern **philosophy**.
데카르트는 현대 철학의 시조이다.
⇔ 유 **thought** 사상

brick
[brik]

명 벽돌
There is a two-story **brick** house on the corner.
모퉁이에 2층짜리 벽돌집이 있다.

direction
[dirékʃən]

명 방향, 지도, 지휘 **direct** 동 향하다, 지휘하다 **director** 명 감독
I'm afraid you're going in the wrong **direction**.
유감이지만 당신은 잘못된 방향으로 가고 있습니다.
⇔ 유 **course** 길, 경로 **instruction** 명령

solidarity
[sɑ̀lidǽrəti]

명 연대, 결속 **solid** 형 견고한
We need to show **solidarity** in these troubled times.
우리는 이 어려운 시기에 연대를 보여 주어야 한다.
⇔ 유 **unity** 통합, 통일

society
[səsáiəti]

명 사회, 협회 **social** 형 사회적인, 사교적인
Any members of a **society** are supposed to follow the rules.
사회의 어떤 구성원이든 규칙을 따르기로 되어 있다.
The Literature **Society** is looking for new members.
문학 협회는 새로운 회원들을 찾고 있다.
⇔ 유 **community** 공동체

Voca Plus
an industrial society 산업 사회
a just society 정의로운 사회
a free society 자유로운 사회

saying
[séiiŋ]

명 속담, 말하기, 말, 진술
As the **saying** goes, "Blood is thicker than water."
속담대로, "피는 물보다 진하다."
⇔ 유 **proverb** 속담

indicate
[índəkèit]

동 나타내다, 보여 주다, 가리키다 **indication** 명 표시, 암시, 조짐
Research **indicates** that dinner time is shortening.
연구는 저녁 식사 시간이 줄어든다는 것을 나타낸다.
⇔ 유 **show** 보여 주다 **reveal** 드러내다

forest
[fɔ́(:)rist]

명 숲

The **forest** fire devastated three villages.

산불이 세 개의 마을을 파괴했다.

actually
[ǽktʃuəli]

부 실제로, 사실은 **actual** 형 실제적인, 사실적인

The vitamin supplement **actually** increased the risk of liver problems.

비타민 보조제가 간 질환의 위험을 실제로 증가시켰다.

유 **really** 사실 **indeed** 정말

circumstances
[sə́ːrkəmstæ̀nsiz]

명 상황, 환경

You need to adapt yourself to your new **circumstances**.

당신은 새로운 상황에 적응해야 한다.

유 **situation** 상황, 환경

political
[pəlítikəl]

형 정치적인 **politically** 부 정치적으로 **politics** 명 정치(학) **politician** 명 정치인

Remember that voters determine a **political** structure.

유권자들이 정치 구조를 결정한다는 것을 기억하라.

economic
[ìːkənάmik]

형 경제적인 **economical** 형 절약하는, 실속 있는, 경제적인 **economy** 명 경제

The newspaper covers global **economic** issues such as exchange rates and trades.

그 신문은 환율과 무역과 같은 세계적인 경제적 이슈를 다룬다.

Voca Plus

economic ties 경제적 유대
economic isolation 경제적 고립

reason
[ríːzən]

명 근거, 이유, 사리(事理), 이성 동 추리[추론]하다 **reasonable** 형 합리적인

There is a **reason** for every important thing that happens.

일어나는 중요한 모든 일에는 이유가 있다.

Give us one good **reason** why we should help them.

우리가 그들을 도와야 하는 타당한 이유를 한 가지 제시하라.

유 **cause** 이유

remote
[rimóut]

형 외딴, 먼, 원격의, (가능성이) 희박한 **remoteness** 명 멀리 떨어짐

People living in **remote** villages need special medical aid.
외딴 마을에 사는 사람들은 특별한 의료적 도움이 필요하다.

There is a **remote** chance that they will find her.
그들이 그녀를 찾을 가능성은 희박하다.

유 **distant** 먼 **isolated** 고립된 반 **nearby** 인근의

Voca Plus

a remote ancestor 먼 조상
a remote-control camera 원격 조종되는 카메라

mere
[miər]

형 단순한, 전적인, 순전한 **merely** 부 겨우, 단지

The **mere** act of writing helps us make our ideas clearer.
글을 쓰는 단순한 행위가 우리의 생각을 더 분명하게 하는 데 도움이 된다.

유 **simple** 단순한

speculation
[spèkjəléiʃən]

명 추측, (어림)짐작 **speculate** 동 추측[짐작]하다

The news reports are pure **speculation** and don't present any evidence.
그 뉴스 보도는 순전한 추측이며 어떤 증거도 보여 주지 않는다.

유 **guess** 추측 **assumption** 가정, 억측

immediate
[imíːdiət]

형 직접적인, 즉각적인, 당면한

Only **immediate** family will come to the wedding.
직계 가족만 결혼식에 올 것이다.

This work won't warrant us **immediate** reward, but we expect long-term returns.
이 일이 우리에게 직접적인 보상을 보장하지 않을 것이지만, 우리는 장기적인 수익을 기대한다.

유 **instant** 즉각적인 **prompt** 즉석의, 신속한

relevance
[réləvəns]

명 관련성, 적절성, 타당성 **relevant** 형 적절한, 타당한, 관련된

What she said has no direct **relevance** to the matter.
그녀가 말한 것은 그 일과 직접적인 관련성이 없다.

I don't see the **relevance** of your question.
나에게는 당신의 질문에 타당성이 없어 보인다.

oppression
[əpréʃən]

명 압제, 압박, 고난 **oppress** 동 압박하다, 억압하다

Many people around the world suffer from **oppression**.
세계의 많은 사람들이 압제로 인해 고통을 받는다.

genetics
[dʒənétiks]

명 유전학 **genetic** 형 유전적인 **gene** 명 유전자

In many cases, body types are determined by **genetics**.
많은 경우, 신체 유형은 유전학에 의해 결정된다.

Synonym & Antonym

유의어와 반의어를 확인해 보는 시간입니다. 밑줄 친 단어의 유의어 혹은 반의어를 주어진 철자로 시작하여 써 보세요.

01 people living in remote villages ㉯ n__________

02 the mere act of writing ㉸ s__________

03 adapt yourself to your new circumstances ㉸ s__________

04 a reason for every important thing that happens ㉸ c__________

05 Research indicates that dinner time is shortening. ㉸ s__________

06 in the wrong direction ㉸ c__________

07 as the saying goes ㉸ p__________

|정답| 01 nearby 02 simple 03 situations 04 cause 05 show 06 course 07 proverb

Vocabulary Extension

이제 품사가 다른 여러 형태의 단어를 학습해 보겠습니다. [보기]의 단어를 변형하여 빈칸에 들어갈 알맞은 말을 써 보세요.

보기 indicate philosophy political reason relevance

01 We should change some terms in a(n) __________ correct way.

02 If it is __________ to the matter, we will be happy to listen to your opinion.

03 Socrates was considered as a great teacher and __________ by his fellow citizens.

04 This small blinking light is a(n) __________ that one of your car doors is not closed tightly.

05 I thought the explanation sounded __________ and was convinced to support the campaign.

|정답| 01 politically 02 relevant 03 philosopher 04 indication 05 reasonable

|해석| 01 우리는 몇몇 용어를 정치적으로 올바른 방식으로 바꾸어야 한다. 02 만일 그것이 그 문제와 관련되어 있다면, 저희는 귀하의 의견을 기꺼이 듣겠습니다. 03 소크라테스는 동료 시민들에 의해 위대한 교사이자 철학자로 여겨졌다. 04 이 작은 깜빡이는 불은 여러분의 자동차 문 중 하나가 꽉 닫히지 않았다는 표시이다. 05 나는 그 설명이 합리적인 것 같다고 생각했고 그 운동을 지지하도록 설득되었다.

Choosing the Right Word

가장 적절한 단어가 어떤 것인지 확인하는 시간입니다. 주어진 문장에 들어갈 가장 적절한 단어를 네모 안에서 골라 보세요.

01 We need to show society / solidarity in these troubled times.

02 Let's not miss the forest / brick because of the trees.

03 The news reports are pure oppression / speculation and don't present any evidence.

04 What she said has no direct genetics / relevance to the matter.

05 This work won't warrant us immediate / remote reward, but we expect long-term returns.

06 The newspaper covers global economic / political issues such as exchange rates and trades.

07 Philosophy may not actually / mere put food on the table, but it does do something else that is even more important.

08 Asking "What good is philosophy / direction?" is like asking "What good is a street sign?" or "What good is the mortar holding together the bricks in a building?"

09 It decides who gets to eat the bread, and under what circumstances / genetics some people get to eat more bread than others.

10 There's an old saying / reason that philosophy doesn't bake any bread, which is supposed to indicate its uselessness.

|정답| 01 solidarity 02 forest 03 speculation 04 relevance 05 immediate 06 economic 07 actually 08 philosophy 09 circumstances 10 saying

|해석| 01 우리는 이 어려운 시기에 연대를 보여 주어야 한다. 02 나무 때문에 숲을 놓치지는 말자. 03 그 뉴스 보도는 순전한 추측이며 어떤 증거도 보여 주지 않는다. 04 그녀가 말한 것은 그 일과 직접적인 관련성이 없다. 05 이 일이 우리에게 직접적인 보상을 보장하지 않을 것이지만 우리는 장기적인 수익을 기대한다. 06 그 신문은 환율과 무역과 같은 세계적인 경제적 이슈를 다룬다. 07 철학이 실제로 식탁에 음식을 올려놓지 못할지는 모르지만, 그것은 훨씬 더 중요한 뭔가 다른 것을 실제로 한다. 08 "철학이 무슨 소용이 있는가?"라고 물어보는 것은 "거리의 표지판이 무슨 소용이 있는가?"나 "건물에서 벽돌들을 고정하는 모르타르가 무슨 소용이 있는가?"라고 묻는 것과 비슷하다. 09 그것은 누가 그 빵을 먹게 되는지, 그리고 어떤 상황에서 몇몇 사람들이 다른 사람들보다 더 많은 빵을 먹게 되는지를 결정한다. 10 철학은 어떤 빵도 굽지 않는다는 오래된 속담이 있는데, 그 속담은 그것[철학]의 무용성을 가리키는 것으로 보인다.

Unit 40

Distance Education and Online Courses

▌이번 단원에서 학습하게 될 단어들입니다. 이미 알고 있는 단어에 V 표시해 보세요.

- [ ] advanced
- [ ] design
- [ ] academically
- [ ] invaluable
- [ ] burden
- [ ] literally
- [ ] material
- [ ] talented
- [ ] homeschool
- [ ] respect
- [ ] utilize
- [ ] yearlong
- [ ] involved
- [ ] responsible
- [ ] immigrant
- [ ] curricular
- [ ] easily
- [ ] time-consuming
- [ ] adequately
- [ ] phenomenally

▌주어진 단어를 알맞은 뜻과 연결해 보세요. 단어의 뜻을 모르면 아래 정답에서 확인해 보세요.

01	advanced	a	짐, 부담
02	literally	b	놀라울 정도로, 비상하게
03	design	c	책임을 진, 책임감 있는
04	talented	d	글자 그대로, 말 그대로
05	invaluable	e	(측)면, 점, 관계
06	responsible	f	우수한, 선진의
07	burden	g	이민자
08	respect	h	재능 있는
09	immigrant	i	매우 유용한, 매우 귀중한
10	phenomenally	j	고안하다, 설계하다

|정답| 01 f 02 d 03 j 04 h 05 i 06 c 07 a 08 e 09 g 10 b

▌해석은 한 번에 가능하지 않습니다. 해석이 잘되지 않더라도 먼저 아랫글을 단숨에 읽어 보세요.

A burgeoning interest in using technology as an educational tool has resulted in (result in: ~을 가져오다[초래하다]) the development of several excellent distance education programs and online courses for **advanced** students. These resources may be especially useful for students who live in remote areas where the closest resources **literally** may be too far away to access; however, students have reported other valid reasons for **utilizing** this **curricular** option. Some of these courses are **designed** to allow students to move through the **material** at their own pace (at one's own pace: 자신의 속도대로). If you have ever sat through a **yearlong** course that **easily** could have taken you 3 months to complete, this option may be very appealing to you. **Academically talented** students tend to be very active and **involved** (활동적이며 열중하는) in **time-consuming** activities

These programs are also **invaluable** for students who are **homeschooled** and the parents who are **responsible** for homeschooling them. Parents who do not feel **adequately** prepared to teach their children advanced concepts in certain subject areas no longer have to carry the **burden** of teaching the material. In this **respect** (이런 면에서), the homeschooling parent's role has shifted to that of educational manager/advisor. Based on my interactions with the **immigrant** parents of **phenomenally** talented students whose unique academic, social, and emotional needs require them to be homeschooled, I can attest to how much of a relief it is for them to know that they do not have to be responsible for teaching their children English.

* burgeoning 싹트기 시작하는 ** attest 증명하다

▌본문의 의미가 이해되나요? 원어민 선생님이 읽어 주시는 지문을 들으며 다시 한 번 읽어 보세요.

Fill in the Blanks

▌본문의 내용을 기억하며 다시 읽어 볼 차례입니다. 이번에는 글을 읽으면서 빈칸에 들어갈 단어를 주어진 철자로 시작하여 써 보세요.

Distance Education and Online Courses

A burgeoning interest in using technology as an educational tool has resulted in the development of several excellent distance education programs and online courses for ❶a__________ students. These resources may be especially useful for students who live in remote areas where the closest resources ❷l__________ may be too far away to access;
5 however, students have reported other valid reasons for utilizing this ❸c__________ option. Some of these courses are ❹d__________ to allow students to move through the material at their own pace. If you have ever sat through a ❺y__________ course that easily could have taken you 3 months to complete, this option may be very appealing to you. Academically talented students tend to be very active and ❻i__________ in time-consuming activities.
10 These programs are also invaluable for students who are homeschooled and the parents who are ❼r__________ for homeschooling them. Parents who do not feel adequately prepared to teach their children advanced concepts in certain subject areas no longer have to carry the ❽b__________ of teaching the material. In this ❾r__________, the homeschooling parent's role has shifted to that of educational manager/advisor. Based on
15 my interactions with the ❿i__________ parents of phenomenally talented students whose unique academic, social, and emotional needs require them to be homeschooled, I can attest to how much of a relief it is for them to know that they do not have to be responsible for teaching their children English.

* burgeoning 싹트기 시작하는 ** attest 증명하다

해석 원격 교육과 온라인 과정

기술을 교육의 도구로 사용하는 것에 관해 싹트기 시작한 관심은 우수한 학생을 위한 몇몇 훌륭한 원격 교육 프로그램과 온라인 강좌의 개발을 가져왔다. 이러한 자료는 가장 가까운 자료가 글자 그대로 접근하기에 너무 멀리 떨어져 있을 수 있는 외딴 지역에 사는 학생들에게 특히 유용할 테지만, 학생들은 이 교육 과정 선택을 이용하는 다른 타당한 이유를 말해 왔다. 이 강좌의 일부는 학생들이 자신의 속도대로 학습 자료를 진행하는 것이 허용되도록 고안되어 있다. 만약 여러분이 끝마치는 데 틀림없이 3개월 걸렸을 수도 있는 일 년에 걸친 강좌를 끝까지 앉아서 들어 본 적이 있다면, 이 선택은 여러분에게 매우 매력적일 것이다. 학업에 재능이 있는 학생들은 시간이 오래 걸리는 활동에 매우 활동적이며 열중하는 경향이 있다.

이 프로그램은 자택에서 교육받는 학생과 그 학생들을 자택에서 교육하는 책임을 지고 있는 부모에게도 또한 매우 유용하다. 특정 과목 영역에서 고등 개념을 자신의 아이에게 가르칠 준비가 충분히 되어 있지 않다고 느끼는 부모들은 더는 그 자료를 가르치는 짐을 질 필요가 없다. 이런 면에서, 자녀를 자택에서 교육시키는 부모의 역할은 교육 매니저/조언자의 역할로 바뀌었다. 그들 특유의 학문적, 사회적 그리고 정서상의 필요 때문에 자택에서 교육받는 것이 필요한 놀라울 정도로 재능이 있는 학생을 둔 이민자 부모들과의 소통을 토대로, 나는 그들이 자신의 자녀에게 영어를 가르치는 책임을 져야 할 필요가 없다는 것을 아는 것이 얼마나 큰 위안인지를 증명할 수 있다.

|정답| ❶advanced ❷literally ❸curricular ❹designed ❺yearlong ❻involved ❼responsible ❽burden ❾respect ❿immigrant

advanced
[ædvǽnst]

형 우수한, 선진의, 고급의, 전진한 **advance** 명 전진 동 전진하다
Most **advanced** traffic management systems rely on a centrally controlled infrastructure and information source.
대부분의 선진 교통 관리 체계는 중앙 제어식 기반 시설과 정보 출처에 의존한다.
유 **state-of-the-art** 최신의 **progressive** 진보적인

Voca Plus
advanced state 선진국
advanced standing 높은 지위
advanced course 고급[상급] 과정

literally
[lítərəli]

부 글자 그대로, 말 그대로, 정말로, 정확히
Comparison makes it possible for us to **literally** *cross*-examine cultures.
비교는 우리가 말 그대로 여러 문화를 대상으로 '교차' 조사[연구]하는 것을 가능하게 한다.
유 **accurately** 정확히

utilize
[jú:təlàiz]

동 이용하다, 활용하다 **utilization** 명 사용 **utility** 명 유용성, (-ties) 공익사업[시설]
Most smartphones **utilize** a conversational user interface.
대부분의 스마트폰은 대화용 사용자 인터페이스를 이용한다.
유 **use** 쓰다 **employ** 쓰다, 고용하다

curricular
[kəríkjulər]

형 교육 과정의 **curriculum** 명 교육 과정
History is one of the most important **curricular** subjects.
역사는 가장 중요한 교육 과정의 과목들 중 하나이다.

design
[dizáin]

동 고안하다, 설계하다, 계획하다 명 설계, 디자인
In 1825, Brunel **designed** a tunnel under the river.
1825년, Brunel은 강 밑의 터널을 설계했다.
유 **invent** 창안하다 **devise** 고안하다

material
[mətíəriəl]

명 물질, 재료, 자료 형 물질적인
Our ingenuity will soon outpace our **material** supplies.
우리의 창의력은 우리의 물질 공급을 곧 앞지를 것이다.
유 **matter** 물질 **information** 정보, 자료

yearlong
[jíərlɔ́ŋ]

형 일 년에 걸친 부 일 년에 걸쳐
Further research revealed that this was just the peak of a **yearlong** trend.
추가 연구는 이것이 단지 일 년 동안의 추세의 정점에 불과했다는 것을 밝혀냈다.

easily
[í:zili]

㈜ 틀림없이, 쉽게, 원활하게 **easy** 형 쉬운, 편안한 **ease** 명 용이함, 편의성

Emotions can **easily** intrude upon the simplest of messages.

감정은 가장 단순한 메시지에 쉽게 침범할 수 있다.

유 **effortlessly** 쉽게 **undoubtedly** 확실히 반 **laboriously** 어렵게

academically
[æ̀kədémikəli]

부 학업에, 학술적으로, 이론적으로

I've never learned how to play the piano **academically** before.

나는 전에 피아노를 이론적으로 배워 본 적이 전혀 없다.

유 **theoretically** 이론상 반 **practically** 실용적으로

talented
[tǽləntid]

형 재능 있는 **talent** 명 재능

We have been providing music education to **talented** children for 10 years.

저희는 십 년 동안 재능 있는 아이들에게 음악 교육을 제공해 오고 있습니다.

유 **gifted** 재능이 있는 **able** 유능한

involved
[inválvd]

형 열중하는, 관련된 **involve** 동 포함하다, 관련시키다

Maria was so **involved** in her work that she didn't hear me come in.

Maria는 일에 너무 열중해서 내가 들어오는 소리를 듣지 못했다.

There are costs **involved** in the transactions as well as benefits.

거래에는 이익뿐 아니라 관련된 비용도 있다.

유 **absorbed** 몰두한 **preoccupied** 사로잡힌

time-consuming
[taimkənsjú:miŋ]

형 시간이 오래 걸리는, 시간 낭비의

Many people find it **time-consuming** to maintain the perfect diet.

많은 사람이 완벽한 식단을 유지하는 것이 시간이 오래 걸리는 일이라고 생각한다.

invaluable
[invǽljuəbl]

형 매우 유용한, 매우 귀중한

These books will provide students with **invaluable** information.

이 책들은 학생들에게 매우 귀중한 정보를 제공할 것이다.

유 **valuable** 귀중한 **priceless** 대단히 귀중한 반 **valueless** 무가치한

homeschool
[hóumsku:l]

동 홈스쿨링 하다, 자택에서 교육하다 명 홈스쿨

Many parents who **homeschool** have no teacher training.

자녀들을 홈스쿨링 하는 많은 부모가 교사가 되는 훈련을 받지 않는다.

responsible
[rispάnsəbl]

형 책임을 진, 책임감 있는, 원인이 되는, 믿을 수 있는 **responsibility** 명 책임

Movies do more than present two-hour civics lessons on **responsible** behavior.

영화는 책임감 있는 행동에 관한 두 시간짜리 국민 윤리 교육을 제시하는 것 이상을 한다.

유 **trustworthy** 신뢰할 수 있는 **reliable** 믿을 만한 **dependable** 믿을 수 있는

adequately
[ǽdikwitli]

부 충분히, 적절히

By its nature, pain can be difficult to **adequately** communicate.

본질적으로, 고통을 적절히 알리는 것은 어려울 수 있다.

유 **reasonably** 타당하게 **sufficiently** 충분히

burden
[bə́ːrdn]

명 짐, 부담 동 부담을 지우다

The rising costs in health services and the added **burden** on public finances are significant.

늘어나는 의료 서비스 비용과 공공 재정에 대한 추가 부담이 상당하다.

유 **load** 짐 **responsibility** 책임

respect
[rispékt]

명 (측)면, 점, 관계, 존중, 존경 동 존중하다, 존경하다 **respectable** 형 존중받을 만한 **respectful** 형 공손한 **respective** 형 각자의, 각각의

Computers are limited in many **respects**—most importantly, they lack common sense.

컴퓨터는 많은 측면에서 제한되는데, 가장 중요하게 그것[컴퓨터]은 상식이 부족하다.

She has no **respect** for my feelings.

그녀는 나의 감정에 대한 존중이 없다.

유 **esteem** 존경하다 **admire** 존경하다 반 **despise** 경멸하다

Voca Plus

with respect to ~에 관하여
without respect to ~을 고려하지 않고

immigrant
[ímigrənt]

명 이민자 **immigrate** 동 이민 가다, 이주해 오다 **immigration** 명 이민

The son of Hungarian **immigrants**, Nick Holonyak grew up in a coal mining town.

헝가리 이민자의 아들인 Nick Holonyak은 탄광 마을에서 자랐다.

유 **foreigner** 외국인 **alien** 외국인 체류자

phenomenally
[finάmənli]

부 놀라울 정도로, 비상하게, 극도로 **phenomenon** 명 현상

In Thailand, it has been **phenomenally** successful.

태국에서 그것은 놀라울 정도로 성공적이었다.

유 **extraordinarily** 경이적으로

Synonym & Antonym

유의어와 반의어를 확인해 보는 시간입니다. 밑줄 친 단어의 유의어 혹은 반의어를 주어진 철자로 시작하여 써 보세요.

01 advanced traffic management systems [유] s__________
02 Emotions can easily intrude upon the simplest of messages. [반] l__________
03 talented children [유] g__________
04 invaluable information [유] p__________
05 responsible behavior [유] t__________
06 the added burden [유] l__________
07 phenomenally successful [유] e__________

|정답| 01 state-of-the-art 02 laboriously 03 gifted 04 priceless 05 trustworthy 06 load 07 extraordinarily

Vocabulary Extension

이제 품사가 다른 여러 형태의 단어를 학습해 보겠습니다. [보기]의 단어를 변형하여 빈칸에 들어갈 알맞은 말을 써 보세요.

[보기] immigrant respect utilize responsible curricular

01 The study requires further investigations to test the __________ of the suggested approaches.
02 The Ministry of Education worked in collaboration with teachers on the new __________.
03 They had admitted their __________ right away.
04 They are all elites in their __________ fields, exceptionally knowledgeable and highly cultured.
05 Thousands of people __________ to the U.S. every year.

|정답| 01 utility 02 curriculum 03 responsibility 04 respective 05 immigrate

|해석| 01 그 연구는 제시된 접근법의 유용성을 시험하기 위해 추가적인 조사를 요구한다. 02 교육부는 교사들과 협력하여 새로운 교육 과정을 작업했다. 03 그들은 즉시 자신들의 책임을 인정했다. 04 그들은 모두 각자의 분야에서 엘리트로서 특별히 박식하고 교양도 높다. 05 매년 수천 명의 사람들이 미국으로 이민을 간다.

Choosing the Right Word

가장 적절한 단어가 어떤 것인지 확인하는 시간입니다. 주어진 문장에 들어갈 가장 적절한 단어를 네모 안에서 골라 보세요.

01 Most smartphones design / utilize a conversational user interface.

02 History is one of the most important curricular / talented subjects.

03 In 1825, Brunel designed / involved a tunnel under the river.

04 Our ingenuity will soon outpace our burden / material supplies.

05 I've never learned how to play the piano academically / phenomenally before.

06 There are costs involved / talented in the transactions as well as benefits.

07 Many people find it curricular / time-consuming to maintain the perfect diet.

08 Many parents who homeschool / respect have no teacher training.

09 Computers are limited in many materials / respects — most importantly, they lack common sense.

10 The son of Hungarian homeschools / immigrants, Nick Holonyak grew up in a coal mining town.

|정답| 01 utilize 02 curricular 03 designed 04 material 05 academically 06 involved 07 time-consuming 08 homeschool 09 respects 10 immigrants

|해석| 01 대부분의 스마트폰은 대화용 사용자 인터페이스 방식을 이용한다. 02 역사는 가장 중요한 교육 과정의 과목들 중 하나이다. 03 1825년, Brunel은 강 밑의 터널을 설계했다. 04 우리의 창의력은 우리의 물질 공급을 곧 앞지를 것이다. 05 나는 전에 피아노를 이론적으로 배워 본 적이 없다. 06 거래에는 이익뿐 아니라 관련된 비용도 있다. 07 많은 사람이 완벽한 식단을 유지하는 것이 시간이 오래 걸리는 일이라고 생각한다. 08 자녀들을 홈스쿨링을 하는 많은 부모는 교사가 되는 훈련을 받지 않았다. 09 컴퓨터는 많은 측면에서 제한되는데, 가장 중요하게 그것들은 상식이 부족하다. 10 헝가리 이민자의 아들인 Nick Holonyak은 탄광 마을에서 자랐다.

Review Test 8

▌학습한 내용은 꾸준히 복습하지 않으면 누구나 며칠 만에 절반 이상을 망각하게 된다고 합니다. 지금 다시 한 번 간단히 복습하면 기억을 되살릴 수 있습니다. 36~40강에서 공부한 내용을 복습해 봅시다.

A 우리말은 영어로, 영어는 우리말로 쓰시오.

01 산림 벌채 d__________
02 궁극적으로, 결국 u__________
03 가설, 가정 h__________
04 창의력 c__________
05 감독, 임원 l__________
06 본능적으로 a__________
07 방향, 지도 d__________
08 추측, (어림)짐작 s__________
09 말 그대로 l__________
10 선진의, 고급의 a__________
11 optimism __________
12 environmental __________
13 quote __________
14 lousy __________
15 harmony __________
16 surroundings __________
17 solidarity __________
18 circumstances __________
19 talented __________
20 phenomenally __________

B 다음 문장의 빈칸에 적절한 단어를 [보기]에서 찾아 쓰시오.

보기 crucial material sniff spring remote

01 Journalists __________ out a good story.
02 Our ingenuity will soon outpace our __________ supplies.
03 Vitamins are __________ for keeping good health.
04 There is a(n) __________ chance that they will find her.
05 When discussing modern art, three names __________ to mind.

|정답| A 01 deforestation 02 ultimately 03 hypothesis 04 creativity 05 director 06 instinctively 07 direction 08 speculation 09 literally 10 advanced 11 낙관주의, 낙관론 12 환경의, 환경과 관련된 13 인용하다, 전달하다 14 엉망인, 형편없는 15 조화, 화합 16 (주위) 환경, 주위의 상황 17 연대, 결속 18 상황, 환경 19 재능 있는 20 놀라울 정도로

B 01 sniff 02 material 03 crucial 04 remote 05 spring

|해석| B 01 기자들은 좋은 기삿거리를 감각으로 찾아낸다. 02 우리의 창의력은 우리의 물질 공급을 곧 앞지를 것이다. 03 비타민은 좋은 건강을 유지하는 데 아주 중요하다. 04 그들이 그녀를 찾을 희박한 가능성이 있다. 05 현대 미술을 논할 때, 세 명의 이름이 머리에 떠오른다.

C 다음 밑줄 친 부분과 의미가 가장 가까운 단어를 고르시오.

01 I think borders don't really matter when it comes to donating.
① count ② protect ③ reserve ④ examine

02 One area of disagreement involves funding to developing nations.
① field ② region ③ size ④ space

03 It was scary when my chair started sliding.
① conflicting ② balanced ③ predictable ④ frightening

04 In this respect, we are no different from other people.
① admiration ② aspect ③ compliment ④ politeness

D 다음 네모 안에서 주어진 문장에 가장 적절한 단어를 고르시오.

01 I'd like to reserve / speculate a table for four for seven o'clock.

02 The storm and rain disrupted / restored our telephone service.

03 Lucy has taught us useless / valuable lessons about leading a successful career, which we appreciate.

04 I'm afraid I don't understand the relevance / solidarity of your question.

05 Without downside / protection, such industries might be weakened by foreign competition.

06 Our health care system will face an increasing burden / immigrant of caring for people with chronic conditions.

|정답| C 01 ① 02 ① 03 ④ 04 ②
D 01 reserve 02 disrupted 03 valuable 04 relevance 05 protection 06 burden

|해석| C 01 기부에 관한 한 국경은 사실 중요하지 않다고 나는 생각한다. 02 의견의 불일치 영역 중 하나는 개발 도상국에 대한 자금 지원을 포함한다. 03 내 의자가 미끄러지기 시작했을 때 무서웠다. 04 이런 점에서 우리는 다른 사람들과 다를 바가 없다.
D 01 7시에 네 사람 자리를 예약하고 싶어요. 02 폭풍우 때문에 우리의 전화 서비스가 끊겼다. 03 Lucy는 우리에게 성공적인 경력을 이끄는 것에 대한 귀중한 교훈을 가르쳐 주었고, 우리는 그에 대해 감사한다. 04 내가 당신 질문의 적절성을 이해하지 못해서 유감이다. 05 보호가 없다면 그런 산업은 해외 경쟁 때문에 약화될 수도 있다. 06 우리의 건강 관리 시스템은 만성 질환을 가진 사람들을 돌보는 데 점점 더 많은 부담을 지게 될 것이다.

Progress Test 4

▌공부한 단어를 꾸준히 복습하지 않으면 이내 잊게 됩니다. 지금까지 배운 단어를 다시 한 번 확인해 보세요.

A 영어는 우리말로, 우리말은 영어로 쓰시오.

01 figure ____________
02 original ____________
03 plot ____________
04 transmit ____________
05 vertical ____________
06 implement ____________
07 extract ____________
08 accompany ____________
09 attract ____________
10 native ____________
11 content ____________
12 league ____________
13 forewarn ____________
14 deforestation ____________
15 planet ____________
16 convergence ____________
17 bureaucratic ____________
18 automatically ____________
19 retain ____________
20 tune ____________
21 hypothesis ____________
22 employ ____________
23 hourglass ____________
24 phenomenally ____________
25 desperation ____________

26 지지하다 s____________
27 표출하다 r____________
28 개발하다 e____________
29 주입하다 p____________
30 드러내다 u____________
31 널리 퍼져 있는 d____________
32 갈고리 c____________
33 배경(지식) b____________
34 연대 s____________
35 소장품 c____________
36 보장하다 g____________
37 애매한 a____________
38 용어 t____________
39 목구멍 t____________
40 추 w____________
41 기억에 담다 m____________
42 토론 d____________
43 분석하다 a____________
44 자연스럽게 s____________
45 품종 v____________
46 소송을 제기하다 s____________
47 연합 u____________
48 분야 a____________
49 낙관주의 o____________
50 안내 책자 b____________

[B] 주어진 단어를 알맞은 뜻과 연결해 보시오.

01 property	•	• a 이론적으로
02 core	•	• b 특징
03 slight	•	• c 흠모하다
04 upwind	•	• d 공급하다
05 flat	•	• e 핵심적인
06 academically	•	• f 바람이 빠진
07 supply	•	• g 바람을 거슬러서
08 worship	•	• h 약간의

[C] 밑줄 친 단어의 유의어 혹은 반의어를 주어진 철자로 시작하여 쓰시오.

01 all the elements of a comedy [반] w__________

02 two buckets of water [유] p__________

03 Cracks appeared in the wall. [유] g__________

04 a disaster for marine life [반] f__________

05 decided not to send a delegate to the conference [유] r__________

06 was so involved in her work [유] a__________

|정답| A 01 비유, 숫자, 인물; 생각[판단]하다 02 원래의, 독창적인; 원작 03 작은 땅, 줄거리, 음모; 음모하다 04 전송하다, 전염시키다 05 수직의 06 이행하다, 실행하다 07 얻다, 추출하다, 발췌하다 08 동행하다, 반주하다, 동반되다 09 끌어들이다, 매혹시키다 10 원주민의, 토박이의; 토착민, 현지인, 원주민 11 내용(물), 함유량; 만족하는 12 리그, 동맹, 연맹 13 경고하다, 주의를 주다 14 산림 벌채 15 행성 16 융합, 집중성 17 관료주의의, 관료적인, 절차가 복잡한 18 자동적으로, 무의식적으로 19 기억하다, 유지[보유]하다 20 조화, 곡조, 음조; 조율하다, 조정하다 21 가설, 가정 22 이용[사용]하다, 고용하다 23 모래시계 24 놀라울 정도로, 비상하게, 극도로 25 절망, 자포자기 26 support 27 reveal 28 exploit 29 pump 30 unlock 31 diffuse 32 claw 33 background 34 solidarity 35 collection 36 guarantee 37 ambiguous 38 term 39 throat 40 weight 41 memorize 42 discussion 43 analyze 44 spontaneously 45 variety 46 sue 47 union 48 area 49 optimism 50 brochure

B 01 b 02 e 03 h 04 g 05 f 06 a 07 d 08 c

C 01 whole 02 pail 03 Gap 04 fortune 05 representative 06 absorbed

|해석| C 01 희극의 모든 요소들 02 두 양동이의 물 03 벽에 금이 생겼다. 04 바다 생물에게 재앙 05 회의에 대표를 보내지 않기로 결정했다 06 자신의 일에 너무 열중했다

Unit 41

The Likelihood of Something Happening

▌이번 단원에서 학습하게 될 단어들입니다. 이미 알고 있는 단어에 V 표시해 보세요.

☐ dice	☐ care	☐ probability	☐ increase
☐ lately	☐ row	☐ straight	☐ poorly
☐ due	☐ batter	☐ likewise	☐ miss
☐ field	☐ success	☐ mount	☐ qualified
☐ chance	☐ homeowner	☐ stove	☐ metal

▌주어진 단어를 알맞은 뜻과 연결해 보세요. 단어의 뜻을 모르면 아래 정답에서 확인해 보세요.

01	dice •	• a	집주인, 주택 보유자
02	lately •	• b	늘다, 쌓이다, 올라가다; 오르기
03	straight •	• c	최근에
04	batter •	• d	난로
05	miss •	• e	주사위; 깍뚝썰기를 하다
06	field •	• f	금속; 금속의
07	mount •	• g	곧장, 똑바로; 곧은, 깔끔한
08	homeowner •	• h	놓치다, 그리워하다; 양
09	stove •	• i	필드, 경기장, 분야, 현장
10	metal •	• j	타자, 반죽; 두드리다[때리다]

|정답| 01 e 02 c 03 g 04 j 05 h 06 i 07 b 08 a 09 d 10 f

Vocabulary in Reading Context

▌해석은 한 번에 가능하지 않습니다. 해석이 잘되지 않더라도 먼저 아랫글을 단숨에 읽어 보세요.

Unlike coins and **dice**, humans have memories and do **care** about wins and losses. Still, the **probability** of a hit in baseball does not **increase** just because a player has not had one **lately**. Four outs in a **row** may have been bad luck, line drives hit **straight** into fielders' gloves. This bad luck does not ensure good luck the next time at bat. If it is not bad luck, then a physical problem may be causing the player to do **poorly**. Either way, a baseball player who had four outs in a row is not **due** for a hit, nor is a player who made four hits in a row due for an out. If anything, a player with four hits in a row is probably a better **batter** than the player who made four outs in a row.

just because: 단지 ~라고 (해서)
may+have+p.p.: ~이었을 수도 있다
Either way: 어느 쪽이든

Likewise, **missed field** goals need not be balanced by **successes**. A poor performance may simply suggest that the kicker is not very good. Being rejected for jobs does not make a job offer more likely. If anything, the evidence is **mounting** that this person is not **qualified** or interviews poorly. Not having a fire does not increase the **chances** of a fire — it may just be the mark of a careful **homeowner** who does not put paper or cloth near a **stove**, put **metal** in the microwave, leave home with the stove on, or fall asleep smoking cigarettes. Every safe airplane trip does not increase the chances that the next trip will be a crash.

If anything: 오히려

▌본문의 의미가 이해되나요? 원어민 선생님이 읽어 주시는 지문을 들으며 다시 한 번 읽어 보세요.

Fill in the Blanks

▌본문의 내용을 기억하며 다시 읽어 볼 차례입니다. 이번에는 글을 읽으면서 빈칸에 들어갈 단어를 주어진 철자로 시작하여 써 보세요.

The Likelihood of Something Happening

Unlike coins and dice, humans have memories and do ❶c__________ about wins and losses. Still, the ❷p__________ of a hit in baseball does not ❸i__________ just because a player has not had one lately. Four outs in a ❹r__________ may have been bad luck, line drives hit straight into fielders' gloves. This bad luck does not ensure good luck the next time at 5 bat. If it is not bad luck, then a physical problem may be causing the player to do ❺p__________. Either way, a baseball player who had four outs in a row is not ❻d__________ for a hit, nor is a player who made four hits in a row due for an out. If anything, a player with four hits in a row is probably a better batter than the player who made four outs in a row.

❼L__________, missed field goals need not be balanced by ❽s__________. A poor 10 performance may simply suggest that the kicker is not very good. Being rejected for jobs does not make a job offer more likely. If anything, the evidence is mounting that this person is not ❾q__________ or interviews poorly. Not having a fire does not increase the ❿c__________ of a fire — it may just be the mark of a careful homeowner who does not put paper or cloth near a stove, put metal in the microwave, leave home with the stove on, or fall asleep smoking 15 cigarettes. Every safe airplane trip does not increase the chance that the next trip will be a crash.

해석 어떤 일이 일어날 가능성

동전과 주사위와는 달리, 인간은 기억이 있고, 승패에 정말로 관심을 갖는다. 하지만 야구에서 타격 확률은 단지 선수가 최근에 안타를 못 쳤다고 높아지는 것은 아니다. 줄지은 네 번의 아웃은 수비수의 글러브로 곧장 들어간 직선타인 불운이었을 수도 있다. 이 불운은 다음 타석에서 행운을 보장하지 않는다. 그것이 불운이 아니라면, 신체적 문제가 선수로 하여금 형편없이 경기하게 만들고 있을 수도 있다. 어느 쪽이든, 줄지어 네 번 아웃된 야구 선수가 안타를 치도록 되어 있는 것은 아니고, 연달아 네 번 안타를 친 선수가 아웃이 되도록 되어 있는 것도 아니다. 오히려 연달아 네 번 안타를 친 선수는 아마도 연달아 네 번 아웃된 선수보다 더 뛰어난 타자일 것이다.

마찬가지로, 놓친 필드골은 성공[득점]에 의해서 균형이 맞춰져야 하는 것은 아니다. 형편없는 수행[경기력]은 단지 공을 찬 사람이 그다지 잘하지 못한다는 것을 암시하는 것일 수 있다. 일자리에서 퇴짜를 맞은 것이 일자리 제안을 더욱 가능성 있는 것으로 만들지는 않는다. 오히려 이 사람이 자격이 있는 것이 아니라거나 면접을 잘 못 본다는 증거가 늘고 있다. 불이 안 난 것이 불이 날 가능성을 높여 주는 것이 아니라, 단지 종이나 천을 난로 근처에 두지 않거나, 금속을 전자레인지에 넣지 않거나, 난로를 켠 채로 집을 나가지 않거나, 담배를 피우다가 잠들지 않는 신중한 집주인이라는 표시일 수도 있다. 모든 안전한 비행기 여행이 그다음 (비행기) 여행에서 추락 사고가 있을 거라는 가능성을 높여 주지는 않는다.

|정답| ❶care ❷probability ❸increase ❹row ❺poorly ❻due ❼Likewise ❽successes ❾qualified ❿chances

dice
[dais]

명 주사위 (*sing.* 《美》 die, 《英》 dice) 동 깍둑썰기를 하다
The **dice** is cast.
주사위는 던져졌다.

care
[kεər]

동 관심을 가지다, 돌보다, 상관하다 명 돌봄, 조심 **careful** 형 조심하는
I no longer feel lonely because people **care** about me.
사람들이 나에게 관심을 가져 주기 때문에 나는 더 이상 외롭다고 느끼지 않는다.
유 **bother** 신경 쓰다, 애를 쓰다

probability
[prὰbəbíləti]

명 확률, 개연성 **probably** 부 아마도
He set the odds of achieving artificial intelligence at 0.5 **probability**.
그는 인공 지능을 달성할 가능성이 0.5의 확률이라고 설정했다.
유 **likelihood** 있음 직함, 가능성 **possibility** 가능성, 실현성

increase
[inkríːs] 동
[ínkriːs] 명

동 늘어나다, 늘리다, 높아지다 명 증가, 인상
The amount of synthetic chemicals in use has **increased** twofold.
사용 중인 합성 화학 물질의 양은 두 배로 늘어났다.
유 **grow** 늘어나다, 자라다 **raise** 늘리다 반 **decrease** 줄다, 줄이다

lately
[léitli]

부 최근에 **late** 부 늦게 형 늦은, 작고한
I haven't heard from her **lately**.
나는 최근에 그녀의 소식을 듣지 못했다.
유 **recently** 최근에

row
[rou]

명 줄, 열, 노 젓기 동 노를 젓다
He arranged the books in neat **rows**.
그는 책을 깔끔하게 줄 맞춰 정리했다.
반 **column** 세로줄[열]

Voca Plus
in a row 줄지은[연달아]

straight
[streit]

부 곧장, 똑바로, 솔직하게, 잇달아 계속하여 형 곧은, 깔끔한, 솔직한

I will go **straight** home after school.

나는 학교가 끝나고 곧장 집으로 갈 것이다.

유 **directly** 곧장, 일직선으로

poorly
[púərli]

부 형편없이, 저조하게 **poor** 형 형편없는, 가난한, 불쌍한

They read about a student who had done **poorly** in high school.

그들은 고등학교 때 공부를 형편없이 한 학생에 대해 읽었다.

유 **badly** 나쁘게 반 **well** 잘, 좋게

due
[dju:]

형 ~하기로 되어 있는, ~로 인한, 적절한 명 ~에게 마땅히 주어져야 하는 것

A non-refundable deposit of $50 is **due** with registration.

환불되지 않는 보증금 50달러를 등록 시 지불하기로 되어 있다.

Voca Plus

▸ due to ~로 인해, ~ 때문에

Society continues to change due to the evolution of the global economy.

세계 경제의 발전으로 인해 사회가 계속 변화한다.

batter
[bǽtər]

명 타자, 반죽 동 두드리다[때리다]

Even the best **batter** in baseball history failed 60% of the time.

야구 역사상 가장 훌륭한 타자도 그 당시 60%의 실패율을 기록했다.

유 **beat** (세게 여러 번) 치다, 두드리다 **pound** (시끄러운 소리를 내며) 두드리다

likewise
[láikwàiz]

부 마찬가지로, 또한

He expressed his opinions and expected the others to do **likewise**.

그는 자신의 의견을 표현했고 다른 이들도 마찬가지로 그럴 것을 기대했다.

유 **similarly** 비슷하게 **also** 또한

miss
[mis]

동 놓치다, 그리워하다 명 양(결혼하지 않은 여자의 성이나 성명 앞에 붙임)

missing 형 사라진, 행방불명의

Was basketball fun for him even though he **missed** those shots?

그가 그 슛을 놓쳤는데도 농구는 그에게 재미있었을까?

field
[fi:ld]

명 필드, 경기장, 분야, 현장

He returned to the race and finished 21st out of a **field** of 32.

그는 경기로 복귀해 32명이 참가한 경기장에서 21번째로 경기를 마쳤다.

유 **area** 지역, 분야

Voca Plus

field trip 현장 학습 **fieldwork** 현장 연구

success
[səksés]

명 성공 **succeed** 동 성공하다, 뒤를 잇다 **succession** 명 연속, 계승
successful 형 성공적인 **successive** 형 잇따른

Success obviously adds to our enjoyment of games and work.
성공은 분명히 경기와 일에 대한 우리의 즐거움을 증대시킨다.

유 **triumph** 승리, 업적, 대성공 **prosperity** 번영, (금전상의) 성공 반 **failure** 실패

mount
[maunt]

동 늘다, 쌓이다, 올라가다 명 오르기 **mounting** 형 커져 가는

The challenges continue to **mount** for retailers.
소매상인들에게 어려움이 계속 늘고 있다.

유 **increase** 증가하다 반 **decrease** 감소하다 **lessen** 줄다

qualified
[kwάləfàid]

형 자격이 있는 **qualify** 동 자격을 주다 **qualification** 명 자격, 조건

We had many **qualified** applicants who were interested in the position.
그 자리에 관심 있는 자격을 갖춘 많은 지원자가 있었다.

유 **capable** 유능한 반 **unqualified** 자격이 없는 **incapable** 무능한

chance
[tʃæns]

명 가능성, 기회 동 우연히 하다

Then there's almost no **chance** you'll remember them.
그러면 여러분이 그들을 기억할 가능성은 거의 없다.

Voca & Voca

luck 행운	**coincidence** 우연의 일치
fortune 운	**destiny, fate** 운명, 숙명

homeowner
[hóumòunər]

명 집주인, 주택 보유자

This property belongs to the **homeowner**.
이 건물은 집주인 것이다.

stove
[stouv]

명 난로

This trip includes all camping equipment (safety jackets, **stoves**, etc.).
이 여행에는 모든 캠핑 장비(구명조끼, 난로 등)가 포함된다.

metal
[métəl]

명 금속 형 금속의

This bookcase is made of **metal**.
이 책장은 금속으로 만들어졌다.

Voca & Voca

steel 강철	**iron** 철, 쇠
copper 구리	**lead** 납
alloy 합금	

Synonym & Antonym

유의어와 반의어를 확인해 보는 시간입니다. 밑줄 친 단어의 유의어 혹은 반의어를 주어진 철자로 시작하여 써 보세요.

01 has increased twofold ㉯ d__________
02 go straight home after school ㉤ d__________
03 Success obviously adds to our enjoyment of games and work. ㉯ f__________
04 had done poorly in high school ㉤ b__________
05 the odds of achieving artificial intelligence at 0.5 probability ㉤ l__________
06 haven't heard from her lately ㉤ r__________
07 The challenges continue to mount for retailers. ㉯ l__________

|정답| 01 decrease 02 directly 03 failure 04 badly 05 likelihood 06 recently 07 lessen

Vocabulary Extension

이제 품사가 다른 여러 형태의 단어를 학습해 보겠습니다. [보기]의 단어를 변형하여 빈칸에 들어갈 알맞은 말을 써 보세요.

보기 probability care miss success qualified

01 I'm not sure, but you're __________ right.
02 Some of the students finally __________ in solving the problem yesterday.
03 The police are trying to find the __________ child.
04 Be __________ not to step on the flowers.
05 Some teaching experience is a necessary __________ for this job.

|정답| 01 probably 02 succeeded 03 missing 04 careful 05 qualification

|해석| 01 확실하지는 않지만, 당신이 아마도 맞을 것이다. 02 학생 중 몇몇이 드디어 어제 그 문제를 푸는 것에 성공했다. 03 경찰은 사라진 아이를 찾으려고 노력하고 있다. 04 꽃을 밟지 않도록 조심해라. 05 교직 경력이 이 일에 필요한 자격이다.

Choosing the Right Word

가장 적절한 단어가 어떤 것인지 확인하는 시간입니다. 주어진 문장에 들어갈 가장 적절한 단어를 네모 안에서 골라 보세요.

01 The dice / row is cast.

02 This bookcase is made of metal / success.

03 A non-refundable deposit of $50 is due / qualified with registration.

04 Even the best probability / batter in baseball history failed 60% of the time.

05 He expressed and expected the others to do likewise / due.

06 He returned to the race and finished 21st out of a batter / field of 32.

07 This property belongs to the chance / homeowner.

08 Every safe airplane trip does not increase the success / chances that the next trip will be a crash.

09 Not having a fire does not increase the chances of a fire — it may just be the mark of a careful homeowner who does not put paper or cloth near a stove, put metal in the microwave, leave home with the stove / field on, or fall asleep smoking cigarettes.

10 Four outs in a row / dice may have been bad luck, line drives hit straight into fielders' gloves.

|정답| 01 dice 02 metal 03 due 04 batter 05 likewise 06 field 07 homeowner 08 chances 09 stove 10 row

|해석| 01 주사위는 던져졌다. 02 이 책장은 금속으로 만들어졌다. 03 환불되지 않는 보증금 50달러를 등록 시 지불하기로 되어 있다. 04 야구 역사상 가장 훌륭한 타자도 그 당시 60%의 실패율을 기록했다. 05 그는 자신의 의견을 표현했고 다른 이들도 마찬가지로 그럴 것을 기대했다. 06 그는 경기로 복귀해 32명이 참가한 경기장에서 21번째로 경기를 마쳤다. 07 이 건물은 집주인 것이다. 08 모든 안전한 비행기 여행이 그다음 (비행기) 여행에서 추락 사고가 있을 거라는 가능성을 높여 주지는 않는다. 09 불이 안 난 것이 불이 날 가능성을 높여 주는 것이 아니라, 단지 종이나 천을 난로 근처에 두지 않거나, 금속을 전자레인지에 넣지 않거나, 난로를 켠 채로 집을 나가지 않거나, 담배를 피우다가 잠들지 않는 신중한 집주인이라는 표시일 수도 있다. 10 줄지은 네 번의 아웃은 수비수의 글러브로 곧장 들어간 직선타인 불운이었을 수도 있다.

Unit 42

Where Is Your Past and Future?

▌이번 단원에서 학습하게 될 단어들입니다. 이미 알고 있는 단어에 V 표시해 보세요.

☐ bygone	☐ approach	☐ spatial	☐ dimension
☐ cognitive	☐ conduct	☐ implication	☐ outlook
☐ invisible	☐ speculate	☐ dismiss	☐ maintain
☐ admirable	☐ consequently	☐ investigate	☐ upbringing
☐ gene	☐ interact	☐ personality	☐ perceive

▌주어진 단어를 알맞은 뜻과 연결해 보세요. 단어의 뜻을 모르면 아래 정답에서 확인해 보세요.

01 implication •	• a 양육, 교육
02 dimension •	• b 물리치다, 묵살하다
03 speculate •	• c 조사하다, 수사하다
04 upbringing •	• d 수행[실시]하다
05 dismiss •	• e 견해, 관점
06 conduct •	• f 공간의
07 investigate •	• g 생각[추측]하다
08 outlook •	• h 차원, 치수
09 perceive •	• i 영향, 의미, 암시
10 spatial •	• j 인식하다, 지각하다

|정답| 01 i 02 h 03 g 04 a 05 b 06 d 07 c 08 e 09 j 10 f

▌해석은 한 번에 가능하지 않습니다. 해석이 잘되지 않더라도 먼저 아랫글을 단숨에 읽어 보세요.

When Europeans and Americans form a visual image of time, they picture **bygone** days as behind them and the future as **approaching** from the front. But an Amerindian group in the Andes highlands pictures the **spatial dimension** of time just the opposite way. When the Aymara are asked about the past, they point forward, evidently because they have already seen the events of the past. By contrast, since the future cannot be seen, it lies behind their backs. The American **cognitive** psychologist Rafael Nunez was given these explanations when he **conducted** an in-depth study of Aymara language and gestures. The **implications** of their **outlook** on time are reflected in their lack of interest in picturing the future: since it is **invisible**, it is not worth **speculating** on. They **dismiss** any questions about tomorrow with a shrug of the shoulders. And they **maintain** an **admirable** sense of calmness when waiting half a day for a bus, or for a friend who arrives way behind schedule.

by contrast: 대조적으로
lie behind one's back: ~의 뒤에 놓여 있다
심층 연구
be worth -ing: ~할 가치가 있다
way behind schedule: 예정보다 훨씬 늦게

Consequently, a study of time needs to **investigate** the ways in which our **upbringing**, environment, and **genes interact** in shaping our **personalities**. Our attitude toward time has a bearing on how we **perceive** it. Nature has a relatively limited role in determining how we experience time. It is up to us to decide how to fill our hours — and how to shape the rhythm of our lives.

have a bearing on: ~와 관계가 있다
be up to: ~에 달려 있다

*Amerindian 아메리카 원주민(의)

▌본문의 의미가 이해되나요? 원어민 선생님이 읽어 주시는 지문을 들으며 다시 한 번 읽어 보세요.

Fill in the Blanks

▌본문의 내용을 기억하며 다시 읽어 볼 차례입니다. 이번에는 글을 읽으면서 빈칸에 들어갈 단어를 주어진 철자로 시작하여 써 보세요.

Where Is Your Past and Future?

When Europeans and Americans form a visual image of time, they picture bygone days as behind them and the future as ❶a__________ from the front. But an Amerindian group in the Andes highlands pictures the ❷s__________ dimension of time just the opposite way. When the Aymara are asked about the past, they point forward, evidently because
5 they have already seen the events of the past. By contrast, since the future cannot be seen, it lies behind their backs. The American ❸c__________ psychologist Rafael Nunez was given these explanations when he ❹c__________ an in-depth study of Aymara language and gestures. The ❺i__________ of their outlook on time are reflected in their lack of interest in picturing the future: since it is invisible, it is not worth ❻s__________ on. They
10 dismiss any questions about tomorrow with a shrug of the shoulders. And they ❼m__________ an admirable sense of calmness when waiting half a day for a bus, or for a friend who arrives way behind schedule.

Consequently, a study of time needs to ❽i__________ the ways in which our upbringing, environment, and genes interact in shaping our ❾p__________. Our attitude
15 toward time has a bearing on how we ❿p__________ it. Nature has a relatively limited role in determining how we experience time. It is up to us to decide how to fill our hours — and how to shape the rhythm of our lives.

*Amerindian 아메리카 원주민(의)

해석 당신의 과거와 미래는 어디에 있나요?

유럽인과 미국인이 시간에 대한 시각적 이미지를 형성할 때, 그들은 지나간 날들은 그들의 뒤에 있고, 미래는 앞에서 다가오는 것으로 상상한다. 그러나 안데스 산악 지대의 아메리카 원주민 집단은 시간의 공간적 차원을 정반대로 상상한다. Aymara 인들이 과거에 대해 질문을 받으면 그들은 앞을 가리키는데, 분명히 그들은 과거의 사건을 이미 보았기 때문이다. 대조적으로, 미래는 볼 수 없기 때문에 그것은 그들의 뒤에 놓여 있다. 미국의 인지 심리학자 Rafael Nunez가 Aymara의 언어와 제스처에 대한 심층 연구를 했을 때, 그에게 다음과 같은 설명이 주어졌다. 시간에 대해 그들이 갖는 견해의 영향은 미래를 상상하는 것에 대한 그들의 관심 부족 속에 반영된다. 즉, 그것[미래]은 볼 수 없기 때문에 생각할 가치가 없는 것이다. 그들은 내일에 대한 어떠한 질문도 어깨를 으쓱하면서 물리친다. 그리고 그들은 버스 또는 예정보다 훨씬 늦게 도착하는 친구를 반나절 동안 기다릴 때 감탄할 만한 침착함을 유지한다.

따라서 시간에 대한 연구는 우리의 양육, 환경, 그리고 유전자가 우리의 성격을 형성하는 데 상호 작용하는 방식을 조사할 필요가 있다. 우리의 시간에 대한 태도는 우리가 그것을 인식하는 방식과 관계가 있다. 자연은 우리가 시간을 경험하는 방식을 결정하는 데 상대적으로 제한된 역할을 한다. 우리의 시간을 어떻게 채울지 그리고 우리 삶의 리듬을 어떻게 형성할지를 결정하는 것은 우리에게 달려 있다.

|정답| ❶approaching ❷spatial ❸cognitive ❹conducted ❺implications ❻speculating ❼maintain ❽investigate ❾personalities ❿perceive

bygone
[báigɔ̀:n]

형 지나간, 옛날의
These buildings reflect the elegance of a **bygone** era.
이 건물들은 지나간 시대의 우아함을 반영한다.

approach
[əpróutʃ]

동 다가오다[가다], 접근하다 명 접근 방법
He heard footsteps **approaching**.
그는 발자국 소리가 다가오는[가까워지는] 것을 들었다.
They admired her direct **approach** to the problem.
그들은 그 문제에 대한 그녀의 직접적인 접근 방법에 감탄했다.
반 **retreat** 물러나다, 퇴각하다

spatial
[spéiʃəl]

형 공간의, 공간적인 **space** 명 공간, 장소, 우주
He has an exceptional **spatial** perception.
그는 뛰어난 공간 지각력을 갖고 있다.

dimension
[diménʃən]

명 차원, 치수, 측면 **dimensional** 형 차원의
The picture represents things in only two **dimensions**.
그 그림은 단지 2차원으로 사물들을 나타낸다.
The political **dimensions** of the event are clear.
그 사건의 정치적인 측면들은 명백하다.
유 **aspect** 측면

cognitive
[kάgnitiv]

형 인지의, 인식의 **cognition** 명 인지, 인식
A **cognitive** need is based on knowledge and understanding.
인지적인 욕구는 지식과 이해를 바탕으로 한다.

conduct
[kəndʌ́kt] 동
[kάndʌkt] 명

동 수행[실시]하다, 행동하다, 지휘하다 명 실시, 행위, 지휘
Is it necessary to **conduct** experiments on animals?
동물에게 실험을 실시하는 것이 필요한가?
She **conducts** the choir with great skill and emotion.
그녀는 대단한 기량과 감정을 가지고 그 합창단을 지휘한다.

implication
[ìmpləkéiʃən]

명 영향, (함축·내포된) 의미, 암시 **imply** 동 의미하다, 암시하다

The election will have profound **implications** for the economy.
그 선거는 경제에 대단한 영향을 미칠 것이다.

Her words have a very significant **implication**.
그녀의 말에는 아주 중요한 뜻이 내포되어 있다.

outlook
[áutlùk]

명 견해, 관점, 예측, 전망

They have very different **outlooks** on the world.
그들은 아주 다른 세계관을 갖고 있다.

유 **perspective** 관점 **prospect** 예상, 전망

invisible
[invízəbl]

형 보이지 않는, 볼 수 없는

Sound waves are **invisible**.
음파는 눈에 보이지 않는다.

반 **visible** 눈에 보이는

speculate
[spékjulèit]

동 생각[추측/짐작]하다, 투기하다 **speculation** 명 추측, 투기

Susan refused to **speculate** about what might happen.
Susan은 무슨 일이 생길지 생각해 보기를 거부했다.

유 **guess** 추측하다

dismiss
[dismís]

동 물리치다, 묵살하다, 해고하다, 해산하다 **dismissal** 명 묵살, 일축, 해고

Her idea was **dismissed** as impractical.
그녀의 의견은 비실용적이라고 묵살되었다.

Several employees will be **dismissed** next year.
몇 명의 직원이 내년에 해고될 것이다.

유 **disregard** 무시하다 **reject** 거부하다, 거절하다

maintain
[meintéin]

동 유지하다, 지속하다, 주장하다 **maintenance** 명 유지, 지속, 보수, 정비

It is difficult to **maintain** a healthy weight.
건강에 좋은 체중을 유지하기가 어렵다.

유 **sustain** 지속하다, 유지하다

admirable
[ǽdmərəbl]

형 감탄[칭찬]할 만한 **admire** 동 감탄하다, 칭찬하다 **admiration** 명 감탄, 칭찬

Courage is his most **admirable** quality.
용기는 그의 가장 칭찬할 만한 자질이다.

유 **praiseworthy** 칭찬할 만한

consequently [kɑ́nsəkwèntli]

부 따라서, 그 결과 **consequent** 형 결과로 일어나는 **consequence** 명 결과

There was no fighting and **consequently** no injuries.

싸움이 없었고, 따라서 부상도 없었다.

유 **therefore** 그러므로 **hence** 그러므로, 따라서 **accordingly** 따라서, 그러므로

investigate [invéstəgèit]

동 조사[연구]하다, 수사하다 **investigation** 명 조사, 수사, 연구

investigator 명 조사자, 수사관

They are **investigating** the effects of TV violence on children.

그들은 TV에 나온 폭력이 아이들에게 미치는 영향을 연구하고 있다.

유 **examine** 조사하다, 검사하다 **explore** 탐구하다, 탐험하다

upbringing [ʌ́pbrìŋiŋ]

명 양육, 교육

She had a very strict **upbringing** from her father.

그녀는 아버지로부터 매우 엄격한 교육을 받았다.

유 **rearing** 양육

gene [ʤi:n]

명 유전자 **genetic** 형 유전(학)의 **genetics** 명 유전학

The laziness **gene** runs in our family.

게으름 유전자는 우리 집안의 내력이다.

interact [ìntərǽkt]

동 상호 작용하다, 교류하다, 서로 영향을 주다 **interaction** 명 상호 작용

interactive 형 상호 작용하는, 쌍방향의

They learned about how people and their environment **interact**.

그들은 사람과 환경이 어떻게 상호 작용하는가에 대해 배웠다.

personality [pə̀rsənǽləti]

명 성격, 개성, 인격

She has a very pleasant **personality**.

그녀는 매우 유쾌한 성격을 가졌다.

유 **character** 성격, 등장인물 **individuality** 개성, 특성

perceive [pərsí:v]

동 인식하다, 지각[감지]하다, 이해하다 **perception** 명 인식, 지각, 자각

The investigator **perceived** a change in the suspect's attitude.

그 수사관은 용의자의 태도 변화를 감지했다.

유 **notice** 알아차리다, 인지하다

Synonym & Antonym

유의어와 반의어를 확인해 보는 시간입니다. 밑줄 친 단어의 유의어 혹은 반의어를 주어진 철자로 시작하여 써 보세요.

01 a very strict upbringing [유] r__________

02 investigate the effects of TV violence [유] e__________

03 perceive a change in the suspect's attitude [유] n__________

04 heard footsteps approaching [반] r__________

05 difficult to maintain a healthy weight [유] s__________

06 different outlooks on the world [유] p__________

07 the political dimensions of the event [유] a__________

|정답| 01 rearing 02 examine[explore] 03 notice 04 retreat 05 sustain 06 perspective[prospect] 07 aspect

Vocabulary Extension

이제 품사가 다른 여러 형태의 단어를 학습해 보겠습니다. [보기]의 단어를 변형하여 빈칸에 들어갈 알맞은 말을 써 보세요.

[보기] perceive interact investigate maintain consequently

01 Teachers try to find ways to encourage more __________ among students.

02 The police will begin a(n) __________ into the incident this week.

03 It is said that __________ is largely an emotional response.

04 Because there has been no __________, the school building is in a poor state.

05 Pain and illness are sometimes thought to be the unavoidable __________s of growing old.

|정답| 01 interaction 02 investigation 03 perception 04 maintenance 05 consequence

|해석| 01 교사들은 학생들 사이의 더 많은 상호 작용을 장려할 방법을 찾으려고 애쓴다. 02 경찰은 이번 주에 그 사건에 대한 조사[수사]를 시작할 것이다. 03 인식은 대체로 감정적인 반응이라고 한다. 04 유지 보수가 전혀 없었기 때문에 학교 건물은 좋지 않은 상태에 있다. 05 통증과 병은 때때로 노화의 불가피한 결과로 여겨진다.

Choosing the Right Word

가장 적절한 단어가 어떤 것인지 확인하는 시간입니다. 주어진 문장에 들어갈 가장 적절한 단어를 네모 안에서 골라 보세요.

01 The picture represents things in only two dimensions / implications.

02 They learned about how people and their environment approach / interact.

03 Susan refused to speculate / perceive about what might happen.

04 She conducts / dismisses the choir with great skill and emotion.

05 Courage is his most admirable / spatial quality.

06 The election will have profound implications / outlooks for the economy.

07 They perceive / dismiss any questions about tomorrow with a shrug of the shoulders.

08 They maintain / investigate an admirable sense of calmness when waiting half a day for a bus.

09 A study of time needs to conduct / investigate the ways in which our upbringing, environment, and genes interact.

10 When Europeans and Americans form a visual image of time, they picture bygone days as behind them and the future as approaching / interacting from the front.

|정답| 01 dimensions 02 interact 03 speculate 04 conducts 05 admirable 06 implications 07 dismiss 08 maintain 09 investigate 10 approaching

|해석| 01 그 그림은 단지 2차원으로 사물들을 나타낸다. 02 그들은 사람과 환경이 어떻게 상호 작용하는가에 대해 배웠다. 03 Susan은 무슨 일이 생길지 생각해 보기를 거부했다. 04 그녀는 대단한 기량과 감정을 가지고 그 합창단을 지휘한다. 05 용기는 그의 가장 칭찬할 만한 자질이다. 06 그 선거는 경제에 대단한 영향을 미칠 것이다. 07 그들은 내일에 대한 어떠한 질문도 어깨를 으쓱하면서 물리친다. 08 그들은 버스를 반나절 동안 기다릴 때 감탄할 만한 침착함을 유지한다. 09 시간에 대한 연구는 우리의 양육, 환경, 그리고 유전자가 상호 작용하는 방식을 조사할 필요가 있다. 10 유럽인들과 미국인들이 시간에 대한 시각적 이미지를 형성할 때, 그들은 지나간 날들은 그들의 뒤에 있고, 미래는 앞에서 다가오는 것으로 상상한다.

Unit 43

What Determines Who You Are?

이번 단원에서 학습하게 될 단어들입니다. 이미 알고 있는 단어에 V 표시해 보세요.

☐ author	☐ persistence	☐ instill	☐ quality
☐ encyclopedia	☐ value	☐ constantly	☐ stimulate
☐ deal	☐ passion	☐ decade	☐ useful
☐ regular	☐ basis	☐ favorite	☐ situation
☐ benefit	☐ state	☐ resource	☐ desire

주어진 단어를 알맞은 뜻과 연결해 보세요. 단어의 뜻을 모르면 아래 정답에서 확인해 보세요.

01	resource	a	정기적인
02	instill	b	상태
03	regular	c	자질
04	encyclopedia	d	작가
05	constantly	e	십 년
06	state	f	끈덕짐
07	decade	g	심다
08	stimulate	h	자극하다
09	author	i	백과사전
10	persistence	j	변함없이

|정답| 01 c 02 g 03 a 04 i 05 j 06 b 07 e 08 h 09 d 10 f

▌해석은 한 번에 가능하지 않습니다. 해석이 잘되지 않더라도 먼저 아랫글을 단숨에 읽어 보세요.

One great thing about **author** Leo Buscaglia is his continued **persistence** in asking himself a question that his father **instilled** in him from his early childhood. Each day at the dinner table, his father would ask, "Leo, what have you learned today?" Leo had to have a **quality** answer. If he hadn't learned anything really interesting (정말 흥미로운 것) in school that day, he would run and get the **encyclopedia** to study something that he could share. He says that to this day (to this day: 오늘날까지도) he won't go to bed until he has learned something new that is of **value**. As a result (as a result: 그 결과), he's **constantly stimulating** his mind, and a great **deal** of his **passion** and love for learning has come from this question, asked repeatedly, begun **decades** ago.

What are some questions that would be **useful** for you to ask of yourself on a **regular basis**? I know two of my **favorite** are the most simple. They help me to turn around (turn around: 호전시키다) any challenges that may come up (come up: 생기다) in my life. They are simply, "What's great about this?" and "How can I use this?" By asking what's great about any **situation**, I usually find some powerful, positive meaning, and by asking how I can use it, I can take any challenge and turn it into a **benefit**. So what are your questions you can use to change your emotional **states** or give you the **resources** you truly **desire**?

▌본문의 의미가 이해되나요? 원어민 선생님이 읽어 주시는 지문을 들으며 다시 한 번 읽어 보세요.

Fill in the Blanks

▌본문의 내용을 기억하며 다시 읽어 볼 차례입니다. 이번에는 글을 읽으면서 빈칸에 들어갈 단어를 주어진 철자로 시작하여 써 보세요.

What Determines Who You Are?

One great thing about author Leo Buscaglia is his continued ❶p__________ in asking himself a question that his father ❷i__________ in him from his early childhood. Each day at the dinner table, his father would ask, "Leo, what have you learned today?" Leo had to have a ❸q__________ answer. If he hadn't learned anything really interesting in school 5 that day, he would run and get the ❹e__________ to study something that he could share. He says that to this day he won't go to bed until he has learned something new that is of ❺v__________. As a result, he's constantly ❻s__________ his mind, and a great deal of his passion and love for learning has come from this question, asked repeatedly, begun decades ago.

10 What are some questions that would be useful for you to ask of yourself on a ❼r__________ basis? I know two of my favorite are the most simple. They help me to turn around any challenges that may come up in my life. They are simply, "What's great about this?" and "How can I use this?" By asking what's great about any ❽s__________, I usually find some powerful, positive meaning, and by asking how I can use it, I can take 15 any challenge and turn it into a ❾b__________. So what are your questions you can use to change your emotional states or give you the ❿r__________ you truly desire?

해석 무엇이 자신의 모습을 결정하는가?

작가 Leo Buscaglia에 있어 대단한 점 하나는 그의 아버지가 그의 유년 시절부터 그에게 심어 준 질문을 지속적으로 끈덕지게 스스로에게 하는 것이다. 매일 저녁 식탁에서, 그의 아버지가 "Leo야, 오늘 무엇을 배웠니?"라고 묻곤 했다. Leo는 양질의 답변을 가지고 있어야만 했다. 그날 학교에서 정말 흥미로운 것을 배운 것이 없었다면, 그는 뛰어가서 백과사전을 가져와 (아버지와) 공유할 수 있는 무엇인가를 공부하곤 했다. 그는 오늘날까지도 가치 있는 새로운 뭔가를 배워야만 잠자리에 든다고 말한다. 그 결과, 그는 변함없이 자신의 정신을 자극하고 있고, 배움에 대한 그의 열정과 애정의 상당 부분이 수십 년 전에 시작되어 반복적으로 제기된 이런 질문으로부터 생겼다.

정기적인 기준[정기적]으로 여러분 자신에게 물어볼 유용할 몇 가지 질문들이 무엇인가? 나는 내가 가장 좋아하는 질문 중 두 개가 가장 단순하다는 것을 알고 있다. 그것들은 내가 나의 삶에서 생길지도 모를 어떤 난제라도 호전시키는 데 도움을 준다. 그것들은 그저 "이것에 있어서 무엇이 대단한가?"와 "이것을 어떻게 사용할 수 있을까?"일 뿐이다. 어떤 상황에 관한 것이라도 무엇이 대단한지 물음으로써 나는 대개 어떤 강력하고 긍정적인 의미를 찾고, 그것을 어떻게 사용할 수 있는지 물음으로써 나는 어떤 난제라도 받아들여 그것을 이로운 것으로 바꿔 놓을 수 있다. 그러니 여러분의 감정 상태를 변화시키거나 진정으로 바라는 자질을 여러분에게 주기 위해 여러분이 사용할 수 있는 질문들은 무엇인가?

|정답| ❶persistence ❷instilled ❸quality ❹encyclopedia ❺value ❻stimulating ❼regular ❽situation ❾benefit ❿resources

author
[ɔ́:θər]

명 작가, 저자
She became a renowned **author**, specifically a playwright.
그녀는 유명한 작가, 특히 극작가가 되었다.
유 **writer** 작가

persistence
[pərsístəns]

명 끈덕짐, 끈기, 고십 **persist** 동 끈질기게 계속하다, 지속되다
persistent 형 끈질긴
Her **persistence** was rewarded when she got a job as a librarian.
그녀가 사서직을 얻었을 때 그녀의 끈기는 보상받았다.
유 **determination** 투지, 결단력 **resolution** 굳은 다짐, 결단력

instill
[instíl]

동 심다, 침투시키다, 서서히 주입시키다
She rigorously **instilled** politeness in her children.
그녀는 엄격하게 자신의 아이들에게 공손함을 심어 주었다.
유 **implant** 심다, 주입하다

quality
[kwɑ́ləti]

형 양질의, 고급의 명 질, 자질, 특성 **qualify** 동 자격을 얻다[주다]
We only sell **quality** furniture.
저희는 양질의 가구만 판매합니다.

encyclopedia
[ensàikləpí:diə]

명 백과사전
Most people do not read an **encyclopedia** from cover to cover.
대부분의 사람들은 백과사전을 처음부터 끝까지 읽지 않는다.

value
[vǽlju:]

명 가치, 중요성 동 소중하게 생각하다 **valuable** 형 소중한
The **value** of money is derived from the degree to which it can be useful.
돈의 가치는 그것이 유용할 수 있는 정도에서 비롯된다.
유 **worth** 가치

Voca Plus

of value 가치 있는
of no value 가치가 없는
of little value 가치가 거의 없는
of much value 가치가 큰

constantly
[kɑ́nstəntli]

[부] 변함없이, 끊임없이 **constant** [형] 변함없는, 끊임없는, 거듭되는

The trees are **constantly** green; the orchards are loaded with fruit.

나무는 변함없이 푸르고 과수원은 과일로 가득하다.

[유] **invariably** 변함없이 [반] **occasionally** 가끔 **irregularly** 일정하지 않게

stimulate
[stímjəlèit]

[동] 자극하다, 흥미를 불러일으키다 **stimulation** [명] 자극, 고무 **stimulus** [명] 자극(제)

Some questions **stimulated** discussion among students.

몇 가지 질문들이 학생들 간의 토론을 자극했다.

[유] **encourage** 고무하다 **inspire** 고무하다 [반] **discourage** 의욕을 꺾다

deal
[di:l]

[명] 분량, 다량, 거래, 타협

She needed to take a great **deal** of time away from work.

그녀는 일을 하지 않는 많은 시간을 가져야만 했다.

[유] **amount** 양 **quantity** 양

Voca Plus

a great[good] deal of 많은

a big deal 대단한 것, 중대 사건, 큰 거래

It's a deal. 그렇게 하지요[이것으로 거래가 성립되었습니다].

cut a deal 계약을 맺다, 거래하다

passion
[pǽʃən]

[명] 열정 **passionate** [형] 열정적인

I love sharing my **passion** for science with students.

나는 학생들과 과학에 대한 내 열정을 공유하는 것을 매우 좋아한다.

[유] **love** 사랑, 애정 **affection** 애정 [반] **indifference** 무관심 **hate** 증오

decade
[dékeid]

[명] 십 년

I've been working hard for a **decade**.

나는 십 년 동안 열심히 일해 오고 있다.

useful
[jú:sfəl]

[형] 유용한, 도움이 되는 **use** [명] 사용, 이용 [동] 사용하다 **usefulness** [명] 유용성

A can opener is **useful** for opening cans of fruit juice.

깡통따개는 과일 주스 캔을 따는 데 유용하다.

[유] **helpful** 도움이 되는 **effective** 효과적인 [반] **useless** 쓸모없는

regular
[régjələr]

[형] 정기적인, 규칙적인 [명] 단골손님 **regularity** [명] 규칙적임, 질서정연

There is a **regular** bus service to the airport from outside the station.

역 바깥에는 공항으로 가는 정규 버스편이 있다.

[유] **periodic** 주기적인 [반] **irregular** 불규칙적인

basis
[béisis]

명 기준, 기초, 토대 **basic** 형 기초[기본]적인, 근본적인

He went back to work on a part-time **basis**.

그는 시간제로 일하는 것으로 되돌아갔다.

favorite
[féivərit]

형 가장 좋아하는, 마음에 드는 명 특히 좋아하는 것

I want you to sing my **favorite** song.

나는 네가 내가 가장 좋아하는 노래를 부르기를 원해.

유 **favored** 호의[호감]를 사고 있는

situation
[sìtʃuéiʃən]

명 상황, 처지, 환경 **situate** 동 위치시키다 **situational** 형 상황에 따른

He is in a difficult **situation**.

그는 어려운 상황에 처해 있다.

유 **position** 처지, 상태 **status** 사정, 현상

benefit
[bénəfit]

명 이익, 혜택 **beneficial** 형 이로운 **benevolent** 형 자애로운

He had the **benefit** of a good coach.

그는 훌륭한 코치를 만나는 혜택을 받았다.

유 **advantage** 이익 반 **damage** 피해, 손상

Voca Plus

a side benefit 부수 이익 **child benefit** 육아 수당
for one's benefit ~을 위해

state
[steit]

명 상태, 국가 동 말하다, 진술하다

Children live in a **state** of happiness.

아이들은 행복한 상태에서 살아가고 있다.

유 **condition** 상태

resource
[ríːsɔ̀ːrs]

명 자질, 지략, 자원, 수단 **resourceful** 형 지략이 있는, 자원이 풍부한

Everyone has inner **resources** for development.

모든 사람은 발전을 위한 내적 자질을 가지고 있다.

유 **ingenuity** 기발한 재주, 재간

desire
[dizáiər]

동 바라다, 원하다 명 욕구, 갈망 **desirable** 형 바람직한 **desirous** 형 바라는

We all **desire** to be happy.

우리는 모두 행복하기를 바란다.

유 **want** 원하다 **crave** 갈망하다

Synonym & Antonym

유의어와 반의어를 확인해 보는 시간입니다. 밑줄 친 단어의 유의어 혹은 반의어를 주어진 철자로 시작하여 써 보세요.

01 the value of money ㊌ w__________

02 constantly green ㊌ i__________

03 stimulated discussion among students ㊙ d__________

04 my passion for science ㊙ i__________

05 a regular bus service to the airport ㊙ i__________

06 the benefit of a good coach ㊌ a__________

07 a state of happiness ㊌ c__________

|정답| 01 worth 02 invariably 03 discourage 04 indifference 05 irregular 06 advantage 07 condition

Vocabulary Extension

이제 품사가 다른 여러 형태의 단어를 학습해 보겠습니다. [보기]의 단어를 변형하여 빈칸에 들어갈 알맞은 말을 써 보세요.

보기 persistence desire constantly passion quality

01 He __________ as a university lecturer in 1978.

02 There is a(n) __________ stream of domestic and international visitors to Jeju Island.

03 In chronic pain, the pain __________ despite medical or surgical intervention.

04 Her __________ and continued interest in politics is evidenced in many of her short stories as well as in her novels.

05 It is __________ that economic aid be given as often as possible on a collective basis rather than by individual nations.

|정답| 01 qualified 02 constant 03 persists 04 passionate 05 desirable

|해석| 01 그는 1978년에 대학 강사로 자격을 얻었다. 02 제주도에 국내 방문객과 국제 방문객의 끊임없는 연속이 있다[방문객이 끊임없이 이어진다]. 03 만성 통증에서는, 의학적 또는 수술적 치료에도 불구하고 그 통증이 지속된다. 04 정치에 대한 그녀의 열정적이고 지속적인 관심은 그녀의 장편 소설뿐만 아니라 많은 단편 소설에서도 입증된다. 05 경제 원조는 개별 국가들에 의해서라기보다는 가능한 자주 공동으로 주어져야 하는 것이 바람직하다.

Choosing the Right Word

가장 적절한 단어가 어떤 것인지 확인하는 시간입니다. 주어진 문장에 들어갈 가장 적절한 단어를 네모 안에서 골라 보세요.

01 She became a renowned author / stimulus, specifically a playwright.

02 We only sell passionate / quality furniture.

03 She needed to take a great deal / value of time away from work.

04 A can opener is useful / persistent for opening cans of fruit juice.

05 I want you to sing my favorite / resourceful song.

06 What are some questions that would be useful for you to ask of yourself on a regular basis / benefit?

07 What are your questions you can use to change your emotional states or give you the resources you truly desire / state?

08 If he hadn't learned anything really interesting in school that day, he would run and get the encyclopedia / regularity to study something that he could share.

09 One great thing about author Leo Buscaglia is his continued persistence in asking himself a question that his father instilled / situated in him from his early childhood.

10 He's constantly stimulating his mind, and a great deal of his passion and love for learning has come from this question, asked repeatedly, begun decades / resources ago.

|정답| 01 author 02 quality 03 deal 04 useful 05 favorite 06 basis 07 desire 08 encyclopedia 09 instilled 10 decades

|해석| 01 그녀는 유명한 작가, 특히 극작가가 되었다. 02 저희는 양질의 가구만 판매합니다. 03 그녀는 일을 하지 않는 많은 시간을 가져야만 했다. 04 깡통따개는 과일 주스 캔을 따는 데 유용하다. 05 나는 네가 내가 가장 좋아하는 노래를 부르기를 원해. 06 정기적인 기준[정기적]으로 여러분 자신에게 물어볼 유용할 몇 가지 질문들이 무엇인가? 07 여러분의 감정 상태를 변화시키거나 진정으로 바라는 자질을 여러분에게 주기 위해 여러분이 사용할 수 있는 질문들은 무엇인가? 08 그날 학교에서 정말 흥미로운 것을 배운 것이 없었다면, 그는 뛰어가서 백과사전을 가져와 (아버지와) 공유할 수 있는 무엇인가를 공부하곤 했다. 09 작가 Leo Buscaglia에 있어 대단한 점 하나는 그의 아버지가 그의 유년 시절부터 그에게 심어 준 질문을 지속적으로 끈덕지게 스스로에게 하는 것이다. 10 그는 변함없이 자신의 정신을 자극하고 있고, 배움에 대한 그의 열정과 애정의 상당 부분이 수십 년 전에 시작되어 반복적으로 제기된 이런 질문으로부터 생겼다.

Sabin's Vaccine: A Savior from the Crippling Disease

▌이번 단원에서 학습하게 될 단어들입니다. 이미 알고 있는 단어에 V 표시해 보세요.

☐ settle	☐ medical	☐ degree	☐ research
☐ report	☐ serve	☐ vaccine	☐ against
☐ personnel	☐ pill	☐ prisoner	☐ oral
☐ administration	☐ immunity	☐ subsequently	☐ protect
☐ crippling	☐ disease	☐ prove	☐ contribution

▌주어진 단어를 알맞은 뜻과 연결해 보세요. 단어의 뜻을 모르면 아래 정답에서 확인해 보세요.

01 immunity	•	•	a	불구로 만드는
02 oral	•	•	b	투여
03 crippling	•	•	c	공헌
04 degree	•	•	d	면역(력)
05 administration	•	•	e	인력
06 settle	•	•	f	학위
07 subsequently	•	•	g	입증되다[하다]
08 contribution	•	•	h	입의, 구두의
09 personnel	•	•	i	정착하다
10 prove	•	•	j	나중에

|정답| 01 d 02 h 03 a 04 f 05 b 06 i 07 j 08 c 09 e 10 g

Vocabulary in Reading Context

▌해석은 한 번에 가능하지 않습니다. 해석이 잘되지 않더라도 먼저 아랫글을 단숨에 읽어 보세요.

Albert Bruce Sabin was born in Bialystok, Poland, on August 26, 1906. His family **settled** in New Jersey, USA in 1921. Early in his career (그의 경력 초기에), Sabin, who received his **medical degree** from New York University in 1931, became interested in (become interested in: ~에 관심이 생기다) polio. Many of his experiments on polio virus (5) **research** were **reported** to the National Foundation of Infantile Paralysis.

During World War II, he **served** in the U.S. Army Medical Corps, where he was involved with (be involved with: ~에 관여하다) the development of a **vaccine against** dengue fever and the successful vaccination of 65,000 (10) military **personnel** against the Japanese type of polio. After the war, Sabin continued his research on polio. He developed a vaccine that used a live virus. He later produced a **pill** vaccine and, in 1955, conducted experiments with **prisoners** who had volunteered.

From 1957 to 1959, the Soviet Union and the other Eastern Bloc nations gave Sabin's pill, with its advantages of **oral administration** and long-term **immunity**, to millions of (수백만 명의) (15) children and adults. It was **subsequently** accepted in the United States.

Dr. Sabin saved millions of lives and **protected** many more from the **crippling disease**. He **proved** to be a Polish hero in the United States because of his lifesaving **contributions**.

* polio 소아마비 ** dengue fever 뎅기열

▌본문의 의미가 이해되나요? 원어민 선생님이 읽어 주시는 지문을 들으며 다시 한 번 읽어 보세요.

Fill in the Blanks

▌본문의 내용을 기억하며 다시 읽어 볼 차례입니다. 이번에는 글을 읽으면서 빈칸에 들어갈 단어를 주어진 철자로 시작하여 써 보세요.

Sabin's Vaccine: A Savior from the Crippling Disease

Albert Bruce Sabin was born in Bialystok, Poland, on August 26, 1906. His family ❶s__________ in New Jersey, USA in 1921. Early in his career, Sabin, who received his medical ❷d__________ from New York University in 1931, became interested in polio. Many of his experiments on polio virus ❸r__________ were reported to the National Foundation of Infantile Paralysis. 5

During World War II, he ❹s__________ in the U.S. Army Medical Corps, where he was involved with the development of a vaccine against dengue fever and the successful vaccination of 65,000 military ❺p__________ against the Japanese type of polio. After the war, Sabin continued his research on polio. He developed a vaccine that used a live virus. He later produced a ❻p__________ vaccine and, in 1955, conducted experiments with prisoners who had volunteered. 10

From 1957 to 1959, the Soviet Union and the other Eastern Bloc nations gave Sabin's pill, with its advantages of oral administration and long-term ❼i__________, to millions of children and adults. It was ❽s__________ accepted in the United States.

15 Dr. Sabin saved millions of lives and ❾p__________ many more from the crippling disease. He proved to be a Polish hero in the United States because of his lifesaving ❿c__________.

* polio 소아마비 ** dengue fever 뎅기열

해석 Sabin의 백신: 불구로 만드는 질병의 구원자

Albert Bruce Sabin은 1906년 8월 26일에 폴란드의 Bialystok에서 태어났다. 그의 가족은 1921년에 미국의 New Jersey에 정착했다. 자신의 경력 초기에 1931년에 뉴욕 대학교에서 의학 학위를 받은 Sabin은 소아마비에 관심이 생겼다. 소아마비 바이러스 연구에 관한 그의 많은 실험이 National Foundation of Infantile Paralysis(국립 소아마비 재단)에 보고되었다.

제2차 세계 대전 동안에 그는 미국 육군 의무대에서 복무했는데, 거기서 그는 뎅기열을 예방하는 백신 개발과 65,000명의 군 인력에 대해 일본형 소아마비를 예방하는 성공적인 백신 접종에 관여했다. 전쟁이 끝난 후에 Sabin은 소아마비에 대한 자신의 연구를 계속했다. 그는 살아 있는 바이러스를 사용한 백신을 개발했다. 그는 나중에 알약 백신을 만들어 냈으며 1955년에 자원한 재소자들에게 실험했다.

1957년부터 1959년까지 소련과 여타의 동구권 국가들은 입으로 투여되며 장기간 면역의 장점이 있는 Sabin의 알약을 수백만 명의 아이들과 어른들에게 투여했다. 그것은 나중에 미국에서 받아들여졌다.

Sabin 박사는 수백만 명의 목숨을 살렸고 불구로 만드는 질병으로부터 더 많은 사람을 지켜냈다. 그는 생명을 구하는 공헌 때문에 미국에서 폴란드인 영웅으로 입증되었다.

|정답| ❶settled ❷degree ❸research ❹served ❺personnel ❻pill ❼immunity ❽subsequently ❾protected ❿contributions

settle
[sétl]

동 정착하다, 앉다, 해결하다 **settlement** 명 정착, 합의, 해결
She **settled** in New York after graduation.
그녀는 졸업 후에 뉴욕에 정착했다.
유 **inhabit** 살다, 거주하다

medical
[médikəl]

형 의학의, 내과의 **medicine** 명 의학, 의술, 약 **medication** 명 약물 (치료)
Obtaining approval for innovative **medical** equipment is a long task.
혁신적인 의료 도구에 대한 승인을 얻는 것은 기나긴 작업이다.

degree
[digríː]

명 학위, 정도, 등급
In 1966, he earned his doctor's **degree** in law from Boston University.
1966년에 그는 보스턴 대학교에서 법학 박사 학위를 취득했다.

research
[risə́ːrtʃ]

명 연구, 조사 동 연구하다, 조사하다 **researcher** 명 연구원
He carried out extensive **research** on ecology.
그는 생태학에 관한 광범위한 연구를 실시했다.
유 **investigation** 연구, 조사 **study** 연구 **inquiry** 연구, 탐구

report
[ripɔ́ːrt]

동 보고[신고]하다, 알리다, 발표하다 명 보고서, 보도
A passerby **reported** the accident to the police.
한 행인이 그 사고를 경찰에 신고했다.
유 **communicate** 전하다, 알리다 **announce** 알리다

serve
[səːrv]

동 복무[근무]하다, (음식을) 차려내다, (손님의) 시중을 들다 **service** 명 서비스, 근무
She **served** in a hospital in Liverpool until 1940.
그녀는 1940년까지 Liverpool에 있는 한 병원에서 근무했다.

vaccine
[væksíːn]

명 백신 **vaccinate** 동 예방[백신] 주사를 맞히다 **vaccination** 명 백신 접종

The best way to prevent the flu is with a flu **vaccine**.

독감을 예방하는 가장 좋은 방법은 독감 백신을 맞는 것이다.

against
[əgénst]

전 ~을 예방[대비]하여, ~에 반대하여[맞서]

These are precautions **against** fainting of the patient.

이것들은 환자의 실신을 대비하는 예방책이다.

Voca Plus

- **react against** ~에 대해 반발하다
- **tell against** ~에게 불리하다
- **go against the flow** 순리를 거스르다
- **against one's belief** ~의 신념에 위배되어

personnel
[pəːrsənél]

명 인력, 총인원, 직원들

The fire department needs to hire new **personnel**.

그 소방서는 신규 인력을 채용할 필요가 있다.

유 **staff** 직원

pill
[pil]

명 알약

Some people resort to taking sleeping **pills**.

몇몇 사람들은 수면제 복용에 의존한다.

유 **tablet** 정제 **capsule** (약품) 캡슐

prisoner
[prízənər]

명 재소자, 죄수, 포로 **prison** 명 교도소, 감옥

The political **prisoners** called a hunger strike.

정치범으로 투옥된 사람들이 단식 투쟁을 일으켰다.

유 **convict** 재소자

oral
[ɔ́ːrəl]

형 입의, 구두의 **orally** 부 구두로, 입을 통해서

The children can take **oral** medication from a medicine cup.

그 아이들은 약 컵을 이용해 입으로 약을 먹을 수 있다.

administration
[ədmìnistréiʃən]

명 투여, 투약, 관리, 행정 **administer** 동 투여하다, 관리하다

The **administration** of caffeine may reduce sleep duration.

카페인 투여는 수면 시간을 줄일지도 모른다.

immunity
[imjú:nəti]

명 면역(력), (책임 · 의무의) 면제 **immune** 형 면역성이 있는, ~이 면제되는

Domesticated birds have no **immunity** to flu viruses.

사육되는 새들은 독감 바이러스에 면역력이 없다.

유 **resistance** 저항(력) 반 **susceptibility** 감염되기 쉬움 **liability** 병에 걸리기 쉬움

subsequently
[sʌ́bsəkwəntli]

부 나중에, 그 뒤에 **subsequent** 형 그다음의, 차후의 **subsequence** 명 잇따라 일어남, 결과

Subsequently, she spent some months as a shop assistant in Edinburgh.

나중에 그녀는 Edinburgh에서 점원으로 몇 개월을 보냈다.

유 **later** 나중에 **afterwards** 나중에 반 **previously** 이전에

protect
[prətékt]

동 지키다, 보호하다 **protection** 명 보호 **protective** 형 보호하는

Some groups helped **protect** endangered animals from extinction.

몇몇 단체가 멸종위기의 동물을 멸종으로부터 보호하는 것을 도왔다.

유 **preserve** 지키다, 보호하다 반 **endanger** 위태롭게 하다

crippling
[krípliŋ]

형 불구로 만드는, 심한 손상을 입히는 **cripple** 동 불구로 만들다

He was diagnosed with a **crippling** disease of the spine.

그는 척추를 불구로 만드는 병에 걸렸다는 진단을 받았다.

disease
[dizí:z]

명 질병

Rats spread **disease** like wildfire.

쥐는 들불처럼 질병을 퍼뜨린다.

유 **illness** 질병 **ailment** 질병

prove
[pru:v]

동 입증되다[하다], 판명되다 **proof** 명 증거

There is new scientific evidence that **proves** he is wrong.

그가 틀리다는 것을 입증하는 새로운 과학적 증거가 있다.

유 **verify** 입증하다, 확증하다 **establish** 규명하다

contribution
[kὰntrəbjú:ʃən]

명 공헌, 기여, 기부금 **contribute** 동 공헌하다, 기여하다, 기부하다

Mathematics makes a **contribution** to the success of science.

수학은 과학의 성공에 공헌한다.

Synonym & Antonym

유의어와 반의어를 확인해 보는 시간입니다. 밑줄 친 단어의 유의어 혹은 반의어를 주어진 철자로 시작하여 써 보세요.

01 resort to taking sleeping pills — [유] t________
02 extensive research on ecology — [유] i________
03 hire new personnel — [유] s________
04 immunity to flu viruses — [반] s________
05 the political prisoners — [유] c________
06 protect endangered animals — [유] p________
07 evidence that proves he is wrong — [유] v________

|정답| 01 tablet 02 investigation 03 staff 04 susceptibility 05 convict 06 preserve 07 verify

Vocabulary Extension

이제 품사가 다른 여러 형태의 단어를 학습해 보겠습니다. [보기]의 단어를 변형하여 빈칸에 들어갈 알맞은 말을 써 보세요.

[보기] contribution settle administration serve medical

01 European laborers migrated to new ________ areas of non-tropic climate.
02 Technological advances in modern ________ raise controversies.
03 Follow your doctor's instructions on how to ________ this drug.
04 A number of factors have an effect upon the development of new goods and ________s.
05 Our success can be measured by what we ________ to society, not what we gained.

|정답| 01 settlement 02 medicine 03 administer 04 service 05 contributed

|해석| 01 유럽 노동자들은 비열대성 기후의 새 정착지로 이주했다. 02 현대 의학의 기술적 진보는 논란을 일으킨다. 03 이 약을 투여하는 방법에 대한 의사의 지시를 따르세요. 04 많은 요인이 새로운 상품과 서비스의 개발에 영향을 미친다. 05 우리의 성공은 우리가 획득한 것이 아니라 우리가 사회에 기여한 것에 의해 측정될 수 있다.

Choosing the Right Word

가장 적절한 단어가 어떤 것인지 확인하는 시간입니다. 주어진 문장에 들어갈 가장 적절한 단어를 네모 안에서 골라 보세요.

01 Rats spread disease / research like wildfire.

02 The best way to prevent the flu is with a flu service / vaccine.

03 She protected / served in a hospital in Liverpool until 1940.

04 She administered / settled in New York after graduation.

05 Orally / Subsequently, she spent some months as a shop assistant in Edinburgh.

06 He was diagnosed with a crippling / protective disease of the spine.

07 He proved to be a Polish hero in the United States because of his lifesaving contributions / prisoners.

08 Many of his experiments on polio virus research were proved / reported to the National Foundation of Infantile Paralysis.

09 He later produced a personnel / pill vaccine and, in 1955, conducted experiments with prisoners who had volunteered.

10 Early in his career, Sabin, who received his medical degree / immunity from New York University in 1931, became interested in polio.

|정답| 01 disease 02 vaccine 03 served 04 settled 05 Subsequently 06 crippling 07 contributions 08 reported 09 pill 10 degree

|해석| 01 쥐는 들불처럼 질병을 퍼뜨린다. 02 독감을 예방하는 가장 좋은 방법은 독감 백신을 맞는 것이다. 03 그녀는 1940년까지 Liverpool에 있는 한 병원에서 근무했다. 04 그녀는 졸업 후에 뉴욕에 정착했다. 05 나중에 그녀는 Edinburgh에서 점원으로 몇 개월을 보냈다. 06 그는 척추를 불구로 만드는 병에 걸렸다는 진단을 받았다. 07 그는 생명을 구하는 공헌 때문에 미국에서 폴란드인 영웅으로 입증되었다. 08 소아마비 바이러스 연구에 관한 그의 많은 실험이 National Foundation of Infantile Paralysis(국립 소아마비 재단)에 보고되었다. 09 그는 나중에 알약 백신을 만들어 냈으며 1955년에 자원한 재소자들에게 실험했다. 10 자신의 경력 초기에 1931년에 뉴욕 대학교에서 의학 학위를 받은 Sabin은 소아마비에 관심이 생겼다.

Unit 45

Distractions in Driving

▌이번 단원에서 학습하게 될 단어들입니다. 이미 알고 있는 단어에 V 표시해 보세요.

☐ gaze	☐ sight	☐ location	☐ potential
☐ depend	☐ critical	☐ winding	☐ nevertheless
☐ criterion	☐ prioritize	☐ inefficient	☐ scan
☐ expertise	☐ expectation	☐ precise	☐ load
☐ impairment	☐ orient	☐ fixation	☐ react

▌주어진 단어를 알맞은 뜻과 연결해 보세요. 단어의 뜻을 모르면 아래 정답에서 확인해 보세요.

01 sight •		• a	예상, 기대
02 depend •		• b	보기, 시야, 시력, 광경
03 winding •		• c	전문 지식
04 criterion •		• d	(~에) 달려 있다, 의존하다, 믿다
05 prioritize •		• e	기준
06 expertise •		• f	부하, 작업량, 짐; 싣다, 실리다, 로딩하다
07 expectation •		• g	구불구불한
08 precise •		• h	우선순위를 정하다, 우선적으로 처리하다
09 load •		• i	바로 그, 정확한
10 orient •		• j	맞추다, 자기 위치를 알다, 적응하다

|정답| 01 b 02 d 03 g 04 e 05 h 06 c 07 a 08 i 09 f 10 j

Vocabulary in Reading Context

▌해석은 한 번에 가능하지 않습니다. 해석이 잘되지 않더라도 먼저 아랫글을 단숨에 읽어 보세요.

The most obvious distraction while driving is looking away from the driving scene. **Gazing** at objects whose line of **sight** is far away from relevant **locations** has a **potential** risk that increases **depending** on the time a driver spends looking away from the traffic scene. The **critical** time spent looking away depends on the traffic situation: half a second while following a car at a close distance on a **winding** road may be more critical than 2 seconds while driving on a straight, and empty motorway. **Nevertheless**, distraction times over 2 seconds are considered unacceptable as general **criteria** for driving. You can be distracted even while keeping your eyes on the road. As a driver must **prioritize** where to search for relevant information, a bad choice of where to look is **inefficient**; successful visual **scanning** depends on **expertise**, **expectations**, and so forth. In addition, cognitive activity can be a source of distraction, that is, current thoughts unrelated to driving or associated with the driving context and irrelevant at that **precise** moment. In the case of high cognitive **load**, this type of distraction may cause dramatic **impairment**, including preventing the further processing of a relevant visual input coming from a spatially well-**oriented** ocular **fixation** due to lack of attention. Missing the brake lights of the car in front or just being unable to **react** by braking while being involved in a complex thought are examples of looking without really seeing.

look away from: ~에서 시선을 돌리다
depending on: ~에 따라
at a close distance: 바짝, 가까이에
and so forth: 등등[따위]
that is: 즉
unrelated to: ~와 관련이 없는
be involved in: ~에 몰두하다

▌본문의 의미가 이해되나요? 원어민 선생님이 읽어 주시는 지문을 들으며 다시 한 번 읽어 보세요.

Fill in the Blanks

▌본문의 내용을 기억하며 다시 읽어 볼 차례입니다. 이번에는 글을 읽으면서 빈칸에 들어갈 단어를 주어진 철자로 시작하여 써 보세요.

Distractions in Driving

The most obvious distraction while driving is looking away from the driving scene. ❶G__________ at objects whose line of sight is far away from relevant ❷l__________ has a ❸p__________ risk that increases depending on the time a driver spends looking away from the traffic scene. The ❹c__________ time spent looking away depends on the traffic situation: half a second while following a car at a close distance on a winding road may be more critical than 2 seconds while driving on a straight, and empty motorway. ❺N__________, distraction times over 2 seconds are considered unacceptable as general criteria for driving. You can be distracted even while keeping your eyes on the road. As a driver must prioritize where to search for relevant information, a bad choice of where to look is ❻i__________; successful visual ❼s__________ depends on expertise, expectations, and so forth. In addition, cognitive activity can be a source of distraction, that is, current thoughts unrelated to driving or associated with the driving context and irrelevant at that precise moment. In the case of high cognitive load, this type of distraction may cause dramatic ❽i__________, including preventing the further processing of a relevant visual input coming from a spatially well-oriented ocular ❾f__________ due to lack of attention. Missing the brake lights of the car in front or just being unable to ❿r__________ by braking while being involved in a complex thought are examples of looking without really seeing.

해석 운전 중 주의 산만

운전 중 가장 분명한 주의 산만은 운전 중에 보이는 장면에서 시선을 돌리는 것이다. (운전과) 관련된 장소로부터 시선이 멀리 떨어져 있는 물체를 응시하는 것에는 운전자가 교통 상황으로부터 시선을 돌린 채 보내는 시간에 따라 증가하는 잠재적 위험이 있다. 시선을 돌린 채 보내는 결정적으로 중요한 시간은 교통 상황에 따라 달라진다. 구불구불한 도로에서 앞선 차를 바짝 뒤따라갈 때의 0.5초가 텅 빈 직선 고속도로를 운전할 때의 2초보다 더 결정적일 수 있다. 그럼에도 불구하고 2초가 넘는 주의 산만 시간은 일반적인 운전 기준으로 허용되지 않는 것으로 여겨진다. 심지어 도로에서 눈을 떼지 않을 때도 주의가 산만해질 수 있다. 운전자는 관련 정보를 어디에서 찾을지 우선순위를 정해야 하므로, 어디를 봐야 할지 잘못 선택하는 것은 비효율적이다. 시각적으로 대충 훑어보는 것의 성공 여부는 전문 지식, 예상되는 것 등에 달려 있다. 게다가, 인지 활동이 주의 산만의 근원이 될 수 있는데, 즉, 운전과 관련이 없거나 혹은 운전 상황과 연관되긴 했는데 바로 그 순간에는 무관한, 현재 머릿속의 생각이 그것이다. 인지 부하가 높은 경우, 이런 종류의 주의 산만은 심각한 장애를 야기할 수도 있는데, 거기에는 집중력 결여로 인해 공간적으로 잘 맞춰진 방향을 시각적으로 고정된 상태에서 바라보고 얻은 관련된 시각 정보의 추가적인 처리를 방해하는 것이 포함된다. 앞차의 브레이크 등을 놓치거나 복잡한 생각에 몰두해 그저 브레이크를 밟는 반응을 하지 못하는 것은 실제로 알아채지 못하고 보기만 하는 사례이다.

|정답| ❶ Gazing ❷ locations ❸ potential ❹ critical ❺ Nevertheless ❻ inefficient ❼ scanning ❽ impairment ❾ fixation ❿ react

gaze
[geiz]

동 응시하다, 바라보다 명 응시, 시선
She **gazed** at the stars in silence.
그녀는 조용히 별들을 응시했다.

Voca & Voca
look at ~을 보다 **glance at** ~을 흘깃 보다
stare at ~을 빤히 쳐다보다 **glare at** ~을 노려보다

sight
[sait]

명 보기, 시야, 시력, 광경 **see** 동 보다
He fell in love with her at first **sight**.
그는 그녀를 처음 보고 사랑에 빠졌다.
유 **vision** 시력, 시야 **eyesight** 시력, 시각

location
[loukéiʃən]

명 장소 **locate** 동 ~의 정확한 위치를 찾아내다
In the real estate industry, **location** is everything.
부동산 업계에서, 장소[입지]가 가장 중요하다.
유 **place** 장소 **site** 위치, 현장 **scene** 현장

potential
[pəténʃəl]

형 잠재적인 명 가능성 **potentially** 부 어쩌면
The **potential** benefits of the relationship with a mentor are suggested.
멘토[조언자]와의 관계의 잠재적인 이점이 시사된다.
유 **possible** 가능한 반 **unlikely** 있음직 하지 않은, ~할 것 같지 않은

depend
[dipénd]

동 (~에) 달려 있다, 의존하다, 믿다 **dependent** 형 의존하는 **dependence** 명 의존
Friendship **depends** on the ongoing emotional links between us.
친구 관계는 우리 사이의 지속적인 정서적 관계에 달려 있다.

Voca Plus
depend on ~에 달려 있다, ~에 의지하다
rely on ~에 의지하다, ~을 믿다(= count[lean] on = turn to)

critical
[krítikəl]

형 결정적으로 중요한, 비판적인, 위기의 **critic** 명 비평가, 평론가
Competition is **critical** for the development of decision-making skills.
경쟁은 의사 결정 기술의 발달에 결정적으로 중요하다.
유 **crucial** 결정적인, 중대한 **vital** 중요한 반 **trivial** 사소한

winding
[wáindiŋ]

형 구불구불한 **wind** 동 구불구불하다, (실 등을) 감다

We climbed a **winding** staircase to the roof.

우리는 구불구불한 계단을 올라 지붕으로 갔다.

유 **curving** 곡선을 이루는 반 **straight** 직선의

nevertheless
[nèvərðəlés]

부 그럼에도 불구하고

He expected the defeat. **Nevertheless**, it was disappointing.

그는 패배를 예상했다. 그럼에도 불구하고, 그것은 실망스러웠다.

유 **nonetheless** 그럼에도 불구하고 **still** 그럼에도 불구하고, 그래도

criterion
[kraitíəriən]

명 기준 (*pl.* criteria)

Social justice is not the only **criterion** of policy-making.

사회 정의가 정책 결정의 유일한 기준은 아니다.

유 **standard** 기준, 표준

prioritize
[praiɔ́:rətàiz]

동 우선순위를 정하다, 우선적으로 처리하다 **priority** 명 우선 사항, 우선권

Unfortunately, many individuals are unable to **prioritize** their needs.

유감스럽게도, 많은 이들이 필요의 우선순위를 정하지 못한다.

Voca Plus

▸ prioritize *A* over *B* B보다 A를 우선시하다

I prioritize family over everything. 나는 모든 것보다 가족을 우선시한다.

inefficient
[ìnifíʃənt]

형 비효율적인 **inefficiency** 명 비능률

The heating system is old and highly **inefficient**.

난방 시스템은 오래되었고 매우 비효율적이다.

유 **wasteful** 낭비적인 반 **efficient** 효율적인

scan
[skæn]

동 대충 훑어보다, 유심히 살피다, (스캐너로) 스캔하다

I **scanned** the list for her name.

나는 그녀의 이름을 찾아 명단을 대충 훑어보았다.

유 **browse** 훑어보다, 둘러보다

expertise
[èkspərtí:z]

명 전문 지식 **expert** 명 전문가

It is becoming necessary for composers to have computer **expertise**.

작곡가가 컴퓨터 전문 지식을 갖추는 것이 필요해지고 있다.

Voca & Voca

knowledge 지식 **skill** 기술

competence 기능, 능숙도

expectation
[èkspektéiʃən]

명 예상, 기대 **expect** 동 예상하다, 기대하다

For some of the subjects, their **expectations** were confirmed.

일부 실험 대상자들의 경우, 자신들의 예상이 확인되었다.

유 **projection** 예상

precise
[prisáis]

형 바로 그, 정확한 **precision** 명 정확(성)

At that **precise** moment, the bell rang.

바로 그 순간, 벨이 울렸다.

유 **exact** 바로 그, 틀림없는 **accurate** 정확한 반 **ambiguous** 모호한, 분명치 않은

load
[loud]

명 부하, 작업량, 부담, 짐 동 싣다, 실리다, 로딩하다

Having a huge **load** of work can leave you stressed.

업무량이 많으면 스트레스를 받을 수 있다.

impairment
[impέərmənt]

명 장애 **impair** 동 손상시키다

Visual **impairments** can cause people to perceive color differently.

시각 장애는 사람들이 색을 다르게 인식하도록 만들 수 있다.

유 **disability** 장애

orient
[ɔ́:riənt]

동 맞추다, 자기 위치를 알다, 적응하다 **orientation** 명 방향, 성향, 오리엔테이션

Advertisers can increase purchase intentions simply by **orienting** a product toward the right side.

광고주들은 단순히 제품을 오른쪽을 향해 맞춤으로써 구매 의사를 높일 수 있다.

유 **adjust** 조절하다, 적응하다 반 **disorient** 갈피를 못 잡게 하다

fixation
[fikséiʃən]

명 고정, 집착 **fix** 동 고정시키다

This product ensures easy and safe **fixation** of the lamp.

이 상품은 전등의 쉽고 안전한 고정을 보장한다.

react
[riǽkt]

동 반응하다 **reaction** 명 반응

This surprised and unsettled me; I didn't know how to **react**.

이것에 나는 놀랐고 침착성을 잃었고, 어떻게 반응할지 몰랐다.

유 **respond** 반응을 보이다, 대응하다

Synonym & Antonym

유의어와 반의어를 확인해 보는 시간입니다. 밑줄 친 단어의 유의어 혹은 반의어를 주어진 철자로 시작하여 써 보세요.

01 the potential benefits of the relationship [유] p__________

02 critical for the development [유] c__________

03 a winding staircase [반] s__________

04 He expected the defeat. Nevertheless, it was disappointing. [유] n__________

05 old and highly inefficient [반] e__________

06 I scanned the list. [유] b__________

07 I didn't know how to react. [유] r__________

|정답| 01 possible 02 crucial 03 straight 04 nonetheless 05 efficient 06 browse 07 respond

Vocabulary Extension

이제 품사가 다른 여러 형태의 단어를 학습해 보겠습니다. [보기]의 단어를 변형하여 빈칸에 들어갈 알맞은 말을 써 보세요.

[보기] depend prioritize expectation precise fixation

01 I didn't __________ him to become a successful dancer.

02 Spain tends to have a high degree of economic __________ on tourism.

03 Among all the objectives, our first __________ is improving education.

04 Can you __________ the mirror to the wall?

05 It is impossible to determine its value with mathematical __________.

|정답| 01 expect 02 dependence 03 priority 04 fix 05 precision

|해석| 01 나는 그가 성공적인 댄서가 되리라고 기대하지 않았다. 02 스페인은 관광에 대한 경제 의존도가 높은 경향이 있다. 03 모든 목표 중에서, 우리의 첫 번째 우선 사항은 교육을 개선하는 것이다. 04 거울을 벽에 고정시킬 수 있습니까? 05 수학적인 정확성을 가지고 그것의 가치를 결정하는 것은 불가능하다.

Choosing the Right Word

가장 적절한 단어가 어떤 것인지 확인하는 시간입니다. 주어진 문장에 들어갈 가장 적절한 단어를 네모 안에서 골라 보세요.

01 In the real estate industry, impairment / location is everything.

02 He fell in love with her at first fixation / sight.

03 Advertisers can increase purchase intentions simply by gazing / orienting a product toward the right side.

04 Having a huge load / gaze of work can leave you stressed.

05 It is becoming necessary for composers to have computer expertise / location.

06 At that inefficient / precise moment, the bell rang.

07 Visual criteria / impairments can cause people to perceive color differently.

08 In the case of high cognitive load, this type of distraction may cause dramatic impairment, including preventing the further processing of a relevant visual input coming from a spatially well-oriented ocular fixation / expertise due to lack of attention.

09 Nevertheless, distraction times over 2 seconds are considered unacceptable as general criteria / impairments for driving.

10 As a driver must load / prioritize where to search for relevant information, a bad choice of where to look is inefficient; successful visual scanning depends on expertise, expectations, and so forth.

|정답| 01 location 02 sight 03 orienting 04 load 05 expertise 06 precise 07 impairments 08 fixation 09 criteria 10 prioritize

|해석| 01 부동산 업계에서, 장소[입지]가 가장 중요하다. 02 그는 그녀를 처음 보고 사랑에 빠졌다. 03 광고주들은 단순히 제품을 오른쪽을 향해 맞춤으로써 구매 의사를 높일 수 있다. 04 업무량이 많으면 스트레스를 받을 수 있다. 05 작곡가가 컴퓨터 전문 지식을 갖추는 것이 필요해지고 있다. 06 바로 그 순간, 벨이 울렸다. 07 시각 장애는 사람들이 색을 다르게 인식하도록 만들 수 있다. 08 인지 부하가 높은 경우, 이런 종류의 주의 산만은 심각한 장애를 야기할 수도 있는데, 거기에는 집중력 결여로 인해 공간적으로 잘 맞춰진 방향을 시각적으로 고정된 상태에서 바라보고 얻은 관련된 시각 정보의 추가적인 처리를 방해하는 것이 포함된다. 09 그럼에도 불구하고 2초가 넘는 주의 산만 시간은 일반적인 운전 기준으로 허용되지 않는 것으로 여겨진다. 10 운전자는 관련 정보를 어디에서 찾을지 우선순위를 정해야 하므로, 어디를 봐야 할지 잘못 선택하는 것은 비효율적이다. 시각적으로 대충 훑어보는 것의 성공 여부는 전문 지식, 예상되는 것 등에 달려 있다.

Review Test 9

▌학습한 내용은 꾸준히 복습하지 않으면 누구나 며칠 만에 절반 이상을 망각하게 된다고 합니다. 지금 다시 한 번 간단히 복습하면 기억을 되살릴 수 있습니다. 41~45강에서 공부한 내용을 복습해 봅시다.

A 우리말은 영어로, 영어는 우리말로 쓰시오.

01	확률, 개연성	p________	11	sight	________
02	마찬가지로, 또한	l________	12	potential	________
03	견해, 관점, 예측	o________	13	bygone	________
04	감탄[칭찬]할 만한	a________	14	upbringing	________
05	끈덕짐, 끈기	p________	15	author	________
06	자극하다	s________	16	passion	________
07	정착하다, 앉다	s________	17	pill	________
08	재소자, 죄수	p________	18	subsequently	________
09	늘다, 쌓이다, 올라가다	m________	19	critical	________
10	금속	m________	20	expertise	________

B 다음 문장의 빈칸에 적절한 단어를 [보기]에서 찾아 쓰시오.

보기 degree prioritize qualified spatial location

01 He has an exceptional __________ perception.
02 In 1966, he earned his doctor's __________ in law from Boston University.
03 Unfortunately, many individuals are unable to __________ their needs.
04 In the real estate industry, __________ is everything.
05 We had many __________ applicants who were interested in the position.

|정답| A 01 probability 02 likewise 03 outlook 04 admirable 05 persistence 06 stimulate 07 settle 08 prisoner 09 mount 10 metal 11 보기, 시야, 시력, 광경 12 잠재적인 13 지나간, 옛날의 14 양육, 교육 15 작가, 저자 16 열정 17 알약 18 나중에, 그 뒤에 19 결정적으로 중요한, 비판적인, 위기의 20 전문 지식

B 01 spatial 02 degree 03 prioritize 04 location 05 qualified

|해석| B 01 그는 뛰어난 공간 지각력을 갖고 있다. 02 1966년에 그는 보스턴 대학교에서 법학 박사 학위를 취득했다. 03 유감스럽게도, 많은 이들은 필요의 우선순위를 정하지 못한다. 04 부동산 업계에서, 장소[입지]가 가장 중요하다. 05 그 자리에 관심 있는 자격을 갖춘 많은 지원자들이 있었다.

C 다음 밑줄 친 부분과 의미가 가장 가까운 단어를 고르시오.

01 This statue was poorly designed.

① likewise ② badly ③ straight ④ lately

02 The population of the city has continued to increase.

① care ② batter ③ grow ④ react

03 No new personnel will be hired until after January 5th.

① degrees ② employees ③ contributions ④ administrations

04 I'd encourage you to eat healthy vegetables like broccoli and spinach.

① drown ② deserve ③ inspire ④ conclude

D 다음 네모 안에서 주어진 문장에 가장 적절한 단어를 고르시오.

01 There is no chance / success that he will change his mind.

02 My boss admired / dismissed my comment as unimportant.

03 An almost cognitive / invisible haze of smoke is hovering over the city.

04 The vaccine provides longer disease / immunity against the flu.

05 We need to change this precise / inefficient practice to increase productivity.

06 A town's cultural activities can improve the quality of life and instill / investigate a sense of pride.

| 정답 | C 01 ② 02 ③ 03 ② 04 ③
D 01 chance 02 dismissed 03 invisible 04 immunity 05 inefficient 06 instill

| 해석 | C 01 이 조각상은 형편없이 디자인되었다. 02 그 도시의 인구는 계속해서 증가했다. 03 1월 5일 이후까지 어떤 직원도 신규 채용되지 않을 것이다. 04 브로콜리와 시금치 같은 건강에 좋은 채소를 섭취하라고 권하려고 한다.
D 01 그가 마음을 바꿀 가능성은 없다. 02 내 상사는 내 말을 중요하지 않은 것으로 일축했다. 03 거의 눈에 보이지 않는 아지랑이 같은 연기가 도시 상공에 떠 있다. 04 그 백신은 독감 면역력이 더 오래가게 해 준다. 05 우리는 생산성을 향상하기 위해 이 비효율적인 관행을 바꾸어야 한다. 06 마을의 문화 행사는 삶의 질을 향상하고 자긍심을 심어 줄 수 있다.

Unit 46

Comforting Communication

이번 단원에서 학습하게 될 단어들입니다. 이미 알고 있는 단어에 V 표시해 보세요.

☐ literature	☐ refer	☐ comfort	☐ paradigm
☐ extent	☐ adaptation	☐ subjective	☐ affective
☐ aspect	☐ deny	☐ criticize	☐ moderate
☐ implicitly	☐ distressing	☐ sympathy	☐ legitimate
☐ articulate	☐ elaborate	☐ broad	☐ emotion

주어진 단어를 알맞은 뜻과 연결해 보세요. 단어의 뜻을 모르면 아래 정답에서 확인해 보세요.

01 refer	•	•	a 부르다, 지시하다, 참고하다, 문의하다
02 comfort	•	•	b 주관적인
03 paradigm	•	•	c 이론의 틀, 패러다임, 전형적인 예
04 subjective	•	•	d 비난하다, 비평하다
05 affective	•	•	e 위로하다; 위로, 안락
06 aspect	•	•	f 보통의, 온건한, 적당한; 완화되다, 조정하다
07 criticize	•	•	g 분명히 표현하다; 또렷한
08 moderate	•	•	h 감정, 정서
09 articulate	•	•	i 측면, 양상
10 emotion	•	•	j 정서적인

|정답| 01 a 02 e 03 c 04 b 05 j 06 i 07 d 08 f 09 g 10 h

Vocabulary in Reading Context

▌해석은 한 번에 가능하지 않습니다. 해석이 잘되지 않더라도 먼저 아랫글을 단숨에 읽어 보세요.

In the supportive-communication **literature**, the communication of emotional support is often **referred** to as *comforting*. The most influential research on the effects of comforting communication has been conducted by Brant Burleson and colleagues. In this **paradigm**, comforting messages are described as varying in *person centeredness*, defined as the **extent** to which messages reflect an awareness of and an **adaptation** to the **subjective**, **affective**, and relational **aspects** of communicative contexts. Comforting messages low in person centeredness **deny** another person's feelings and perspective by **criticizing** the feelings, challenging their legitimacy, or telling the other how he or she should act or feel. Comforting messages **moderate** in person centeredness **implicitly** recognize another's feelings by attempting to distract the other's attention from the **distressing** situation, offering expressions of **sympathy**, or presenting explanations of the situation that might function to reduce distress. Comforting messages high in person centeredness explicitly acknowledge and **legitimate** another's feelings by helping **articulate** those feelings, **elaborating** on reasons why the other might feel that way, and trying to place the feelings within a **broader** perspective. Overall, highly person-centered messages tend to be the most listener centered, **emotion** focused, and nonevaluative, with moderate- and low-person-centered messages exhibiting fewer of these qualities.

be referred to as: ~라고 불리다

attempt to *do*: ~하려고 시도하다

tend to *do*: ~하는 경향이 있다

▌본문의 의미가 이해되나요? 원어민 선생님이 읽어 주시는 지문을 들으며 다시 한 번 읽어 보세요.

Fill in the Blanks

▌본문의 내용을 기억하며 다시 읽어 볼 차례입니다. 이번에는 글을 읽으면서 빈칸에 들어갈 단어를 주어진 철자로 시작하여 써 보세요.

Comforting Communication

In the supportive-communication ❶l__________, the communication of emotional support is often referred to as *comforting*. The most influential research on the effects of comforting communication has been conducted by Brant Burleson and colleagues. In this paradigm, comforting messages are described as varying in *person centeredness*, defined as
5 the ❷e__________ to which messages reflect an awareness of and an ❸a__________ to the subjective, affective, and relational aspects of communicative contexts. Comforting messages low in person centeredness ❹d__________ another person's feelings and perspective by criticizing the feelings, challenging their legitimacy, or telling the other how he or she should act or feel. Comforting messages moderate in person centeredness ❺i__________ recognize
10 another's feelings by attempting to distract the other's attention from the ❻d__________ situation, offering expressions of ❼s__________, or presenting explanations of the situation that might function to reduce distress. Comforting messages high in person centeredness explicitly acknowledge and ❽l__________ another's feelings by helping articulate those feelings, elaborating on reasons why the other might feel that way, and trying to place the
15 feelings within a ❾b__________ perspective. Overall, highly person-centered messages tend to be the most listener centered, ❿e__________ focused, and nonevaluative, with moderate- and low-person-centered messages exhibiting fewer of these qualities.

해석 위로를 주는 의사소통

지지-소통 문헌에서는 정서적 지지의 커뮤니케이션은 흔히 '위로'라고 불린다. 위로를 주는 의사소통의 영향에 관한 가장 영향력 있는 연구는 Brant Burleson과 동료들에 의해 수행되었다. 이 이론의 틀에서, 위로의 메시지는 '인간 중심성'의 측면에서 다양하다고 기술되는데, (인간 중심성이란) 메시지가 의사소통 상황의 주관적, 정서적, 그리고 관계적 측면에 대한 인식과 적응을 반영하는 정도라고 정의된다. 인간 중심성이 낮은 위로의 메시지는, (다른 사람의) 감정을 비난하거나, 그 감정의 정당성에 이의를 제기하거나, 상대방에게 어떻게 행동하거나 느껴야 하는지를 말함으로써, 그 사람의 감정과 관점을 부인한다. 인간 중심성이 보통인 위로의 메시지는, 상대방의 관심을 고통스러운 상황으로부터 다른 곳으로 돌리려고 시도하거나, 공감의 표현을 제공하거나, 고통을 줄이는 기능을 할 수도 있는 상황에 대한 설명을 제시함으로써, 다른 사람의 감정을 암묵적으로 인정한다. 인간 중심성이 높은 위로의 메시지는, 다른 사람의 감정을 분명히 표현하도록 돕고, 상대방이 왜 그런 방식으로 느낄 수도 있는지에 대한 이유를 상세히 설명하고, 더 넓은 관점 안에 그 감정을 두려고 노력함으로써, 다른 사람의 감정을 명백하게 인정하고 정당화한다. 전반적으로, 인간 중심성이 높은 메시지는 청자 중심성이 가장 높고, 감정에 중점을 두며, 평가적이지 않은 경향이 있는데, 인간 중심성이 보통인 메시지와 낮은 메시지는 이런 특성을 더 적게 보여 준다.

| 정답 | ❶literature ❷extent ❸adaptation ❹deny ❺implicitly ❻distressing ❼sympathy ❽legitimate ❾broader ❿emotion

literature
[lítərətʃər]

명 문헌, 문학 **literary** 형 문학의

I did a brief survey of the scientific **literature** over the past 4 years.

나는 지난 4년간 과학 문헌을 간략하게 조사했다.

Voca & Voca

literate 글을 읽고 쓸 줄 아는

illiterate 문맹의

refer
[rifə́ːr]

동 부르다, 지시하다, 참고하다, 문의하다 **reference** 명 언급, 참고

That amount of information is **referred** to as our cognitive load.

그러한 정보의 양은 우리의 인지 부하라고 불린다.

유 **mention** 말하다, 언급하다

Voca Plus

▸ refer to *A* as *B* A를 B라고 부르다

He referred to her as a soulmate.

그는 그녀를 영혼의 반려자라고 불렀다.

▸ refer to ~을 언급하다, ~을 나타내다, ~에 적용되다, ~을 참고하다

The professor referred to the issue again. 그 교수는 그 문제를 다시 언급했다.

Tempo refers to the rate of speed of the beat of the music.

템포는 음악 박자의 속도를 나타낸다.

A strict rule refers to this case. 이 경우에 엄격한 규칙이 적용된다.

Please refer to the dictionary to find out the meaning of the word.

그 단어의 뜻을 알아내기 위해 사전을 참고하세요.

comfort
[kʌ́mfərt]

동 위로하다 명 위로, 안락 **comforting** 형 위로가 되는 **comfortable** 형 편안한

Joni would **comfort** her by gently touching her face.

Joni는 그녀의 얼굴을 부드럽게 만지며 그녀를 위로하곤 했다.

유 **soothe** 위로하다, 달래다 **relieve** 안도하게 하다 반 **distress** 괴롭히다

paradigm
[pǽrədàim]

명 이론의 틀, 패러다임, 전형적인 예

Human consciousness doesn't fit neatly into the natural science **paradigm**.

인간 의식은 자연 과학 이론의 틀에 깔끔하게 들어맞지 않는다.

extent
[ikstént]

명 정도, 규모, 범위 **extend** 동 연장하다

Distinctiveness is the **extent** to which things occur only with each other and not with other things.

특이성은 어떤 일들이 다른 것과 관련해서가 아니라 서로 간에만 관련해서 일어나는 정도를 말한다.

유 **range** 범위 **size** 크기, 규모 **magnitude** 규모, 중요도

adaptation
[ӕdəptéiʃən]

명 적응, 각색 **adapt** 동 조정하다, 적응하다, 각색하다

An example of a polar bear's **adaptation** to its environment is its thick fur.

북극곰의 환경에 대한 적응의 예시는 그것의 두꺼운 털이다.

유 **adjustment** 적응, 수정 **transformation** 변화

subjective
[səbdʒéktiv]

형 주관적인 **subjectivity** 명 주관성 **subject** 명 주제, 과목, 대상

The distinctions between crime and heroism become **subjective** ones.

범죄와 영웅적 행위의 차이는 주관적인 것이 된다.

반 **objective** 객관적인

affective
[əféktiv]

형 정서적인 **affect** 명 정서 동 ~에 영향을 미치다

Children's **affective** experiences influence their understanding of moral violations.

아이들의 정서적 경험은 도덕적 위반에 대한 그들의 이해에 영향을 미친다.

aspect
[ǽspekt]

명 측면, 양상

Emotions may affect various **aspects** of your eating.

감정은 여러분의 식사의 여러 측면에 영향을 줄 수 있다.

Voca Plus

in every aspect 모든 면에서

from the social[cultural/political] aspect 사회적인[문화적인/정치적인] 측면에서

deny
[dinái]

동 부인하다, 거부하다 **denial** 명 부인, 거부

People who just heard some bad news often **deny** what happened.

방금 어떤 나쁜 소식을 들은 사람은 발생한 일을 흔히 부인한다.

유 **contradict** 부정하다 반 **admit** 인정하다, 허락하다

criticize
[krítəsàiz]

동 비난하다, 비평하다 **critic** 명 비평가 **critical** 형 비판하는, 대단히 중요한

Those opposed to regulation can always **criticize** the regulation.

규제에 반대하는 사람은 그 규제를 언제든 비난할 수 있다.

유 **disapprove** 비난하다, 찬성하지 않다 반 **praise** 칭찬하다

moderate
[mádərət] 형
[mádərèit] 동

형 보통의, 온건한, 적당한 동 완화되다, 누그러뜨리다, 조정하다

moderately 부 적당히

Drinking even **moderate** amounts of alcohol can damage the brain.

보통 정도의 양이더라도 술을 마시는 것은 뇌를 손상시킬 수 있다.

반 **extreme** 극단적인

implicitly
[implísitli]

부 암묵적으로, 함축적으로, 내재하여 **implicit** 형 암시된, 내포된

The organization is explicitly or **implicitly** rewarding the behavior.

그 조직은 그 행동을 명시적으로나 암묵적으로 보상하고 있다.

반 **explicitly** 명시적으로, 명쾌하게

distressing
[distrésiŋ]

형 고통스러운, 괴로움을 주는 **distress** 동 괴롭히다

It is **distressing** to learn about the living conditions of the homeless.

노숙자들의 생활 여건에 대해 알게 되는 것은 고통스러운 일이다.

유 **upsetting** 속상하게 하는 반 **comforting** 위로가 되는

sympathy
[símpəθi]

명 공감, 동조 **sympathize** 동 동정하다 **sympathetic** 형 동조하는, 동정 어린

The conversation created personal **sympathy** between them.

그 대화는 그들 사이에 개인적인 공감을 만들어 냈다.

유 **empathy** 감정 이입, 공감

legitimate
[lidʒítəmèit] 동
[lidʒítəmət] 형

동 정당화하다, 합법화하다 형 합법적인

He **legitimated** his rule by marrying a royal princess.

그는 왕녀와 결혼하여 자신의 지배를 정당화했다.

유 **justify** 정당화하다 **legalize** 합법화하다 반 **illegitimate** 불법화하다; 불법의, 서출의

articulate
[ɑːrtíkjulèit] 동
[ɑːrtíkjulət] 형

동 분명히 표현하다 형 또렷한

That intention has to be **articulated**.

그 의도는 분명히 표현되어야 한다.

유 **express** 표현하다

elaborate
[ilǽbərèit] 동
[ilǽbərət] 형

동 상세히 설명하다 형 공을 들인, 정교한

Could you **elaborate** on that?

그것에 대해 상세히 설명해 주시겠습니까?

유 **expand** 더 상세히 하다 반 **simplify** 단순화하다

broad
[brɔːd]

형 넓은, 광범위한 **broaden** 동 넓히다

Schemata summarize the **broad** pattern of your experience.

도식은 여러분의 경험의 광범위한 양식을 간추려 준다.

유 **wide** 폭이 넓은 **large** 큰 반 **narrow** 좁은

emotion
[imóuʃən]

명 감정, 정서 **emotional** 형 감정의, 감정적인

The letter did not have any **emotion** in it.

그 편지는 그 안에 아무런 감정도 담고 있지 않았다.

유 **feeling** 느낌, 기분 **sentiment** 감정

Synonym & Antonym

유의어와 반의어를 확인해 보는 시간입니다. 밑줄 친 단어의 유의어 혹은 반의어를 주어진 철자로 시작하여 써 보세요.

01 comfort her by gently touching her face [유] s________
02 It is distressing to learn about the living conditions. [반] c________
03 did not have any emotion [유] f________
04 become subjective ones [반] o________
05 always criticize the regulation [유] d________
06 drinking even moderate amounts of alcohol [반] e________
07 implicitly reward the behavior [반] e________

|정답| 01 soothe 02 comforting 03 feeling 04 objective 05 disapprove 06 extreme 07 explicitly

Vocabulary Extension

이제 품사가 다른 여러 형태의 단어를 학습해 보겠습니다. [보기]의 단어를 변형하여 빈칸에 들어갈 알맞은 말을 써 보세요.

[보기] literature extent deny affective criticize

01 In this library you can find various ________ works such as poems, plays, and novels.
02 It is true; there has been no official ________ that he was fired on Wednesday.
03 I want to ________ the fence to 8 feet.
04 My parents advised me to be less ________ of other people.
05 His opinions deeply ________ my decision last week.

|정답| 01 literary 02 denial 03 extend 04 critical 05 affected

|해석| 01 이 도서관에서 여러분은 시, 희곡, 소설과 같은 다양한 문학 작품을 볼 수 있다. 02 그것은 사실로, 그가 수요일에 해고되었다는 것에 대해 공식적인 부인은 없었다. 03 나는 울타리를 8피트로 연장하고 싶다. 04 나의 부모님은 나에게 타인에 대해 덜 비판적이 되라고 조언하셨다. 05 그의 의견이 지난주 내 결정에 깊이 영향을 미쳤다.

Choosing the Right Word

가장 적절한 단어가 어떤 것인지 확인하는 시간입니다. 주어진 문장에 들어갈 가장 적절한 단어를 네모 안에서 골라 보세요.

01 He elaborated / legitimated his rule by marrying a royal princess.

02 The conversation created personal literature / sympathy between them.

03 An example of a polar bear's adaptation / extent to its environment is its thick fur.

04 Emotions may affect various aspects / literature of your eating.

05 Schemata summarize the broad / legitimate pattern of your experience.

06 Could you comfort / elaborate on that?

07 Human consciousness doesn't fit neatly into the natural science sympathy / paradigm.

08 Comforting messages high in person centeredness explicitly acknowledge and legitimate another's feelings by helping criticize / articulate those feelings, elaborating on reasons why the other might feel that way, and trying to place the feelings within a broader perspective.

09 Comforting messages distressing / moderate in person centeredness implicitly recognize another's feelings by attempting to distract the other's attention from the distressing situation, offering expressions of sympathy, or presenting explanations of the situation that might function to reduce distress.

10 In the supportive-communication literature, the communication of emotional support is often referred / criticized to as *comforting*.

|정답| 01 legitimated 02 sympathy 03 adaptation 04 aspects 05 broad 06 elaborate 07 paradigm 08 articulate 09 moderate 10 referred

|해석| 01 그는 왕녀와 결혼하여 자신의 지배를 정당화했다. 02 그 대화는 그들 사이에 개인적인 공감을 만들어 냈다. 03 북극곰의 환경에 대한 적응의 예시는 그것의 두꺼운 털이다. 04 감정은 여러분의 식사의 여러 측면에 영향을 줄 수 있다. 05 도식은 여러분의 경험의 광범위한 양식을 간추려 준다. 06 그것에 대해 상세히 설명해 주시겠습니까? 07 인간 의식은 자연 과학 이론의 틀에 깔끔하게 들어맞지 않는다. 08 인간 중심성이 높은 위로의 메시지는, 다른 사람의 감정을 분명히 표현하도록 돕고, 상대방이 왜 그런 방식으로 느낄 수도 있는지에 대한 이유를 상세히 설명하고, 더 넓은 관점 안에 그 감정을 두려고 노력함으로써, 다른 사람의 감정을 명백하게 인정하고 정당화한다. 09 인간 중심성이 보통인 위로의 메시지는, 상대방의 관심을 고통스러운 상황으로부터 다른 곳으로 돌리려고 시도하거나, 공감의 표현을 제공하거나, 고통을 줄이는 기능을 할 수도 있는 상황에 대한 설명을 제시함으로써, 다른 사람의 감정을 암묵적으로 인정한다. 10 지지-소통 문헌에서는 정서적 지지의 커뮤니케이션은 흔히 '위로'라고 불린다.

Unit 47

The Healing Power of Touch

▌이번 단원에서 학습하게 될 단어들입니다. 이미 알고 있는 단어에 V 표시해 보세요.

☐ artery	☐ patient	☐ facility	☐ nerve
☐ avert	☐ improve	☐ stumble	☐ stroke
☐ tickle	☐ whisker	☐ induce	☐ intend
☐ sensory	☐ vibrate	☐ ordinarily	☐ paralysis
☐ deficit	☐ sensitive	☐ cautiously	☐ optimistic

▌주어진 단어를 알맞은 뜻과 연결해 보세요. 단어의 뜻을 모르면 아래 정답에서 확인해 보세요.

01	whisker •	• a	피하다
02	artery •	• b	진동시키다
03	avert •	• c	(고양이 · 쥐 등의) 수염, 구레나룻
04	stroke •	• d	낙관적인
05	induce •	• e	유발하다
06	sensory •	• f	동맥
07	optimistic •	• g	마비
08	tickle •	• h	뇌졸중
09	vibrate •	• i	감각의
10	paralysis •	• j	간질이다

|정답| 01 c 02 f 03 a 04 h 05 e 06 i 07 d 08 j 09 b 10 g

▌해석은 한 번에 가능하지 않습니다. 해석이 잘되지 않더라도 먼저 아랫글을 단숨에 읽어 보세요.

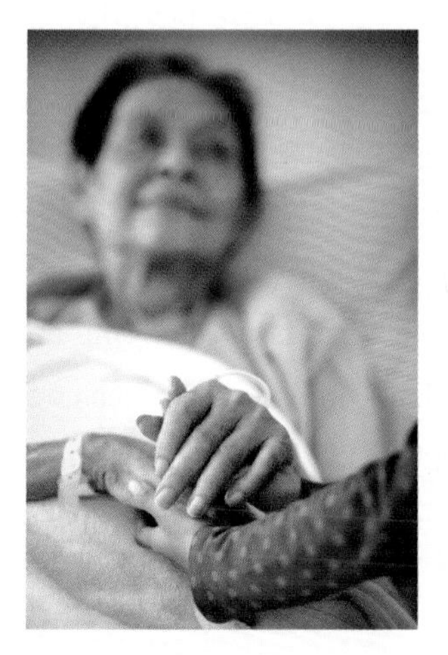

Modern drugs can unblock clogged **arteries** if **patients** get to care **facilities** in time. But the longer the trip to the hospital, the more **nerve** cells die from lack of blood. Better ways to **avert** brain damage could dramatically **improve** patients' quality of life. Recently a team of neuroscientists **stumbled** on a very low-tech way to completely prevent **stroke** damage in rats: **tickle** their **whiskers**.

the+비교급, the+비교급: ~하면 할수록 더욱더 …

A team led by a university in the U.S. **induced** strokes in rats by blocking an artery to the brain. The researchers then stimulated their whiskers, **intending** to measure each rat's brain activity to learn how the stroke damage affected **sensory** functions. They found that if they **vibrated** a single whisker within two hours of the stroke, neurons that **ordinarily** would have died continued to function normally, and the rats ended up with no **paralysis** or sensory **deficits**.

end up with: 결국 ~로 끝나다

The implications for human stroke victims are exciting. There is a possibility that touching **sensitive** areas such as the hands or face will have the same effect in people. The head researcher of the team is **cautiously optimistic**: "You may be able to help people long before the ambulance arrives, long before they can get any other treatment." It could be helpful to hold their hands tightly on the way to the hospital, he adds.

~할 가능성이 있다

on the way to: ~로 가는 도중에

* clogged 막힌 ** neuroscientist 신경 과학자

▌본문의 의미가 이해되나요? 원어민 선생님이 읽어 주시는 지문을 들으며 다시 한 번 읽어 보세요.

Fill in the Blanks

▌본문의 내용을 기억하며 다시 읽어 볼 차례입니다. 이번에는 글을 읽으면서 빈칸에 들어갈 단어를 주어진 철자로 시작하여 써 보세요.

The Healing Power of Touch

Modern drugs can unblock clogged arteries if ❶p__________ get to care facilities in time. But the longer the trip to the hospital, the more ❷n__________ cells die from lack of blood. Better ways to avert brain damage could dramatically ❸i__________ patients' quality of life. Recently a team of neuroscientists stumbled on a very low-tech way to completely prevent ❹s__________ damage in rats: ❺t__________ their whiskers. 5

A team led by a university in the U.S. ❻i__________ strokes in rats by blocking an artery to the brain. The researchers then stimulated their whiskers, intending to measure each rat's brain activity to learn how the stroke damage affected ❼s__________ functions. They found that if they vibrated a single whisker within two hours of the stroke, neurons that ordinarily would have died continued to function normally, and the rats ended up with no ❽p__________ or sensory deficits. 10

The implications for human stroke victims are exciting. There is a possibility that touching ❾s__________ areas such as the hands or face will have the same effect in people. The head researcher of the team is cautiously ❿o__________: "You may be able to help people long before the ambulance arrives, long before they can get any other treatment." It could be helpful to hold their hands tightly on the way to the hospital, he adds. 15

* clogged 막힌 ** neuroscientist 신경 과학자

해석 만지는 것의 치유력

현대 의약품은 환자가 제때에 의료 시설에 도착하면 막힌 동맥을 뚫을 수 있다. 그러나 병원으로 가는 길이 길면 길수록, 더 많은 신경 세포들이 혈액 부족으로 죽는다. 두뇌 손상을 피하는 더 좋은 방법은 극적으로 환자의 삶의 질을 향상할 수 있다. 최근 한 팀의 신경 과학자들이 쥐에게서 뇌졸중 손상을 완전히 예방할 수 있는, 아주 낮은 수준의 기술을 우연히 발견했다. 그것은 수염을 간질이는 것이다.

미국의 어느 대학이 이끈 한 팀은 뇌로 가는 동맥을 막음으로써 쥐에게서 뇌졸중을 유발했다. 그다음에 연구원들은 어떻게 뇌졸중 손상이 감각 기능에 영향을 주는지를 알기 위해 각각의 쥐의 두뇌 활동을 측정할 의도로 쥐의 수염을 자극했다. 그들은 뇌졸중이 발생한 지 두 시간 이내에 한 가닥의 수염에 진동을 주면, 대개는 죽었을 신경 세포들이 계속해서 정상적으로 작동하고 그 쥐들이 결국 마비나 감각의 손실을 전혀 겪지 않았다는 것을 발견했다.

인간 뇌졸중 환자들에게 미칠 영향은 흥미진진하다. 손이나 얼굴 같은 민감한 부분을 만지는 것이 인간에게도 동일한 영향을 미칠 가능성이 있다. 그 팀의 선임 연구원은 조심스럽게 긍정적이다. "당신은 구급차가 도착하기 한참 전에, 사람들이 그 어떤 다른 치료를 받기 한참 전에 그들을 도울 수 있을 것입니다." 병원에 가는 도중에 그들의 손을 꼭 잡아 주는 것이 도움이 될 수 있을 것이라고 그는 덧붙인다.

|정답| ❶patients ❷nerve ❸improve ❹stroke ❺tickle ❻induced ❼sensory ❽paralysis ❾sensitive ❿optimistic

artery
[ɑ́:rtəri]

명 동맥
There are many patients who suffer from blocked **arteries**.
막힌 동맥으로 고생하는 많은 환자들이 있다.

patient
[péiʃənt]

명 환자 형 끈기 있는 **patience** 명 인내, 참을성
He specialized in treatment of cancer **patients**.
그는 암 환자 치료를 전문으로 했다.

facility
[fəsíləti]

명 시설, 기능, 재능 **facilitate** 동 용이하게 하다
What recreational **facilities** are now available?
어떤 오락 시설이 지금 이용 가능한가요?

nerve
[nə:rv]

명 신경, 긴장, 불안 **nervous** 형 초조해하는
Every **nerve** in her body was tense.
그녀는 온 몸의 신경이 날카로워 있었다.

Voca & Voca 초조한, 걱정하는, 불안한

- nervous 초조한 (시험과 같은 중요하고 힘든 일을 앞두고 있을 때의 감정)
  I felt really nervous before the interview.
  나는 면접 전에 정말 초조했다.
- worried 걱정하는 (걱정한다는 뜻을 나타내는 일반적인 단어)
  I was worried you wouldn't come.
  난 당신이 오지 않을까 봐 걱정했어요.
- anxious 불안한, 걱정하는 (worried보다 더 강하고 격식적인 표현)
  There were a few anxious moments in the baseball game.
  그 야구 경기에서는 몇 번 불안한 순간이 있었다.

avert
[əvə́:rt]

동 피하다, 방지하다 **aversion** 명 혐오, 증오
He did his best to **avert** suspicion.
그는 의심을 피하기 위해 최선을 다했다.
유 **avoid** 피하다 **prevent** 예방하다

improve
[imprú:v]

동 향상하다, 개선하다 **improvement** 명 향상, 개선
I need to **improve** my French.
나는 내 프랑스어 실력을 향상해야 한다.
유 **enhance** 향상하다 반 **worsen** 악화시키다

stumble
[stʌ́mbl]

동 우연히 발견하다[마주치다](~ on), 발을 헛디디다

Today, I **stumbled** on something that no man has ever discovered.

오늘, 나는 아무도 지금껏 발견하지 못했던 무언가를 우연히 발견했다.

유 **discover** 발견하다 **trip** 발을 헛디디다

stroke
[strouk]

명 뇌졸중, 후려치기, 때리기, 수영법 동 쓰다듬다

The **stroke** left him partly paralyzed.

뇌졸중으로 그는 부분 마비가 되었다.

tickle
[tíkl]

동 간질이다

Her hair **tickled** his cheek.

그녀의 머리카락이 그의 뺨을 간질였다.

whisker
[*h*wískə*r*]

명 (고양이·쥐 등의) 수염, 구레나룻

Seals use their **whiskers** to find their food.

물개들은 먹이를 찾기 위해 수염을 이용한다.

유 **sideburn** 구레나룻 **beard** 턱수염 **mustache** 콧수염

induce
[ind*j*ú:s]

동 유발하다, 유인하다 **induction** 명 유도, 귀납법

I think the drugs **induce** sleep.

나는 그 약이 졸음을 유발한다고 생각한다.

Voca & Voca 유발하다, 촉발하다, 불러일으키다

▸ cause 유발하다

The poor harvest caused prices to rise sharply.

흉작이 물가가 급격히 오르도록 유발했다.

▸ trigger (작은 일이 더 큰 사건을) 촉발하다

Nuts can trigger a violent allergic reaction.

견과류는 격렬한 알레르기 반응을 촉발할 수 있다.

▸ arouse (특정한 감정이나 행동을) 불러일으키다, 자극하다

Her strange behavior aroused our suspicions.

그녀의 이상한 행동이 우리의 의심을 불러일으켰다.

intend
[inténd]

동 의도하다 **intention** 명 의도 **intentional** 형 의도적인 **intentionally** 부 의도적으로

We finished later than we had **intended**.

우리는 의도했던 것보다 더 늦게 마쳤다.

유 **mean** 의미하다, 의도하다

sensory
[sénsəri]

형 감각의 **sense** 명 감각 **sensitive** 형 예민한 **sensible** 형 분별 있는, 현명한

The **sensory** functions are affected by it.

감각 기능이 그것에 의해 영향을 받는다.

vibrate
[váibreit]

동 진동시키다, 떨다 **vibration** 명 진동, 떨림

The atmosphere seemed to **vibrate** with tension.

분위기가 긴장감으로 떨고 있는 듯했다.

Voca & Voca 떨다, 떨리다

▸ tremble (몸을) 떨다

My legs were trembling with fear.

나는 겁이 나서 다리를 떨고 있었다.

▸ shiver (추위·두려움 등으로) 떨다

He shivered at the thought of the cold, dark sea.

그는 춥고 어두운 바다를 생각하며 몸을 떨었다.

▸ quiver (가볍게) 떨리다

Her lips quivered, and then she started to cry.

그녀의 입술이 떨리더니, 그녀가 울기 시작했다.

ordinarily
[ɔ̀ːrdənɛ́(ː)ərəli]

부 대개, 정상적으로 **ordinary** 형 정상적인, 일반적인

To the untrained eye, the children were behaving **ordinarily**.

비전문가의 눈에는 그 아이들이 정상적으로 행동하고 있었다.

유 **generally** 대개, 일반적으로 반 **extraordinarily** 비상하게, 이례적으로

paralysis
[pərǽlisis]

명 마비, 불수, 무능 **paralyze** 동 마비시키다

He suffered from a stroke and partial **paralysis**.

그는 뇌졸중과 부분 마비를 겪었다.

유 **numbness** 마비, 저림

deficit
[défisit]

명 결손, 적자, 부족액

There's a **deficit** of $3 million in total.

총 300만 달러의 결손이 있다.

유 **deficiency** 결핍 **lack** 부족, 결핍 반 **surplus** 잉여, 흑자

sensitive
[sénsətiv]

형 민감한, 세심한, 감성적인 **sensitivity** 명 세심함, 민감함

She is very **sensitive** to other people's feelings.

그녀는 다른 사람들의 기분에 아주 민감하다.

cautiously
[kɔ́ːʃəsli]

부 조심스럽게 **caution** 명 조심, 주의 **cautious** 형 조심스러운

He crept **cautiously** towards the door.

그는 조심스럽게 문을 향해서 기어갔다.

유 **carefully** 조심스럽게 반 **carelessly** 부주의하게

optimistic
[ɑ̀ptəmístik]

형 낙관적인, 낙관하는 **optimism** 명 낙관주의 **optimist** 명 낙관주의자

He's **optimistic** about the outcome of the talks.

그는 그 회담의 결과에 대해 낙관적이다.

유 **positive** 긍정적인 반 **pessimistic** 비관적인

Synonym & Antonym

유의어와 반의어를 확인해 보는 시간입니다. 밑줄 친 단어의 유의어 혹은 반의어를 주어진 철자로 시작하여 써 보세요.

01 He crept cautiously towards the door. [유] c__________

02 improve my French [반] w__________

03 avert suspicion [유] a__________

04 the drugs induce sleep [유] c__________

05 a deficit of $3 million in total [반] s__________

06 the children were behaving ordinarily [반] e__________

07 He's optimistic about the outcome of the talks. [반] p__________

|정답| 01 carefully 02 worsen 03 avoid 04 cause 05 surplus 06 extraordinarily 07 pessimistic

Vocabulary Extension

이제 품사가 다른 여러 형태의 단어를 학습해 보겠습니다. [보기]의 단어를 변형하여 빈칸에 들어갈 알맞은 말을 써 보세요.

[보기] optimistic improve nerve intend paralysis

01 One mosquito bite can __________ you for life.

02 He has announced his __________ to retire.

03 He was young and full of energy and __________.

04 The __________ of the social and economic conditions of the poor in Brazil is the main concern of the government.

05 Much of what happens to us when we feel __________, such as getting sweaty hands or feeling dry in the mouth, is uncontrollable.

|정답| 01 paralyze 02 intention 03 optimism 04 improvement 05 nervous

|해석| 01 모기에 한 번 물리는 것으로 평생 마비되어 살아갈 수도 있다. 02 그는 은퇴할 의사를 발표했다. 03 그는 젊고 에너지와 낙관적인 생각으로 가득 차 있었다. 04 브라질의 가난한 사람들의 사회적 경제적 상황의 개선이 그 정부의 주요 관심사이다. 05 손이 땀에 젖거나 입이 마르는 것을 느끼는 것과 같이 우리가 초조함을 느낄 때 우리에게 일어나는 일 중에 많은 것은 통제 불가능하다.

Choosing the Right Word

가장 적절한 단어가 어떤 것인지 확인하는 시간입니다. 주어진 문장에 들어갈 가장 적절한 단어를 네모 안에서 골라 보세요.

01 Her hair tickled / stumbled his cheek.

02 There are many patients who suffer from blocked patients / arteries.

03 He did his best to avert / improve suspicion.

04 What recreational facilities / nerves are now available?

05 Seals use their patients / whiskers to find their food.

06 We finished later than we had induced / intended.

07 Better ways to avert brain damage could dramatically paralyze / improve patients' quality of life.

08 The longer the trip to the hospital, the more intention / nerve cells die from lack of blood.

09 Neurons that ordinarily would have died continued to function normally, and the rats ended up with no paralysis or sensory deficits / cautions.

10 There is a possibility that touching sensitive / ordinary areas such as the hands or face will have the same effect in people.

|정답| 01 tickled 02 arteries 03 avert 04 facilities 05 whiskers 06 intended 07 improve 08 nerve 09 deficits 10 sensitive

|해석| 01 그녀의 머리카락이 그의 뺨을 간질였다. 02 막힌 동맥으로 고생하는 많은 환자들이 있다. 03 그는 의심을 피하기 위해 최선을 다했다. 04 어떤 오락 시설이 지금 이용 가능한가요? 05 물개들은 먹이를 찾기 위해 수염을 이용한다. 06 우리는 의도했던 것보다 더 늦게 마쳤다. 07 두뇌 손상을 피하는 더 좋은 방법은 극적으로 환자의 삶의 질을 향상할 수 있다. 08 병원으로 가는 길이 길면 길수록, 더 많은 신경 세포들이 혈액 부족으로 죽는다. 09 대개는 죽었을 신경 세포들이 계속해서 정상적으로 작동하고 그 쥐들이 결국 마비나 감각의 손실을 전혀 겪지 않았다. 10 손이나 얼굴 같은 민감한 부분을 만지는 것이 인간에게도 동일한 영향을 미칠 가능성이 있다.

Unit 48

How Cats Survive a Fall

▌이번 단원에서 학습하게 될 단어들입니다. 이미 알고 있는 단어에 V 표시해 보세요.

☐ folklore	☐ confirm	☐ indeed	☐ manage
☐ veterinary	☐ astonishingly	☐ require	☐ treatment
☐ invariably	☐ extend	☐ glide	☐ prevent
☐ tumble	☐ save	☐ aerodynamic	☐ sidewalk
☐ incident	☐ chest	☐ achievement	☐ match

▌주어진 단어를 알맞은 뜻과 연결해 보세요. 단어의 뜻을 모르면 아래 정답에서 확인해 보세요.

01	astonishingly	a	사건
02	extend	b	민간전승, 민속
03	confirm	c	하지 못하게 하다, 예방하다
04	aerodynamic	d	놀랍게도, 대단히
05	prevent	e	변함없이, 항상
06	treatment	f	공기 역학의
07	incident	g	치료, 처리
08	folklore	h	필적하다, 맞먹다
09	match	i	확인하다, 입증하다
10	invariably	j	뻗다, 확장하다

|정답| 01 d 02 j 03 i 04 f 05 c 06 g 07 a 08 b 09 h 10 e

Vocabulary in Reading Context

▌해석은 한 번에 가능하지 않습니다. 해석이 잘되지 않더라도 먼저 아랫글을 단숨에 읽어 보세요.

Folklore has long maintained (오랫동안 주장해 왔다) that cats always land on their feet, and a study by the Animal Medicine Center in New York has now **confirmed** that cats do **indeed manage** to right themselves (right oneself: 자신의 몸을 바로 세우다) during a fall from a building or ledge. Doctors in the New York **veterinary** hospital looked at 132 cats that fell from tall buildings, from the second to the thirty-second floor. **Astonishingly**, 90 percent of the cats that fell from these heights survived, and almost two-thirds of them **required** no medical **treatment**. By comparison (by comparison: 그에 비해), people falling more than six stories are almost **invariably** killed. Cats survive these incredible falls because they turn their legs downward and **extend** their limbs outward, essentially assuming a flying squirrel or **gliding** position. This **prevents** them from **tumbling** head over heels (head over heels: 거꾸로) through the air while falling and **saves** them from hitting the ground headfirst. The legs-out position also changes the **aerodynamic** drag on the cat's body and slows it down so that it hits the ground with the least possible force (가능한 최소의 힘으로). One of the record falls involved a cat from New York named Sabrina, who fell from the thirty-second floor of an apartment building and landed on a concrete **sidewalk**. Sabrina walked away from (walk away from: ~로부터 떠나다) the **incident** with a chipped tooth and a minor **chest** injury — an **achievement** not many other animals could **match**.

* ledge 선반 ** limb 사지, 팔다리

▌본문의 의미가 이해되나요? 원어민 선생님이 읽어 주시는 지문을 들으며 다시 한 번 읽어 보세요.

Fill in the Blanks

▌본문의 내용을 기억하며 다시 읽어 볼 차례입니다. 이번에는 글을 읽으면서 빈칸에 들어갈 단어를 주어진 철자로 시작하여 써 보세요.

How Cats Survive a Fall

❶F__________ has long maintained that cats always land on their feet, and a study by the Animal Medicine Center in New York has now ❷c__________ that cats do indeed manage to right themselves during a fall from a building or ledge. Doctors in the New York ❸v__________ hospital looked at 132 cats that fell from tall buildings, from the 5 second to the thirty-second floor. Astonishingly, 90 percent of the cats that fell from these heights survived, and almost two-thirds of them required no medical ❹t__________. By comparison, people falling more than six stories are almost invariably killed. Cats survive these incredible falls because they turn their legs downward and extend their limbs outward, essentially assuming a flying squirrel or ❺g__________ position. This 10 ❻p__________ them from tumbling head over heels through the air while falling and ❼s__________ them from hitting the ground headfirst. The legs-out position also changes the ❽a__________ drag on the cat's body and slows it down so that it hits the ground with the least possible force. One of the record falls involved a cat from New York named Sabrina, who fell from the thirty-second floor of an apartment building and landed on a 15 concrete sidewalk. Sabrina walked away from the ❾i__________ with a chipped tooth and a minor chest injury — an ❿a__________ not many other animals could match.

* ledge 선반 ** limb 사지, 팔다리

해석 고양이가 어떻게 추락에서 살아남는가

민간전승에서는 고양이가 항상 다리로 착지한다고 오랫동안 주장해 왔으며, 뉴욕의 동물 의학 센터의 한 연구는 고양이가 건물이나 선반에서 추락하는 동안 정말로 어떻게든 자신의 몸을 바로 세우는 것을 해낸다는 것을 확인했다. 뉴욕 동물병원의 의사들은 2층에서부터 32층까지 고층 건물에서 추락한 132마리의 고양이를 살펴보았다. 놀랍게도 이러한 높이에서 추락한 고양이들 중 90%가 살아남았고, 그 중 거의 3분의 2는 전혀 의학적 치료가 필요 없었다. 그에 비해 6층보다 높은 층에서 떨어진 사람들은 거의 변함없이 사망한다. 고양이가 이러한 놀라운 추락에서 살아남는 것은 본질적으로 날아가는 다람쥐의 자세나 활공하는 듯한 자세를 취하면서 자신들의 다리를 아래로 향하게 하고 사지를 바깥쪽으로 뻗기 때문이다. 이것은 그들이 추락할 때 공중에서 거꾸로 떨어지는 것을 방지해 주며, 머리가 먼저 지면에 부딪히는 것으로부터 그들을 구해 준다. 다리를 바깥으로 하는 자세는 또한 고양이가 가능한 최소한의 힘으로 땅에 부딪힐 수 있도록 고양이 몸의 공기 역학적 저항을 변화시키고 속도를 늦춘다. 기록적인 추락 중 하나는 Sabrina라는 이름의 뉴욕의 한 고양이와 관련이 있었는데, 그 고양이는 아파트 건물 32층에서 떨어져 콘크리트 보도에 내려앉았다. Sabrina는 이빨이 하나 깨지고 가슴에 경미한 부상을 안고 사건 현장을 떠났는데, 이것은 다른 많은 동물들이 필적할 수 없는 성과였다.

|정답| ❶Folklore ❷confirmed ❸veterinary ❹treatment ❺gliding ❻prevents ❼saves ❽aerodynamic ❾incident ❿achievement

folklore
[fóuklɔ̀ːr]

명 민간전승, 민속
In **folklore** the snake is often a symbol of evil.
민간전승에서 뱀은 자주 악의 상징이다.
유 **folktale** 민간 설화

confirm
[kənfə́ːrm]

동 확인하다, 입증하다 **confirmation** 명 확인, 확증
New evidence **confirmed** the first witness's story.
새로운 증거가 최초 목격자의 이야기를 입증해 주었다.
유 **prove** 입증하다, 증명하다 반 **disprove** 틀렸음을 입증하다

indeed
[indíːd]

부 정말, 확실히, 실제로
This is **indeed** a matter of great importance.
이것은 정말로 매우 중요한 문제이다.
유 **certainly** 틀림없이 **undoubtedly** 의심할 여지없이

manage
[mǽnidʒ]

동 (어떻게든) ~하다, 겨우 ~하다, 관리하다 **management** 명 관리, 경영
manager 명 관리자, 지배인
She somehow **managed** to persuade him.
그녀는 여하튼 그를 겨우 설득했다.
유 **handle** 다루다, 처리하다 **control** 관리하다, 통제하다

veterinary
[vétərənèri]

형 수의과의, 가축병 치료와 관련된 **veterinarian** 명 수의과 의사(= **vet**)
Visiting a **veterinary** clinic costs a lot of money.
동물 병원에 가는 것은 비용이 많이 든다.

astonishingly
[əstɑ́niʃiŋli]

부 놀랍게도, 대단히 **astonish** 동 놀라게 하다 **astonishment** 명 놀람, 경악
She earns an **astonishingly** high salary.
그녀는 놀라울 정도로 높은 급여를 받는다.
유 **surprisingly** 놀랍게도

require
[rikwáiər]

동 필요로 하다, 요구하다 **requirement** 명 필요조건, 요구 사항

Regulations **require** that students attend at least 90% of the lectures.

규정상 학생들은 적어도 강의의 90%를 출석하는 것이 필요하다.

유 **demand** 요구하다

treatment
[tríːtmənt]

명 치료, 처리, 취급, 대우 **treat** 동 치료하다, 취급하다, 대우하다

The best **treatment** for a cold is to rest and drink lots of fluids.

감기에 대한 최상의 치료는 쉬고 수분을 많이 섭취하는 것이다.

유 **remedy** 치료(법), 치유

invariably
[invέ(ː)əriəbli]

부 변함없이, 항상 **invariable** 형 변하지 않는

It **invariably** rains when I come here.

내가 여기에 올 때는 항상 비가 내린다.

유 **always** 항상

extend
[iksténd]

동 뻗다, 확장하다, 연장하다 **extension** 명 늘림, 확장, 연장

She **extended** a hand in greeting.

그녀는 인사할 때 손을 내밀었다.

유 **stretch** 뻗다

glide
[glaid]

동 활공[활강]하다, (미끄러지듯) 나아가다

I watched the skiers **glide** down the slope.

나는 스키 타는 사람들이 슬로프를 활강하는 것을 보았다.

prevent
[privént]

동 하지 못하게 하다, 예방하다, 막다 **prevention** 명 예방, 방지

Her back injury may **prevent** her from playing in tomorrow's game.

그녀의 허리 부상은 그녀가 내일 경기에 경기를 하지 못하게 할 수도 있다.

유 **stop** 하지 못하게 하다 반 **promote** 장려하다, 촉진하다

tumble
[tʌ́mbl]

동 굴러떨어지다

The boy tripped and **tumbled** to the ground.

그 소년은 발을 헛디뎌 바닥에 굴러 떨어졌다.

유 **fall** 떨어지다

save
[seiv]

동 구해 주다, 피하게 해 주다, 저축하다

He **saved** a child from drowning in the river.

그는 강에서 한 아이가 익사하는 것을 구해 주었다.

유 **rescue** 구하다, 구조하다

aerodynamic
[ὲəroudainǽmik]

형 공기 역학의 **aerodynamics** 명 공기 역학

Cars have more rounded edges in order to be **aerodynamic**.

자동차는 공기 역학적이 되도록 더 많은 둥근 모서리를 갖고 있다.

sidewalk
[sáidwɔ̀ːk]

명 보도, 인도

Bicycles are not allowed on the **sidewalk**.

보도에서는 자전거를 탈 수 없다.

incident
[ínsidənt]

명 사건 (현장), (불쾌한) 일, 사고 **incidental** 형 부수적인, ~에 따르기 마련인

The police said it was an isolated **incident**.

경찰은 그것이 독립적인 사건이라고 말했다.

유 **accident** 사고, 우연

chest
[tʃest]

명 가슴, 흉부, 궤, (뚜껑 달린) 상자

His heart was pounding in his **chest**.

그의 가슴에서 심장이 쿵쾅거렸다.

He found a treasure **chest** by luck.

그는 운 좋게 보물 상자를 발견했다.

achievement
[ətʃíːvmənt]

명 업적, 성취, 달성 **achieve** 동 성취하다, 달성하다

The discovery of DNA is a great scientific **achievement**.

DNA의 발견은 위대한 과학적 업적이다.

유 **accomplishment** 업적, 공적

match
[mætʃ]

동 필적하다, 맞먹다, 어울리다, 일치하다 명 맞수, 호적수, 시합, 성냥

Nobody can **match** her at golf.

골프에서 아무도 그녀의 상대가 되지 못한다.

유 **rival** 맞먹다; 경쟁자, 적수

Synonym & Antonym

유의어와 반의어를 확인해 보는 시간입니다. 밑줄 친 단어의 유의어 혹은 반의어를 주어진 철자로 시작하여 써 보세요.

01 save a child from drowning　　㊌ r________
02 can match her at golf　　㊌ r________
03 require that students attend　　㊌ d________
04 extend a hand in greeting　　㊌ s________
05 a great scientific achievement　　㊌ a________
06 confirm the first witness's story　　ⓑ d________
07 the best treatment for a cold　　㊌ r________

|정답| 01 rescue 02 rival 03 demand 04 stretch 05 accomplishment 06 disprove 07 remedy

Vocabulary Extension

이제 품사가 다른 여러 형태의 단어를 학습해 보겠습니다. [보기]의 단어를 변형하여 빈칸에 들어갈 알맞은 말을 써 보세요.

보기 manage astonishingly require extend prevent

01 She missed the deadline but was granted a(n) ________.
02 He has satisfied the general ________s of the course.
03 Regular exercise and diet play a key role in the ________ of heart disease.
04 The profits of our company have increased under the ________ of the new president.
05 To everyone's ________, more than 200 people volunteered to help clean up after the event.

|정답| 01 extension 02 requirement 03 prevention 04 management 05 astonishment

|해석| 01 그녀는 마감 시간을 놓쳤지만 시간 연장을 부여받았다. 02 그는 그 강좌의 전반적인 요구 사항을 충족시켰다. 03 규칙적인 운동과 식사는 심장병 예방에 핵심적인 역할을 한다. 04 우리 회사의 수익이 새로운 사장의 경영[관리] 하에 증가해 왔다. 05 모든 사람이 놀랍게도, 200명이 넘는 사람들이 행사 이후에 청소를 돕는 것에 자원했다.

Choosing the Right Word

가장 적절한 단어가 어떤 것인지 확인하는 시간입니다. 주어진 문장에 들어갈 가장 적절한 단어를 네모 안에서 골라 보세요.

01 The boy tripped and matched / tumbled to the ground.

02 Bicycles are not allowed on the incident / sidewalk.

03 I watched the skiers extend / glide down the slope.

04 In folklore / treatment the snake is often a symbol of evil.

05 Her back injury may manage / prevent her from playing in tomorrow's game.

06 She somehow confirmed / managed to persuade him.

07 Visiting a(n) aerodynamic / veterinary clinic costs a lot of money.

08 This prevents them from tumbling head over heels through the air while falling and saves / requires them from hitting the ground headfirst.

09 Sabrina walked away from the incident with a chipped tooth and a minor chest injury — an achievement not many other animals could match / confirm.

10 Astonishingly, 90 percent of the cats that fell from these heights survived, and almost two-thirds of them required / prevented no medical treatment.

|정답| 01 tumbled 02 sidewalk 03 glide 04 folklore 05 prevent 06 managed 07 veterinary 08 saves 09 match 10 required

|해석| 01 그 소년은 발을 헛디뎌 바닥에 굴러떨어졌다. 02 보도에서는 자전거를 탈 수 없다. 03 나는 스키 타는 사람들이 슬로프를 활강하는 것을 보았다. 04 민간전승에서 뱀은 자주 악의 상징이다. 05 그녀의 허리 부상은 그녀가 내일 경기에 경기를 하지 못하게 할 수도 있다. 06 그녀는 여하튼 그를 설득했다. 07 동물 병원에 가는 것은 비용이 많이 든다. 08 이것은 그들이 추락할 때 공중에서 거꾸로 떨어지는 것을 방지해 주며, 머리가 먼저 지면에 부딪히는 것으로부터 그들을 구해 준다. 09 Sabrina는 이빨이 하나 깨지고 가슴에 경미한 부상을 안고 사건 현장을 떠났는데, 이것은 다른 많은 동물들이 필적할 수 없는 성과였다. 10 놀랍게도 이러한 높이에서 추락한 고양이들 중 90%가 살아남았고, 그 중 거의 3분의 2는 전혀 의학적 치료가 필요 없었다.

Unit 49

Path to Success

▌이번 단원에서 학습하게 될 단어들입니다. 이미 알고 있는 단어에 V 표시해 보세요.

☐ define	☐ substitute	☐ stair	☐ philosopher
☐ preparation	☐ wishful	☐ visualization	☐ glue
☐ seed	☐ plant	☐ experience	☐ similarly
☐ adventurous	☐ abundant	☐ trust	☐ setback
☐ temporary	☐ bump	☐ journey	☐ strengthen

▌주어진 단어를 알맞은 뜻과 연결해 보세요. 단어의 뜻을 모르면 아래 정답에서 확인해 보세요.

01	define	•	•	a	심다; 식물, 공장
02	substitute	•	•	b	정의하다, 분명히 밝히다
03	wishful	•	•	c	믿다; 신뢰
04	plant	•	•	d	희망하는, 갈망하는
05	similarly	•	•	e	대체할 만한 것, 대리자; 대체하다, 대신하다
06	adventurous	•	•	f	일시적인
07	trust	•	•	g	방해물, 충돌, 쿵; 충돌하다
08	temporary	•	•	h	모험적인, 흥미진진한
09	bump	•	•	i	여정, 여행; 여행하다
10	journey	•	•	j	마찬가지로, 유사하게

|정답| 01 b 02 e 03 d 04 a 05 j 06 h 07 c 08 f 09 g 10 i

▌해석은 한 번에 가능하지 않습니다. 해석이 잘되지 않더라도 먼저 아랫글을 단숨에 읽어 보세요.

Once you have **defined** what success looks like (once+주어+동사: 일단 ~가 …하면) for you and have begun to design it, next comes the work. There's no **substitute** for hard work; we all have to roll up our sleeves and take the **stairs** to get to that floor we're going after. 5

The Roman **philosopher** Seneca once said, "Luck is what happens when **preparation** meets opportunity." The preparation is the work, and the opportunity will find us when we are truly ready to work and make it ours.

While some get caught up in **wishful** thinking, **visualizations**, and acting as if (마치 ~인 것처럼) they 10 already have it, the one thing that **glues** the whole process together is putting in the elbow grease. A gardener can't just wish for (wish for: ~을 바라다) a beautiful garden and one suddenly appears; she has to choose the **seed**, pick the place, clear the ground, dig the holes, **plant** the seed, water it, add mulch, and repeat these steps over and over again (over and over again: 거듭, 반복해서) if she wants to **experience** that beautiful healthy garden in the flesh (실물로). **Similarly**, if you want to live a full, **adventurous**, 15 **abundant**, joy-filled, and loving life, it's going to take work. **Trust** that there will be **setbacks** and **temporary bumps** along the **journey**, but they're nature's way of **strengthening** us to be ready for (be ready for: ~을 준비하다) what it is we're working toward.

* elbow grease 힘든 노동 ** mulch (식물의) 뿌리 덮개

▌본문의 의미가 이해되나요? 원어민 선생님이 읽어 주시는 지문을 들으며 다시 한 번 읽어 보세요.

Fill in the Blanks

▌본문의 내용을 기억하며 다시 읽어 볼 차례입니다. 이번에는 글을 읽으면서 빈칸에 들어갈 단어를 주어진 철자로 시작하여 써 보세요.

Path to Success

Once you have defined what success looks like for you and have begun to design it, next comes the work. There's no substitute for hard work; we all have to roll up our sleeves and take the ❶s__________ to get to that floor we're going after.

The Roman ❷p__________ Seneca once said, "Luck is what happens when ❸p__________ meets opportunity." The preparation is the work, and the opportunity will find us when we are truly ready to work and make it ours.

While some get caught up in wishful thinking, ❹v__________, and acting as if they already have it, the one thing that ❺g__________ the whole process together is putting in the elbow grease. A gardener can't just wish for a beautiful garden and one suddenly appears; she has to choose the ❻s__________, pick the place, clear the ground, dig the holes, plant the seed, water it, add mulch, and repeat these steps over and over again if she wants to ❼e__________ that beautiful healthy garden in the flesh. Similarly, if you want to live a full, adventurous, ❽a__________, joy-filled, and loving life, it's going to take work. Trust that there will be ❾s__________ and temporary bumps along the journey, but they're nature's way of ❿s__________ us to be ready for what it is we're working toward.

* elbow grease 힘든 노동 ** mulch (식물의) 뿌리 덮개

해석 성공에 이르는 길

일단 여러분이 성공이 여러분에게 어떤 것인지 정의하고 그것을 디자인하기 시작했으면, 그다음은 일이 따른다. 각고의 노력을 대체할 만한 것은 없으며 우리는 모두 소매를 걷어 올리고, 우리가 가고자 하는 층으로 가기 위해 계단을 올라가야 한다.

로마의 철학자 Seneca는 "행운은 준비가 기회를 만날 때 생기는 것이다."라고 언젠가 말하였다. 준비는 일이며, 우리가 일하고 그것을[기회를] 우리의 것으로 만들 준비가 진정으로 되었을 때 기회는 우리를 찾을 것이다.

어떤 이들은 희망 사항, 구상화, 그리고 자기들이 이미 그것을 가지고 있는 것처럼 행동하는 것에 사로잡혀 있지만, 전체적인 과정을 함께 접착시키는 한 가지는 피땀[힘든 노동]을 쏟는 것이다. 정원사가 그저 아름다운 정원을 바란다고 해서 갑자기 정원이 나타나는 것은 아니다. 만약 그녀가 그 아름답고 건강한 정원을 실물로 경험하고 싶다면, 씨앗을 고르고, 장소를 고르고, 땅을 개간하고, 구멍을 파고, 씨앗을 심고, 물을 주고, 뿌리 덮개를 더해 주고 이 단계를 거듭 반복해야 한다. 마찬가지로, 만약 여러분이 완전하고, 모험적이고, 풍부하고, 기쁨으로 가득 차고, 사랑하는 삶을 살고 싶다면, 일을 해야 할 것이다. 그 여정에는 차질과 일시적인 방해물이 있을 테지만 그것들은 우리가 얻으려고 노력하는 바로 그것을 준비할 수 있도록 우리를 더 튼튼하게 하는 자연의 방식이라는 것을 믿어라.

|정답| ❶stairs ❷philosopher ❸preparation ❹visualizations ❺glues ❻seed ❼experience ❽abundant ❾setbacks ❿strengthening

define
[difáin]

[동] 정의하다, 분명히 밝히다 **definition** [명] 정의
We may **define** aging as a positive growth experience.
우리는 노화를 긍정적인 성장의 경험으로 정의할 수도 있다.
[유] **describe** 기술하다, 묘사하다

substitute
[sʌ́bstətjù:t]

[명] 대체할 만한 것, 대리자 [동] 대체하다, 대신하다
There is no **substitute** for wool.
양모를 대체할 만한 것은 아무것도 없다.
[유] **replacement** 대체물, 교체

stair
[stɛər]

[명] 계단
Jake watched as a vision of beauty floated down the **stairs**.
Jake는 미의 화신이 계단을 미끄러지듯 걸어 내려오는 동안 지켜보았다.
[유] **staircase** 계단 **stairway** 계단 **step** (계단의) 한 단

philosopher
[filάsəfər]

[명] 철학자 **philosophy** [명] 철학 **philosophical** [형] 철학의, 달관한 듯한
The **philosopher** was the caretaker of human wisdom.
철학자는 인간의 지혜의 관리인이었다.

preparation
[prèpəréiʃən]

[명] 준비, 대비 **prepare** [동] 준비하다
People who had gathered there were busy in the **preparations**.
그곳에 모인 사람들은 준비로 바빴다.

wishful
[wíʃfəl]

[형] 희망하는, 갈망하는 **wish** [동] 소원하다 [명] 희망, 소원
He was **wishful** for people to realize the truth.
그는 사람들이 진실을 깨닫기를 희망했다.
[유] **desirous** 바라는

visualization
[vìʒuəlaizéiʃən]

명 구상화, 시각화 **visual** 형 시각적인 **visualize** 동 마음속에 그려 보다, 상상하다

Visualization can help you organize and analyze the process.

구상화는 여러분이 과정을 조직하고 분석하는 데 도움을 줄 수 있다.

Voca & Voca

vision 시력, 시각 **envision** 마음속에 그리다, 상상하다

visible (눈에) 보이는

glue
[gluː]

동 접착시키다 명 접착제

He **glued** the two parts together.

그는 두 개의 부품을 함께 접착시켰다

유 **fix** 고착시키다 반 **detach** 분리하다 **separate** 떼다, 가르다

seed
[siːd]

명 씨앗, 근원 동 씨가 맺다

Slice off the top of the fruit and eat the contents, **seeds** and all.

열매의 윗부분을 잘라 내고 씨앗과 내용물 전부를 먹어라.

plant
[plænt]

동 심다 명 식물, 공장

Crops were **planted** and grew from late October to late February.

10월 하순부터 2월 하순까지 농작물이 심어져 자랐다.

유 **sow** 씨를 뿌리다

Voca & Voca

transplant 이식하다, 옮겨 심다 **implant** 심다, 주입하다

experience
[ikspíəriəns]

동 경험하다 명 경험 **experienced** 형 경험이 풍부한, 능숙한

To remember a science concept, you should **experience** it multiple times.

과학 개념을 기억하려면, 여러 번 그것을 경험해야 한다.

유 **undergo** 겪다

similarly
[símələrli]

부 마찬가지로, 유사하게 **similar** 형 비슷한 **similarity** 명 닮은 점, 유사성

Everything is connected in our body. **Similarly**, our team is united.

우리 몸 안의 모든 것이 연결되어 있다. 마찬가지로, 우리 팀은 단결되어 있다.

유 **likewise** 마찬가지로, 게다가, 비슷하게

Voca Plus

nevertheless 그럼에도 불구하고 **therefore** 그러므로

furthermore 더군다나 **otherwise** 그렇지 않으면[않았다면]

moreover 게다가 **on the contrary** 반면에

adventurous
[ədvéntʃərəs]

형 모험적인, 흥미진진한 **adventure** 명 모험

Do you enjoy **adventurous** voyages on the open seas?

망망대해에서 모험적인 항해를 즐기십니까?

abundant
[əbʌ́ndənt]

형 풍부한 **abundance** 명 풍부

The **abundant** supply of commercial fertilizers has made possible the production of large crops.

시판 비료의 풍부한 공급이 다수확 생산을 가능하게 했다.

유 **plentiful** 많은 반 **scarce** 부족한, 적은

trust
[trʌst]

동 믿다 명 신뢰 **trustworthy** 형 믿을 수 있는

It's best to **trust** your intuition about how to approach a topic.

어느 한 주제에 어떻게 접근할 것인지에 대해 여러분의 직관을 믿는 것이 최선이다.

반 **distrust** 불신하다 **doubt** 의심하다

setback
[sétbæk]

명 차질, 방해, 좌절

His injury brought a major **setback** to the team.

그의 부상은 팀에 중대한 차질을 가져왔다.

유 **problem** 문제, 골칫거리 반 **breakthrough** 약진, 돌파구

temporary
[témpərèri]

형 일시적인 **temporarily** 부 일시적으로

Some Native Americans believed that animal deaths are **temporary**.

일부 아메리카 원주민들은 동물들의 죽음이 일시적이라고 믿었다.

유 **transient** 일시적인, 순간적인 **momentary** 순간적인, 잠깐의 반 **permanent** 영구적인

Voca & Voca

contemporary 동시대의, 현대의
temporal 시간의, 속세의

bump
[bʌmp]

명 방해물, 충돌, 쿵 동 충돌하다 **bumpy** 형 울퉁불퉁한

Failure is a **bump** on the road, not the end of the road.

실패는 길 위의 방해물이지 길의 끝이 아니다.

유 **obstacle** 장애물 **crash** 충돌, 추락

journey
[dʒə́ːrni]

명 여정, 여행 동 여행하다

I began to enjoy the **journey** of writing.

나는 쓰기라는 여정을 즐기기 시작했다.

strengthen
[stréŋkθən]

동 더 튼튼하게 하다, 강화하다 **strong** 형 강한 **strength** 명 힘, 견고성

Gratitude reduces anxiety and **strengthens** the immune system.

감사하는 마음은 불안을 줄여 주고 면역 체계를 더 튼튼하게 한다.

유 **fortify** 튼튼히 하다 **reinforce** 강화하다 반 **weaken** 약화시키다

Synonym & Antonym

유의어와 반의어를 확인해 보는 시간입니다. 밑줄 친 단어의 유의어 혹은 반의어를 주어진 철자로 시작하여 써 보세요.

01 There is no substitute for wool. ㊟ r________

02 glued the two parts together ㉯ d________

03 experience it multiple times ㊟ u________

04 the abundant supply of commercial fertilizers ㉯ s________

05 trust your intuition ㉯ d________

06 animal deaths are temporary ㉯ p________

07 a bump on the road ㊟ o________

|정답| 01 replacement 02 detach 03 undergo 04 scarce 05 distrust[doubt] 06 permanent 07 obstacle

Vocabulary Extension

이제 품사가 다른 여러 형태의 단어를 학습해 보겠습니다. [보기]의 단어를 변형하여 빈칸에 들어갈 알맞은 말을 써 보세요.

보기 adventurous define wishful similarly preparation

01 Diversity, by __________, is the existence of similarities and differences.

02 I left right away, so I had no time to __________ for the interview.

03 I __________ I were stronger.

04 The explorer set off for a new __________ in Africa.

05 He bears a remarkable __________ with his father.

|정답| 01 definition 02 prepare 03 wish 04 adventure 05 similarity

|해석| 01 다양성이란, 정의에 따르면, 유사성과 차이가 존재하는 것이다. 02 나는 바로 떠났고, 그래서 인터뷰를 준비할 시간이 없었다. 03 나는 힘이 더 셌으면 하고 소망한다. 04 탐험가는 아프리카에서의 새로운 모험을 향해 떠났다. 05 그는 놀랄 정도로 자신의 아버지와 닮은 점이 있다.

Choosing the Right Word

가장 적절한 단어가 어떤 것인지 확인하는 시간입니다. 주어진 문장에 들어갈 가장 적절한 단어를 네모 안에서 골라 보세요.

01 Jake watched as a vision of beauty floated down the journey / stairs.

02 Visualization / Trust can help you organize and analyze the process.

03 Slice off the top of the fruit and eat the contents, substitutes / seeds and all.

04 His injury brought a major setback / trust to the team.

05 Gratitude reduces anxiety and defines / strengthens the immune system.

06 He was adventurous / wishful for people to realize the truth.

07 The philosopher / setback was the caretaker of human wisdom.

08 Trust that there will be setbacks and temporary bumps along the journey / plant, but they're nature's way of strengthening us to be ready for what it is we're working toward.

09 A gardener can't just wish for a beautiful garden and one suddenly appears; she has to choose the seed, pick the place, clear the ground, dig the holes, plant / experience the seed, water it, add mulch, and repeat these steps over and over again if she wants to experience that beautiful healthy garden in the flesh.

10 Once you have glued / defined what success looks like for you and have begun to design it, next comes the work.

|정답| 01 stairs 02 Visualization 03 seeds 04 setback 05 strengthens 06 wishful 07 philosopher 08 journey 09 plant 10 defined

|해석| 01 Jake는 미의 화신이 계단을 미끄러지듯 걸어 내려오는 동안 지켜보았다. 02 구상화는 여러분이 과정을 조직하고 분석하는 데 도움을 줄 수 있다. 03 열매의 윗부분을 잘라 내고 씨앗과 내용물 전부를 먹어라. 04 그의 부상은 팀에 중대한 차질을 가져왔다. 05 감사하는 마음은 불안을 줄여 주고 면역 체계를 더 튼튼하게 한다. 06 그는 사람들이 진실을 깨닫기를 희망했다. 07 철학자는 인간의 지혜의 관리인이었다. 08 그 여정에는 차질과 일시적인 방해물이 있을 테지만, 그것들은 우리가 얻으려고 노력하는 바로 그것을 준비할 수 있도록 우리를 더 튼튼하게 하는 자연의 방식이라는 것을 믿어라. 09 정원사가 그저 아름다운 정원을 바란다고 해서 갑자기 정원이 나타나는 것은 아니다. 만약 그녀가 그 아름답고 건강한 정원을 실물로 경험하고 싶다면, 씨앗을 고르고, 장소를 고르고, 땅을 개간하고, 구멍을 파고, 씨앗을 심고, 물을 주고, 뿌리 덮개를 더해 주고 이 단계를 거듭 반복해야 한다. 10 일단 여러분이 성공이 여러분에게 어떤 것인지 정의하고 그것을 디자인하기 시작했으면, 그다음은 일이 따른다.

Unit 50

The Complexity of Animal Behavior

▌이번 단원에서 학습하게 될 단어들입니다. 이미 알고 있는 단어에 V 표시해 보세요.

☐ irresistible	☐ term	☐ attribute	☐ motive
☐ ability	☐ species	☐ purely	☐ track
☐ irregular	☐ complicated	☐ suppose	☐ navigational
☐ infer	☐ path	☐ surface	☐ environment
☐ illustrate	☐ necessary	☐ correlation	☐ observe

▌주어진 단어를 알맞은 뜻과 연결해 보세요. 단어의 뜻을 모르면 아래 정답에서 확인해 보세요.

01 purely •	• a	추적하다; 길, 발자국, 경주로
02 term •	• b	(~을 …의) 결과로[덕분으로] 보다; 자질
03 attribute •	• c	추론하다, 암시하다
04 ability •	• d	순전히, 전적으로
05 track •	• e	용어, 기간, 학기, 관계, 조건
06 navigational •	• f	항행의, 항해의
07 infer •	• g	관찰하다, 보다, (규칙을) 준수하다
08 illustrate •	• h	보여 주다, 설명하다, 삽화를 넣다
09 necessary •	• i	필연적인, 필요한
10 observe •	• j	능력

|정답| 01 d 02 e 03 b 04 j 05 a 06 f 07 c 08 h 09 i 10 g

Vocabulary in Reading Context

▌해석은 한 번에 가능하지 않습니다. 해석이 잘되지 않더라도 먼저 아랫글을 단숨에 읽어 보세요.

Our **irresistible** tendency to see things in human **terms** — that we are often mistaken in **attributing** complex human **motives** and processing **abilities** to other **species** — does not mean that an animal's behavior is not, in fact, complex. Rather, it means that the complexity of the animal's behavior is not **purely** a product of its internal complexity. Herbert Simon's "parable of the ant" makes this point very clearly. Imagine an ant walking along a beach, and visualize **tracking** the trajectory of the ant as it moves. The trajectory would show a lot of twists and turns, and would be very **irregular** and **complicated**. One could then **suppose** that the ant had equally complicated internal **navigational** abilities, and work out what these were likely to be by analyzing the trajectory to **infer** the rules and mechanisms that could produce such a complex navigational **path**. The complexity of the trajectory, however, "is really a complexity in the **surface** of the beach, not a complexity in the ant." In reality, the ant may be using a set of very simple rules: it is the interaction of these rules with the **environment** that actually produces the complex trajectory, not the ant alone. Put more generally, the parable of the ant **illustrates** that there is no **necessary correlation** between the complexity of an **observed** behavior and the complexity of the mechanism that produces it.

be mistaken in -ing: 잘못 ~하다
in fact: 사실
be likely to *do*: ~일 수 있다, ~일 것 같다
더 일반적으로 말하자면

*parable 우화 **trajectory 이동 경로

▌본문의 의미가 이해되나요? 원어민 선생님이 읽어 주시는 지문을 들으며 다시 한 번 읽어 보세요.

Fill in the Blanks

▌본문의 내용을 기억하며 다시 읽어 볼 차례입니다. 이번에는 글을 읽으면서 빈칸에 들어갈 단어를 주어진 철자로 시작하여 써 보세요.

The Complexity of Animal Behavior

Our ❶i__________ tendency to see things in human terms — that we are often mistaken in attributing complex human ❷m__________ and processing abilities to other ❸s__________ — does not mean that an animal's behavior is not, in fact, complex. Rather, it means that the complexity of the animal's behavior is not purely a product of its internal complexity. Herbert Simon's "parable of the ant" makes this point very clearly. Imagine an ant walking along a beach, and visualize tracking the trajectory of the ant as it moves. The trajectory would show a lot of twists and turns, and would be very ❹i__________ and ❺c__________. One could then ❻s__________ that the ant had equally complicated internal navigational abilities, and work out what these were likely to be by analyzing the trajectory to infer the rules and mechanisms that could produce such a complex navigational ❼p__________. The complexity of the trajectory, however, "is really a complexity in the ❽s__________ of the beach, not a complexity in the ant." In reality, the ant may be using a set of very simple rules: it is the interaction of these rules with the ❾e__________ that actually produces the complex trajectory, not the ant alone. Put more generally, the parable of the ant illustrates that there is no necessary ❿c__________ between the complexity of an observed behavior and the complexity of the mechanism that produces it.

*parable 우화 **trajectory 이동 경로

해석 동물 행동의 복잡성

인간의 견지에서 사물을 보는 우리의 억누를 수 없는 경향, 즉 다른 종들에게 복잡한 인간의 동기와 처리 능력이 있다고 우리가 흔히 잘못 생각하는 것은 동물의 행동이 사실 복잡하지 않다는 것을 의미하는 것은 아니다. 오히려 그것은 동물 행동의 복잡성이 순전히 그것의 내적 복잡성의 산물은 아니라는 의미이다. Herbert Simon의 '개미 우화'는 이 점을 매우 분명하게 말해 준다. 개미 한 마리가 해변을 따라 걷는 것을 상상하고, 그 개미가 이동함에 따라 그 이동 경로를 추적하는 것을 머릿속에 그려 보라. 그 이동 경로는 여러 차례 구부러지고 방향이 바뀔 것이고, 매우 불규칙하고 복잡할 것이다. 그렇다면 그 개미에게 동등하게 복잡한 내적 항행 능력이 있다고 가정하고, 그런 복잡한 항행 경로를 만들어 낼 수 있는 규칙과 기제를 추론하기 위해 그 이동 경로를 분석함으로써 이것이 무엇일 수 있는지를 알아낼 수 있을 것이다. 하지만 그 이동 경로의 복잡성은 '실제로 해변 지면에서의 복잡성이지 그 개미의 내적 복잡성이 아니다.' 사실 그 개미는 일련의 매우 단순한 규칙들을 사용하고 있을지도 모르는데, 그 복잡한 이동 경로를 실제로 만들어 내는 것은 바로 이 규칙들과 환경의 상호 작용이지, 그 개미 단독으로는 아니다. 더 일반적으로 말하자면, 개미 우화는 관찰된 행동의 복잡성과 그것[복잡한 행동]을 만들어 내는 기제의 복잡성 사이의 필연적인 상관관계가 없음을 보여 준다.

|정답| ❶irresistible ❷motives ❸species ❹irregular ❺complicated ❻suppose ❼path ❽surface ❾environment ❿correlation

irresistible
[ìrizístəbl]

형 억누를 수 없는, 거부할 수 없는 **resist** 동 저항하다 **resistance** 명 저항(력)

Although I was told to stay in the room, I felt an **irresistible** urge to go out.

비록 방에 있으라고 들었지만, 나는 나가고 싶은 억누를 수 없는 충동을 느꼈다.

유 **uncontrollable** 억제할 수 없는 **tempting** 구미가 당기는

term
[tə:rm]

명 용어, 기간, 학기, 관계, 조건

Emotional eating is a **term** used to describe eating influenced by emotions.

'감정적인 식사'는 감정에 의해 영향받는 식사를 설명하기 위해 사용되는 용어이다.

유 **word** 말

Voca Plus

in terms of ~ 면에서
technical term 전문 분야에서 쓰이는 용어
term paper 학기말 리포트

attribute
[ətríbju:t] 동
[ǽtrəbjù:t] 명

동 (~을 …의) 결과로[덕분으로] 보다 명 자질, 속성

Researchers **attribute** the increase in milk drinking to improvements in the quality of milk sold.

연구자들은 우유 섭취량의 증가를 판매된 우유 품질의 향상 덕분으로 본다.

유 **ascribe** (원인·동기 등을) ~에 돌리다

Voca Plus

▸ attribute *A* to *B* A를 B의 결과로[덕분으로] 보다
He attributes his success to hard work.
그는 자신의 성공을 성실히 일한 것 덕분이라고 본다.

▸ be commonly attributed to 흔히 ~ 결과로[덕분으로] 여겨지다
Global warming is commonly attributed to the burning of fossil fuels.
지구 온난화는 흔히 화석 연료 연소의 결과로 여겨진다.

motive
[móutiv]

명 동기, 이유 **motivate** 동 동기를 부여하다 **motivation** 명 자극, 동기 부여

The media generally do not need to have their **motives** fully understood.

일반적으로 언론은 자신의 동기를 충분히 이해시킬 필요가 없다.

ability
[əbíləti]

명 능력 **able** 형 할 수 있는

Kids have a greater **ability** to reason as they get older.

아이들은 나이가 들면서 더 나은 추론 능력을 갖게 된다.

유 **capability** 능력 반 **inability** 무능력 **disability** 장애

species
[spíːʃiːz]

명 종 (*pl.* species)

This is especially useful to a **species** that lives in so many different sorts of environments.

이것은 매우 다양한 종류의 환경에 사는 종에게 특히 유용하다.

Voca Plus

native species 토착종
endangered species 멸종 위기의 종
extinct species 멸종된 종

purely
[pjúərli]

부 순전히, 전적으로 **pure** 형 순전한, 순수한

A **purely** informative website page would have little interactivity.

순전히 정보만을 제공하는 웹 사이트 페이지는 쌍방향식 참여가 거의 없을 것이다.

유 **absolutely** 완전히, 전적으로 **completely** 순전히, 완전히

track
[træk]

동 추적하다 명 길, 발자국, 경주로

The subject of *Zero Dark Thirty* is the **tracking** of a terrorist.

'Zero Dark Thirty'의 주제는 테러리스트를 추적하는 내용이다.

유 **follow** 따라가다 **trace** 추적하다 반 **lose** 놓치다

irregular
[irégjulər]

형 불규칙한, 고르지 못한 **irregularly** 부 불규칙적으로 **irregularity** 명 불규칙, 변칙

An **irregular** heartbeat isn't brought back to normal in a short period of time.

불규칙한 심장 박동은 짧은 시간 내에 정상으로 돌아오지 않는다.

유 **variable** 가변적인 반 **regular** 규칙적인, 정기적인

complicated
[kámpləkèitid]

형 복잡한 **complicate** 동 복잡하게 만들다

The immune system is so **complicated** that it would take a whole book to explain it.

면역 체계는 매우 복잡해서 그것을 설명하려면 책 한 권 전체가 필요할 것이다.

유 **complex** 복잡한 반 **simple** 단순한

suppose
[səpóuz]

동 가정하다, 추측하다

Let us **suppose** he was telling the truth.

그가 진실을 말하고 있었다고 가정해 보자.

유 **assume** 추정하다 **presume** 추정하다

Voca Plus

be supposed to *do* ~하기로 되어 있다

navigational
[næ̀vəgéiʃənəl]

형 항행의, 항해의 **navigate** 동 길을 찾다, 항해하다 **navigation** 명 항해, 운항

Desert ants have incredible **navigational** skills.

사막 개미는 놀라운 항행 기술이 있다.

infer
[infə́ːr]

동 추론하다, 암시하다 **inference** 명 추론

Perhaps you **infer** from my intonation that I mean morally bad.

아마도 여러분은 나의 억양으로부터 내 뜻이 도덕상 나쁘다는 것이라고 추론한다.

유 **deduce** 추론하다, 연역하다 **reason** 추론하다

path
[pæθ]

명 경로, 길

These computer models can predict the **path** of a hurricane.

이 컴퓨터 모델들은 허리케인의 경로를 예측할 수 있다.

유 **route** 경로

surface
[sə́:rfis]

명 지면, 표면 동 드러나다

Position the model helicopter on a level **surface**.

모형 헬리콥터를 평평한 지면에 놓으세요.

유 **face** 겉면 반 **core** 중심, 속

environment
[inváiərənmənt]

명 환경 **environmental** 형 환경의

There is no difference between the rights of humans and the rights of the rest of the **environment**.

인간의 권리와 나머지 환경의 권리 사이에 차이가 없다.

유 **surroundings** 환경 **circumstance** 환경, 정황 **situation** 상황

illustrate
[íləstrèit]

동 보여 주다, 설명하다, 삽화를 넣다 **illustration** 명 삽화

This comparison **illustrates** a fundamental point.

이러한 비교는 기본적인 핵심을 보여 주고 있다.

유 **demonstrate** 보여 주다, 입증하다 **explain** 설명하다

necessary
[nésəsèri]

형 필연적인, 필요한 **necessity** 명 필요, 필수품

In history, it is absolutely **necessary** to know specific facts about events.

역사학에서는 사건에 대한 구체적 사실을 아는 것이 절대적으로 필요하다.

유 **inevitable** 불가피한, 필연적인 반 **avoidable** 피할 수 있는 **unnecessary** 필요 없는

correlation
[kɔ̀:rəléiʃən]

명 상관관계 **correlational** 형 상호 관계의

This graph shows the **correlation** between stress and anxiety.

이 그래프는 스트레스와 불안 사이의 상관관계를 보여 준다.

observe
[əbzə́:rv]

동 관찰하다, 보다, (규칙을) 준수하다 **observation** 명 관찰, 논평 **observance** 명 준수

The physician carefully **observed** every detail of the patient's environment and physical condition.

그 의사는 환자의 환경과 신체적 상태에 대한 모든 세부 사항을 주의 깊게 관찰했다.

유 **monitor** 추적 관찰하다, 감시하다 **watch** 지켜보다, 주시하다 반 **overlook** 간과하다

Synonym & Antonym

유의어와 반의어를 확인해 보는 시간입니다. 밑줄 친 단어의 유의어 혹은 반의어를 주어진 철자로 시작하여 써 보세요.

01 a purely informative website page ㊌ a__________

02 an irregular heartbeat ㊉ r__________

03 perhaps you infer from my intonation ㊌ d__________

04 the rights of humans and the rights of the rest of the environment ㊌ s__________

05 illustrates a fundamental point ㊌ d__________

06 a greater ability to reason ㊌ c__________

07 it is absolutely necessary to know ㊉ u__________

|정답| 01 absolutely 02 regular 03 deduce 04 surroundings 05 demonstrate 06 capability 07 unnecessary

Vocabulary Extension

이제 품사가 다른 여러 형태의 단어를 학습해 보겠습니다. [보기]의 단어를 변형하여 빈칸에 들어갈 알맞은 말을 써 보세요.

보기 **observe navigational irresistible motive complicated**

01 I saw the environmentalists strongly __________ cutting down the trees.

02 The teacher wanted to __________ her students to work harder.

03 Do not __________ the task by thinking of future difficulties.

04 She used the map to __________ her way through the alleys.

05 This paper is based on the __________ of how plants grow.

|정답| 01 resist 02 motivate 03 complicate 04 navigate 05 observation

|해석| 01 나는 환경론자들이 나무를 베는 것에 강력히 저항하는 것을 보았다. 02 그 교사는 자신의 학생들이 더 열심히 공부하도록 동기를 부여하고 싶었다. 03 미래의 어려움까지 생각해서 과업을 복잡하게 만들지 마라. 04 그녀는 골목에서 길을 찾기 위해 그 지도를 이용했다. 05 이 논문은 식물이 어떻게 자라는지에 대한 관찰에 기반한다.

Choosing the Right Word

가장 적절한 단어가 어떤 것인지 확인하는 시간입니다. 주어진 문장에 들어갈 가장 적절한 단어를 네모 안에서 골라 보세요.

01 *Emotional eating* is a term / species used to describe eating influenced by emotions.

02 The immune system is so complicated / irresistible that it would take a whole book to explain it.

03 This is especially useful to a path / species that lives in so many different sorts of environments.

04 The physician carefully observed / attributed every detail of the patient's environment and physical condition.

05 The subject of *Zero Dark Thirty* is the tracking / supposing of a terrorist.

06 Let us suppose / observe he was telling the truth.

07 Researchers illustrate / attribute the increase in milk drinking to improvements in the quality of milk sold.

08 One could then suppose that the ant had equally complicated internal navigational abilities, and work out what these were likely to be by analyzing the trajectory to infer the rules and mechanisms that could produce such a complex navigational path / term.

09 Put more generally, the parable of the ant illustrates that there is no necessary motive / correlation between the complexity of an observed behavior and the complexity of the mechanism that produces it.

10 The complexity of the trajectory, however, "is really a complexity in the term / surface of the beach, not a complexity in the ant."

|정답| **01** term **02** complicated **03** species **04** observed **05** tracking **06** suppose **07** attribute **08** path **09** correlation **10** surface

|해석| **01** '감정적인 식사'는 감정에 의해 영향받는 식사를 설명하기 위해 사용되는 용어이다. **02** 면역 체계는 매우 복잡해서 그것을 설명하려면 책 한 권 전체가 필요할 것이다. **03** 이것은 매우 다양한 종류의 환경에 사는 종에게 특히 유용하다. **04** 그 의사는 환자의 환경과 신체적 상태에 대한 모든 세부 사항을 주의 깊게 관찰했다. **05** 'Zero Dark Thirty'의 주제는 테러리스트를 추적하는 내용이다. **06** 그가 진실을 말하고 있었다고 가정해 보자. **07** 연구자들은 우유 섭취량의 증가를 판매된 우유의 품질의 향상 덕분으로 본다. **08** 그렇다면 그 개미에게 동등하게 복잡한 내적 항행 능력이 있다고 가정하고, 그런 복잡한 항행 경로를 만들어 낼 수 있는 규칙과 기제를 추론하기 위해 그 이동 경로를 분석함으로써 이것이 무엇일 수 있는지를 알아낼 수 있을 것이다. **09** 더 일반적으로 말하자면, 개미 우화는 관찰된 행동의 복잡성과 그것[복잡한 행동]을 만들어 내는 기제의 복잡성 사이의 필연적인 상관관계가 없음을 보여 준다. **10** 하지만 그 이동 경로의 복잡성은 '실제로 해변 지면에서의 복잡성이지 그 개미의 내적 복잡성이 아니다.'

Review Test 10

▌학습한 내용은 꾸준히 복습하지 않으면 누구나 며칠 만에 절반 이상을 망각하게 된다고 합니다. 지금 다시 한 번 간단히 복습하면 기억을 되살릴 수 있습니다. 46~50강에서 공부한 내용을 복습해 봅시다.

A 우리말은 영어로, 영어는 우리말로 쓰시오.

01 문헌, 문학 l__________
02 위로하다 c__________
03 감정, 정서 e__________
04 주관적인 s__________
05 시설 f__________
06 감각의 s__________
07 민간전승 f__________
08 업적 a__________
09 비난하다, 비평하다 c__________
10 대체할 만한 것, 대리자 s__________
11 wishful __________
12 experience __________
13 adventurous __________
14 temporary __________
15 avert __________
16 paralysis __________
17 tumble __________
18 purely __________
19 track __________
20 infer __________

B 다음 문장의 빈칸에 적절한 단어를 [보기]에서 찾아 쓰시오.

보기 correlation trust vibrate prevent aerodynamic

01 Cars have more rounded edges in order to be __________.
02 This graph shows the __________ between stress and anxiety.
03 It's best to __________ your intuition about how to approach a topic.
04 The atmosphere seemed to __________ with tension.
05 Her back injury may __________ her from playing in tomorrow's game.

|정답| A 01 literature 02 comfort 03 emotion 04 subjective 05 facility 06 sensory 07 folklore 08 achievement 09 criticize 10 substitute 11 희망하는, 갈망하는 12 경험하다 13 모험적인, 흥미진진한 14 일시적인 15 피하다, 방지하다 16 마비, 불수, 무능 17 굴러 떨어지다 18 순전히, 전적으로 19 추적하다 20 추론하다, 암시하다
B 01 aerodynamic 02 correlation 03 trust 04 vibrate 05 prevent

|해석| B 01 자동차는 공기 역학적이 되도록 더 많은 둥근 모서리를 갖는다. 02 이 그래프는 스트레스와 불안 사이의 상관관계를 보여 준다. 03 어느 한 주제에 어떻게 접근할 것인지에 대해 여러분의 직관을 믿는 것이 최선이다. 04 분위기가 긴장감으로 떨고 있는 듯했다. 05 그녀는 허리 부상으로 내일 경기에서 경기를 하지 못할 수도 있다.

C 다음 밑줄 친 부분과 의미가 가장 가까운 단어를 고르시오.

01 Food for birds is abundant in the wild.

① wishful ② adventurous ③ temporary ④ plentiful

02 This adaptation to hot weather minimizes water needs.

① paradigm ② adjustment ③ behavior ④ aspect

03 They are optimistic about the outcome of the meeting.

① legitimate ② enormous ③ positive ④ internal

04 Developing flexibility will increase your ability to jump higher.

① capability ② species ③ trust ④ term

D 다음 네모 안에서 주어진 문장에 가장 적절한 단어를 고르시오.

01 Eating irresistible / irregular meals can affect your health.

02 It is important to create a positive home environment / sympathy for children.

03 I think the theory is the greatest biological edge / achievement in this century.

04 Please call us and confirm / articulate your reservation before your travel.

05 Our school plans to astonish / extend the computer room.

06 There is a meat bump / substitute for vegetarians.

| 정답 | C **01** ④ **02** ② **03** ③ **04** ①

D **01** irregular **02** environment **03** achievement **04** confirm **05** extend **06** substitute

| 해석 | C **01** 야생에는 새를 위한 먹이가 풍부하다. **02** 더운 날씨에 대한 이 적응은 물에 대한 필요를 최소화시킨다. **03** 그들은 회의의 결과에 대해 낙관적이다. **04** 유연성을 기르면 더 높이 뛰는 여러분의 능력이 커질 것이다.

D **01** 불규칙한 식사를 하는 것은 건강에 영향을 미칠 수 있다. **02** 아이들을 위해 긍정적인 가정 환경을 만드는 것이 중요하다. **03** 나는 그 이론이 이번 세기에 가장 위대한 생물학적 업적이라고 생각한다. **04** 여행 전에 저희에게 전화해서 손님의 예약을 확인하세요. **05** 우리 학교는 컴퓨터실을 확장할 계획이다. **06** 채식주의자들을 위해 고기를 대체할 만한 것이 있다.

Progress Test 5

▌공부한 단어를 꾸준히 복습하지 않으면 이내 잊게 됩니다. 지금까지 배운 단어를 다시 한 번 확인해 보세요.

A 영어는 우리말로, 우리말은 영어로 쓰시오.

01 devastating ____________
02 disrupt ____________
03 rural ____________
04 indicate ____________
05 crash ____________
06 material ____________
07 inefficient ____________
08 downside ____________
09 predict ____________
10 implication ____________
11 creature ____________
12 consequence ____________
13 underscore ____________
14 hypothesis ____________
15 assist ____________
16 persistence ____________
17 toxic ____________
18 democratic ____________
19 significant ____________
20 probability ____________
21 revival ____________
22 complicated ____________
23 legitimate ____________
24 reserve ____________
25 primal ____________
26 인정 a____________
27 유발하다 t____________
28 증거 e____________
29 묘사적인 d____________
30 괴롭히다 b____________
31 매우 귀중한 i____________
32 점진적인 g____________
33 작물 c____________
34 미성숙한, 미숙한 i____________
35 없애다, 제거하다, 철폐하다 e____________
36 붙잡다 g____________
37 기지 s____________
38 다수, 득표 차 m____________
39 전환 s____________
40 당국, 권위, 권한, 지휘권 a____________
41 특징, 속성, 재산, 소유물 p____________
42 떠오르다 s____________
43 정착민 s____________
44 투여 a____________
45 수출 e____________
46 압제 o____________
47 널리 퍼짐, 유행, 발병률 p____________
48 이야기 t____________
49 기술적인 t____________
50 추측 s____________

B 주어진 단어를 알맞은 뜻과 연결해 보시오.

01	circulate •	• a	협상, 교섭
02	typical •	• b	활공[활강]하다
03	conventional •	• c	중요성, 강조
04	relation •	• d	개입
05	emphasis •	• e	통상적인
06	intervention •	• f	순환하다
07	negotiation •	• g	관습적인
08	glide •	• h	관련(성)

C 밑줄 친 단어의 유의어 혹은 반의어를 주어진 철자로 시작하여 쓰시오.

01 similarity in structure ㊌ r________

02 edit all the articles ㊌ r________

03 a crowd of reporters ㊌ j________

04 entail numerous phases ㊌ i________

05 The local newspaper hired her. ㊇ d________

06 a relative concept ㊇ a________

|정답| A 01 지독한, 황폐시키는, 파괴적인 02 붕괴시키다, 방해하다 03 시골의, 지방의 04 나타내다, 보여 주다, 가리키다 05 요란한[큰] 소리, 충돌, 추락; 충돌하다, 추락하다 06 물질, 재료, 자료 07 비효율적인 08 부정적인[불리한] 면, 결점 09 예측하다, 예상하다, 예언하다 10 영향, (함축·내포된) 의미, 암시 11 사람, 생물 12 결과, 중요성 13 분명히 보여 주다, 강조하다 14 가설, 가정 15 돕다 16 끈덕짐, 끈기, 고집 17 독의, 독성의, 유독한 18 민주적인, 민주주의의 19 중요한, 의미 있는 20 확률, 개연성 21 부활, 부흥, 재유행 22 복잡한 23 합당한, 타당한, 합법적인 24 보존하다, 지정하다, 예약하다; 지정 보호 지역, 준비금, 매장량 25 원초적인, 원시의 26 acknowledgement 27 trigger 28 evidence 29 descriptive 30 bother 31 invaluable 32 gradual 33 crop 34 immature 35 eliminate 36 grab 37 station 38 majority 39 shift 40 authority 41 property 42 spring 43 settler 44 administration 45 export 46 oppression 47 prevalence 48 tale 49 technical 50 speculation

B 01 f 02 e 03 g 04 h 05 c 06 d 07 a 08 b

C 01 resemblance 02 revise 03 journalist 04 involve 05 dismiss 06 absolute

|해석| C 01 구조의 유사성 02 모든 기사를 편집하다 03 수많은 기자들 04 무수한 단계를 수반하다 05 그 지역 신문사는 그녀를 고용했다. 06 상대적인 개념

Unit 51

Tips on Writing Application Essays

▌이번 단원에서 학습하게 될 단어들입니다. 이미 알고 있는 단어에 V 표시해 보세요.

□ college	□ essay	□ admission	□ staff
□ dishonest	□ applicant	□ seriously	□ committed
□ publication	□ consistency	□ cite	□ persuasive
□ racism	□ adversity	□ timely	□ particular
□ politics	□ current	□ altogether	□ purpose

▌주어진 단어를 알맞은 뜻과 연결해 보세요. 단어의 뜻을 모르면 아래 정답에서 확인해 보세요.

01	publication	•	• a	지원자, 응모자
02	consistency	•	• b	설득력 있는
03	committed	•	• c	입학 (허가), 입장
04	dishonest	•	• d	역경, 고난
05	purpose	•	• e	출판(물), 발표
06	persuasive	•	• f	부정직한
07	adversity	•	• g	일관성
08	applicant	•	• h	열성적인, 전념하는
09	admission	•	• i	특별한, 특정한
10	particular	•	• j	목적, 의도

|정답| 01 e 02 g 03 h 04 f 05 j 06 b 07 d 08 a 09 c 10 i

Vocabulary in Reading Context

해석은 한 번에 가능하지 않습니다. 해석이 잘되지 않더라도 먼저 아랫글을 단숨에 읽어 보세요.

Colleges ask for an **essay** largely because they want to get to know you. When the **admissions staff** has finished your essay, they should have a vivid sense of your personality. If you give them only what you think they want, you're being **dishonest**, posing as someone you are not. An **applicant** may try to pass himself off in his essay as a **seriously committed** poet, for example. But if the rest of his application makes no reference to writing poetry, or working on **publications**, or taking poetry courses, readers may think twice about accepting his word. **Consistency** helps. Admissions officials often **cite** cases of students who write **persuasive** essays about **racism**, child labor, the **adversity** of the homeless, gun laws, and other **timely** issues. Yet nothing in the students' records shows a **particular** interest in human rights, in **politics**, or in any **current** issues for that matter. Topics seem to have been pulled from the pages of newspapers. Application essays are not meant to demonstrate your knowledge of current events. They have an **altogether** different **purpose**. As Perry Robinson, director of admissions at Denison University, says, "We want to know how well students write and whether they can address a given topic. We also hope to find out who they are, what's important to them, and why."

ask for: ~을 요구하다
have a vivid sense of: ~에 대해 분명한 느낌을 갖다
pass oneself off as: ~ 행세를 하다
be pulled from: ~에서 끌어오다
be not meant to *do*: ~하도록 의도된 것이 아니다
address a given topic: 주어진 주제를 다루다

본문의 의미가 이해되나요? 원어민 선생님이 읽어 주시는 지문을 들으며 다시 한 번 읽어 보세요.

Fill in the Blanks

▌본문의 내용을 기억하며 다시 읽어 볼 차례입니다. 이번에는 글을 읽으면서 빈칸에 들어갈 단어를 주어진 철자로 시작하여 써 보세요.

Tips on Writing Application Essays

Colleges ask for an essay largely because they want to get to know you. When the ❶a__________ staff has finished your essay, they should have a vivid sense of your personality. If you give them only what you think they want, you're being ❷d__________, posing as someone you are not. An ❸a__________ may try to pass himself off in his essay as a seriously ❹c__________ poet, for example. But if the rest of his application makes no reference to writing poetry, or working on ❺p__________, or taking poetry courses, readers may think twice about accepting his word. ❻C__________ helps. Admissions officials often ❼c__________ cases of students who write persuasive essays about racism, child labor, the adversity of the homeless, gun laws, and other ❽t__________ issues. Yet nothing in the students' records shows a ❾p__________ interest in human rights, in politics, or in any current issues for that matter. Topics seem to have been pulled from the pages of newspapers. Application essays are not meant to demonstrate your knowledge of current events. They have an altogether different ❿p__________. As Perry Robinson, director of admissions at Denison University, says, "We want to know how well students write and whether they can address a given topic. We also hope to find out who they are, what's important to them, and why."

해석 자기소개서 쓰기에 대한 조언

대학은 대체로 여러분에 대해 알게 되기를 원하기 때문에 자기소개서를 요구합니다. 입학 사정관이 여러분의 자기소개서를 다 읽었을 때, 그들은 여러분의 개성에 대해 분명한 느낌을 가져야 합니다. 만약 여러분이 그들에게 단지 그들이 원한다고 생각하는 것만을 준다면, 여러분은 여러분 자신이 아닌 어떤 사람인 체하면서 부정직한 행동을 하고 있는 것입니다. 예를 들어, 지원자는 자기소개서에서 대단히 열성적인 시인 행세를 하려고 할 수 있습니다. 그러나 그의 지원서 나머지 부분에서 시 쓰기 혹은 출판 작업을 해 보는 것, 또는 시 강좌를 들은 것에 대한 언급이 전혀 없으면, 읽는 사람들은 그[지원자]의 말을 인정할지에 대해 다시 생각할 수 있습니다. 일관성 있는 것이 도움이 됩니다. 입학 사정관들은 인종 차별주의, 아동 노동, 노숙자들의 역경, 총기에 관한 법, 그리고 다른 시기적절한 문제들에 관한 설득력 있는 자기소개서를 쓰는 학생들의 사례를 자주 인용합니다. 그러나 그 학생들의 기록에서 어느 것도 인권, 정치, 또는 그 문제에 대한 현재의 이슈들에 특별한 관심이 있다는 것을 보여 주지 못합니다. 주제는 신문의 여러 면에서 끌어다 쓴 것처럼 보입니다. 자기소개서는 시사에 대한 여러분의 지식을 보여 주기 위해 의도된 것이 아닙니다. 그것은 전적으로 다른 목적을 갖고 있습니다. Denison 대학교의 입학 처장인 Perry Robinson이 말하는 것처럼, "우리는 학생들이 얼마나 글을 잘 쓰는지, 그리고 그들이 주어진 주제를 다룰 수 있는지를 알고 싶습니다. 우리는 또한 그들이 어떤 사람이고, 그들에게 무엇이 그리고 왜 중요한가를 알아내고자 합니다."

|정답| ❶admissions ❷dishonest ❸applicant ❹committed ❺publications ❻Consistency ❼cite ❽timely ❾particular ❿purpose

college
[kálidʒ]

명 (단과) 대학
His son attended a business **college**.
그의 아들은 경영 대학에 다녔다.
유 **university** 종합 대학

essay
[ései]

명 자기소개서, 글쓰기 과제, 에세이, 수필, 평론 **essayist** 명 수필가, 평론가
Your assignment is to write a 2,000-word **essay** on the advertisement.
너의 과제는 광고에 대한 2,000자 에세이를 쓰는 것이다.
유 **composition** 작문, 짧은 에세이

admission
[ədmíʃən]

명 입학 (허가), 입장, 인정, 승인 **admit** 동 입학을 허가하다, 인정하다, 수용하다
He was unable to gain **admission** into the club.
그는 그 클럽에 입장 허가를 받을 수 없었다.
유 **entrance** 입학, 입장

staff
[stæf]

명 (교)직원, 참모
The entire **staff** has done a great job today.
오늘 모든 직원이 훌륭하게 일을 해냈다.
유 **faculty** 교직원

dishonest
[disánist]

형 부정직한 **dishonesty** 명 부정직함
Be careful with **dishonest** traders in the tourist areas.
관광지의 부정직한 상인들을 조심하라.
유 **cheating** 속이는 반 **honest** 정직한

applicant
[ǽpləkənt]

명 지원자, 응모자, 신청자 **apply** 동 지원하다, 신청하다 **application** 명 지원(서)
They interviewed 50 qualified **applicants** for the job.
그들은 그 일자리에 자격을 갖춘 50명의 지원자를 면접했다.
유 **candidate** 후보자, 지원자

seriously
[sí(:)əriəsli]

부 대단히, 진정으로, 심각하게

I think this view is **seriously** mistaken.

나는 이 관점이 대단히 잘못되었다고 생각한다.

유 **severely** 심하게 **gravely** 중대하게

committed
[kəmítid]

형 열성적인, 전념하는, 헌신하는 **commit** 동 전념하다, 맡기다, 저지르다 **commitment** 명 몰두, 헌신, 책임

The party has a huge number of **committed** supporters.

그 정당은 엄청난 수의 열성적인 지지자를 갖고 있다.

유 **dedicated** 헌신적인 **devoted** 헌신적인 **passionate** 열정적인 **enthusiastic** 열광적인

publication
[pʌ̀bləkéiʃən]

명 출판(물), 발표, 공표 **publish** 동 출판하다, 발표하다 **publisher** 명 출판사, 출판업자

They specialize in the **publication** of dictionaries.

그들은 사전류 출판을 전문으로 한다.

consistency
[kənsístənsi]

명 일관성, 한결같음, 언행일치 **consistent** 형 일관된, 한결같은

Customers will expect **consistency** in the quality of service.

소비자들은 서비스 질에 있어서 한결같음을 기대할 것이다.

유 **steadiness** 견실함, 일정함

cite
[sait]

동 인용하다, 예를 들다 **citation** 명 인용, 인용문

This article **cites** several experts on the subject.

이 글은 그 주제에 대한 몇몇 전문가를 인용하고 있다.

유 **quote** 인용하다

persuasive
[pərswéisiv]

형 설득력 있는 **persuade** 동 설득하다 **persuasion** 명 설득

The lawyer made a very **persuasive** argument.

그 변호사는 아주 설득력 있는 주장을 했다.

유 **convincing** 설득력 있는 반 **unconvincing** 설득력 없는

racism
[réisizəm]

명 인종 차별(주의) **racist** 명 인종 차별주의자

She has continued the fight against **racism**.

그녀는 인종 차별주의에 대한 반대 투쟁을 계속해 왔다.

adversity
[ædvə́:rsəti]

명 역경, 고난, 불운 **adverse** 형 역의, 반대의, 거스르는

Prosperity makes friends and **adversity** tries them.

번영은 친구를 만들고, 역경은 그들을 시험한다.

유 **hardship** 고난 **ordeal** 시련 반 **prosperity** 번영

timely
[táimli]

형 시기적절한, 때맞춘

His **timely** warning saved many lives.

그의 시기적절한 경고가 많은 목숨을 구했다.

particular
[pərtíkjələr]

형 특별한, 특정한 **particularly** 부 특히 (= **in particular**)

Is there one **particular** brand your wife prefers?

당신 부인이 선호하는 특정한 상표 하나가 있나요?

유 **specific** 특정한, 구체적인 **special** 특별한 반 **ordinary** 평범한

politics
[pɑ́:lətiks]

명 정치(학) **political** 형 정치적인 **politician** 명 정치인

We discussed the latest news in national **politics**.

우리는 국내 정치의 최신 뉴스에 대해 토론했다.

current
[kə́:rənt]

형 현재의, 지금의 명 흐름, 기류, 전류 **currency** 명 통용되는 화폐

She is not satisfied with the **current** job.

그녀는 현재의 직업에 만족하지 않는다.

유 **present** 현재의 **up-to-date** 최신의

반 **out-of-date** 구식의 **old-fashioned** 한물간

altogether
[ɔ̀:ltəgéðər]

부 전적으로, 아주, 완전히, 모두 합하여

She had an **altogether** new idea.

그녀는 전적으로 새로운 아이디어를 가졌었다.

유 **absolutely** 절대적으로, 전적으로 **completely** 완전히, 완벽하게 **thoroughly** 완전히, 철저히 **entirely** 전적으로

purpose
[pə́:rpəs]

명 목적, 의도 **purposely** 부 일부러 (= **on purpose**)

What is the **purpose** of his speech?

그의 연설의 목적[의도]은 무엇인가?

유 **intention** 의도, 목적 **aim** 목적, 목표 **objective** 목적

Synonym & Antonym

유의어와 반의어를 확인해 보는 시간입니다. 밑줄 친 단어의 유의어 혹은 반의어를 주어진 철자로 시작하여 써 보세요.

01 one particular brand your wife prefers [유] s________
02 a very persuasive argument [유] c________
03 cites several experts on the subject [유] q________
04 adversity tries friends [반] p________
05 unable to gain admission into the club [유] e________
06 the purpose of his speech [유] i________
07 a huge number of committed supporters [유] d________

|정답| 01 special[specific] 02 convincing 03 quote 04 prosperity 05 entrance 06 intention 07 dedicated[devoted]

Vocabulary Extension

이제 품사가 다른 여러 형태의 단어를 학습해 보겠습니다. [보기]의 단어를 변형하여 빈칸에 들어갈 알맞은 말을 써 보세요.

[보기] persuasive committed publication dishonest applicant

01 The man is infamous for his ________ in business matters.
02 This university welcomes ________s from overseas students.
03 There is a lot of pressure for professors to ________ articles regularly.
04 Many parents are unable to get involved in schools because they have too many other ________s.
05 After this terrible accident, it has been difficult for the government to ________ people that nuclear power stations are safe.

|정답| 01 dishonesty 02 application 03 publish 04 commitment 05 persuade

|해석| 01 그 남자는 사업 문제에 있어서 부정직함으로 악명이 높다. 02 이 대학교는 해외 학생들의 지원을 환영한다. 03 교수들은 정기적으로 논문을 발표해야 한다는 많은 압박감이 있다. 04 많은 부모들은 너무 많은 다른 책임들이 있기 때문에 학교 일에 관여할 수가 없다. 05 이 끔찍한 사고 이후에 원자력 발전소가 안전하다고 정부가 사람들을 설득하는 것이 어려웠다.

Choosing the Right Word

가장 적절한 단어가 어떤 것인지 확인하는 시간입니다. 주어진 문장에 들어갈 가장 적절한 단어를 네모 안에서 골라 보세요.

01 The entire purpose / staff has done a great job today.

02 She has continued the fight against racism / purposes.

03 They specialize in the course / publication of dictionaries.

04 His dishonest / timely warning saved many lives.

05 Customers will expect adversity / consistency in the quality of service.

06 Your assignment is to write a 2,000-word course / essay on the advertisement.

07 An applicant may try to pass himself off in his essay as a seriously committed / timely poet.

08 When the admissions / applicants staff has finished your essay, they should have a vivid sense of your personality.

09 If you give them only what you think they want, you're being dishonest / persuasive, posing as someone you are not.

10 Application essays are not meant to demonstrate your knowledge of current events. They have an altogether different publication / purpose.

|정답| 01 staff 02 racism 03 publication 04 timely 05 consistency 06 essay 07 committed 08 admissions 09 dishonest 10 purpose

|해석| 01 오늘 모든 직원이 훌륭하게 일을 해냈다. 02 그녀는 인종 차별주의에 대한 반대 투쟁을 계속해 왔다. 03 그들은 사전류 출판을 전문으로 한다. 04 그의 시기적절한 경고가 많은 목숨을 구했다. 05 소비자들은 서비스 질에 있어서 한결같음을 기대할 것이다. 06 너의 과제는 광고에 대한 2,000자 에세이를 쓰는 것이다. 07 지원자는 자기소개서에서 대단히 열성적인 시인 행세를 하려고 할 수 있습니다. 08 입학 사정관이 여러분의 자기소개서를 다 읽었을 때, 그들은 여러분의 개성에 대해 분명한 느낌을 가져야 합니다. 09 만약 여러분이 그들에게 단지 그들이 원한다고 생각하는 것만을 준다면, 여러분은 여러분 자신이 아닌 어떤 사람인 체하면서 부정직한 행동을 하고 있는 것입니다. 10 자기소개서는 시사에 대한 여러분의 지식을 보여 주기 위해 의도된 것이 아닙니다. 그것은 전적으로 다른 목적을 갖고 있습니다.

Unit 52

Actors Playing the Opposite Sex

▌이번 단원에서 학습하게 될 단어들입니다. 이미 알고 있는 단어에 V 표시해 보세요.

☐ regard	☐ resemblance	☐ generally	☐ certain
☐ version	☐ award	☐ actress	☐ opposite
☐ effect	☐ include	☐ instance	☐ appear
☐ comedy	☐ scene	☐ cleverly	☐ pose
☐ escape	☐ criminal	☐ modern	☐ character

▌주어진 단어를 알맞은 뜻과 연결해 보세요. 단어의 뜻을 모르면 아래 정답에서 확인해 보세요.

01 resemblance	•	•	a 벗어나다, 피하다
02 generally	•	•	b 사례, 경우
03 certain	•	•	c 일반적으로
04 version	•	•	d 범죄자, 죄인
05 opposite	•	•	e 닮음
06 instance	•	•	f 등장인물, 성격
07 comedy	•	•	g 어떤, 확실한
08 escape	•	•	h 정반대의
09 criminal	•	•	i 희극
10 character	•	•	j ~판, 형태

|정답| 1 e 02 c 03 g 04 j 05 h 06 b 07 i 08 a 09 d 10 f

Vocabulary in Reading Context

▌해석은 한 번에 가능하지 않습니다. 해석이 잘되지 않더라도 먼저 아랫글을 단숨에 읽어 보세요.

Women sometimes play the roles of boys, because in some **regards** a woman has a closer **resemblance** to a boy than does a man. The role of Peter Pan, for example, is traditionally played by a woman. In animated films, boys are **generally** voiced by women, as heard in (~에서 듣는 것처럼) *The Simpsons*. Opera has **certain** 'pants roles' traditionally sung by women, usually mezzo-sopranos. Examples are Hansel in *Hansel and Gretel*, and Cherubino in *The Marriage of Figaro*.

Mary Pickford played the part of (play the part of: ~의 역할을 하다) Little Lord Fauntleroy in the first film **version** of the book. Linda Hunt won an Academy **Award** for Best Supporting **Actress** in *The Year of Living Dangerously,* in which she played the part of a man.

Having an actor play (남자 배우가 연기하게 하는 것) the **opposite** sex for comic **effect** is also a long-standing tradition in comic theater and film. Most of Shakespeare's comedies **include instances** of cross (크로스) dressing (드레싱(이성의 복장을 하는 것)), and both Dustin Hoffman and Robin Williams **appeared** in hit **comedy** films where they were required to play (be required to *do*: ~하도록 요구되다) most **scenes** dressed as women. Tony Curtis and Jack Lemmon **cleverly posed** as women to **escape criminals** in the Billy Wilder film *Some Like It Hot*. Several roles in **modern** plays and musicals are played by a member of the opposite sex, such as the **character** "Edna Turnblad" in the Broadway musical *Hairspray*.

* pants role 바지 역할(여자가 남장을 하는 역할)

▌본문의 의미가 이해되나요? 원어민 선생님이 읽어 주시는 지문을 들으며 다시 한 번 읽어 보세요.

Fill in the Blanks

▌본문의 내용을 기억하며 다시 읽어 볼 차례입니다. 이번에는 글을 읽으면서 빈칸에 들어갈 단어를 주어진 철자로 시작하여 써 보세요.

Actors Playing the Opposite Sex

Women sometimes play the roles of boys, because in some regards a woman has a closer ❶r__________ to a boy than does a man. The role of Peter Pan, for example, is traditionally played by a woman. In animated films, boys are ❷g__________ voiced by women, as heard in *The Simpsons*. Opera has certain 'pants roles' traditionally sung by 5 women, usually mezzo-sopranos. Examples are Hansel in *Hansel and Gretel*, and Cherubino in *The Marriage of Figaro*.

Mary Pickford played the part of Little Lord Fauntleroy in the first film ❸v__________ of the book. Linda Hunt won an Academy Award for Best Supporting Actress in *The Year of Living Dangerously,* in which she played the part of a man.

10 Having an actor play the ❹o__________ sex for comic ❺e__________ is also a long-standing tradition in comic theater and film. Most of Shakespeare's comedies ❻i__________ instances of cross dressing, and both Dustin Hoffman and Robin Williams ❼a__________ in hit comedy films where they were required to play most scenes dressed as women. Tony Curtis and Jack Lemmon cleverly ❽p__________ as women to 15 ❾e__________ criminals in the Billy Wilder film *Some Like It Hot*. Several roles in modern plays and musicals are played by a member of the opposite sex, such as the ❿c__________ "Edna Turnblad" in the Broadway musical *Hairspray*.

* pants role 바지 역할(여자가 남장을 하는 역할)

해석 이성(異性)의 역할을 하는 배우들

여자들이 때때로 소년의 역할을 하는데, 어떤 면에서 남자보다는 여자가 소년과 더 가까이 닮았기 때문이다. 예를 들어, Peter Pan의 역할은 전통적으로 여자가 맡는다. 애니메이션 영화에서는 'The Simpsons'에서 들을 수 있는 것처럼 일반적으로 여자들이 소년들의 목소리를 낸다. 오페라에서는 보통 메조소프라노인 여자들이 전통적으로 부르는 어떤 '바지 역할들'이 있다. 그 예로 'Hansel and Gretel'에서 Hansel과 'The Marriage of Figaro'에서 Cherubino가 있다.

Mary Pickford는 책을 처음으로 영화화한 것에서 Little Lord Fauntleroy(소공자)의 역할을 했다. Linda Hunt는 'The Year of Living Dangerously'로 아카데미 최우수 여우조연상을 받았는데, 그 영화에서 그녀는 남자의 역할을 했다.

희극적 효과를 위해 남자 배우가 이성(異性)의 역할을 하게 하는 것은 또한 희극 극장과 영화에서 오래된 전통이다. 대부분의 셰익스피어의 희극은 크로스 드레싱[이성의 복장을 하는 것]의 예를 포함하며, Dustin Hoffman과 Robin Williams 둘 다 여자의 복장을 하고 대부분의 장면을 연기하는 것이 필요했던 흥행한 코미디 영화에 출연했다. Tony Curtis와 Jack Lemmon은 Billy Wilder의 영화 'Some Like It Hot'에서 범죄자들을 피하기 위해 교묘하게 여자로 가장했다. 현대 연극과 뮤지컬에서 몇 개의 역할들은 브로드웨이 뮤지컬 'Hairspray'의 등장인물 'Edna Turnblad'처럼 이성 배우 한 명이 연기한다.

|정답| ❶resemblance ❷generally ❸version ❹opposite ❺effect ❻include ❼appeared ❽posed ❾escape ❿character

regard
[rigɑ́:rd]

명 고려해야 할 점[측면] 동 간주하다, 여기다, 고려하다
I have a question with **regard** to your career.
당신의 경력 면에서[경력에 관하여] 질문이 있습니다.
She **regards** herself as an expert.
그녀는 자신을 전문가라 여긴다.
유 **respect** 측면, 점, 사항

resemblance
[rizémbləns]

명 닮음, 비슷함, 유사함 **resemble** 동 닮다
She has a striking **resemblance** to her mother.
그녀는 놀라울 정도로 엄마와 닮았다.
유 **likeness** 비슷함, 닮음, 유사 **similarity** 유사성, 닮음
반 **difference** 차이 **contrast** 대조, 현저한 차이

generally
[ʤénərəli]

부 일반적으로, 대체로 **general** 형 일반적인 명 장군
The climate in this region is **generally** mild.
이 지역의 기후는 대체로 온화하다.
유 **commonly** 일반적으로, 보통 **typically** 전형적으로, 으레
반 **especially** 특히, 특별히 **particularly** 특히, 각별히

certain
[sə́:rtən]

형 어떤, 어느 정도의, 확실한, 확신하는 **certainty** 명 확실성, 확신 **certainly** 부 확실히
He promised to be in a **certain** place at lunchtime.
그는 점심시간에 어떤 장소에 있겠다고 약속했다.
He felt **certain** that he would pass the test.
그는 그 시험에 통과할 것이 확실하다는 느낌이 들었다.

version
[və́:rʒən]

명 -판, 형태, 변형, 개작, 번역, 각색
A film **version** of the novel is being made.
그 소설을 영화화한 것이 만들어지고 있다.

award
[əwɔ́:rd]

명 상, 수상 동 상을 주다
He has won numerous **awards** for his novels.
그는 자신의 소설로 수많은 상을 수상했다.
유 **prize** 상, 상품

actress
[ǽktris]

명 여배우 actor 명 (남자) 배우

The director tried to cast a famous **actress** in the leading role.

그 감독은 유명 여배우를 주인공으로 발탁하려고 했다.

유 **performer** 연기자

opposite
[ápəzit]

형 정반대의, 맞은편의 명 정반대되는 것[사람]

The two scientists reached **opposite** conclusions.

그 두 명의 과학자는 정반대의 결론에 도달했다.

유 **opposing** 대립되는 **contrary** 반대의, 역의 반 **identical** 동일한

effect
[ifékt]

명 효과, 영향, 결과

The medicine had an immediate **effect** on me.

그 약은 나에게 즉각적인 효과를 나타냈다.

유 **influence** 영향(력) **outcome** 결과, 성과 **consequence** 결과, 중요성
반 **cause** 원인

include
[inklú:d]

동 포함하다 inclusion 명 포함 inclusive 형 포괄적인

The price of lunch **includes** dessert.

점심 값에 후식이 포함되어 있다.

유 **contain** 함유하다, 담고 있다 반 **exclude** 배제하다, 제외하다

instance
[ínstəns]

명 사례, 경우

In this **instance**, I think he was mistaken.

이번 경우에, 나는 그가 잘못했다고 생각한다.

유 **example** 예, 사례 **case** 경우, 사정, 사건 **occasion** 특별한 경우, 때

appear
[əpíər]

동 출연하다, 나타나다, ~처럼 보이다 appearance 명 출연, 외모, 나타남

The sun began to **appear** from behind the clouds.

구름 뒤에서 해가 나오기 시작했다.

It **appeared** that all the files had been deleted.

모든 파일이 삭제된 것처럼 보였다.

유 **occur** 일어나다, 발생하다 **emerge** 나타나다 반 **disappear** 사라지다

comedy
[kámidi]

명 희극, 코미디 comic 형 희극의, 익살스런

The romantic **comedy** will be released next month.

그 로맨틱 코미디는 다음 달에 개봉될 것이다.

반 **tragedy** 비극

scene
[siːn]

명 장면, 현장 **scenery** 명 풍경, 경치

The film contains some violent **scenes**.
그 영화는 몇 개의 폭력적인 장면을 담고 있다.

The police arrived at the **scene** of the crime.
경찰은 범죄 현장에 도착했다.

cleverly
[klévərli]

부 영리하게, 교묘하게, 솜씨 좋게 **clever** 형 영리한, 재주 있는

He **cleverly** picked up everything that I said to him.
그는 내가 그에게 말한 모든 것을 영리하게 이해했다.

pose
[pouz]

동 가장하다, 포즈를 잡다, ~인 체하다, (위협 · 문제 등을) 제기하다 명 자세, 포즈

He **posed** as a student to get free admission to the museum.
그는 박물관에 무료로 입장하기 위해 학생으로 가장했다.

The chemicals **pose** a threat to our health.
그 화학 물질은 우리의 건강에 위협을 가한다.

유 **pretend** ~하는 체하다

escape
[iskéip]

동 벗어나다, 피하다, 탈출하다 명 탈출, 모면

The three passengers could **escape** serious injury.
그 세 명의 승객은 심각한 부상을 모면할 수 있었다.

유 **avoid** 피하다, 막다 **evade** 피하다, 모면하다 **dodge** 피하다

criminal
[krímənəl]

명 범죄자, 죄인 형 범죄의, 형사상의 **crime** 명 죄, 범죄 (행위)

We know that a **criminal** goes to prison.
범죄자는 감옥에 간다는 것을 우리는 안다.

유 **offender** 범죄자, 위반자 **convict** 죄인, 죄수 **outlaw** 무법자

modern
[mádərn]

형 현대의, 현대적인 **modernity** 명 현대성 **modernize** 동 현대화하다

Computers have become an essential part of **modern** life.
컴퓨터는 현대 생활의 필수적인 부분이 되었다.

유 **current** 현재의, 지금의 **recent** 최근의, 근래의 반 **ancient** 고대의

character
[kǽriktər]

명 등장인물, 성격, 글자

The novel's main **character** is a woman in her late 30s.
그 소설의 주인공은 30대 후반의 여성이다.

His mother was a great influence on his **character**.
그의 어머니는 그의 성격에 지대한 영향을 미쳤다.

Chinese **character** 한자

유 **personality** 개성, 성격

Synonym & Antonym

유의어와 반의어를 확인해 보는 시간입니다. 밑줄 친 단어의 유의어 혹은 반의어를 주어진 철자로 시작하여 써 보세요.

01 with regard to your career [유] r________
02 a striking resemblance to her mother [유] l________
03 reached opposite conclusions [반] i________
04 had an immediate effect on me [유] i________
05 lunch includes dessert [반] e________
06 escape serious injury [유] a________
07 an essential part of modern life [반] a________

|정답| 01 respect 02 likeness 03 identical 04 influence 05 exclude 06 avoid 07 ancient

Vocabulary Extension

이제 품사가 다른 여러 형태의 단어를 학습해 보겠습니다. [보기]의 단어를 변형하여 빈칸에 들어갈 알맞은 말을 써 보세요.

[보기] certain appear scene criminal comedy

01 The ________ around the lake was too beautiful for words.
02 Everyone was surprised by his sudden ________.
03 We cannot predict the outcome with absolute ________.
04 Most critics agree that she is one of the most gifted ________ actresses on television.
05 Police increased the number of patrol cars on the street, but it has not had any effect on the level of serious ________.

|정답| 01 scenery 02 appearance 03 certainty 04 comic 05 crime

|해석| 01 호수 주변의 경치는 말로 표현할 수 없을 정도로 아름다웠다. 02 모든 사람은 그의 갑작스런 출현에 놀랐다. 03 우리는 절대적으로 확신하면서 그 결과를 예측할 수 없다. 04 대부분의 비평가들은 그녀가 가장 재능 있는 TV 희극 배우 중 한 명이라는 것에 동의한다. 05 경찰은 도로에 순찰차의 수를 늘렸지만, 그것은 심각한 범죄 수준에 어떤 영향도 주지 못했다.

Choosing the Right Word

가장 적절한 단어가 어떤 것인지 확인하는 시간입니다. 주어진 문장에 들어갈 가장 적절한 단어를 네모 안에서 골라 보세요.

01 The novel's main character / version is a woman in her late 30s.

02 The three passengers could include / escape serious injury.

03 It appeared / posed that all the files had been deleted.

04 He has won numerous awards / scenes for his novels.

05 The romantic actress / comedy will be released next month.

06 The chemicals escape / pose a threat to our health.

07 In some regards a woman has a closer resemblance / instance to a boy than does a man.

08 Having an actor play the opposite sex for comic effect / regard is also a long-standing tradition in comic theater and film.

09 Tony Curtis and Jack Lemmon cleverly posed as women to escape criminals / versions in the Billy Wilder film *Some Like It Hot*.

10 Mary Pickford played the part of Little Lord Fauntleroy in the first film instance / version of the book.

|정답| 01 character 02 escape 03 appeared 04 awards 05 comedy 06 pose 07 resemblance 08 effect 09 criminals 10 version

|해석| 01 그 소설의 주 등장인물은 30대 후반의 여성이다. 02 그 세 명의 승객은 심각한 부상을 모면할 수 있었다. 03 모든 파일이 삭제된 것처럼 보였다. 04 그는 자신의 소설로 수많은 상을 수상했다. 05 그 로맨틱 코미디는 다음 달에 개봉될 것이다. 06 그 화학 물질은 우리의 건강에 위협을 가한다. 07 어떤 면에서 남자보다는 여자가 소년과 더 가까이 닮았다. 08 희극적 효과를 위해 배우가 이성(異性)의 역할을 하게 하는 것은 또한 희극 극장과 영화에서 오래된 전통이다. 09 Tony Curtis와 Jack Lemmon은 Billy Wilder의 영화 'Some Like It Hot'에서 범죄자들을 피하기 위해 교묘하게 여자로 가장했다. 10 Mary Pickford는 책을 처음으로 영화화한 것에서 Little Lord Fauntleroy(소공자)의 역할을 했다.

Unit 53

Empty Your Mind and Make Room for Meditation

▌이번 단원에서 학습하게 될 단어들입니다. 이미 알고 있는 단어에 V 표시해 보세요.

□ preoccupation	□ apply	□ purposeful	□ voluntary
□ mental	□ priority	□ fill	□ expense
□ reflection	□ contemplation	□ collect	□ mindful
□ still	□ consciousness	□ expand	□ intuition
□ hectic	□ race	□ dissolve	□ meditation

▌주어진 단어를 알맞은 뜻과 연결해 보세요. 단어의 뜻을 모르면 아래 정답에서 확인해 보세요.

01	intuition	•	•	a	사색
02	consciousness	•	•	b	확장하다
03	apply	•	•	c	직관(력)
04	hectic	•	•	d	주의를 기울이는
05	contemplation	•	•	e	녹아들다
06	dissolve	•	•	f	의식
07	expense	•	•	g	희생
08	mindful	•	•	h	집착
09	preoccupation	•	•	i	적용되다
10	expand	•	•	j	눈코 뜰 새 없이 바쁜

|정답| 01 c 02 f 03 i 04 j 05 a 06 e 07 g 08 d 09 h 10 b

Vocabulary in Reading Context

▌해석은 한 번에 가능하지 않습니다. 해석이 잘되지 않더라도 먼저 아랫글을 단숨에 읽어 보세요.

Even within our current working lives, somehow we have to find a way to free ourselves of constant **preoccupation**, to clear a space in our minds and hearts, as well as in our living rooms. That **applies** to all **purposeful** activity, whether in the home or at work — **voluntary** or paid. In working life and within families, creative ways may have to be found to give ourselves that space. Maybe we can reduce the time given to our social lives, have fewer house guests, make **mental** space a **priority**, and learn to say "no." Maybe we might stop watching so much news and decrease the amount of information that **fills** our brains at the **expense** of **reflection** and **contemplation**.

(as well as — *A* as well as *B*: B뿐만 아니라 A도)
(the amount of — ~의 양)

Allow time to **collect** ourselves, pay attention, and be **mindful**. There has to be time to be **still** and allow our **consciousness** to **expand** beyond the distractions of the everyday or the pressing of clock-related activities. In other words, there has to be time for our **intuition** to let its voice be heard. We need to distance ourselves from the "and then, and then" of our **hectic** lives, the plans of an ego-driven life, and the **racing** mind so hard to **dissolve** in **meditation**, to give attention to the stillness of the heart.

(pay attention: 집중하다)
(in other words: 다시 말해서)
(an ego-driven life — 자아 중심의 삶)

▌본문의 의미가 이해되나요? 원어민 선생님이 읽어 주시는 지문을 들으며 다시 한 번 읽어 보세요.

Fill in the Blanks

▌본문의 내용을 기억하며 다시 읽어 볼 차례입니다. 이번에는 글을 읽으면서 빈칸에 들어갈 단어를 주어진 철자로 시작하여 써 보세요.

Empty Your Mind and Make Room for Meditation

Even within our current working lives, somehow we have to find a way to free ourselves of constant ❶p__________, to clear a space in our minds and hearts, as well as in our living rooms. That ❷a__________ to all purposeful activity, whether in the home or at work — ❸v__________ or paid. In working life and within families, creative ways may
5 have to be found to give ourselves that space. Maybe we can reduce the time given to our social lives, have fewer house guests, make mental space a ❹p__________, and learn to say "no." Maybe we might stop watching so much news and decrease the amount of information that ❺f__________ our brains at the expense of ❻r__________ and contemplation.

10 Allow time to collect ourselves, pay attention, and be ❼m__________. There has to be time to be still and allow our consciousness to ❽e__________ beyond the distractions of the everyday or the pressing of clock-related activities. In other words, there has to be time for our ❾i__________ to let its voice be heard. We need to distance ourselves from the "and then, and then" of our hectic lives, the plans of an ego-driven life, and the racing mind
15 so hard to ❿d__________ in meditation, to give attention to the stillness of the heart.

해석 마음을 비우고 명상을 위한 공간을 만들라

현재 우리가 일하고 있는 삶 속에서조차도, 어떻게든 우리는 우리의 거실에서뿐만 아니라 우리의 정신과 마음속 공간을 비우기 위해, 끊임없는 집착으로부터 우리 자신을 해방시킬 방법을 찾아야만 한다. 그것은 집에서든 직장에서든, 자발적인 행동이든 보수를 받는 행동이든 모든 목적이 있는 활동에 적용된다. 직장 생활에서 그리고 가정에서 우리 자신에게 그러한 공간을 줄 창의적인 방법을 찾아야만 할 수도 있다. 아마도 우리는 우리의 사교적인 생활에 주어진 시간을 줄이고, 집에 손님을 더 적게 맞이하고, 정신적 공간을 우선으로 삼고, 그리고 '아니요'라고 말하는 것을 배울 수 있을 것이다. 아마도 우리는 뉴스를 너무 많이 보는 것을 그만두고, 숙고와 사색을 희생시키면서 우리의 뇌를 채우는 정보의 양을 줄일 수 있을 것이다.

마음을 가라앉히고, 집중하고, 그리고 주의를 기울일 시간을 따로 떼어 놓아라. 매일의 산만함 또는 시간과 연관된 활동의 압박을 넘어서 조용하고, 우리의 의식이 확장하도록 해 줄 시간이 있어야 한다. 다시 말해서, 우리의 직관이 내는 목소리를 들을 수 있는 시간이 있어야 한다. 우리는 마음의 고요함에 주의를 기울이기 위해, 우리 자신을 '그다음, 또 그다음'이라는 눈코 뜰 새 없이 바쁜 삶, 자아 중심의 삶에 대한 계획, 그리고 명상에 녹아들기에는 너무 굳어 버린 질주하는 마음으로부터 거리를 둘 필요가 있다.

| 정답 | ❶preoccupation ❷applies ❸voluntary ❹priority ❺fills ❻reflection ❼mindful ❽expand ❾intuition ❿dissolve

preoccupation
[pri:àkjəpéiʃən]

명 집착, 몰두, 선입관 **preoccupy** 동 (마음을) 빼앗게 하다, 사로잡다
His current **preoccupation** is with political issues.
그가 현재 집착하고 있는 것은 정치적인 사안이다.
유 **obsession** 집착, 강박 상태

apply
[əplái]

동 적용되다, 지원하다, 바르다 **application** 명 적용, 지원(서) **applicant** 명 지원자
Everything in this book **applies** to those who want to lose weight.
이 책에 있는 모든 것은 체중을 감량하기 원하는 사람들에게 적용된다.

purposeful
[pə́:rpəsfəl]

형 목적(의식)이 있는 **purpose** 명 목적, 의도, 용도
When he makes decisions, he is very **purposeful** in his actions.
결정을 내릴 때, 그는 자신의 행동에 매우 목적의식이 있다.

voluntary
[váləntèri]

형 자발적인, 자원 봉사로 하는
volunteer 명 자원자, 자원 봉사자 동 자진하여 하다, 지원하다
Her participation in the program was entirely **voluntary**.
그녀의 프로그램 참가는 전적으로 자발적이었다.
반 **involuntary** 원치 않는, 본의 아닌

mental
[méntəl]

형 정신적인, 마음의 **mentality** 명 사고방식, 심적[정신] 상태
You must form **mental** pictures based on what you read.
여러분은 읽은 것을 토대로 마음속의 그림을 그려야 한다.

Voca Plus

mental health 정신 건강
a mental age 정신 연령
make a mental note 기억해 두다
go mental 매우 화를 내다, 광분해서 행동하다

priority
[praiɔ́(:)rəti]

명 우선 (사항), 우선권 **prioritize** 동 우선순위를 매기다
Let's get your **priorities** right first.
여러분의 우선 사항을 먼저 제대로 정립해 봅시다.

fill
[fil]

동 (가득) 채우다, 메우다

The room was **filled** with smoke as he searched for his dog.

그가 자신의 개를 찾고 있었을 때 그 방은 연기로 가득했다.

유 **load** 가득 안겨 주다, 적재하다 반 **release** 방출하다

expense
[ikspéns]

명 희생, 대가, 비용 **expend** 동 소비하다, 지출하다

Some workers manage to avoid work at any **expense**.

일부 근로자들은 어떤 희생[대가]을 치루더라도 일을 회피해 낸다.

유 **cost** 비용

Voca Plus

fixed expenses 고정 비용

at one's expense ~의 부담으로

meet an expense 수지를 맞추다

at the expense of ~의 희생[비용]으로

reflection
[riflékʃən]

명 숙고, 반사, 반향 **reflect** 동 숙고하다, 반사하다, 반영하다

I gave him time for **reflection** on this matter.

나는 그에게 이 문제에 대해 숙고할 시간을 주었다.

유 **consideration** 숙고, 사려 **deliberation** 숙고

contemplation
[kɑ̀ntəmpléiʃən]

명 사색, 명상 **contemplate** 동 심사숙고하다, 묵상하다

He seems deep in **contemplation**.

그는 사색에 깊이 잠겨 있는 것 같다.

유 **consideration** 숙고, 사려 **reflection** 숙고 반 **ignorance** 무지, 무시

collect
[kəlékt]

동 마음을 가라앉히다, 집중하다, 수집하다 **collection** 명 집중, 수집(품)
collective 형 집단의, 단체의

She would stumble across the dance floor if she did not **collect** herself.

마음을 가라앉히지 못하면 그녀는 무도장에서 발을 헛디딜 것이다.

유 **recover** (의식 등을) 되찾다

mindful
[máindfəl]

형 주의를 기울이는, 유념하는 **mind** 명 마음, 정신, 신경

He is **mindful** of his employees' happiness.

그는 자신의 직원들의 행복에 주의를 기울인다.

유 **aware** 알고 있는 **careful** 주의 깊은 반 **inattentive** 주의를 기울이지 않는

still
[stil]

형 조용한, 가만히 있는 부 아직도 **stillness** 명 고요함, 정적

For a long time he stood **still**, staring at the pyramid.

오랫동안 그는 피라미드를 응시하며 조용히 서 있었다.

유 **quiet** 조용한 **silent** 조용한 반 **noisy** 시끄러운, 떠들썩한

consciousness
[kάnʃəsnis]

명 의식, 자각 **conscious** 형 의식하는, 자각하는
I must have lost **consciousness** for ten or fifteen minutes.
나는 10분이나 15분 동안 의식을 잃었던 것이 틀림없다.
유 **awareness** 의식

expand
[ikspǽnd]

동 확장하다, 펼치다 **expansion** 명 확장, 확대, 팽창
He can **expand** his business without investing a lot of money.
그는 많은 돈을 투자하지 않고도 자신의 사업을 확장할 수 있다.
유 **increase** 확대하다, 증대시키다 반 **decrease** 줄다, 감소하다

intuition
[ìntju:íʃən]

명 직관(력), 직감 **intuitive** 형 직관에 의한
I had an **intuition** that something was wrong.
나는 뭔가 잘못되었다는 직감이 들었다.
유 **instinct** 직감, 본능

hectic
[héktik]

형 눈코 뜰 새 없이 바쁜, 정신없이 바쁜
A **hectic** schedule tends to make me tense.
눈코 뜰 새 없이 바쁜 일정이 나를 긴장하게 만드는 경향이 있다.
유 **frantic** 정신없이 서두는 반 **relaxing** 느긋한 **calm** 평온한

race
[reis]

동 질주하다, 경주하다 명 경주
She **raced** her car toward her apartment.
그녀는 자신의 아파트로 황급히 차를 몰았다.
유 **run** (급히) 뛰어 다니다

dissolve
[dizάlv]

동 녹아들다, 용해되다, 해산하다 **dissolution** 명 용해, 소멸, 해산
Salt **dissolves** in water but not in pure alcohol.
소금은 물에서 녹지만 순수 알코올에서는 녹지 않는다.
유 **melt** 녹다

meditation
[mèditéiʃən]

명 명상(록), 묵상 **meditate** 동 명상하다
Relax your body and mind through yoga and **meditation**.
요가와 명상을 통해 여러분의 신체와 마음을 편히 쉬게 하라.
유 **reflection** 반성, 숙고

Synonym & Antonym

유의어와 반의어를 확인해 보는 시간입니다. 밑줄 친 단어의 유의어 혹은 반의어를 주어진 철자로 시작하여 써 보세요.

01 avoid work at any expense [유] c________
02 time for reflection on this matter [유] c________
03 She did not collect herself. [유] r________
04 mindful of his employees' happiness [반] i________
05 He stood still. [유] q________
06 an intuition that something was wrong [유] i________
07 Salt dissolves in water. [유] m________

|정답| 01 cost 02 consideration 03 recover 04 inattentive 05 quiet 06 instinct 07 melt

Vocabulary Extension

이제 품사가 다른 여러 형태의 단어를 학습해 보겠습니다. [보기]의 단어를 변형하여 빈칸에 들어갈 알맞은 말을 써 보세요.

[보기] contemplation apply voluntary preoccupation consciousness

01 I am very ________ of the fact that the cost of living is rising.
02 There are many ________s of genetic engineering in agriculture.
03 I need some ________s to help me get through the crowd.
04 I've ________ the situation from every possible angle, but I've come up with no acceptable solution.
05 The origins of life on Earth have ________ scientists and thinkers from Charles Darwin to modern-day chemists.

|정답| 01 conscious 02 application 03 volunteer 04 contemplated 05 preoccupied

|해석| 01 나는 물가가 오르고 있다는 사실을 매우 의식하고 있다. 02 농업에 유전 공학의 많은 적용이 있다[유전 공학이 많이 적용된다]. 03 내가 사람들을 헤치고 나가는 것을 도와줄 몇몇 자원자가 필요하다. 04 나는 가능한 한 모든 각도에서 그 상황을 심사숙고해 왔으나, 수용할 만한 해결책을 제시하지 못했다. 05 지구상의 생명체의 기원이 찰스 다윈에서부터 현대 화학자들에 이르기까지 과학자들과 사상가들을 사로잡았다.

Choosing the Right Word

가장 적절한 단어가 어떤 것인지 확인하는 시간입니다. 주어진 문장에 들어갈 가장 적절한 단어를 네모 안에서 골라 보세요.

01 She preoccupied / raced her car toward her apartment.

02 When he makes decisions, he is very purposeful / still in his actions.

03 Relax your body and mind through yoga and intuition / meditation.

04 You must form mindful / mental pictures based on what you read.

05 The room was conscious / filled with smoke as he searched for his dog.

06 Everything in this book applies / expends to those who want to lose weight.

07 Maybe we can reduce the time given to our social lives, have fewer house guests, make mental space a priority / volunteer, and learn to say "no."

08 There has to be time to be still and allow our consciousness to expand / race beyond the distractions of the everyday or the pressing of clock-related activities.

09 Maybe we might stop watching so much news and decrease the amount of information that fills our brains at the expense of reflection and collection / contemplation.

10 We need to distance ourselves from the "and then, and then" of our hectic / still lives, the plans of an ego-driven life, and the racing mind so hard to dissolve in meditation, to give attention to the stillness of the heart.

|정답| 01 raced 02 purposeful 03 meditation 04 mental 05 filled 06 applies 07 priority 08 expand 09 contemplation 10 hectic

|해석| 01 그녀는 자신의 아파트로 황급히 차를 몰았다. 02 결정을 내릴 때, 그는 자신의 행동에 매우 목적의식이 있다. 03 요가와 명상을 통해 여러분의 신체와 마음을 편히 쉬게 하라. 04 여러분은 읽은 것을 토대로 마음속의 그림을 그려야 한다. 05 그가 자신의 개를 찾고 있었을 때 그 방은 연기로 가득했다. 06 이 책에 있는 모든 것은 체량을 감량하기 원하는 사람들에게 적용된다. 07 아마도 우리는 우리의 사교적인 생활에 주어진 시간을 줄이고, 집에 손님을 더 적게 맞이하고, 정신적 공간을 우선으로 삼고, 그리고 '아니요'라고 말하는 것을 배울 수 있을 것이다. 08 매일의 산만함 또는 시간과 연관된 활동의 압박을 넘어서 조용하고, 우리의 의식이 확장하도록 해 줄 시간이 있어야 한다. 09 아마도 우리는 뉴스를 너무 많이 보는 것을 그만두고, 숙고와 사색을 희생시키면서 우리의 뇌를 채우는 정보의 양을 줄일 수 있을 것이다. 10 우리는 마음의 고요함에 주의를 기울이기 위해, 우리 자신을 '그다음, 또 그다음'이라는 눈코 뜰 새 없이 바쁜 삶, 자아 중심의 삶에 대한 계획, 그리고 명상에 녹아들기에는 너무 굳어 버린 질주하는 마음으로부터 거리를 둘 필요가 있다.

Unit 54

Citizens of a World Community

▌이번 단원에서 학습하게 될 단어들입니다. 이미 알고 있는 단어에 V 표시해 보세요.

☐ rarely	☐ isolate	☐ influence	☐ scope
☐ interaction	☐ overnight	☐ transportation	☐ citizen
☐ access	☐ artifact	☐ ideal	☐ locate
☐ interdependent	☐ discovery	☐ globalization	☐ disastrous
☐ urgent	☐ societal	☐ widespread	☐ crisis

▌주어진 단어를 알맞은 뜻과 연결해 보세요. 단어의 뜻을 모르면 아래 정답에서 확인해 보세요.

01	locate	•	•	a	접근, 접속
02	disastrous	•	•	b	처참한, 끔찍한
03	isolate	•	•	c	문화 유물, 인공물
04	transportation	•	•	d	상호 작용, 교류
05	access	•	•	e	세계화
06	artifact	•	•	f	교통 (기관), 운송
07	interaction	•	•	g	고립시키다
08	interdependent	•	•	h	두다, 위치를 찾아내다
09	globalization	•	•	i	상호 의존적인
10	influence	•	•	j	영향(력); 영향을 미치다

|정답| 01 h 02 b 03 g 04 f 05 a 06 c 07 d 08 i 09 e 10 j

Vocabulary in Reading Context

▌해석은 한 번에 가능하지 않습니다. 해석이 잘되지 않더라도 먼저 아랫글을 단숨에 읽어 보세요.

Cultures have **rarely** been completely **isolated** from outside **influence** because throughout human history people have been moving from one place to another, spreading goods and ideas. What is different today (오늘날 다른 것), though, is the speed and **scope** of these **interactions**. Several decades ago, **overnight** mail service and direct long-distance telephone calls increased the speed of cross-national communication. Advances in **transportation** technology have made international trade more cost-effective and international travel more accessible to ordinary **citizens**. Today the Internet has given people around the world immediate **access** to the cultural **artifacts** and **ideals** of other societies, no matter where they're **located** (그들이 어디에 있더라도).

Clearly, societies are more **interdependent** than ever, and that matters for individuals. Sometimes the effects are positive. Medical **discoveries** in the United States or Europe, for instance, can save lives around the world. **Globalization** gives us a chance to learn (배울 기회) about other societies and learn from them. Other times, however, global influence can have **disastrous** consequences. Many of today's most **urgent societal** problems — **widespread** environmental destruction, large- and small-scale wars, economic **crises**, and so on — are a function of globalization to some degree.

and so on: 기타 등등
to some degree: 어느 정도

▌본문의 의미가 이해되나요? 원어민 선생님이 읽어 주시는 지문을 들으며 다시 한 번 읽어 보세요.

Fill in the Blanks

▌본문의 내용을 기억하며 다시 읽어 볼 차례입니다. 이번에는 글을 읽으면서 빈칸에 들어갈 단어를 주어진 철자로 시작하여 써 보세요.

Citizens of a World Community

Cultures have rarely been completely isolated from outside ❶i__________ because throughout human history people have been moving from one place to another, spreading goods and ideas. What is different today, though, is the speed and scope of these ❷i__________. Several decades ago, ❸o__________ mail service and direct long-distance telephone calls increased the speed of cross-national communication. Advances in ❹t__________ technology have made international trade more cost-effective and international travel more accessible to ordinary citizens. Today the Internet has given people around the world immediate ❺a__________ to the cultural artifacts and ideals of other societies, no matter where they're located.

Clearly, societies are more ❻i__________ than ever, and that matters for individuals. Sometimes the effects are positive. Medical discoveries in the United States or Europe, for instance, can save lives around the world. ❼G__________ gives us a chance to learn about other societies and learn from them. Other times, however, global influence can have ❽d__________ consequences. Many of today's most urgent ❾s__________ problems — widespread environmental destruction, large- and small-scale wars, economic ❿c__________, and so on — are a function of globalization to some degree.

해석 세계 공동체의 시민

문화는 좀처럼 외부의 영향으로부터 완전히 고립되어 오지 않았는데, 그 이유는 인류 역사에 걸쳐 사람들은 한 장소에서 다른 장소로 재화와 사상을 전파하며 이동해 오고 있기 때문이다. 하지만 오늘날 다른 것은 이러한 상호 작용의 속도와 범위이다. 몇십 년 전, 하룻밤 사이의 우편 서비스와 장거리 직통 전화는 국가 간 소통의 속도를 증가시켰다. 교통 기술의 발전은 국제 무역을 비용상의 효율이 더 높게 만들어 왔고 평범한 시민들에게 국가 간의 이동을 접근하기 더 쉽게 만들어 왔다. 오늘날 인터넷은 전 세계 사람들에게 그들이 어디에 있더라도 다른 사회의 문화적 유물과 이상에 즉각적인 접근을 제공해 왔다.

분명히, 사회는 어느 때보다 더 상호 의존적이고, 그것은 개인들에게 중요하다. 때때로 그 영향들은 긍정적이다. 예를 들어, 미국이나 유럽에서의 의학적 발견물들은 전 세계의 생명을 구할 수 있다. 세계화는 우리에게 다른 사회들에 관해 배우고, 그것들로부터 배울 수 있는 기회를 준다. 그러나 다른 때에는 세계적인 영향력이 처참한 결과를 초래할 수도 있다. 광범위한 환경적 파괴, 크고 작은 규모의 전쟁들, 경제 위기 등의 오늘날 가장 긴급한 사회 문제들 중 많은 것들은 어느 정도까지는 세계화의 기능이다.

| 정답 | ❶influence ❷interactions ❸overnight ❹transportation ❺access ❻interdependent ❼Globalization ❽disastrous ❾societal ❿crises

rarely
[rɛ́ərli]

[부] 좀처럼 ~하지 않는, 드물게 **rare** [형] 드문, 희귀한, 덜 익힌 **rarity** [명] 희귀성
I **rarely** drive above 100 kilometers per hour.
나는 좀처럼 시속 100킬로미터를 넘게 운전하지 않는다.
[유] **seldom** 거의 ~하지 않는 [반] **frequently** 자주, 종종

isolate
[áisəlèit]

[동] 고립시키다, 분리시키다, 떼어 놓다 **isolation** [명] 고립, 분리, 격리
A high wall **isolated** the house from the rest of the village.
높은 벽이 그 집을 마을의 나머지 부분으로부터 고립시켰다.
[유] **separate** 분리시키다 **insulate** 절연하다, 고립시키다

influence
[ínfluəns]

[명] 영향(력) [동] 영향을 미치다 **influential** [형] 영향력이 있는
Television has great **influence** on children.
텔레비전은 아이들에게 큰 영향을 미친다.
[유] **impact** 충격, 영향 **effect** 영향, 효과

scope
[skoup]

[명] 범위, 영역
This subject lies beyond the **scope** of our imagination.
이 주제는 우리의 상상의 범위를 초월한다.
[유] **range** 범위 **scale** 규모

interaction
[ìntərǽkʃən]

[명] 상호 작용, 교류 **interact** [동] 상호 작용하다, 교류하다
There's not enough **interaction** between the management and the workers.
경영진과 노동자들 사이에 충분한 상호 작용이 없다.
[유] **communication** 의사소통 **interchange** 교환, 교류

overnight
[óuvərnàit]

[형] 하룻밤 사이의, 밤을 새는 [부] 밤 사이에
Overnight guests are not allowed in the dormitory.
기숙사에서는 밤을 새는 손님이 허락되지 않는다.

Voca Plus

an overnight flight 야간 비행
an overnight march 철야 행군
make an overnight trip 일박 여행을 하다
an overnight millionaire 벼락부자
an overnight letter 이튿날 배달되는 빠른 우편물

transportation
[trӕnspərtéiʃən]

명 교통 (기관), 운송, 수송 **transport** 동 수송하다, 운송하다

The city is providing free **transportation** from the station to the airport.

그 도시는 역에서 공항까지 무료 교통 기관을 제공하고 있다.

유 **shipment** 수송, 운반

citizen
[sítizən]

명 시민, 주민 **citizenship** 명 시민권, 시민 의식

She's Korean by birth but is now an American **citizen**.

그녀는 한국 태생이지만 지금은 미국 시민이다.

유 **resident** 거주민

access
[əksés]

명 접근, 접속, 출입 동 접근하다, 접속하다 **accessible** 형 접근 가능한

Scientists have only recently been able to gain **access** to the area.

과학자들은 최근에야 그 지역에 접근할 수 있었다.

Voca Plus

restrict civilian access 민간인의 출입을 제한하다
deny access 접근을 거부하다
access speed (컴퓨터) 접속 속도
easy access 자유로운 출입

artifact
[á:rtəfӕkt]

명 문화 유물, 인공물, 공예품

The caves contained many prehistoric **artifacts**.

그 동굴들에는 많은 선사 시대의 문화 유물이 들어 있었다.

유 **relic** 유물 **handicraft** 공예품

ideal
[aidí(:)əl]

명 이상적인 것, 이상형 형 이상적인, 가장 적합한 **idealize** 동 이상화하다

The organization has remained true to its **ideals**.

그 단체는 그것의 이상에 충실해 있다.

locate
[lóukeit]

동 두다, 위치를 찾아내다 **location** 명 위치

They **located** their headquarters in Singapore.

그들은 싱가포르에 본사를 두었다.

유 **situate** (어떤 장소에) 놓다 **position** 적당한 장소에 두다[놓다]

interdependent
[ìntərdipéndənt]

형 상호 의존적인 **interdependence** 명 상호 의존

The world is becoming increasingly **interdependent**.

세계는 더욱 상호 의존적이 되어 가고 있다.

반 **independent** 독립적인

discovery
[dìskʌ́vəri]

명 발견(물) **discover** 동 발견하다

Scientists announced the **discovery** of a new species of plant.

과학자들은 새 식물종의 발견을 발표했다.

globalization
[glòubələzéiʃən]

명 세계화 **globe** 명 구체, 지구본 **globalize** 동 세계화하다

The scholars discussed the **globalization** of the economy.

학자들은 경제 세계화에 대해서 토론했다.

반 **localization** 국지화, 현지화

disastrous
[dizǽstrəs]

형 처참한, 끔찍한, 재앙 같은 **disaster** 명 재난, 재앙

Half the building was destroyed by a **disastrous** fire.

그 건물의 절반이 끔찍한 화재로 파괴되었다.

유 **tragic** 비극적인 **catastrophic** 파멸의, 비극적인 **terrible** 끔찍한

urgent
[ə́ːrdʒənt]

형 긴급한, 시급한 **urge** 동 재촉하다, 촉구하다 **urgency** 명 긴급, 절박함

We've come to deliver an **urgent** message.

우리는 긴급한 메시지를 전달하러 왔습니다.

유 **desperate** 절실한, 간절히 원하는

societal
[səsáiətəl]

형 사회의 **society** 명 사회, 집단, 협회

We've experienced very fast **societal** changes.

우리는 매우 빠른 사회 변화를 경험해 왔다.

유 **social** 사회의, 사교의

widespread
[wáidsprèd]

형 광범위한, 널리 퍼진

There was **widespread** opposition to the policy.

그 정책에 대한 광범위한 반대가 있었다.

유 **extensive** 광범위한 **comprehensive** 포괄적인

crisis
[kráisəs]

명 위기, 고비, 혼란 (*pl.* **crises**)

The government is trying to overcome the worst financial **crisis**.

정부는 최악의 금융 위기를 극복하기 위해 노력 중이다.

유 **emergency** 비상사태

Voca Plus

- **urgent crisis** 절박한 위기
- **energy crisis** 에너지 위기
- **resolve a crisis** 난국을 타개하다
- **suffer an identity crisis** 정체성의 혼란을 겪다
- **foreign exchange crisis** 외환 위기

Synonym & Antonym

유의어와 반의어를 확인해 보는 시간입니다. 밑줄 친 단어의 유의어 혹은 반의어를 주어진 철자로 시작하여 써 보세요.

01 rarely drive above 100 kilometers per hour ㊌ s__________

02 widespread opposition to the policy ㊌ e__________

03 great influence on children ㊌ i__________

04 becoming increasingly interdependent ㉥ i__________

05 the globalization of the economy ㉥ l__________

06 fast societal changes ㊌ s__________

07 the scope of our imagination ㊌ r__________

|정답| 01 seldom 02 extensive 03 impact 04 independent 05 localization 06 social 07 range

Vocabulary Extension

이제 품사가 다른 여러 형태의 단어를 학습해 보겠습니다. [보기]의 단어를 변형하여 빈칸에 들어갈 알맞은 말을 써 보세요.

보기 influence access interaction isolate ideal

01 They plan to __________ with each other in the room.

02 He became an extremely __________ critic.

03 The country chose the way to political and economic __________.

04 They needed some tips on making a website __________ to the blind and the physically disabled.

05 Infants tend to __________ their mothers in a realistic way, as well as in an unrealistic manner.

|정답| 01 interact 02 influential 03 isolation 04 accessible 05 idealize

|해석| 01 그들은 그 방에서 서로 상호 작용할 계획이다. 02 그는 매우 영향력이 있는 비평가가 되었다. 03 그 국가는 정치적 그리고 경제적 고립의 길을 택했다. 04 그들은 맹인과 신체적인 장애를 가진 사람들에게 접근이 가능한 웹 사이트를 제작하는 데 대한 약간의 조언들이 필요했다. 05 아기들은 자기 엄마를 비현실적인 방식으로뿐만 아니라 현실적인 방식으로도 이상화하는 경향이 있다.

Choosing the Right Word

가장 적절한 단어가 어떤 것인지 확인하는 시간입니다. 주어진 문장에 들어갈 가장 적절한 단어를 네모 안에서 골라 보세요.

01 Overnight / Rare guests are not allowed in the dormitory.

02 The caves contained many prehistoric artifacts / locations.

03 This subject lies beyond the citizenship / scope of our imagination.

04 A high wall isolated / interacted the house from the rest of the village.

05 The organization has remained true to its ideals / disasters.

06 The scholars discussed the globalization / citizenship of the economy.

07 Today the Internet has given people around the world immediate access / isolation to the cultural artifacts and ideals of other societies, no matter where they're located.

08 Clearly, societies are more interdependent / societal than ever, and that matters for individuals.

09 Advances in scope / transportation technology have made international trade more cost-effective and international travel more accessible to ordinary citizens.

10 Cultures have rarely been completely isolated from outside influence / urgency because throughout human history people have been moving from one place to another, spreading goods and ideas.

|정답| 01 Overnight 02 artifacts 03 scope 04 isolated 05 ideals 06 globalization 07 access 08 interdependent 09 transportation 10 influence

|해석| 01 기숙사에서는 밤을 새는 손님이 허락되지 않는다. 02 그 동굴들에는 많은 선사시대의 문화 유물이 들어 있었다. 03 이 주제는 우리의 상상의 범위를 초월한다. 04 높은 벽이 그 집을 마을의 나머지 부분으로부터 고립시켰다. 05 그 단체는 그것의 이상에 충실해 있다. 06 학자들은 경제 세계화에 대해서 토론했다. 07 오늘날 인터넷은 전 세계 사람들에게 그들이 어디에 있더라도 다른 사회의 문화적 유물과 이상에 즉각적인 접근을 제공해 왔다. 08 분명히, 사회는 어느 때보다 더 상호 의존적이고, 그것은 개인들에게 중요하다. 09 교통 기술의 발전은 국제 무역을 비용상의 효율이 더 높게 만들어 왔고 평범한 시민들에게 국가 간의 이동을 접근하기 더 쉽게 만들어 왔다. 10 문화는 좀처럼 외부의 영향으로부터 완전히 고립되어 오지 않았는데, 그 이유는 인류 역사에 걸쳐 사람들은 한 장소에서 다른 장소로 재화와 사상을 전파하며 이동해 오고 있기 때문이다.

Unit 55

The Value of Forests

▌이번 단원에서 학습하게 될 단어들입니다. 이미 알고 있는 단어에 V 표시해 보세요.

☐ integral	☐ livelihood	☐ fundamental	☐ vital
☐ climate	☐ erosion	☐ perception	☐ timber
☐ considerably	☐ indigenous	☐ cultivator	☐ essentially
☐ conversion	☐ productivity	☐ compensation	☐ edge
☐ clearance	☐ renewable	☐ biodiversity	☐ irrespective

▌주어진 단어를 알맞은 뜻과 연결해 보세요. 단어의 뜻을 모르면 아래 정답에서 확인해 보세요.

01 livelihood •		• a	생계, 수단
02 fundamental •		• b	토착의, 원산의
03 climate •		• c	근본적인, 핵심적인
04 indigenous •		• d	기후
05 cultivator •		• e	보상
06 productivity •		• f	생산성
07 compensation •		• g	가장자리, 유리함
08 edge •		• h	경작자, 재배자
09 clearance •		• i	재생 가능한, 갱신 가능한
10 renewable •		• j	(개간을 위한) 삼림 벌채, 없애기

|정답| 01 a 02 c 03 d 04 b 05 h 06 f 07 e 08 g 09 j 10 i

Vocabulary in Reading Context

▌해석은 한 번에 가능하지 않습니다. 해석이 잘되지 않더라도 먼저 아랫글을 단숨에 읽어 보세요.

Forest resources are an **integral** part of mountain **livelihoods** and of **fundamental** importance to their effective functioning. The management of forest resources is **vital** to the survival of mountain communities. 5 The use and management of forests is also an emotive issue, arising from the concern (arise from: ~에서 비롯되다) over deforestation, global **climate** change, and **erosion**.

Perceptions of forest use and the value of forests as standing **timber** vary **considerably** from **indigenous** peoples to national governments and Western scientists. These 10 differences in attitudes and values lie at the root of conflicting management strategies and stimulate protest groups. For example, the **cultivators** of the Himalayas and Karakoram view forests as **essentially** a convertible resource. That is, under increasing population (view *A* as *B*: A를 B라고 생각하다) (that is: 다시 말해) pressure and growing demands for cultivable land, the **conversion** of forest into cultivated terraces means a much higher **productivity** can be extracted from the same area. 15 **Compensation** in the form of planting on terrace **edges** occurs to make up for the (make up for: ~을 벌충하다) **clearance**. This contrasts with the national view of the value of forests as a **renewable** (contrast with: ~와 대조되다) resource, with the need or desire to keep a forest cover over the land for soil conservation, and with a global view of protection for **biodiversity** and climate change purposes, **irrespective** of the local people's needs. 20

* emotive 감정적인, 감정을 자극하는

▌본문의 의미가 이해되나요? 원어민 선생님이 읽어 주시는 지문을 들으며 다시 한 번 읽어 보세요.

Fill in the Blanks

▌본문의 내용을 기억하며 다시 읽어 볼 차례입니다. 이번에는 글을 읽으면서 빈칸에 들어갈 단어를 주어진 철자로 시작하여 써 보세요.

The Value of Forests

Forest resources are an ❶i___________ part of mountain livelihoods and of fundamental importance to their effective functioning. The management of forest resources is ❷v___________ to the survival of mountain communities. The use and management of forests is also an emotive issue, arising from the concern over deforestation, global climate
5 change, and ❸e___________.

❹P___________ of forest use and the value of forests as standing ❺t___________ vary ❻c___________ from indigenous peoples to national governments and Western scientists. These differences in attitudes and values lie at the root of conflicting management strategies and stimulate protest groups. For example, the cultivators of the Himalayas and
10 Karakoram view forests as ❼e___________ a convertible resource. That is, under increasing population pressure and growing demands for cultivable land, the ❽c___________ of forest into cultivated terraces means a much higher productivity can be extracted from the same area. Compensation in the form of planting on terrace edges occurs to make up for the clearance. This contrasts with the national view of the value of
15 forests as a renewable resource, with the need or desire to keep a forest cover over the land for soil conservation, and with a global view of protection for ❾b___________ and climate change purposes, ❿i___________ of the local people's needs.

* emotive 감정적인, 감정을 자극하는

해석 숲의 가치

삼림 자원은 산지 생계에 필수적인 부분이며, 그것이 효과적으로 기능하는 데 있어 근본적으로 중요하다. 삼림 자원의 관리는 산촌 공동체의 생존에 필수적이다. 숲의 이용과 관리 또한 삼림 파괴, 지구 기후 변화, 침식에 대한 우려에서 비롯된, 감정적인 문제이다.

숲의 사용과 벌채하지 않은 수목으로서의 숲의 가치에 대한 인식은 토착민에서부터 중앙 정부와 서구의 과학자에 이르기까지 상당히 다르다. 태도와 가치에서의 이러한 차이는 상충하는 관리 전략의 이유였고 항의 집단들을 자극한다. 예를 들어, 히말라야산맥과 카라코람산맥의 경작자들은 숲을 본질적으로 바꿀 수 있는 자원이라고 생각한다. 다시 말해, 늘어나는 인구압과 경작할 수 있는 땅에 대한 커지는 수요 아래에서, 숲을 경작되는 계단식 농경지로 바꾸는 것은 같은 지역에서 훨씬 더 높은 생산성을 끌어낼 수 있다는 것을 의미한다. (개간을 위한) 삼림 벌채를 벌충하기 위해 계단식 농경지의 가장자리에 (나무를) 심는 형태의 보상이 발생한다. 이것은 지역민이 필요로 하는 것과는 관계없이 숲의 가치를 재생 가능한 자원으로 보는 국가적 관점, 토양 보존을 위해 땅 위에 덮여 있는 숲을 유지하려는 필요나 욕구, 그리고 생물의 다양성과 기후 변화의 목적을 위한 보호라는 세계적인 관점과 대조를 이룬다.

| 정답 | ❶integral ❷vital ❸erosion ❹Perceptions ❺timber ❻considerably ❼essentially ❽conversion ❾biodiversity ❿irrespective

integral
[íntəgrəl]

형 필수적인, 완전한
Dreaming is an **integral** part of a healthy life.
꿈을 꾸는 것은 건강한 삶의 필수적인 부분이다.
유 **necessary** 필수적인 **indispensable** 필요 불가결한 반 **inessential** 없어도 무방한

livelihood
[láivlihùd]

명 생계, 수단 **live** 동 살다
They saw what the machines meant to their **livelihood**.
그들은 기계가 자신들의 생계에 어떤 의미가 있는지를 알게 되었다.
유 **living** 생활, 생존

fundamental
[fʌ̀ndəméntəl]

형 근본적인, 핵심적인 **fundamentality** 명 기본성, 중요성
Social contact is a **fundamental** human need.
사회적 접촉은 인간의 근본적인 욕구이다.
유 **basic** 근본적인, 기초의 반 **insignificant** 대수롭지 않은, 하찮은

vital
[váitəl]

형 필수적인, 생명 유지와 관련된, 활력이 넘치는 **vitality** 명 활력
For decades, people have been told that praise is **vital** for happy and healthy children.
수십 년간, 사람들은 칭찬이 아이가 행복하고 건강해지기 위해 필수적이라는 이야기를 들어 왔다.
유 **essential** 본질적인, 필수적인 반 **unnecessary** 불필요한

climate
[kláimit]

명 기후 **climatic** 형 기후의
The buildup of CO_2 in the atmosphere increases, the result being a worldwide warming of the **climate**.
대기 중의 이산화탄소 축적이 증가하고, 그 결과는 전 세계적인 기후의 온난화이다.

Voca Plus
climate change 기후 변화

erosion
[iróuʒən]

명 침식, 부식 **erode** 동 침식시키다, 약화시키다
The natural **erosion** of rocks is the first step in the formation of soil.
암석의 자연 침식은 토양 형성의 첫 번째 단계이다.

perception
[pərsépʃən]

명 인식, 지각 **perceive** 동 인식하다
There is a general public **perception** that the environmental problems are getting worse.
환경 문제가 점점 심각해지고 있다는 대중들의 일반적인 인식이 있다.
유 **awareness** 알고 있음, 인식

timber
[tímbər]

명 수목, 목재
He cut down **timber** and planted new trees.
그는 수목을 베고 새 나무를 심었다.
유 **wood** 목재 **log** 통나무

considerably
[kənsídərəbli]

부 상당히 **considerable** 형 상당한, 많은
Even closely related species may differ **considerably** in their response to fire.
매우 밀접히 관련된 종이더라도 불에 대한 반응은 상당히 다를 수 있다.
유 **greatly** 매우 **significantly** 상당히 반 **slightly** 약간

indigenous
[indídʒənəs]

형 토착의, 원산의
The koala is **indigenous** to eastern Australia from Queensland to Victoria.
코알라는 Queensland에서 Victoria에 이르는 호주 동쪽의 토착 (동물)이다.
유 **native** 원산의, 토박이의

cultivator
[kʌ́ltəvèitər]

명 경작자, 재배자 **cultivate** 동 경작하다, 재배하다 **cultivable** 형 재배할 수 있는
Most of the **cultivators** in the region were farming on dry land.
그 지역의 경작자 대부분은 건조한 땅에서 농사를 짓고 있었다.

essentially
[isénʃəli]

부 본질적으로 **essential** 형 본질적인, 필수적인
They may look different, but they are **essentially** the same.
그들은 달라 보일지 모르지만, 본질적으로는 같다.
유 **basically** 기본적으로 **fundamentally** 근본적으로

conversion
[kənvə́:rʒən]

명 바꾸는 것, 개조, 개종 **convert** 동 바꾸다 **convertible** 형 바꿀 수 있는
This process involves the **conversion** of natural elements into commodities.
이 과정에는 자연의 요소를 상품으로 전환하는 것이 포함된다.
유 **change** 변화 **adaptation** 개조

productivity
[pròudʌktívəti]

명 생산성 **produce** 동 생산하다 **productive** 형 생산적인 **product** 명 제품

To increase **productivity**, the store may want to employ more workers.

생산성을 향상하기 위해, 그 가게는 더 많은 직원을 고용하고 싶어 할 수 있다.

Voca & Voca

yield 산출액, 생산량 **output** 산출량, 생산품

compensation
[kàmpənseiʃən]

명 보상 **compensate** 동 보상하다

Do we need to be ensured **compensation** for doing what's right?

우리는 옳은 일을 하는 것에 대해 보상을 보상받아야 하는가?

edge
[edʒ]

명 가장자리, 유리함

Young males may travel together on the **edge** of a large troop of monkeys.

젊은 수컷들은 원숭이들의 커다란 무리의 가장자리에서 함께 다닐지도 모른다.

유 **verge** 가장자리 **border** 가장자리, 변두리

Voca Plus

cutting edge 최첨단, 활력소 **competitive edge** 경쟁 우위

clearance
[klíərəns]

명 (개간을 위한) 삼림 벌채, 없애기 **clear** 형 깨끗한, 확실한, 분명한 동 치우다

Increased landslides in the region were in part caused by forest **clearance**.

그 지역의 산사태 증가는 부분적으로 삼림 벌채로 인한 것이었다.

유 **removal** 제거

renewable
[rinjú:əbl]

형 재생 가능한, 갱신 가능한 **renew** 동 새롭게 하다

Solar power and wind power are **renewable** sources of energy production.

태양 에너지와 풍력은 재생 가능한 에너지 생산의 원천이다.

biodiversity
[baiòudaivə́:rsəti]

명 생물의 다양성

Too much fishing and hunting can threaten **biodiversity**.

지나친 어업과 사냥은 생물의 다양성을 위협할 수 있다.

irrespective
[ìrispéktiv]

형 관계없는, 개의치 않는

The courses are available to anyone, **irrespective** of age or previous education.

그 과정은 나이나 이전에 받은 교육과 관계없이 누구에게나 이용 가능하다.

유 **regardless** 무관심한, 개의치 않는

Synonym & Antonym

유의어와 반의어를 확인해 보는 시간입니다. 밑줄 친 단어의 유의어 혹은 반의어를 주어진 철자로 시작하여 써 보세요.

01 an integral part of a healthy life [유] n________
02 a fundamental human need [유] b________
03 praise is vital for happy and healthy children [반] u________
04 differ considerably in their response [유] s________
05 The koala is indigenous to eastern Australia. [유] n________
06 the conversion of natural elements into commodities [유] a________
07 irrespective of age or previous education [유] r________

|정답| 01 necessary 02 basic 03 unnecessary 04 significantly 05 native 06 adaptation 07 regardless

Vocabulary Extension

이제 품사가 다른 여러 형태의 단어를 학습해 보겠습니다. [보기]의 단어를 변형하여 빈칸에 들어갈 알맞은 말을 써 보세요.

[보기] perception erosion productivity compensation essentially

01 How customers ____________ a price is as important as the price itself.
02 Personality, the ____________ character of a person, doesn't change over time.
03 I believe nothing can ____________ for the loss of health.
04 The two-day conference was highly ____________, yielding a wealth of ideas.
05 Strong waves began to ____________ the rock, causing a hole in the middle.

|정답| 01 perceive 02 essential 03 compensate 04 productive 05 erode

|해석| 01 고객이 가격을 어떻게 인식하는가는 가격 자체만큼이나 중요하다. 02 사람의 본질적인 특질인 성격은 시간이 지나도 변하지 않는다. 03 나는 어떤 것도 건강을 잃는 것을 보상할 수는 없다고 믿는다. 04 이틀간의 학회는 매우 생산적이어서, 풍부한 아이디어를 산출해 냈다. 05 강력한 파도가 가운데에 구멍을 만들며 암석을 침식시키기 시작했다.

Choosing the Right Word

가장 적절한 단어가 어떤 것인지 확인하는 시간입니다. 주어진 문장에 들어갈 가장 적절한 단어를 네모 안에서 골라 보세요.

01 Solar power and wind power are indigenous / renewable sources of energy production.

02 They saw what the machines meant to their erosion / livelihood.

03 To increase productivity / cultivator, the store may want to employ more workers.

04 The buildup of CO_2 in the atmosphere increases, the result being a worldwide warming of the climate / compensation.

05 He cut down timber / conversion and planted new trees.

06 Young males may travel together on the livelihood / edge of a large troop of monkeys.

07 Most of the cultivators / edges in the region were farming on dry land.

08 The use and management of forests is also an emotive issue, arising from the concern over deforestation, global climate change, and productivity / erosion.

09 Compensation in the form of planting on terrace edges occurs to make up for the perception / clearance.

10 This contrasts with the national view of the value of forests as a renewable resource, with the need or desire to keep a forest cover over the land for soil conservation, and with a global view of protection for clearance / biodiversity and climate change purposes, irrespective of the local people's needs.

|정답| **01** renewable **02** livelihood **03** productivity **04** climate **05** timber **06** edge **07** cultivators **08** erosion **09** clearance **10** biodiversity

|해석| **01** 태양 에너지와 풍력은 재생 가능한 에너지 생산 원천이다. **02** 그들은 기계가 자신들의 생계에 어떤 의미가 있는지를 알게 되었다. **03** 생산성을 향상하기 위해, 그 가게는 더 많은 직원을 고용하고 싶어 할 수 있다. **04** 대기 중의 이산화탄소 축적이 증가하고, 그 결과는 전 세계적인 기후의 온난화이다. **05** 그는 수목을 베고 새 나무를 심었다. **06** 젊은 수컷들은 원숭이들의 커다란 무리의 가장자리에서 함께 다닐지도 모른다. **07** 그 지역의 경작자 대부분은 건조한 땅에서 농사를 짓고 있었다. **08** 숲의 이용과 관리 또한 삼림 파괴, 지구 기후 변화, 침식에 대한 우려에서 비롯된, 감정적인 문제이다. **09** (개간을 위한) 삼림 벌채를 벌충하기 위해 계단식 농경지의 가장자리에 (나무를) 심는 형태의 보상이 발생한다. **10** 이것은 지역민이 필요로 하는 것과는 관계없이 숲의 가치를 재생 가능한 자원으로 보는 국가적 관점, 토양 보존을 위해 땅 위에 덮여 있는 숲을 유지하려는 필요나 욕구, 그리고 생물의 다양성과 기후 변화의 목적을 위한 보호라는 세계적인 관점과 대조를 이룬다.

Review Test 11

▌학습한 내용은 꾸준히 복습하지 않으면 누구나 며칠 만에 절반 이상을 망각하게 된다고 합니다. 지금 다시 한 번 간단히 복습하면 기억을 되살릴 수 있습니다. 51~55강에서 공부한 내용을 복습해 봅시다.

A 우리말은 영어로, 영어는 우리말로 쓰시오.

01 입학 (허가) a________
02 일관성 c________
03 설득력 있는 p________
04 정반대의 o________
05 자발적인 v________
06 우선 (사항) p________
07 명상(록) m________
08 상호 작용 i________
09 상호 의존적인 i________
10 필수적인, 완전한 i________
11 publication ________
12 applicant ________
13 resemblance ________
14 criminal ________
15 mental ________
16 contemplation ________
17 isolate ________
18 artifact ________
19 climate ________
20 perception ________

B 다음 문장의 빈칸에 적절한 단어를 [보기]에서 찾아 쓰시오.

보기 access appear dishonest effect contemplation

01 Be careful with ________ traders in the tourist areas.
02 The sun began to ________ from behind the clouds.
03 The medicine had an immediate ________ on me.
04 He seems deep in ________.
05 Scientists have only recently been able to gain ________ to the area.

| 정답 | A 01 admission 02 consistency 03 persuasive 04 opposite 05 voluntary 06 priority 07 meditation 08 interaction 09 interdependent 10 integral 11 출판(물), 발표, 공표 12 지원자 13 닮음, 비슷함, 유사함 14 범죄자; 범죄의 15 정신적인, 마음의 16 사색, 명상 17 고립시키다, 분리시키다, 떼어 놓다 18 문화 유물, 인공물, 공예품 19 기후 20 인식, 지각

B 01 dishonest 02 appear 03 effect 04 contemplation 05 access

| 해석 | B 01 관광지의 부정직한 상인들을 조심하라. 02 구름 뒤에서 해가 나오기 시작했다. 03 그 약은 나에게 즉각적인 효과를 나타냈다. 04 그는 사색에 깊이 잠겨 있는 것 같다. 05 과학자들은 최근에야 그 지역에 접근할 수 있었다.

C 다음 밑줄 친 부분과 의미가 가장 가까운 단어를 고르시오.

01 He is the man who helped me when I was in adversity.

① mission ② purpose ③ hardship ④ consistency

02 The travel book needs to include some pictures.

① regard ② appear ③ cite ④ contain

03 Preoccupation with money can make your life miserable.

① obsession ② priority ③ intuition ④ interaction

04 His office is located on the 4th floor, room 405.

① applied ② situated ③ dissolved ④ preserved

D 다음 네모 안에서 주어진 문장에 가장 적절한 단어를 고르시오.

01 The woman agreed to release her letters for erosion / publication.

02 It's consistency / racism that we need to have for success in dieting.

03 The prisoner decided to apply / escape from prison.

04 The villagers live a mindful / hectic life in this season every year.

05 People became interdependent / indigenous by using the Internet.

06 The airline paid the family 1,600 euros in compensation / productivity for the delay.

|정답| C 01 ③ 02 ④ 03 ① 04 ②

D 01 publication 02 consistency 03 escape 04 hectic 05 interdependent 06 compensation

|해석| C 01 그는 내가 역경에 처했을 때 나를 도와주었던 그 남자이다. 02 그 여행 책은 사진을 좀 포함할 필요가 있다. 03 돈에 대한 집착은 당신의 인생을 비참하게 만들 수 있다. 04 그의 사무실은 4층 405호실에 위치하고 있다.

D 01 그 여자는 자신의 편지들을 출판을 위해 공개하는 것에 동의했다. 02 다이어트 성공을 위해 우리가 가져야 할 필요가 있는 것은 바로 일관성이다. 03 그 죄수는 감옥에서 탈출하기로 결심했다. 04 그 마을 사람들은 매년 이 계절에 눈코 뜰 새 없이 바쁜 삶을 산다. 05 사람들은 인터넷을 사용함으로써 상호 의존적이 되었다. 06 그 항공사는 그 가족에게 지연에 대한 보상으로 1,600유로를 지불했다.

Unit 56

Where Is Earth's Water?

▌이번 단원에서 학습하게 될 단어들입니다. 이미 알고 있는 단어에 V 표시해 보세요.

☐ pour	☐ available	☐ lock	☐ underground
☐ tiny	☐ argument	☐ irrigator	☐ probably
☐ stuff	☐ major	☐ fortunately	☐ basin
☐ spare	☐ neighbour	☐ continent	☐ inhabit
☐ possess	☐ ensure	☐ prudently	☐ conserve

▌주어진 단어를 알맞은 뜻과 연결해 보세요. 단어의 뜻을 모르면 아래 정답에서 확인해 보세요.

01	ensure •	• a	모면하게 하다, 할애하다
02	prudently •	• b	붓다, 따르다
03	spare •	• c	논쟁, 말다툼
04	continent •	• d	보장하다
05	inhabit •	• e	분별 있게
06	argument •	• f	보존하다
07	pour •	• g	(강의) 유역, 분지
08	available •	• h	이용 가능한
09	conserve •	• i	대륙
10	basin •	• j	살다, 거주하다

|정답| 01 d 02 e 03 a 04 i 05 j 06 c 07 b 08 h 09 f 10 g

▌해석은 한 번에 가능하지 않습니다. 해석이 잘되지 않더라도 먼저 아랫글을 단숨에 읽어 보세요.

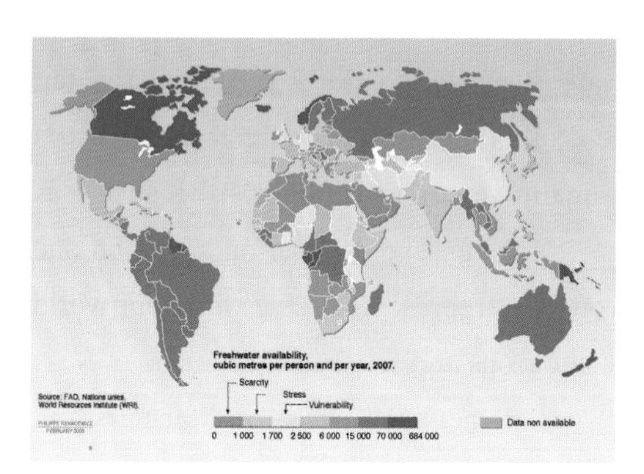

Pick up an empty one liter soft drink bottle. Fill it with water and let this represent (이것이 나타내게 하라) all the water on Earth. But we can't use all this water because most of it is salty sea water. **Pour** water into the cap of the bottle — this represents the fresh water that is **available** on our planet, about 3%. But again we can't use all of it because it is **locked** up in the ice caps (만년설 속에) or deep **underground**. Take an eye dropper and suck up one **tiny** drop and let it fall on the table in front of you. This represents all the water our world has to drink, wash, cook, use for the toilet, grow our crops and satisfy our animals.

It is this drop that (~하는 것은 바로 이 한 방울이다) causes so many **arguments** between **irrigators**, farmers and greenies and it will **probably** be the **stuff** that wars will be fought over (~을 얻으려고 전쟁을 벌일 것이다) for those countries sharing **major** rivers. **Fortunately**, Australia doesn't share river **basins** with other countries, so we will be **spared** (be spared: 모면하다) the possibility of violent wars with **neighbours**. However, as Peter Garrett, former President of the Australian Conservation Foundation, said at the Youth River Health Conference, "We are a large **continent**, the driest **inhabited** continent in the world. We **possess** the least river water of any country, and if we are to **ensure** (우리가 보장하고자 한다면) our future we must **prudently conserve** and use our water more wisely than in the past."

* eye dropper (눈에 안약을 넣을 때 쓰는) 점안기 ** greenie 환경 운동가

▌본문의 의미가 이해되나요? 원어민 선생님이 읽어 주시는 지문을 들으며 다시 한 번 읽어 보세요.

Fill in the Blanks

▌본문의 내용을 기억하며 다시 읽어 볼 차례입니다. 이번에는 글을 읽으면서 빈칸에 들어갈 단어를 주어진 철자로 시작하여 써 보세요.

Where Is Earth's Water?

Pick up an empty one liter soft drink bottle. Fill it with water and let this represent all the water on Earth. But we can't use all this water because most of it is salty sea water. ❶P__________ water into the cap of the bottle — this represents the fresh water that is ❷a__________ on our planet, about 3%. But again we can't use all of it because it is locked up in the ice caps or deep ❸u__________. Take an eye dropper and suck up one tiny drop and let it fall on the table in front of you. This represents all the water our world has to drink, wash, cook, use for the toilet, grow our crops and satisfy our animals.

It is this drop that causes so many ❹a__________ between irrigators, farmers and greenies and it will probably be the ❺s__________ that wars will be fought over for those countries sharing major rivers. Fortunately, Australia doesn't share river ❻b__________ with other countries, so we will be ❼s__________ the possibility of violent wars with neighbours. However, as Peter Garrett, former President of the Australian Conservation Foundation, said at the Youth River Health Conference, "We are a large continent, the driest ❽i__________ continent in the world. We ❾p__________ the least river water of any country, and if we are to ensure our future we must ❿p__________ conserve and use our water more wisely than in the past."

* eye dropper (눈에 안약을 넣을 때 쓰는) 점안기 ** greenie 환경 운동가

해석 세계의 물은 어디에 있는가?

1리터짜리 빈 음료수 병을 집어라. 그것을 물로 채우고 이것이 지구상의 모든 물을 나타내게 하라. 그러나 그것의 대부분은 짠 바닷물이기 때문에 우리는 이 모든 물을 다 사용할 수는 없다. 물을 병뚜껑에 따라 보라. 이것이 약 3% 되는 지구상의 이용할 수 있는 담수를 나타낸다. 그러나 또 우리는 그것이 만년설이나 지하 깊숙이 갇혀 있기 때문에 그것의 모두를 사용할 수는 없다. 점안기를 잡고 아주 작은 한 방울을 빨아들여 당신 앞의 테이블 위에 떨어뜨려라. 이것이 우리 세계가 마시고, 씻고, 요리하고, 화장실용으로 사용하고, 농작물을 재배하며, 동물들을 충족시킬 모든 물을 나타낸다.

물 대는 사람들, 농부들, 그리고 환경 운동가들 사이에 그렇게 많은 논쟁을 야기하는 것이 바로 이 한 방울이며, 이것은 아마도 주요한 강을 공유하는 나라들이 전쟁을 벌여서라도 얻으려고 하는 것이 될 것이다. 다행히도 호주는 다른 나라들과 강의 유역을 공유하고 있지 않아서 우리는 이웃 나라들과의 격렬한 전쟁을 치를 가능성은 모면하게 될 것이다. 그러나 Australian Conservation Foundation의 전 의장 Peter Garrett이 Youth River Health Conference에서 말했듯이, "우리나라는 커다란 대륙이며, 세계에서 사람들이 살고 있는 가장 건조한 대륙이다. 우리는 모든 나라 중에서 가장 적은 강물을 가지고 있고 우리가 우리의 미래를 보장하고자 한다면, 과거보다도 우리의 물을 분별 있게 보존하고 더 현명하게 사용해야만 한다."

|정답| ❶Pour ❷available ❸underground ❹arguments ❺stuff ❻basins ❼spared ❽inhabited ❾possess ❿prudently

pour
[pɔːr]

동 붓다, 따르다, (비가) 억수같이 쏟아지다
The waiter **poured** the water into her glass.
종업원이 그녀의 잔에 물을 따랐다.
It has been **pouring** for three days.
3일 동안 비가 억수같이 내리고 있다.

available
[əvéiləbl]

형 이용 가능한, 시간이[여유가] 있는 **availability** 명 유효성, 효용
The sweater is also **available** in larger sizes.
그 스웨터는 더 큰 사이즈도 있습니다.
Will he be **available** tomorrow?
내일 그 사람이 시간이 있을까요?
유 **accessible** 접근 가능한, 이용 가능한

lock
[lɑk]

동 가두다, 잠그다 명 자물쇠
She **locked** the jewels in a safe.
그녀는 보석을 금고에 넣고 잠갔다.

underground
[ʌ̀ndərgráund]

부 지하에 형 지하의 명 (영국) 지하철
The oil pipelines run **underground**.
송유관들이 지하로 지나간다.
반 **aboveground** 지상에

tiny
[táini]

형 아주 작은
She was wearing a dress with a pattern of **tiny** tulips.
그녀는 아주 작은 튤립 무늬가 있는 드레스를 입고 있었다.
반 **huge** 거대한 **enormous** 매우 큰

argument
[ɑ́ːrgjumənt]

명 논쟁, 말다툼, 주장 **argue** 동 논쟁하다, 주장하다
They are always getting into **arguments** about politics.
그들은 항상 정치에 대한 논쟁에 빠진다[논쟁을 벌인다].
유 **dispute** 논쟁, 분규, 논란

irrigator
[írəgèitər]

명 관개하는 사람, 물 대는 사람 **irrigate** 동 관개하다, 물 대다 **irrigation** 명 관개 (시설)

South Australian **irrigators** have criticised a decision to increase water flows into the Murray.

남부 호주 관개자들은 Murray 강으로 유입되는 물의 양을 증가시키겠다는 결정을 비판해 왔다.

probably
[prɑ́bəbli]

부 아마, 필시 **probable** 형 있음 직한, 개연성 있는 **probability** 명 개연성, 가망, 확률

The repair work will **probably** take about a week.

보수 공사는 아마도 약 1주일은 걸릴 것이다.

stuff
[stʌf]

명 것(들), 물건, 물질 동 속을 채워 넣다 **stuffed** 형 박제된

He's got some sticky **stuff** on his shoe.

그의 신발에 약간 끈적이는 것이 달라붙었다.

유 **thing** 물건 **object** 사물

major
[méidʒər]

형 주요한, 중대한, 심각한, 일류의 동 전공하다 명 전공

Cheese is one of the **major** ingredients in the recipe.

치즈가 그 조리법의 주된 재료 중 하나이다.

She is **majoring** in bioengineering.

그녀는 생명 공학을 전공하고 있다.

유 **main** 주된 **chief** 주요한, 주된, 최고의

fortunately
[fɔ́ːrtʃənitli]

부 다행히도, 운 좋게 **fortunate** 형 운 좋은 **fortune** 명 운, 운명, 재산

Fortunately, the plane landed safely.

다행히도, 그 비행기는 안전하게 착륙했다.

유 **luckily** 운 좋게도 반 **unfortunately** 불행하게도

basin
[béisən]

명 (강의) 유역, 분지, 양푼, 대야

There is a big delta in the lower Nile **basin**.

나일강 하류 유역에는 커다란 삼각주가 있다.

She poured the water into the **basin** to wash her face.

그녀는 세수를 하기 위해 대야에 물을 쏟아부었다.

spare
[spɛər]

동 모면하게 하다, 할애하다, 아끼다 형 남는, 여분의, 짬이 있는 명 여분, 여벌

I wanted to **spare** them the trouble of visiting me.

나는 그들이 나를 방문하는 수고를 덜어 주고 싶었다.

Could you **spare** me a few minutes?

몇 분만 시간을 내주시겠어요?

neighbour
[néibər]

명 이웃 (사람/나라)(= **neighbor**) **neighbourhood** 명 이웃, 인근
Some **neighbours** complained about the noise from the party.
몇몇 이웃들이 파티에서 나오는 소음에 불평을 했다.

continent
[kɑ́ntənənt]

명 대륙, 육지 **continental** 형 대륙의
The Pacific is bigger than the **continent** of Asia.
태평양은 아시아 대륙보다 더 크다.

inhabit
[inhǽbit]

동 살다, 거주하다, 서식하다 **inhabitant** 명 주민, 거주자
The island is no longer **inhabited**.
그 섬에는 더 이상 사람이 살지 않는다.
유 **dwell** 살다, 거주하다 **reside** 살다, 존재하다

possess
[pəzés]

동 소유하다, 지니다 **possession** 명 소유, 소유물
possessive 형 소유의, 소유를 나타내는
Neither of them **possessed** a credit card.
그들 둘 다 신용 카드를 가지고 있지 않았다.
유 **own** 소유하다

ensure
[inʃúər]

동 보장하다, 반드시 ~하게 하다
The top priority is to **ensure** the safety of the passengers.
승객의 안전을 보장하는 것이 최우선이다.
유 **guarantee** 보장하다, 보증하다

prudently
[prúːdəntli]

부 분별 있게, 신중하게 **prudent** 형 분별 있는, 신중한 **prudence** 명 신중, 세심
We should act calmly and **prudently** at this difficult time.
이렇게 어려운 때에 우리는 차분하고 분별 있게 행동해야 한다.
유 **carefully** 세심하게 반 **carelessly** 부주의하게

conserve
[kənsə́ːrv]

동 보존하다, 보호하다 **conservation** 명 보존, 보호 **conservative** 형 보수적인
Our woodlands must be **conserved** for future generations.
우리의 삼림은 미래 세대를 위해 보존되어야만 한다.
유 **preserve** 보호하다, 보존하다, 저장하다

Synonym & Antonym

유의어와 반의어를 확인해 보는 시간입니다. 밑줄 친 단어의 유의어 혹은 반의어를 주어진 철자로 시작하여 써 보세요.

01 getting into arguments about politics [유] d__________
02 ensure the safety of the passengers [유] g__________
03 the major ingredients in the recipe [유] m__________
04 The island is no longer inhabited. [유] d__________
05 a dress with a pattern of tiny tulips [반] h__________
06 some sticky stuff on his shoe [유] t__________
07 must be conserved for future generations [유] p__________

|정답| 01 dispute 02 guarantee 03 main 04 dwell 05 huge 06 thing 07 preserve

Vocabulary Extension

이제 품사가 다른 여러 형태의 단어를 학습해 보겠습니다. [보기]의 단어를 변형하여 빈칸에 들어갈 알맞은 말을 써 보세요.

[보기] neighbour probably available inhabit fortunately

01 Hotel room __________ and rates change daily.
02 He grew up in a quiet __________ of Denver.
03 It was a poor rural area, with only one doctor per 10,000 __________s.
04 She and her brother had the good __________ to escape injury when the car crashed.
05 There is a 70% __________ that the hurricane will hit the coast of Florida later today.

|정답| 01 availability 02 neighbourhood 03 inhabitant 04 fortune 05 probability

|해석| 01 호텔의 객실 이용 가능 여부와 요금은 매일 변한다. 02 그는 Denver 근처의 조용한 곳에서 자랐다. 03 그곳은 가난한 시골 지역으로 1만 명의 주민당 의사가 단지 1명뿐이었다. 04 그녀와 그녀의 남동생은 자동차가 충돌했을 때 운 좋게도 부상을 모면했다. 05 허리케인이 오늘 늦게 플로리다 해안을 강타할 확률은 70%이다.

Choosing the Right Word

가장 적절한 단어가 어떤 것인지 확인하는 시간입니다. 주어진 문장에 들어갈 가장 적절한 단어를 네모 안에서 골라 보세요.

01 Neither of them possessed / inhabited a credit card.

02 The waiter poured / stuffed the water into her glass.

03 There is a big delta in the lower Nile basin / neighbour.

04 I wanted to ensure / spare them the trouble of visiting me.

05 The repair work will probably / prudently take about a week.

06 The Pacific is bigger than the continent / neighbour of Asia.

07 We should act calmly and fortunately / prudently at this difficult time.

08 It will probably be the stuff / lock that wars will be fought over for those countries sharing major rivers.

09 Pour water into the cap of the bottle — this represents the fresh water that is available / major on our planet, about 3%.

10 But again we can't use all of it because it is locked / ensured up in the ice caps or deep underground.

|정답| 01 possessed 02 poured 03 basin 04 spare 05 probably 06 continent 07 prudently 08 stuff 09 available 10 locked

|해석| 01 그들 둘 다 신용 카드를 가지고 있지 않았다. 02 종업원은 그녀의 잔에 물을 따랐다. 03 나일강 하류 유역에는 커다란 삼각주가 있다. 04 나는 그들이 나를 방문하는 수고를 덜어 주고 싶었다. 05 보수 공사는 아마도 약 1주일은 걸릴 것이다. 06 태평양은 아시아 대륙보다 더 크다. 07 이렇게 어려운 때에 우리는 차분하고 분별 있게 행동해야 한다. 08 이것은 아마도 주요한 강을 공유하는 나라들이 전쟁을 벌여서라도 얻으려고 하는 것이 될 것이다. 09 물을 병뚜껑에 따라 보라. 이것이 약 3% 되는 지구상의 이용할 수 있는 담수를 나타낸다. 10 그러나 또 우리는 그것이 만년설이나 지하 깊숙이 갇혀 있기 때문에 그것의 모두를 이용할 수는 없다.

Unit 57

The Best Time to Pick Your Crops

▌이번 단원에서 학습하게 될 단어들입니다. 이미 알고 있는 단어에 V 표시해 보세요.

☐ vegetable	☐ mature	☐ bland	☐ woody
☐ texture	☐ ripe	☐ deepen	☐ stem
☐ gauge	☐ soil	☐ dig	☐ carrot
☐ wither	☐ root	☐ frost	☐ exception
☐ perfection	☐ freeze	☐ produce	☐ consult

▌주어진 단어를 알맞은 뜻과 연결해 보세요. 단어의 뜻을 모르면 아래 정답에서 확인해 보세요.

01	bland •	• a	익은, 무르익은
02	mature •	• b	(판단의) 척도
03	woody •	• c	나무 같은, 목질의
04	ripe •	• d	서리, 성에
05	dig •	• e	예외
06	frost •	• f	싱거운, 특징 없는
07	exception •	• g	성숙한, 다 자란
08	produce •	• h	줄기; 기원하다
09	gauge •	• i	파내다, 파다
10	stem •	• j	농산물; 생산하다

|정답| 01 f 02 g 03 c 04 a 05 i 06 d 07 e 08 j 09 b 10 h

Vocabulary in Reading Context

▌해석은 한 번에 가능하지 않습니다. 해석이 잘되지 않더라도 먼저 아랫글을 단숨에 읽어 보세요.

When and how to harvest the good stuff depends on what you've got. The general rule is pick it fresh and pick it small. If **vegetables** and fruit are left to **mature** too long, they taste **bland** or have a **woody texture**. 5

when and how to *do*: 언제 그리고 어떻게 ~할지
pick it small: 작을 때 그것을 따다

It is easy to tell when most fruits and vegetables are **ripe** for the picking by the way they look or feel — **deepening** color or becoming soft is sure signs of ripeness. Crops that grow below the ground can be a bit trickier. The condition of the leaves and **stems** is generally a good **gauge** of what is going on in the **soil**. Mature potatoes are ready for 10 **digging** when the leaves have died back. Pull up onions when the tops fall over. Of course this method doesn't guarantee absolute success. **Carrot** leaves don't **wither** away, but generally the carrot **root** will push its way through the soil surface when it's ready.

be ready for: ~할 준비가 되다
die back: 지다
push its way through the soil surface: 흙 표면을 뚫고 위로 올라오다

Every plant has a different schedule and a peak picking time. Most vegetables should be picked just before the first **frost**, but a few **exceptions** like parsnip achieve **perfection** 15 about the time water **freezes**. In warmer climates you cannot rely on the weather. If you are not sure what the crop looks like when ripe, visit a **produce** market to get a look or **consult** a gardening book.

rely on: ~에 의존하다

* parsnip 파스닙(배추 뿌리 같이 생긴 채소)

▌본문의 의미가 이해되나요? 원어민 선생님이 읽어 주시는 지문을 들으며 다시 한 번 읽어 보세요.

Fill in the Blanks

▌본문의 내용을 기억하며 다시 읽어 볼 차례입니다. 이번에는 글을 읽으면서 빈칸에 들어갈 단어를 주어진 철자로 시작하여 써 보세요.

The Best Time to Pick Your Crops

When and how to harvest the good stuff depends on what you've got. The general rule is pick it fresh and pick it small. If vegetables and fruit are left to ❶m__________ too long, they taste bland or have a woody ❷t__________.

It is easy to tell when most fruits and vegetables are ❸r__________ for the picking by
5 the way they look or feel — deepening color or becoming soft is sure signs of ripeness. Crops that grow below the ground can be a bit trickier. The condition of the leaves and ❹s__________ is generally a good ❺g__________ of what is going on in the soil. Mature potatoes are ready for digging when the leaves have died back. Pull up onions when the tops fall over. Of course this method doesn't guarantee absolute success. Carrot leaves
10 don't ❻w__________ away, but generally the carrot root will push its way through the soil surface when it's ready.

Every plant has a different schedule and a peak picking time. Most vegetables should be picked just before the first ❼f__________, but a few exceptions like parsnip achieve perfection about the time water ❽f__________. In warmer climates you cannot rely on the
15 weather. If you are not sure what the crop looks like when ripe, visit a ❾p__________ market to get a look or ❿c__________ a gardening book. *parsnip 파스닙(배추 뿌리 같이 생긴 채소)

해석 농작물을 딸 최고의 시기

언제 그리고 어떻게 좋은 것을 수확할지는 무엇을 가지고 있는지에 달려 있다. 일반적인 규칙은 그것이 신선할 때 따고 그것이 작을 때 따는 것이다. 만일 채소와 과일이 너무 오랫동안 숙성되도록 방치되면, 그것들은 맛이 싱거워지거나 나무 같은 질감을 갖는다.

대부분의 과일과 채소가 딸 정도로 익은 때를 그것들의 겉모습이나 감촉에 의해 알아보는 것은 쉽다. 짙어지는 색상이나 부드러워지는 것은 익은 것의 확실한 표시이다. 지면 아래에서 자라는 작물은 약간 더 까다로울 수 있다. 잎과 줄기의 상태는 대체로 흙 속에서 일어나고 있는 것의 좋은 척도이다. 다 자란 감자는 잎이 지면 파낼 준비가 된다. (지면의) 위쪽에 난 부분이 쓰러지면 양파를 파내라. 물론 이 방법이 절대적인 성공을 보장하지는 않는다. 당근의 잎은 시들지 않지만 대개 (수확할) 준비가 되면 흙 표면을 뚫고 당근 뿌리가 위로 올라올 것이다.

모든 식물은 서로 다른 일정과 따는 절정의 시기가 있다. 대부분의 채소는 첫 번째 서리 직전에 따야 하지만, 파스닙과 같은 몇몇 예외는 물이 얼 무렵에 완벽하게 된다. 더 따뜻한 기후에서는 날씨에 의존할 수 없다. 작물이 익었을 때 어떻게 생겼는지 확신할 수 없으면, 한 번이라도 보기 위해 농산물 시장을 방문하거나 정원 가꾸기 책을 찾아보라.

|정답| ❶mature ❷texture ❸ripe ❹stems ❺gauge ❻wither ❼frost ❽freezes ❾produce ❿consult

vegetable
[védʒitəbl]

명 채소 (= veggie)
He keeps a large **vegetable** garden.
그는 큰 채소밭을 갖고 있다.
유 vegetation 초목, 식물

mature
[mətjúər]

형 숙성된, 성숙한, 다 자란, 어른스러운 동 성숙하다 maturity 명 성숙, 숙성
Kittens become **mature** when they are about a year old.
새끼고양이들은 한 살 정도가 되면 성숙하게 된다.
반 immature 미성숙한

Voca Plus
the mature age 원숙한[성숙한] 나이
mature plan 신중한 계획
mature and sensible attitude 어른스럽고 분별력 있는 태도

bland
[blænd]

형 (맛이) 싱거운, (기후가) 온화한, 특징 없는
The omelet tasted **bland**, so I added some ketchup, but it still was not delicious.
오믈렛이 싱거운 맛이어서 나는 케첩을 좀 더했지만 그래도 맛있지 않았다.
반 spicy 양념 맛이 강한

woody
[wúdi]

형 나무 같은, 목질의, 나무가 우거진
The lid of the bottle was a **woody** substance.
그 병의 마개는 나무 같은 물질이었다.
The tree grows well on the **woody** mountain slopes.
그 나무는 나무가 우거진 산의 사면에서 잘 자란다.

texture
[tékstʃər]

명 질감, 감촉, 직물, 피륙
The whole grain flour is the key to the **texture** of the bread.
통밀가루는 그 빵의 질감의 핵심이다.
유 feel 촉감

ripe
[raip]

형 (과일·곡물이) 익은, (시기가) 무르익은 ripen 동 익다
The sweet smell of **ripe** apples spread.
익은 사과의 달콤한 냄새가 퍼졌다.
반 unripe 익지 않은

deepen
[dí:pən]

동 깊어지다, 깊게 하다 deep 형 깊은 depth 명 깊이
I also hope our friendship will **deepen** more.
나는 또한 우리의 우정이 더 깊어지기를 바란다.
유 intensify (정도 혹은 강도가) 심해지다

stem
[stem]

명 (식물의) 줄기 동 ~에서 생겨나다[기원하다](~ from)

The deer ate up the sweet potato **stems**.

사슴이 고구마 줄기를 먹어치웠다.

유 **stalk** 줄기

gauge
[geidʒ]

명 (판단의) 척도, (평가·판단 등의) 기준, 측정기 동 판단[측정]하다

The number of downloads is a **gauge** of a song's popularity.

다운로드의 수는 노래의 인기 척도이다.

유 **scale** 척도

soil
[sɔil]

명 토양, 흙

Cover the seeds with an inch of **soil**.

그 씨앗을 1인치의 흙으로 덮어라.

유 **dirt** (진)흙 **earth** 흙

Voca Plus

rocky soil 돌이 많은 흙
turn over the soil 흙을 갈아엎다
topsoil 표토

dig
[dig]

동 파내다, 파다 (–**dug**–**dug**)

To plant flowers, we should **dig** out the onions.

꽃을 심으려면, 양파를 파내야 한다.

Voca & Voca

▸ dig up 발굴하다, 파내다

The researchers are digging up an ancient city.

연구자들은 고대 도시 하나를 발굴 중이다.

▸ dig into 깊이 넣다

He dug into his coat pocket for his keys.

그는 열쇠를 찾으려 코트 주머니에 손을 깊이 넣었다.

carrot
[kǽrət]

명 당근

Cut the **carrot** in small pieces.

당근을 작은 조각으로 잘라라.

wither
[wíðər]

동 시들(게 하)다, 말라 죽(게 하)다

The cabbage will **wither** due to water shortages.

배추는 물이 부족해서 시들 것이다.

유 **decline** 쇠퇴하다 반 **flourish** 번성하다

root
[ru(:)t]

명 뿌리, 문제의 근원[핵심]

Bamboo **roots** can spread to your neighbor's garden.

대나무 뿌리는 이웃의 정원으로 뻗을 수 있다.

Fear was at the **root** of the problem.

두려움이 그 문제의 근원이었다.

frost
[frɔ(:)st]

명 서리, 성에 **frosting** 명 (케이크에) 설탕을 입힘

A heavy **frost** damaged the flowers.

심한 서리가 꽃을 손상시켰다.

exception
[iksépʃən]

명 예외 **exceptional** 형 예외적인 **except** 전 ~을 제외하고

Boys like toy guns, but Steve was an **exception**.

소년들은 장난감 총을 좋아하지만 Steve는 예외였다.

perfection
[pərfékʃən]

명 완벽, 완전 **perfect** 형 완벽한, 완전한 동 완벽하게 하다

Pleasure in the job puts **perfection** in the work.

일에서의 즐거움은 일에서의 완벽함을 준다[일을 즐기면 일의 완성도가 높아진다.].

유 **wholeness** 총체, 완전함 반 **imperfection** 미비점, 결함

freeze
[fri:z]

동 얼다, 얼리다, 굳다, 정지하다 (-**froze**-**frozen**)

The ground **freezes** when its temperature reaches 0°C.

땅은 온도가 섭씨 0도에 도달하면 언다.

The rabbit **froze** at the sight of the wolves.

그 토끼는 늑대들의 모습을 보자 얼어붙었다.

유 **harden** 딱딱하게 하다 **stiffen** 딱딱하게 하다 반 **melt** 녹이다 **thaw** 녹이다

produce
[prádju:s] 명
[prədjú:s] 동

명 농산물 동 생산하다 **product** 명 제품, 생산품

The market was full of farmers selling their **produce**.

시장은 자신의 농산물을 파는 농부들로 가득했다.

The farms **produce** delicious cheese.

그 농장들은 맛있는 치즈를 생산한다.

유 **crop** 농작물 **yield** 수확물

consult
[kənsʌ́lt] 동

동 찾아보다, 참고하다, 상담하다 **consultant** 명 자문 위원

Consult the manual to record the program.

그 프로그램을 녹화하려면 사용 설명서를 찾아보라.

Synonym & Antonym

유의어와 반의어를 확인해 보는 시간입니다. 밑줄 친 단어의 유의어 혹은 반의어를 주어진 철자로 시작하여 써 보세요.

01 a woody texture [유] f__________
02 The cabbage will wither due to water shortages. [반] f__________
03 Our friendship will deepen more. [유] i__________
04 the sweet potato stems [유] s__________
05 farmers selling their produce [유] c__________
06 perfection in the work [반] i__________
07 a gauge of a song's popularity [유] s__________

|정답| 01 feel 02 flourish 03 intensify 04 stalk 05 crop 06 imperfection 07 scale

Vocabulary Extension

이제 품사가 다른 여러 형태의 단어를 학습해 보겠습니다. [보기]의 단어를 변형하여 빈칸에 들어갈 알맞은 말을 써 보세요.

[보기] consult exception mature perfection produce

01 Benjamin reached emotional __________ late in his life.
02 Select the __________ that you want to order from the catalog.
03 Remember that practice makes __________.
04 Here is a(n) __________ case where a white man was adopted as a son by Native Americans.
05 When a client reads about a trend in their industry, they go to a(n) __________ to know more about it.

|정답| 01 maturity 02 product 03 perfect 04 exceptional 05 consultant

|해석| 01 Benjamin은 자기 인생의 후반기에 정서상의 성숙에 도달했다. 02 여러분이 주문하고 싶은 제품을 목록에서 선택하세요. 03 연습하면 완벽해진다는 것을 기억하라. 04 여기 백인이 북미 원주민에 의해 아들로 입양된 예외적인 경우가 있다. 05 의뢰인이 자기 산업의 추세에 대해 읽으면, 그들은 그것에 대해 더 많이 알고자 자문 위원에게 간다.

Choosing the Right Word

가장 적절한 단어가 어떤 것인지 확인하는 시간입니다. 주어진 문장에 들어갈 가장 적절한 단어를 네모 안에서 골라 보세요.

01 To plant flowers, we should bury / dig out the onions.

02 The whole grain flour is the key to the root / texture of the bread.

03 Kittens become mature / withered when they are about a year old.

04 Boys like toy guns, but Steve was an exception / imperfection.

05 Deepening / Freezing color or becoming soft is sure signs of ripeness.

06 The omelet tasted bland / perfection, so I added some ketchup, but it still was not delicious.

07 The condition of the leaves and stems is generally a good gauge / perfection of what is going on in the soil.

08 Most vegetables should be picked just before the first frost / stem, but a few exceptions like parsnip achieve perfection about the time water freezes.

09 It is easy to tell when most fruits and vegetables are stems / ripe for the picking by the way they look or feel.

10 If you are not sure what the crop looks like when ripe, visit a produce market to get a look or consult / ignore a gardening book.

|정답| 01 dig 02 texture 03 mature 04 exception 05 Deepening 06 bland 07 gauge 08 frost 09 ripe 10 consult

|해석| 01 꽃을 심으려면, 양파를 파내야 한다. 02 통밀가루는 그 빵의 질감의 핵심이다. 03 새끼고양이들은 한 살 정도가 되면 성숙하게 된다. 04 소년들은 장난감 총을 좋아하지만 Steve는 예외였다. 05 짙어지는 색상이나 부드러워지는 것은 익은 것의 확실한 표시이다. 06 오믈렛이 싱거운 맛이어서 나는 케첩을 좀 더했지만 그래도 맛있지 않았다. 07 잎과 줄기의 상태는 대체로 흙 속에서 일어나는 것의 좋은 척도이다. 08 대부분의 채소는 첫 번째 서리 직전에 따야 하지만, 파스닙과 같은 몇몇 예외는 물이 얼 무렵에 완벽하게 된다. 09 대부분의 과일과 채소가 따도록 익은 때를 그것들의 모습과 감촉에 의해 알아보는 것은 쉽다. 10 작물이 익었을 때 어떻게 생겼는지 확신할 수 없으면, 한 번이라도 보기 위해 농산물 시장을 방문하거나 정원 가꾸기 책을 찾아보라.

Unit 58

Personalize Your Messages Rather Than Generalizing Them

▌이번 단원에서 학습하게 될 단어들입니다. 이미 알고 있는 단어에 V 표시해 보세요.

☐ season	☐ appreciate	☐ likely	☐ remember
☐ tempt	☐ wish	☐ imagine	☐ rushed
☐ absolutely	☐ treat	☐ important	☐ throughout
☐ choose	☐ uniquely	☐ appropriate	☐ vivid
☐ notice	☐ send	☐ expect	☐ highly

▌주어진 단어를 알맞은 뜻과 연결해 보세요. 단어의 뜻을 모르면 아래 정답에서 확인해 보세요.

01	appropriate •	• a	급한
02	tempt •	• b	매우
03	notice •	• c	예상하다
04	absolutely •	• d	적절한
05	rushed •	• e	감사하다
06	vivid •	• f	알아채다
07	highly •	• g	~할 것 같은
08	appreciate •	• h	분명한
09	expect •	• i	유혹하다
10	likely •	• j	절대로

|정답| 01 d 02 i 03 f 04 j 05 a 06 h 07 b 08 e 09 c 10 g

Vocabulary in Reading Context

▌해석은 한 번에 가능하지 않습니다. 해석이 잘되지 않더라도 먼저 아랫글을 단숨에 읽어 보세요.

If you are like millions of people, you probably receive Christmas cards from people you know. Do you find yourself smiling at dozens of (수십 개의) Christmas cards? Probably not. People receive so many Christmas cards during a **season** when they have too little time to read and **appreciate** them. They hear from dozens of people, which makes it far less **likely** that they will take a moment to **remember** you and your message. What is worse (what is worse: 설상가상으로), you are sending out so many cards, during a season when you are busy, that you will be **tempted** to simply write, "Thanks and best **wishes**." **Imagine** what that conveys. "Jane is so **rushed** that (so ~ that ...: 너무 ~해서 (그 결과) …하다) she said the same thing to me she said to everyone. I'm no big thing to (~에게 중요한 존재가 아닌) her." Is this why you send a Christmas card? **Absolutely** not.

People want to be **treated** as **important**. Find special occasions **throughout** the year to write not to twenty people, but just one at a time. **Choose** a time **uniquely appropriate** to the person. Birthdays are good, but a card that shows you know more about them works much better (훨씬 더 효과가 있다). The most **vivid** way to show people that they matter is to take time. You do want them to **notice**. So, don't **send expected** messages at the expected times. Send **highly** personal ones at times that are important to that person alone.

▌본문의 의미가 이해되나요? 원어민 선생님이 읽어 주시는 지문을 들으며 다시 한 번 읽어 보세요.

Fill in the Blanks

▌본문의 내용을 기억하며 다시 읽어 볼 차례입니다. 이번에는 글을 읽으면서 빈칸에 들어갈 단어를 주어진 철자로 시작하여 써 보세요.

Personalize Your Messages Rather Than Generalizing Them

If you are like millions of people, you probably receive Christmas cards from people you know. Do you find yourself smiling at dozens of Christmas cards? Probably not. People receive so many Christmas cards during a season when they have too little time to read and ❶a__________ them. They hear from dozens of people, which makes it far less likely that they will take a moment to ❷r__________ you and your message. What is worse, you are sending out so many cards, during a season when you are busy, that you will be ❸t__________ to simply write, "Thanks and best wishes." ❹I__________ what that conveys. "Jane is so ❺r__________ that she said the same thing to me she said to everyone. I'm no big thing to her." Is this why you send a Christmas card? Absolutely not.

People want to be ❻t__________ as important. Find special occasions throughout the year to write not to twenty people, but just one at a time. Choose a time uniquely ❼a__________ to the person. Birthdays are good, but a card that shows you know more about them works much better. The most ❽v__________ way to show people that they matter is to take time. You do want them to ❾n__________. So, don't send expected messages at the expected times. Send ❿h__________ personal ones at times that are important to that person alone.

해석 여러분의 메시지를 일반화하기보다는 그것들을 개개인에 맞추라

만약에 여러분이 수백만 명의 사람들과 같다면, 여러분은 아마도 아는 사람들로부터 크리스마스 카드를 받을 것이다. 여러분은 수십 개의 크리스마스 카드에 미소를 짓고 있는 모습을 발견하는가? 아마도 아닐 것이다. 사람들은 카드를 읽고 감사할 시간이 거의 없는 시기에 매우 많은 크리스마스 카드를 받는다. 그들은 수십 명의 사람으로부터 소식을 듣는데, 이는 그들이 여러분과 여러분의 메시지를 기억할 시간을 낼 가능성을 훨씬 더 적게 만드는 것이다. 설상가상으로, 여러분은 자신도 바쁜 시기에 너무 많은 카드를 보내고 있어, "고마워요, 그리고 행운을 빌어요."와 같이 간단하게 쓰고 싶은 유혹을 받게 될 것이다. 그것이 전달하는 바를 상상해 보라. "Jane이 너무 급해서 모든 사람에게 쓴 말을 똑같이 나에게 썼군. 나는 그녀에게 중요한 존재가 아니야." 이것이 여러분이 크리스마스 카드를 보내는 이유인가? 절대로 아니다.

사람들은 중요한 존재로 대접받기를 원한다. 20명이 아닌 한 번에 단지 한 명에게만 카드를 쓸 수 있는 특별한 때를 일 년 중에 찾아보라. 그 사람에게만 고유하게 적절한 때를 선택하라. 생일도 좋지만 여러분이 그들에 대해 더 많이 알고 있음을 보여 주는 카드가 훨씬 더 효과가 있다. 사람들에게 그들이 중요하다는 것을 보여 주는 가장 분명한 방법은 시간을 내는 것이다. 여러분은 그들이 알아봐 주기를 실제로 원한다. 그러므로 예상되는 때에 예상되는 메시지를 보내지 마라. 그 사람에게만 중요한 때에 매우 개인적인 메시지를 보내라.

|정답| ❶appreciate ❷remember ❸tempted ❹Imagine ❺rushed ❻treated ❼appropriate ❽vivid ❾notice ❿highly

season
[sí:zən]

명 시기, 철, 계절, 양념 동 맛을 내다, 양념하다 **seasonal** 형 계절적인 **seasonally** 부 계절적으로
Many trees lose their leaves during the dry **season**.
많은 나무가 건기에는 잎이 떨어진다.
유 **period** 기간, 시기

appreciate
[əprí:ʃièit]

동 감사하다, 진가를 알다, 식별하다 **appreciation** 명 감사, 진가를 알기, 식별
I'd **appreciate** it if you'd keep your voice down.
당신이 목소리를 낮춰 주신다면 감사하겠습니다.

likely
[láikli]

형 ~할 것 같은, 그럴 듯한 부 아마도, 필시
The weather is **likely** to be hot and humid.
날씨는 덥고 습할 것 같다.
유 **probable** 있음직한

remember
[rimémbə*r*]

동 기억하다, 명심하다 **remembrance** 명 추모, 추도, 추억
I **remembered** how overjoyed I was to see him.
나는 그를 봐서 매우 기뻤다는 것을 기억했다.
유 **recall** 생각해 내다 **recollect** 기억해 내다 반 **forget** 잊어버리다

tempt
[tem*p*t]

동 유혹하다, 부추기다 **temptation** 명 유혹, 유혹물
When some friends bought new cars, I was **tempted** to do the same.
몇몇 친구들이 새 차를 샀을 때, 나도 똑같이 하고 싶은 유혹을 받았다.
유 **entice** 꾀다, 유혹하다 반 **discourage** 의욕을 꺾다

wish
[wiʃ]

명 기원, 축복, 소망 동 원하다, 소망하다 **wishful** 형 희망하는 **wishfully** 부 갈망하여
We send our best **wishes** for a complete and speedy recovery.
저희는 완전하고 빠른 회복을 기원합니다.
유 **desire** 소망

imagine
[imǽdʒin]

동 상상하다, 추정하다 **imagination** 명 상상(력) **imaginative** 형 상상력이 풍부한 **imaginary** 형 가상적인

You can **imagine** what he would think of this problem.

당신은 그가 이 문제에 대해 어떻게 생각할지를 상상해 볼 수 있다.

유 **envisage** 상상하다

rushed
[rʌʃt]

형 급한, 서두른 **rush** 동 급히 움직이다, 서두르다 명 돌진, 쇄도, 몹시 바쁨

Don't make a **rushed** decision unless you absolutely have to.

여러분이 절대적으로 그렇게 해야 하지 않는다면 급한 결정을 내리지 마라.

유 **hasty** 성급한, 서두른 **hurried** 서둘러 하는

absolutely
[ǽbsəlùːtli]

부 절대로, 전적으로 **absolute** 형 절대적인, 완전한 명 절대적인 것

It is **absolutely** impossible to think two thoughts at the same time.

동시에 두 가지 생각을 하는 것은 전적으로 불가능하다.

유 **completely** 전적으로 **totally** 전적으로

treat
[triːt]

동 대접하다, 대하다, 처리하다, 치료하다 명 대접, 한턱 **treatment** 명 대우, 치료

Though I'm twenty, my parents still **treat** me like a child.

내가 20살인데도 나의 부모님께서는 여전히 나를 아이처럼 대하신다.

유 **handle** 다루다

Voca Plus

ill-treat 학대하다, 혹사시키다

It's my treat. 이번에는 제가 한턱낼게요.

Trick or treat. (핼러윈 때 아이들이 집집마다 다니며 하는 말) 과자를 안 주면 장난칠 거예요.

important
[impɔ́ːrtənt]

형 중요한, 소중한 **importance** 명 중요성, 의의 **importantly** 부 중요하게

Equality is an **important** factor in the evolution of society.

평등은 사회의 발전에 중요한 요소이다.

유 **significant** 중요한 **critical** 중대한 반 **trivial** 하찮은

throughout
[θruːáut]

전 ~중에, ~동안, ~내내, 도처에 부 샅샅이, 전부, 처음부터 끝까지

The theme park is open daily **throughout** the year.

그 테마 공원은 연중 내내 매일 문을 연다.

The place was searched **throughout**, but there was no trace of her.

그 장소는 샅샅이 수색되었으나, 그녀의 흔적은 없었다.

choose
[tʃuːz]

동 선택하다, 고르다, 결정하다 **choice** 명 선택(권)

He had to **choose** a subject for his presidential address.

그는 자신의 대통령 연설에 대한 주제를 선택해야 했다.

유 **pick** 고르다 **select** 선택하다

uniquely
[ju:ní:kli]

부 고유하게, 특유의 방식으로, 유례없이 **unique** 형 독특한, 유일무이한

Each player is **uniquely** gifted for his position.

각각의 선수는 자신의 위치에 대해 고유의 방식으로 재능을 지니고 있다.

appropriate
[əpróupriət]

형 적절한, 어울리는, 알맞은 **appropriateness** 명 적절성, 타당성

It is important to teach students **appropriate** humor.

학생들에게 적절한 유머를 가르치는 것은 중요하다.

유 **suitable** 적절한 **right** 알맞은

반 **inappropriate** 부적절한 **unsuitable** 부적절한 **improper** 부적절한

vivid
[vívid]

형 분명한, 생생한, 선명한 **vividly** 부 선명하게, 생생하게

They conveyed all the information in a **vivid** way.

그들은 모든 정보를 생생한 방식으로 전달했다.

유 **clear** 분명한 반 **vague** 모호한

notice
[nóutis]

동 알아채다, 주목하다, 인지하다, 통지하다 명 주목, 공고문, 통지

As time passed, I **noticed** a difference in his attitude.

시간이 지나가면서, 나는 그의 태도에서 차이를 알아챘다.

유 **observe** 알아차리다 반 **overlook** 못 보고 넘어가다

Voca Plus

a notice board 게시판, 공고판

at short notice 촉박하게

advance[prior] notice 사전 통지, 예고

until further notice 추후 통지가 있을 때까지

escape one's notice 사람 눈에 띄지 않다, 사람 눈을 피하다

send
[send]

동 보내다, 전하다

He **sent** me a letter of congratulations.

그는 내게 축하 편지를 보냈다.

유 **dispatch** 보내다 **post** 발송하다

expect
[ikspékt]

동 예상하다, 기대하다 **expectation** 명 예상 **expectable** 형 예상할 수 있는

He had never **expected** to see her again.

그는 그녀를 다시 볼 거라고 전혀 예상하지 않았었다.

유 **anticipate** 예상하다

highly
[háili]

부 매우, 크게, 대단히 **high** 형 높은 부 높이 **height** 명 높이

Highly successful people often see their work as their passion.

크게 성공한 사람들은 흔히 자신의 일을 자신의 열정으로 간주한다.

유 **extremely** 극히, 매우

Synonym & Antonym

유의어와 반의어를 확인해 보는 시간입니다. 밑줄 친 단어의 유의어 혹은 반의어를 주어진 철자로 시작하여 써 보세요.

01 during the dry season ㊤ p__________

02 is likely to be hot and humid ㊤ p__________

03 was tempted to do the same ㊥ d__________

04 make a rushed decision ㊤ h__________

05 an important factor in the evolution of society ㊥ t__________

06 choose a subject for his presidential address ㊤ p__________

07 in a vivid way ㊥ v__________

|정답| 01 period 02 probable 03 discourage 04 hasty 05 trivial 06 pick 07 vague

Vocabulary Extension

이제 품사가 다른 여러 형태의 단어를 학습해 보겠습니다. [보기]의 단어를 변형하여 빈칸에 들어갈 알맞은 말을 써 보세요.

보기 imagine remember expect treat appreciate

01 I would like to express my deep __________ for this welcome.

02 The woman was full of __________ that never ceased to amaze him.

03 We had a moment of silence in __________ of those who died for our country.

04 He strongly argued that he had never received special __________ from government departments.

05 There was a general __________ that the Democratic Party would lose the upcoming presidential election.

|정답| 01 appreciation 02 imagination 03 remembrance 04 treatment 05 expectation

|해석| 01 나는 이 환영에 대해 깊은 감사를 표하고 싶다. 02 그 여자는 그를 끊임없이 놀라게 하는 상상력으로 가득했다. 03 우리는 조국을 위해 순직한 분들을 추모하며 묵념 시간을 가졌다. 04 그는 정부 부처로부터 특별 대우를 절대로 받지 않았다고 강력하게 주장했다. 05 민주당이 차기 대통령 선거에서 지게 될 거라는 일반적인 예상이 있었다.

Choosing the Right Word

가장 적절한 단어가 어떤 것인지 확인하는 시간입니다. 주어진 문장에 들어갈 가장 적절한 단어를 네모 안에서 골라 보세요.

01 He seasoned / sent me a letter of congratulations.

02 It is important to teach students appropriate / likely humor.

03 As time passed, I chose / noticed a difference in his attitude.

04 Highly / Wishfully successful people often see their work as their passion.

05 The most rushed / vivid way to show people that they matter is to take time.

06 The place was searched throughout / highly, but there was no trace of her.

07 It is absolutely / importantly impossible to think two thoughts at the same time.

08 People receive so many Christmas cards during a season when they have too little time to read and appreciate / expect them.

09 They hear from dozens of people, which makes it far less likely that they will take a moment to remember / rush you and your message.

10 What is worse, you are sending out so many cards, during a season when you are busy, that you will be imagined / tempted to simply write, "Thanks and best wishes."

|정답| 01 sent 02 appropriate 03 noticed 04 Highly 05 vivid 06 throughout 07 absolutely 08 appreciate 09 remember 10 tempted

|해석| 01 그는 내게 축하 편지를 보냈다. 02 학생들에게 적절한 유머를 가르치는 것이 중요하다. 03 시간이 지나가면서, 나는 그의 태도에서 차이를 알아챘다. 04 크게 성공한 사람들은 흔히 자신의 일을 자신의 열정으로 간주한다. 05 사람들에게 그들이 중요하다는 것을 보여 주는 가장 분명한 방법은 시간을 내는 것이다. 06 그 장소는 샅샅이 수색되었으나, 그녀의 흔적은 없었다. 07 동시에 두 가지 생각을 하는 것은 전적으로 불가능하다. 08 사람들은 카드를 읽고 감사할 시간이 거의 없는 시기에 매우 많은 크리스마스 카드를 받는다. 09 그들은 수십 명의 사람으로부터 소식을 듣는데, 이는 그들이 여러분과 여러분의 메시지를 기억할 시간을 낼 가능성을 훨씬 더 적게 만드는 것이다. 10 설상가상으로, 여러분은 자신도 바쁜 시기에 너무 많은 카드를 보내고 있어, "고마워요, 그리고 행운을 빌어요."와 같이 간단하게 쓰고 싶은 유혹을 받게 될 것이다.

Unit 59

An Eye for an Eye, a Tooth for a Tooth

▌이번 단원에서 학습하게 될 단어들입니다. 이미 알고 있는 단어에 V 표시해 보세요.

☐ reign	☐ code	☐ punishment	☐ novelty
☐ govern	☐ momentary	☐ tyrannical	☐ ruler
☐ cruel	☐ prescribe	☐ penalty	☐ violation
☐ refuge	☐ slave	☐ dedicate	☐ justice
☐ inscription	☐ alter	☐ notion	☐ randomly

▌주어진 단어를 알맞은 뜻과 연결해 보세요. 단어의 뜻을 모르면 아래 정답에서 확인해 보세요.
단어의 뜻을 모르면 아래 정답에서 확인해 보세요.

01	tyrannical	**a**	위반, 위배, 침해
02	novelty	**b**	바치다, 헌신하다
03	reign	**c**	바꾸다, 변하다
04	violation	**d**	포악한, 폭군의
05	alter	**e**	규정하다, 처방하다
06	govern	**f**	다스리다, 통치하다
07	dedicate	**g**	새로움, 신기함
08	refuge	**h**	피난처, 은신처
09	ruler	**i**	통치자
10	prescribe	**j**	통치 기간, 지배

|정답| **01** d **02** g **03** j **04** a **05** c **06** f **07** b **08** h **09** i **10** e

Vocabulary in Reading Context

▌해석은 한 번에 가능하지 않습니다. 해석이 잘되지 않더라도 먼저 아랫글을 단숨에 읽어 보세요.

Hammurabi was a king of Babylonia, an ancient civilization in present-day Iraq. Near the end of his **reign**, Hammurabi issued one of the first written **codes** of law in recorded history, which spelled out (spell out: ~을 자세히 설명하다) the rules for his citizens and the **punishments** for lawbreakers. The very concept of laws that applied to (apply to: ~에 적용되다) everyone was an unheard-of (전례 없는, 들어 본 적이 없는) **novelty** in Hammurabi's time, when most societies were **governed** only by the **momentary** impulse of their **tyrannical rulers**.

The code itself, however, was extremely **cruel** by modern standards. Hammurabi **prescribed** the death **penalty** for even minor **violations**. For example, women who entered a bar, men who gave **refuge** to runaway **slaves**, and wives who left their husbands without "good cause" were all subject to (be subject to: ~의 대상이다) capital punishment (사형).

The king's scribes wrote the laws on a black stone pillar that was **dedicated** to the god of **justice** and displayed in public. In the **inscription**, Hammurabi called on (call on: ~을 요청하다) "all coming generations" to observe the laws and not to "**alter** the law of the land which I have given." Future kings, Hammurabi said, must keep the rule of law rather than govern according to (according to: ~에 따라서) their own impulses. The **notion** that rulers could not **randomly** change the laws governing their citizens was an important concept.

* scribe (인쇄술이 발명되기 전의) 필경사

▌본문의 의미가 이해되나요? 원어민 선생님이 읽어 주시는 지문을 들으며 다시 한 번 읽어 보세요.

Fill in the Blanks

▌본문의 내용을 기억하며 다시 읽어 볼 차례입니다. 이번에는 글을 읽으면서 빈칸에 들어갈 단어를 주어진 철자로 시작하여 써 보세요.

An Eye for an Eye, a Tooth for a Tooth

Hammurabi was a king of Babylonia, an ancient civilization in present-day Iraq. Near the end of his ❶r__________, Hammurabi issued one of the first written codes of law in recorded history, which spelled out the rules for his citizens and the ❷p__________ for lawbreakers. The very concept of laws that applied to everyone was an unheard-of 5 ❸n__________ in Hammurabi's time, when most societies were governed only by the ❹m__________ impulse of their tyrannical rulers.

The code itself, however, was extremely ❺c__________ by modern standards. Hammurabi prescribed the death penalty for even minor ❻v__________. For example, women who entered a bar, men who gave ❼r__________ to runaway slaves, and wives 10 who left their husbands without "good cause" were all subject to capital punishment.

The king's scribes wrote the laws on a black stone pillar that was dedicated to the god of ❽j__________ and displayed in public. In the inscription, Hammurabi called on "all coming generations" to observe the laws and not to "❾a__________ the law of the land which I have given." Future kings, Hammurabi said, must keep the rule of law rather than 15 govern according to their own impulses. The notion that rulers could not ❿r__________ change the laws governing their citizens was an important concept.

* scribe (인쇄술이 발명되기 전의) 필경사

해석 눈에는 눈, 이에는 이

함무라비는 현재 이라크에 있는 한 고대 문명 사회였던 바빌로니아의 왕이었다. 그의 통치 기간이 끝날 무렵, 함무라비는 기록된 역사상 문자로 된 최초의 법전 중 하나를 발표했고, 그 법전은 백성들에 대한 규칙들과 범법자들에 대한 처벌들을 자세히 설명했다. 모든 사람에게 적용되었던 법률이라는 바로 그 개념이야말로 대부분의 사회가 포악한 통치자들의 순간적인 충동에 의해서만 다스려졌던 함무라비 시기에서는 전례 없는 새로움이었다.

하지만 그 법전 자체는 현대적 기준으로 볼 때 매우 잔인했다. 함무라비는 사소한 위반에도 사형을 규정했다. 예를 들어, 술집에 들어간 여자, 도망친 노예에게 피난처를 제공한 사람, 그리고 '정당한 이유' 없이 남편을 떠난 아내는 모두 사형의 대상이었다.

왕의 필경사들은 정의의 신에게 바쳐졌고 대중에게 전시되었던 검은 돌기둥 위에 그 법률들을 썼다. 비문에서, 함무라비는 '다가오는 모든 세대'는 그 법률들을 준수하고 '내가 제시한 국법을 바꾸지' 않을 것을 요구했다. 함무라비는 미래의 왕들이 자신의 충동에 따라 통치하기보다는 그 법률의 규칙들을 지켜야 한다고 말했다. 통치자들이 자신의 백성들을 다스리는 법률을 무작위로 바꿀 수 없다는 생각은 하나의 중요한 개념이었다.

| 정답 | ❶reign ❷punishments ❸novelty ❹momentary ❺cruel ❻violations ❼refuge ❽justice ❾alter ❿randomly

reign
[rein]

명 통치 기간, 지배 통 다스리다, 지배하다
He was a popular ruler throughout his **reign**.
그는 통치 기간 내내 인기 있는 통치자였다.
유 **domination** 지배, 통치 반 **obedience** 복종, 순종

code
[koud]

명 법전, 법규, 규정, 암호, 부호 통 부호로 처리하다 **encode** 통 부호화하다
They agreed to revise the old building **code**.
그들은 그 오래된 건축법을 개정하기로 합의했다.
유 **law** 법 **legislation** 제정법, 입법 행위

punishment
[pʌ́niʃmənt]

명 처벌, 형벌 **punish** 통 처벌하다, 벌주다
She took away her son's computer as a **punishment** for his bad behavior.
그녀는 아들의 나쁜 행동에 대한 처벌로 아들의 컴퓨터를 빼앗았다.
유 **penalty** 처벌, 벌칙

Voca Plus

receive a punishment 형벌을 받다
punishment of a fine 벌금형
mild punishment 가벼운 벌
harsh punishment 엄벌
perpetual punishment 종신형

novelty
[nάvəlti]

명 새로움, 신기함 **novel** 형 새로운, 참신한 명 소설
Eating raw fish is a **novelty** to many people.
날 생선을 먹는 것은 많은 사람들에게 신기한 일이다.
유 **newness** 새로움

govern
[gʌ́vərn]

통 다스리다, 통치하다, 지배하다 **government** 명 정부, 정권, 통치 체제
governance 명 지배, 통치
The tribe is **governed** by a 10-member council.
그 부족은 10명으로 구성된 의회에 의해서 다스려진다.

momentary
[móuməntèri]

형 순간적인, 잠깐의 **moment** 명 순간, 잠시 **momentarily** 부 순간적으로
He experienced a **momentary** loss of consciousness.
그는 순간적인 의식 상실을 경험했다.
유 **temporary** 순간적인 **transient** 일시적인 반 **permanent** 영구적인

tyrannical
[tirǽnikəl]

형 포악한, 폭군의, 독재의 **tyranny** 명 독재, 압제, 포악 행위

Everyone was afraid of their **tyrannical** leader.

모든 이가 그들의 포악한 지도자를 두려워했다.

유 **vicious** 포악한, 잔인한 반 **benevolent** 자애로운, 인자한

ruler
[rú:lər]

명 통치자, 지배자 **rule** 동 지배하다, 통치하다

The summit was attended by a number of **rulers** from around the world.

그 정상 회담은 전 세계 많은 통치자들이 참석했다.

유 **dominator** 지배자, 통치자 반 **subject** 피지배자, 국민, 신하

cruel
[krú(:)əl]

형 잔인한, 잔혹한 **cruelty** 명 잔인함, 잔혹함

She hates people who are **cruel** to animals.

그녀는 동물에게 잔인한 사람을 미워한다.

유 **brutal** 잔혹한 **ruthless** 무자비한, 냉혹한

prescribe
[priskráib]

동 규정하다, 처방하다 **prescription** 명 규정, 처방 **prescriptive** 형 규범적인

The law **prescribes** a prison sentence of at least five years for the crime.

그 법은 그 범죄에 대해서 적어도 5년의 징역형을 규정하고 있다.

유 **specify** 구체적으로 명시하다

penalty
[pénəlti]

명 처벌, 벌칙, 형벌 **penal** 형 처벌의, 형사상의

The company was given a severe **penalty** for the violation of labor rights.

그 회사는 노동권 침해로 심한 처벌을 받았다.

violation
[vàiəléiʃən]

명 위반, 위배, 침해 **violate** 동 위반하다, 침해하다

The factory has been closed for continuous **violations** of safety regulations.

그 공장은 계속적인 안전 규정 위반으로 폐쇄되었다.

유 **offense** 위반 행위 반 **observance** 준수

Voca Plus

speeding violation 속도 위반　　**parking violation** 주차 위반

treaty violation 조약 불이행　　**violation of human rights** 인권 침해

refuge
[réfju:dʒ]

명 피난처, 은신처, 쉼터

Hunting is strictly forbidden in the wildlife **refuge**.

야생 동물 보호 구역에서는 사냥이 엄격하게 금지되어 있다.

유 **shelter** 피난처, 쉼터

slave
[sleiv]

명 노예 **slavery** 명 노예 제도 **enslave** 동 노예로 만들다

They turned the natives into **slaves**.

그들은 원주민들을 노예로 만들었다.

유 **servant** 하인, 종

dedicate
[dédəkèit]

동 바치다, 헌신하다 **dedication** 명 전념, 헌신 **dedicated** 형 헌신적인

Joan has **dedicated** his life to scientific research.

Joan은 과학 연구에 자신의 인생을 바쳐 왔다.

유 **devote** 바치다 **commit** 바치다, 위탁하다

Voca Plus

dedicate oneself to ~에 전념하다, ~에 몸바치다

dedicate one's life to ~에 일생을 바치다

dedicate one's time and efforts to ~에 시간과 노력을 바치다

justice
[dʒʌ́stis]

명 정의, 공정성, 사법 **just** 형 공정한 **justify** 동 정당화하다

She worked hard for **justice** for all.

그녀는 모든 이를 위한 정의를 위해 열심히 일했다.

유 **fairness** 공정함 반 **injustice** 불평등, 부당함

inscription
[inskrípʃən]

명 비문, 새겨진 글 **inscribe** 동 쓰다, 새기다

The **inscription** read "To darling Molly, Christmas 1904."

그 비문에는 "아내 Molly에게, 1904년 크리스마스"라고 쓰여 있었다.

alter
[ɔ́:ltər]

동 바꾸다, 변하다 **alteration** 명 변화, 개조 **alterable** 형 변화가 가능한

This doesn't **alter** the fact that what you did was wrong.

이것은 네가 한 일이 잘못이었다는 사실을 바꾸지 못한다.

유 **vary** 바꾸다 **modify** 수정하다, 바꾸다 반 **maintain** 유지하다

notion
[nóuʃən]

명 생각, 개념, 관념

Children have different **notions** about the roles of their parents.

아이들은 자신들의 부모의 역할에 관해서 서로 다른 생각을 갖고 있다.

유 **concept** 개념, 생각

randomly
[rǽndəmli]

부 무작위로 **random** 형 무작위의, 마구잡이식의

Each clinic surveyed 20 patients who were selected **randomly**.

각 병원은 무작위로 선정된 20명의 환자를 조사했다.

Synonym & Antonym

유의어와 반의어를 확인해 보는 시간입니다. 밑줄 친 단어의 유의어 혹은 반의어를 주어진 철자로 시작하여 써 보세요.

01 a momentary loss of consciousness ㉯ p________

02 in the wildlife refuge ㉮ s________

03 throughout his reign ㉮ d________

04 as a punishment for his bad behavior ㉮ p________

05 people who are cruel to animals ㉮ b________

06 their tyrannical leader ㉯ b________

07 justice for all ㉮ f________

|정답| 01 permanent 02 shelter 03 domination 04 penalty 05 brutal 06 benevolent 07 fairness

Vocabulary Extension

이제 품사가 다른 여러 형태의 단어를 학습해 보겠습니다. [보기]의 단어를 변형하여 빈칸에 들어갈 알맞은 말을 써 보세요.

보기 alter dedicate punishment violation novelty

01 He was ________ for stealing.

02 The project has been a success thanks to the ________ of all of our staff.

03 Have you noticed any ________ in her behavior?

04 A(n) ________ product differs from the work that the individual and other people have already produced.

05 Prosecutors cautioned that the fine wasn't enough to prevent the company from continuing to ________ environmental laws.

|정답| 01 punished 02 dedication 03 alteration 04 novel 05 violate

|해석| 01 그는 도둑질로 처벌을 받았다. 02 그 프로젝트는 우리의 모든 직원의 헌신 덕분에 성공했다. 03 그녀의 행동에 있어서의 변화를 너는 알아챘니? 04 참신한 제품은 개인과 다른 사람들이 이미 만들었던 작품과는 다르다. 05 검사들은 그 벌금이 그 회사가 환경법을 계속 위반하지 못하도록 하기에 충분하지 않다고 경고했다.

Choosing the Right Word

가장 적절한 단어가 어떤 것인지 확인하는 시간입니다. 주어진 문장에 들어갈 가장 적절한 단어를 네모 안에서 골라 보세요.

01 She took away her son's computer as a code / punishment for his bad behavior.

02 This doesn't enslave / alter the fact that what you did was wrong.

03 The tribe is encoded / governed by a 10-member council.

04 He was a popular ruler throughout his reign / refuge.

05 Everyone was afraid of their tyrannical / random leader.

06 The law rules / prescribes a prison sentence of at least five years for the crime.

07 The notion / refuge that rulers could not randomly change the laws governing their citizens was an important concept.

08 The king's scribes wrote the laws on a black stone pillar that was dedicated / encoded to the god of justice and displayed in public.

09 Hammurabi issued one of the first written codes / tyrannies of law in recorded history, which spelled out the rules for his citizens and the punishments for lawbreakers.

10 For example, women who entered a bar, men who gave refuge / alteration to runaway slaves, and wives who left their husbands without "good cause" were all subject to capital punishment.

|정답| 01 punishment 02 alter 03 governed 04 reign 05 tyrannical 06 prescribes 07 notion 08 dedicated 09 codes 10 refuge

|해석| 01 그녀는 아들의 나쁜 행동에 대한 처벌로 아들의 컴퓨터를 빼앗았다. 02 이것은 네가 한 일이 잘못이었다는 사실을 바꾸지 못한다. 03 그 부족은 10명으로 구성된 의회에 의해서 다스려진다. 04 그는 통치 기간 내내 인기 있는 통치자였다. 05 모든 이가 그들의 포악한 지도자를 두려워했다. 06 그 법은 그 범죄에 대해서 적어도 5년의 징역형을 규정하고 있다. 07 통치자들이 자신의 백성들을 다스리는 법률을 무작위로 바꿀 수 없다는 생각은 하나의 중요한 개념이었다. 08 왕의 필경사들은 정의의 신에게 바쳐졌고 대중에게 전시되었던 검은 돌기둥 위에 그 법률들을 썼다. 09 함무라비는 기록된 역사상 문자로 된 최초의 법전 중 하나를 발표했고, 그 법전은 백성들에 대한 규칙들과 범법자들에 대한 처벌들을 자세히 설명했다. 10 예를 들어, 술집에 들어간 여자, 도망친 노예에게 피난처를 제공한 사람, 그리고 '정당한 이유' 없이 남편을 떠난 아내는 모두 사형의 대상이었다.

Unit 60

Theater in the Tang Dynasty

▌이번 단원에서 학습하게 될 단어들입니다. 이미 알고 있는 단어에 V 표시해 보세요.

☐ dynasty	☐ climax	☐ medieval	☐ comic
☐ string	☐ instrument	☐ accompaniment	☐ role
☐ category	☐ flourish	☐ palace	☐ scholar
☐ imitate	☐ derive	☐ record	☐ arm
☐ entertainer	☐ stage	☐ impulse	☐ outlying

▌주어진 단어를 알맞은 뜻과 연결해 보세요. 단어의 뜻을 모르면 아래 정답에서 확인해 보세요.

01	flourish	•	• a	악기
02	medieval	•	• b	반주
03	instrument	•	• c	중세의
04	scholar	•	• d	번성하다
05	impulse	•	• e	학자
06	accompaniment	•	• f	모방하다
07	climax	•	• g	유래하다
08	outlying	•	• h	외곽의
09	derive	•	• i	절정
10	imitate	•	• j	자극

|정답| 01 d 02 c 03 a 04 e 05 j 06 b 07 i 08 h 09 g 10 f

Vocabulary in Reading Context

▌해석은 한 번에 가능하지 않습니다. 해석이 잘되지 않더라도 먼저 아랫글을 단숨에 읽어 보세요.

The Tang **dynasty** (618-907) witnessed a **climax** in the political power and culture of **medieval** China, with many developed forerunners of theater already in existence (이미 존재하고 있는). An example is the *canjun xi*, which consisted of (consist of: ~로 구성되다) a variety of **comic** skits. They included dialogue, **string** and wind and perhaps percussion **instruments** as musical **accompaniment**, and **role categories**. Both actors and actresses took part, and sometimes there were three roles or even more. Puppet shows (인형극들) were not new to the Tang, but certainly **flourished** then and were popular in the marketplaces of the cities. The Emperor Minghuang loved to watch puppet shows in the inner **palace**.

The 20th-century **scholar** Sun Kaidi has argued that drama in China **imitates** and **derives** from puppets. The arts of the storytellers were also highly developed by that time. The late-Tang-period poet Li Shangyin **records** how storytellers would explain the deeds and wars of the heroes of the Three Kingdoms period. These were later to be a major **arm** of the content of all popular Chinese theater. It was already quite common for **entertainers** to mount high platforms or **stages** so that they could (so that ~ can ...: ~가 ...할 수 있도록) better be seen by their audiences. Religious **impulses,** from shamanism, Taoism, and Buddhism, remain important in many regional 'minority' theaters in **outlying** areas today, including *Tibetan drama.*

* skit 촌극 ** Taoism 도교

▌본문의 의미가 이해되나요? 원어민 선생님이 읽어 주시는 지문을 들으며 다시 한 번 읽어 보세요.

Fill in the Blanks

▎본문의 내용을 기억하며 다시 읽어 볼 차례입니다. 이번에는 글을 읽으면서 빈칸에 들어갈 단어를 주어진 철자로 시작하여 써 보세요.

Theater in the Tang Dynasty

The Tang dynasty (618-907) witnessed a ❶c__________ in the political power and culture of ❷m__________ China, with many developed forerunners of theater already in existence. An example is the *canjun xi*, which consisted of a variety of comic skits. They included dialogue, string and wind and perhaps percussion instruments as musical 5 ❸a__________, and role categories. Both actors and actresses took part, and sometimes there were three roles or even more. Puppet shows were not new to the Tang, but certainly ❹f__________ then and were popular in the marketplaces of the cities. The Emperor Minghuang loved to watch puppet shows in the inner ❺p__________.

The 20th-century scholar Sun Kaidi has argued that drama in China ❻i__________ 10 and derives from puppets. The arts of the storytellers were also highly developed by that time. The late-Tang-period poet Li Shangyin ❼r__________ how storytellers would explain the deeds and wars of the heroes of the Three Kingdoms period. These were later to be a major ❽a__________ of the content of all popular Chinese theater. It was already quite common for entertainers to mount high platforms or ❾s__________ so that they 15 could better be seen by their audiences. Religious ❿i__________, from shamanism, Taoism, and Buddhism, remain important in many regional 'minority' theaters in outlying areas today, including *Tibetan drama*.

* skit 촌극 ** Taoism 도교

해석 당 왕조의 연극

당 왕조(618~907)는 중세 중국의 정치 권력과 문화에 있어서 절정을 목격했는데, 연극의 발달한 많은 전신이 이미 존재하고 있었다. 한 사례가 'canjun xi'인데, 그것은 다양한 희극적인 촌극으로 구성되어 있었다. 그 극에는 대화, 음악 반주로서의 현악기와 관악기 아마도 타악기, 그리고 배역 영역이 포함되어 있었다. 남자 배우와 여자 배우가 모두 참여했고, 가끔은 배역이 셋 혹은 그보다 훨씬 더 많았다. 인형극이 당나라에 새로운 것은 아니었지만, 분명 그 당시에 번성했으며 도시의 장터에서 인기가 있었다. Minghuang 황제는 내궁에서 인형극 관람하는 것을 좋아했다.

20세기의 학자 Sun Kaidi는 중국의 연극이 인형극을 모방하고 인형극에서 유래한다고 주장해 왔다. 그때 이야기꾼의 기술도 또한 크게 발전했다. 당 후기의 시인 Li Shangyin은 이야기꾼들이 삼국 시대 영웅들의 행동과 전쟁을 어떻게 설명하곤 했는지 기록해 둔다. 이것들이 훗날 모든 인기 있는 중국 연극의 내용을 구성하는 주요 줄기가 될 것이었다. 청중들이 더 잘 볼 수 있도록 광대들이 높은 연단, 즉 무대에 오르는 것은 이미 꽤 흔한 일이었다. 무속, 도교, 불교에서 유래한 종교적 자극이 '티베트 연극'을 포함하여 오늘날의 외곽 지역에 있는 많은 지방의 '소수 민족' 극장에서 여전히 중요하다.

|정답| ❶climax ❷medieval ❸accompaniment ❹flourished ❺palace ❻imitates ❼records ❽arm ❾stages ❿impulses

dynasty
[dáinəsti]

명 왕조
Shakespeare produced a majority of his plays during the Tudor **dynasty**.
Shakespeare는 튜더 왕조 시대에 자신의 대다수의 희곡을 만들었다.

climax
[kláimæks]

명 절정, 클라이맥스 동 절정에 이르다 **climactic** 형 절정의
The film reaches its **climax** in the final scene.
그 영화는 마지막 장면에서 절정에 달한다.
유 **culmination** 정점, 최고점

Voca Plus
reach[come to] a climax 절정에 달하다
build up to a climax 절정을 향해 치닫다
bring ~ to a climax ~을 절정으로 끌어올리다

medieval
[mì:dií:vəl]

형 중세의
A **medieval** knight was walled up in this church.
중세의 기사가 이 교회 안에 감금되어 있었다.

comic
[kámik]

형 희극의, 웃기는 명 만화 **comedy** 명 희극
He is one of the most gifted **comic** actors on television.
그는 가장 재능 있는 텔레비전 희극 배우 중 한 명이다.
반 **tragic** 비극의

string
[striŋ]

명 현악(기), 줄, 일련 동 묶다, 매달다
The composer himself arranged the music for a **string** orchestra.
현악 합주단을 위해 그 작곡가가 직접 그 곡을 편곡했다.
The route was **strung** with flags.
그 길에는 깃발들이 매달려 있었다.
유 **rope** 밧줄 **sequence** 연속

instrument
[ínstrəmənt]

명 악기, 도구, 수단 **instrumental** 형 악기의, 중요한
This wooden **instrument** is the ancestor of the modern metal flute.
이 목관 악기가 현대 금속 플루트의 전신이다.
유 **tool** 도구, 공구

accompaniment
[əkʌ́mpənimənt]

명 반주, 수반되는 것 **accompany** 동 반주를 해 주다, 동반하다
A cappella means singing without any musical **accompaniment**.
아카펠라는 어떤 음악 반주도 없이 노래하는 것을 의미한다.

role
[roul]

명 배역, 역할
The actor is known for his **roles** in many different movies.
그 배우는 많은 다양한 영화에서 맡은 배역으로 알려져 있다.
유 **part** 배역, 역할

category
[kǽtəgɔ̀:ri]

명 영역, 분류, 범주 **categorize** 동 분류하다, ~을 범주에 넣다
Laws are basically divided into two **categories**: Criminal Laws and Civil Laws.
법률은 기본적으로 형법과 민법의 두 영역으로 나뉜다.
유 **division** 부문, 분할

flourish
[flə́:riʃ]

동 번성하다, 잘 자라다
The economy is booming and small businesses are **flourishing**.
경제가 활기를 띠고 있고 소규모 업체들이 번성하고 있다.
유 **thrive** 번창하다, 잘 자라다

palace
[pǽlis]

명 궁전, 왕실
When we got back into the **palace**, the king and the queen were there.
우리가 궁전으로 돌아왔을 때, 왕과 왕비가 거기에 있었다.

scholar
[skɑ́lər]

명 학자, 장학생 **scholarly** 형 학자의, 학구적인
Hancock was the most distinguished **scholar** in the humanities.
Hancock은 가장 뛰어난 인문학자였다.

imitate
[ímitèit]

동 모방하다, 흉내 내다 **imitation** 명 모방, 모조품, 흉내 내기
His style of playing has been **imitated** by other musicians.
그의 연주 스타일은 다른 뮤지션들에 의해 모방되어 왔다.
유 **copy** 따라 하다, 모방하다

derive
[diráiv]

동 유래하다

Many English words **derive** from French.

많은 영어 단어가 프랑스어에서 유래한다.

record
[rikɔ́ːrd] 동
[rékərd] 명

동 기록하다, 녹음하다 명 기록, 음반

My father **records** everything that happens to him in his diary.

내 아버지는 자신에게 일어나는 모든 일을 일기장에 기록한다.

유 **register** 기록하다, 등록하다

arm
[ɑːrm]

명 줄기, 갈래, 팔 동 무장시키다

A small bridge spans the **arm** of the river.

그 강줄기 위로 작은 다리가 하나 놓여 있다.

유 **branch** 가지, 지사

entertainer
[èntərtéinər]

명 광대, 연예인 **entertain** 동 즐겁게 해 주다, 접대하다 **entertainment** 명 연예, 오락

Pedro, our circus **entertainer**, is very popular with the children.

우리의 서커스 광대인 Pedro는 아이들에게 인기가 대단히 많다.

stage
[steidʒ]

명 무대, 단계 동 무대에 올리다, 기획하다

After the performance, the audience threw flowers onto the **stage**.

공연이 끝나고, 청중이 무대 위로 꽃을 던졌다.

유 **stand** 연주대, 관람석

impulse
[ímpʌls]

명 자극, 충동 **impulsive** 형 충동적인

Tests give an **impulse** to study hard.

시험은 공부를 열심히 하도록 자극을 준다.

유 **incentive** 유인, 동기

outlying
[áutlàiiŋ]

형 외곽의, 외딴, 외진

Many students travel in by bus from **outlying** areas.

많은 학생들이 외곽 지역에서 버스를 타고 들어온다.

반 **central** 중심가의, 중앙의

Synonym & Antonym

유의어와 반의어를 확인해 보는 시간입니다. 밑줄 친 단어의 유의어 혹은 반의어를 주어진 철자로 시작하여 써 보세요.

01 The film reaches its climax in the final scene. [유] c__________

02 one of the most gifted comic actors [반] t__________

03 his roles in many different movies [유] p__________

04 My father records everything. [유] r__________

05 The audience threw flowers onto the stage. [유] s__________

06 an impulse to study hard [유] i__________

07 travel in by bus from outlying areas [반] c__________

|정답| 01 culmination 02 tragic 03 part 04 register 05 stand 06 incentive 07 central

Vocabulary Extension

이제 품사가 다른 여러 형태의 단어를 학습해 보겠습니다. [보기]의 단어를 변형하여 빈칸에 들어갈 알맞은 말을 써 보세요.

[보기] climax scholar imitate impulse category

01 Poetry is a(n) __________ of human life.

02 James was __________ and sometimes regretted things he'd done.

03 The identity of the criminal is revealed in the movie's __________ ending.

04 Sound waves are __________ by three distinct features: pitch, loudness and quality.

05 His revolutionary work in the field of nanomedicine has aroused intense __________ interest.

|정답| 01 imitation 02 impulsive 03 climactic 04 categorized 05 scholarly

|해석| 01 시는 인간의 삶의 모방이다. 02 James는 충동적이었고 가끔은 자신이 한 일을 후회했다. 03 그 범인의 정체는 영화의 절정에 해당하는 결말에 드러난다. 04 음파는 별개의 세 가지 특징 즉, 음의 고저, 세기 그리고 음질로 분류된다. 05 나노 의학 분야에 있어서 그의 획기적인 연구는 강력한 학구적인 관심을 불러일으켰다.

Choosing the Right Word

가장 적절한 단어가 어떤 것인지 확인하는 시간입니다. 주어진 문장에 들어갈 가장 적절한 단어를 네모 안에서 골라 보세요.

01 Tests give a(n) dynasty / impulse to study hard.

02 This wooden instrument / record is the ancestor of the modern metal flute.

03 When we got back into the category / palace, the king and the queen were there.

04 Laws are basically divided into two categories / entertainers: Criminal Laws and Civil Laws.

05 It was already quite common for entertainers to mount high platforms or stages / strings so that they could better be seen by their audiences.

06 These were later to be a major arm / scholar of the content of all popular Chinese theater.

07 The 20th-century scholar Sun Kaidi has argued that drama in China imitates and derives / records from puppets.

08 They included dialogue, string and wind and perhaps percussion instruments as musical accompaniment / palace, and role categories.

09 Puppet shows were not new to the Tang, but certainly flourished / imitated then and were popular in the marketplaces of the cities.

10 The Tang dynasty (618-907) witnessed a climax / string in the political power and culture of medieval China, with many developed forerunners of theater already in existence.

| 정답 | **01** impulse **02** instrument **03** palace **04** categories **05** stages **06** arm **07** derives **08** accompaniment **09** flourished **10** climax

| 해석 | **01** 시험은 공부를 열심히 하도록 자극을 준다. **02** 이 목관 악기가 현대 금속 플루트의 전신이다. **03** 우리가 궁전으로 돌아왔을 때, 왕과 왕비가 거기에 있었다. **04** 법률은 기본적으로 형법과 민법의 두 영역으로 나뉜다. **05** 청중들이 더 잘 볼 수 있도록 광대들이 높은 연단, 즉 무대에 오르는 것은 이미 꽤 흔한 일이었다. **06** 이것들이 훗날 모든 인기 있는 중국 연극의 내용을 구성하는 주요 줄기가 될 것이었다. **07** 20세기의 학자 Sun Kaidi는 중국의 연극이 인형극을 모방하고 인형극에서 유래한다고 주장해 왔다. **08** 그것들에는 대화, 음악 반주로서의 현악기와 관악기 아마도 타악기, 그리고 배역 영역이 포함되어 있었다. **09** 인형극이 당나라에서 새로운 것은 아니었지만, 분명 그 당시에 번성했으며 도시의 장터에서 인기가 있었다. **10** 당 왕조(618~907)는 중세 중국의 정치 권력과 문화에 있어서 절정을 목격했는데, 연극의 발달한 많은 전신이 이미 존재하고 있었다.

Review Test 12

학습한 내용은 꾸준히 복습하지 않으면 누구나 며칠 만에 절반 이상을 망각하게 된다고 합니다. 지금 다시 한 번 간단히 복습하면 기억을 되살릴 수 있습니다. 56~60강에서 공부한 내용을 복습해 봅시다.

A 우리말은 영어로, 영어는 우리말로 쓰시오.

01 이용 가능한 a__________
02 (강의) 유역 b__________
03 질감 t__________
04 시들(게 하)다 w__________
05 감사하다 a__________
06 적절한 a__________
07 통치 기간 r__________
08 규정하다 p__________
09 중세의 m__________
10 번성하다 f__________
11 argument __________
12 inhabit __________
13 deepen __________
14 consult __________
15 absolutely __________
16 vivid __________
17 novelty __________
18 refuge __________
19 instrument __________
20 impulse __________

B 다음 문장의 빈칸에 적절한 단어를 [보기]에서 찾아 쓰시오.

보기 tyrannical spare novelty gauge appropriate

01 I wanted to __________ them the trouble of visiting me.
02 The number of downloads is a(n) __________ of a song's popularity.
03 It is important to teach students __________ humor.
04 Eating raw fish is a(n) __________ to many people.
05 Everyone was afraid of their __________ leader.

|정답| A 01 available 02 basin 03 texture 04 wither 05 appreciate 06 appropriate 07 reign 08 prescribe 09 medieval 10 flourish 11 논쟁, 말다툼, 주장 12 살다, 거주하다, 서식하다 13 깊어지다, 깊게 하다 14 찾아보다, 참고하다, 상담하다 15 절대로, 전적으로 16 분명한, 생생한, 선명한 17 새로움, 신기함 18 피난처, 은신처, 쉼터 19 악기, 도구, 수단 20 자극, 충동

B 01 spare 02 gauge 03 appropriate 04 novelty 05 tyrannical

|해석| B 01 나는 그들이 나를 방문하는 수고를 덜어 주고 싶었다. 02 다운로드의 수는 노래의 인기의 척도이다. 03 학생들에게 적절한 유머를 가르치는 것이 중요하다. 04 날 생선을 먹는 것은 많은 사람들에게 신기한 일이다. 05 모든 이는 그들의 포악한 지도자를 두려워했다.

C 다음 밑줄 친 부분과 의미가 가장 가까운 단어를 고르시오.

01 The mayor called on the citizens to <u>conserve</u> water.

① ensure ② deepen ③ wither ④ preserve

02 He tried to <u>tempt</u> the child with a toy.

① remember ② entice ③ possess ④ spare

03 The top priority is to <u>ensure</u> the safety of the passengers.

① flourish ② guarantee ③ prescribe ④ dedicate

04 He was fined 40 dollars for a lane <u>violation</u>.

① offense ② punishment ③ perfection ④ notion

D 다음 네모 안에서 주어진 문장에 가장 적절한 단어를 고르시오.

01 They possess / stuff many valuable works of art.

02 Please deepen / ensure that all areas are cleaned up.

03 You'd better have your food as bland / woody as possible.

04 In some ways, the people in the area are uniquely / randomly privileged.

05 The doctor will derive / prescribe something to help you sleep.

06 She sometimes buys things on the impulse / category of the moment.

|정답| C 01 ④ 02 ② 03 ② 04 ①

D 01 possess 02 ensure 03 bland 04 uniquely 05 prescribe 06 impulse

|해석| C 01 시장은 시민들에게 물을 <u>보존해</u> 달라고 요청했다. 02 그는 장난감으로 그 아이를 <u>유혹하려고</u> 했다. 03 승객의 안전을 <u>보장하는</u> 것이 최우선이다. 04 그는 차선 <u>위반</u>으로 40달러의 벌금을 부과받았다.

D 01 그들은 많은 귀중한 미술품들을 <u>소유하고 있다</u>. 02 반드시 모든 구역들이 청소되도록 <u>해 주세요</u>. 03 여러분은 음식을 가능한 한 <u>싱겁게</u> 먹는 것이 좋다. 04 어떤 면에서는 그 지역 사람들이 <u>유례없이</u> 특권을 누리고 있다. 05 그 의사는 네가 잠들도록 도와주는 무언가를 <u>처방해 줄</u> 거야. 06 그녀는 때때로 순간적인 <u>충동</u>에 의해서 물건들을 산다.

Progress Test 6

▌공부한 단어를 꾸준히 복습하지 않으면 이내 잊게 됩니다. 지금까지 배운 단어를 다시 한 번 확인해 보세요.

A 영어는 우리말로, 우리말은 영어로 쓰시오.

01 sentimental ____________
02 accelerate ____________
03 contemplation ____________
04 search ____________
05 scope ____________
06 deny ____________
07 folklore ____________
08 visualization ____________
09 prudently ____________
10 vast ____________
11 term ____________
12 material ____________
13 edge ____________
14 ultimately ____________
15 depend ____________
16 bygone ____________
17 distressing ____________
18 toddler ____________
19 mere ____________
20 veterinary ____________
21 orient ____________
22 framework ____________
23 speculate ____________
24 instill ____________
25 fluently ____________
26 동족[동류]의 r____________
27 형편없이 p____________
28 굴러떨어지다 t____________
29 영리하게 c____________
30 인용하다 c____________
31 외딴 r____________
32 자질 r____________
33 수준, 지위, 층 l____________
34 회피 e____________
35 흔들리다 s____________
36 인력 p____________
37 중요하다 m____________
38 이민자 i____________
39 전달하다 c____________
40 면역(력) i____________
41 위치시키다 s____________
42 이론의 틀 p____________
43 가장자리 e____________
44 활성화하다 a____________
45 타당한 v____________
46 공간의 s____________
47 굉장한, 놀라운 a____________
48 환경 e____________
49 심하게 s____________
50 감독 d____________

B 주어진 단어를 알맞은 뜻과 연결해 보시오.

01	slope	a	동맥
02	dice	b	선두
03	restore	c	주장하다
04	respect	d	주사위
05	artery	e	학위
06	argue	f	측면
07	degree	g	복구하다
08	forefront	h	경사면

C 밑줄 친 단어의 유의어 혹은 반의어를 주어진 철자로 시작하여 쓰시오.

01 Banks collapsed in rapid succession. ㉥ l________

02 by nature present great complexity ㉥ s________

03 contributed to improving the health of her students ㉥ h________

04 the difference between humans and animals ㉥ s________

05 becoming scarce ㉥ p________

06 an innovative approach to her business ㉥ c________

|정답| A 01 정서적인, 감성적인 02 가속하다, 가속되다, 촉진하다 03 사색, 명상 04 찾기, 수색; 찾다, 수색하다 05 범위, 영역 06 부인하다, 거부하다 07 민간전승, 민속 08 구상화, 시각화 09 분별 있게, 신중하게 10 방대한, 거대한 11 용어, 기간, 학기, 관계, 조건 12 물질, 재료, 자료 13 가장자리, 유리함 14 궁극적으로, 결국 15 (~에) 달려 있다, 의존하다, 믿다 16 지나간, 옛날의 17 고통스러운, 괴로움을 주는 18 유아, 걸음마를 배우는 아이 19 단순한, 전적인, 순전한 20 수의과의, 가축병 치료와 관련된 21 맞추다, 자기 위치를 알다, 적응하다 22 틀, 뼈대 23 생각[추측·짐작]하다, 투기하다 24 심다, 침투시키다, 서서히 주입시키다 25 유창하게, 술술 26 related 27 poorly 28 tumble 29 cleverly 30 cite 31 remote 32 resource 33 level 34 evasion 35 sway 36 personnel 37 matter 38 immigrant 39 convey 40 immunity 41 situate 42 paradigm 43 edge 44 activate 45 valid 46 spatial 47 amazing 48 environment 49 severely 50 director

B 01 h 02 d 03 g 04 f 05 a 06 c 07 e 08 b

C 01 leisurely 02 simplicity 03 harm 04 similarity 05 plentiful 06 customary

|해석| C 01 은행들은 빠르게 잇달아 파산했다. 02 그 본질상 엄청나게 복잡하다 03 그녀의 학생들의 건강을 증진하는 데 기여했다 04 인간과 동물 사이의 차이 05 부족해지고 있는 06 그녀의 사업에 혁신적인 접근 방법

INDEX

INDEX

A

B

INDEX

INDEX

INDEX

INDEX

INDEX

N

Q

R

INDEX

INDEX

T

INDEX

Y

MEMO

MEMO

MEMO